Principle of Airline Cabin Services

제2판

# 항공서비스원론

허희영

북넷

# 2판 머리말

항공시장이 빠르게 성장하고 있다. IATA와 ICAO에서는 세계 경제성장률을 크게 상회하는 현재의 성장세가 2030년대까지 지속될 것으로 예상하고 있다. 국내의 항공업계도 신규항공사가 늘어나면서 항공시장은 지속적으로 팽창 중이다. 대한항공과 아시아나항공, 그리고 제주항공을 비롯한 6개의 저비용항공사(LCC)시장에 신설항공사인 에어로케이, 플라이강원, 에어프리미아 등이 진입을 시작하면서 바야흐로 국내 항공업계는 외항사뿐 아니라 국적항공사 간의 치열한 경쟁시대에 접어들었다. 고객만족을 위한 서비스의 차별화가 더 중요해지는 이유다.

그동안 항공업계에서는 인터넷이 온라인거래를 보편화하였으며, 빅 데이터와 인공지능이 운송시스템의 곳곳에 스며들면서 산업을 고도화하고 있다. 2019년 6월 우리나라에서 처음 열린 IATA 연차총회에서는 항공시장의 혁신이 지금보다 더 빠르게 이루어질 것임을 예고했다. 본서의 초판이 출간되어 3년이 지나는 동안 항공업계에서는 새로운 서비스가 속속 등장했다. 서비스 환경이 변하고 있는 것이다. 그 동안의 강의를 통해서도 항공서비스에 대한 원론(Principle)으로서 미흡했던 일부 내용을 수정 · 보완할 필요성을 확인하였다.

다행히 저자는 지난 겨울방학기간에 대한항공이 특별과정으로 마련해 준 4주간의 항공사경영을 공부할 수 있는 기회를 얻었다. 120시간의 집중학습은 서비스접점에서 고객과의 소통채널이 어떻게 진화하고 있는지를 공부하면서 항공업계에서 경쟁우위가 어떻게 확보되는가를 이해하는 시간이었다. 종종 이론에 치우치기 쉬운 저자의 지난 30년 간의 교육콘텐츠에 서비스현장의 지식을 재충전할 수 있었다. 연수교육의 내용일부는 본 개정판에 새로 추가되었다. 전반적인 이론구성과 흐름에는 큰 변화가 없으나 다음의 내용을 중심으로 개정하였다. 본서의 전반부에서 다루고 있는 서비스개념의 이해를 돕기 위해 보다 간결하게 표현하였고, 서비스경영의 핵심에서 벗어난 일부내용들은 제외하거나 요약하였다. 본문의 설명을 보완할 수 있는 도표는 최신의 통계로 교체하였으며, 그림일부를 줄이거나 대체하였다. 제9장의 객실업무는 항공서비스를 공부하는 학생들에게는 직무능력표준(NCS)의 필수과목임을 고려하여 객실업무(Ⅰ), (Ⅱ)로 구분하여 두 개의 장으로 나누었다. 글로벌 항공업계에 대한 이해와 지루함을 덜기 위해 제12장 세계의 항공사 및 우리나라의 국적항공사를 추가하였다.

본 개정판 작업의 마무리 단계에서 저자는 서울에서 열린 제75차 IATA 연차총회에 참석하여 세계 항공업계의 흐름을 접하는 소중한 기회를 가졌다. 항공시장의 미래는 여전히 밝아 전문적인 일자리가 계속 창출될 것이다. 무엇보다도 서비스접점에서는 디지털전환과 인공지능, 빅데이터는 수많은 서비스접점에서 고객에게 종전과는 전혀 다른 '진실의 순간'을 고객들이 경험하게 할 것이다. 제4차 산업혁명의 중심에는 인간의 내면적 상태를 이해하고 이를 고객감동으로 구현하는 서비스혁명이 있다. 서비스산업이 미래의 산업으로 각광받는 이유가 여기에 있다.

본서를 개정하는 과정에서 도움을 주신 분들께 감사를 드린다. 다소 생소한 이론체계로 인해 당초 낯설었던 본서에 대해 집필의 취지를 이해해 주시고 학습서로 기꺼이 채택하면서 졸저의 부족함을 지적해 주신 여러 교수님들께 감사를 드린다. 대한항공의 연수과정을 처음으로 만들어 주신 고(故)조양호 회장님의 명복을 빈다. 교육프로그램을 담당해 준 임원들께도 감사를 드린다. 그동안 한국항공대 대학원생들이 저자의 세미나수업에 참석하면서 함께 연구했던 내용들도 본서의 개정에 큰 도움이 되었다. 끝으로 출판업계의 어려운 여건에도 불구하고 저자와 함께 애써주신 북넷 류재식 사장님과 편집실 여러분께도 감사의 뜻을 전한다.

2019년 7월

**저자 씀**

# 머리말

진실의 순간, 15초
고객이 서비스를 경험하는 최초의 순간이다.
항공기를 타는 승객이 매 순간마다 경험하는 서비스접점들
서비스접점마다 수많은 진실의 순간들이 서비스의 가치를 결정한다.
경영위기에 처한 스칸디나항공의 CEO 얀 칼슨은 서비스접점에 주목했다.
서비스 마인드를 조직에 심는 과정은 구성원과의 공감과 소통이었다.
서비스혁신은 불과 1년 만에 스칸디나비아항공의 경영을 회복시켰다.
조직의 역량을 서비스접점에 집중한 결과는 서비스혁명의 성공이었다.
서비스경영은 이렇게 시작되어 1980년대 후반부터 세계적으로 퍼져나갔다.
서비스의 가치는 고객이 지불하는 비용보다 지각하는 편익이 높아야 한다.
성공적인 기업들의 공통점은 모든 활동의 중심을 고객만족에 둔다는 점이다.
진실의 순간은 이제 서비스경영의 핵심으로 자리잡고 있다.

## 항공은 글로벌서비스의 표상

오늘날 항공은 글로벌산업을 대표한다.
항공글로벌산업으로 정착되기까지 발전의 속도는 놀랍다.

1927년 노스웨스트항공과 함께 처음으로 등장한 민간항공사가 세계 각국으로 확산되는 데에는 10년도 채 걸리지 않았다. 그리고 두 차례의 세계대전을 통해 축적된 항공기술의 발달은 1950년대 제트여객기를 탄생시켰다. 제트여객기의 보급은 항공운송의 고속화와 대량화를 가져왔다. 1970년대에는 초음속여객기 콩코드가 개발된데 이어 2000년대 들어서면서 600명의 승객을 실어 나르는 초대형 여객기 A380이 하늘을 날기 시작했다. 지금은 하루 동안 10만대가 넘는 각종 여객기들이 전 세계의 하늘을 날고 있다.

미국의 규제완화법 제정(1978)은 각국 정부의 보호 · 육성으로 규제받던 항공업계가 온실에서 벗어나 시장경쟁체제로 전환하는 계기가 되었다. 자유무역협정(FTA)으로 대표되는 글로벌 경제가 항공업계에서는 일찍부터 시작되었던 것이다. 오늘날 세계항공업계에서는 사활을 건 무

한경쟁이 치열하게 전개되고 있다. 지난 30여년이 지나오는 동안 경쟁시장에서는 수많은 항공사들이 탄생하고 소멸되었다.

### 국적항공사들의 세계시장 지위

우리나라 민간항공의 발전과정에도 극적인 요소가 적지않다.

1948년 정부수립과 함께 설립된 대한국민항공사(KNA)는 국내노선에서 정기운송을 시작했다. 잦은사고와 경영부실의 문제를 해결하기위해 국영항공사는 1969년 (주)한진으로 인수되어 민영화되면서 오늘날의 대한항공이 탄생했다. 뒤늦은 민영화와 주인없는 경영의 부실로 2010년 파산을 경험한 일본항공(JAL)에 비하면, 우리나라의 빠른 민영화와 이로인한 체질강화는 축복인 셈이다. 그리고 1989년 금호아시아나항공의 출범은 국내시장의 본격적인 경쟁체제를 형성했다. 경쟁체제가 작동되면서 우리 항공업계의 경쟁력은 강화되기 시작했다. 그 결과 글로벌시장에서의 위상은 꾸준히 높아졌다. 2005년 제주항공을 설립을 계기로 저비용항공의 시대가 열렸다. 비행기타는 고객욕구를 반영한 시장의 분화가 구체화된 당연한 결과였다. 이제 고객은 종전과 같이 비행기를 타는것만으로는 만족하지 않는다. 항공교통이 대중화되면서 고객의 서비스욕구가 높아졌다. 높아진 고객의 욕구는 시장을 세분화시켰다. 비즈니스를 위해 요금보다는 스케쥴이 더 중요한 비즈니스 여객의 욕구와 운항스케쥴보다는 요금에 더 관심이 많은 관광여객의 욕구를 반영한 새로운 상품의 등장은 그래서 자연스러운 시장현상이다. 관광여행객을 대상으로 하는 각국의 저비용항공은 이제 세계시장의 약 30%를 차지할 만큼 빠르게 성장했다.

우리나라의 항공업계는 세계시장의 주도적 위치에 자리하고 있다. 외형적 성장뿐 아니라 서비스품질에 있어서도 국적항공사들의 시장지위는 확고하다. 대한항공과 금호아시아나항공은 항공서비스에 대한 국제기관들의 평가에서 매년 상위권을 차지한다. 항공교통의 핵심기반인 공항의 약진도 놀랍다. 인천공항과 김포공항은 국제항공협회(ACI)의 서비스평가를 통해 대형공항그룹과 중형공항그룹에서 모두 명예의 전당에 이름을 올렸다.

### 항공은 미래의 성장산업

항공업계의 미래는 여전히 밝다.

그동안 항공시장은 세계경제의 성장률을 크게 상회하면서 발전해 왔다. 세계시장의 성장세는 앞으로도 지속될 것이다. ICAO는 향후 항공수요가 적어도 2030년까지 해마다 평균 4.7%씩 성장할 것으로 예측한다. 세계항공기시장을 양분하고 있는 보잉과 에어버스가 경쟁적으로 신형여객기 개발을 계속하는 이유가 여기에 있다. 세계시장의 성장 중심점은 이미 미국과 유럽에서 중국과 동남아를 중심으로하는 아시아 · 태평양지역으로 이동했다. 지금은 이 지역이 세계 최대의 항공시장으로 자리잡고 있다. 인천국제공항을 드나드는 외국의 항공사들도 이미 80개를 넘어설 만큼 우리나라의 위상도 강화되었다. 잠재력이 풍부한 아시아지역은 국적항공사들에게 무한한 성장의 가능성을 열어놓고 있는 것이다. 성장의 도약기에 있는 중동시장, 도입단계에 머물고있는 아프리카와 중남미시장도 우리항공업에게는 새로운 성장의 기회로 남아있다.

항공사는 대표적인 서비스기업이다.

오늘날의 항공여객은 안전하고 신속한 운송만으로는 만족하지 않는다. 편리한 운항스케쥴과 예약 · 발권, 지연이없는 정시운항과 쾌적한 기내서비스를 함께 기대하고 좌석을 구매한다. 항공기의 좌석이 서비스패키지로 인식되어야 하는 이유이다. 비즈니스나 친목을 위해 레스토랑을 예약할 때 식사메뉴뿐 아니라 대화의 분위기나 인테리어를 함께 고려하는것과 마찬가지다. 경쟁적인 시장일수록 승객은 객실서비스에 민감하게 반응한다. 승객이 지각하는 서비스품질에 대한 항공사의 관심은 그래서 절대적일 수밖에 없다.

### 객실승무원의 역할과 상징성

항공기의 객실은 항공사의 상품을 상징한다.

서비스의 차별화를 지향하는 항공사일수록 기내서비스에 대한 관심은 높다. 항공안전의 확보와 쾌적한 서비스를 담당하는 객실승무원은 항공사의 프론티어, 최전선에 위치한다. 서비스접점의 객실업무는 곧 항공사의 서비스수준을 결정한다. 객실승무원이 곧 항공사의 브랜드를 상징하는 광고모델이 되는 이유이기도 하다.

오늘날 항공운송시장의 확대는 국내 · 외적으로 보다많은 항공서비스 인력을 필요로 하고 있다. 특히 국제노선이 증가하고 외국항공사의 국내취항이 늘어남에 따라 항공업계의 수요는 꾸준히 증가하고 있다. 향후에도 지속적인 증가가 예상됨에 따라 국내에서는 많은 대학들과 전문교육기관들이 항공서비스에 대한 교육과정을 늘여왔다. 한편, 정부는 산업현장에서 필요로 하는 지식과 기술, 태도를 실천적으로 교육하기위한 국가직무능력표준(NCS)을 마련하였다. 항공서비스 교육도 국가적으로 조직과 개인의 역량을 강화해 국가의 경쟁력을 높이고, 개인적으로는 직무역량을 강화하여 항공업계에 성공적으로 진입토록하는데 목적이다.

최근 필자가 참여했던 국내대학들의 항공서비스 교육에 대한 실태조사결과는 본서를 집필하게된 동기중의 하나였다. 항공서비스에 대한 조사결과, 현재 운영되고있는 대학의 교과목 가운데 적지않은 부분이 항공사의 신입사원에 대한 교육훈련콘텐츠와 중복되는 점이 확인되었다. 교육콘텐츠 중에는 비(非)항공서비스 계열학과의 학생들인 경우라도 각 항공사의 신입사원 교육내용만으로도 현장의 객실업무를 수행하는데 학습효과가 충분하다는 사실도 알수 있었다. 단순한 선행(先行)학습의 효과만으로는 전문적 교육의 효과를 기대하기는 어렵다. 저자는 객실서비스를 성공적으로 수행하기 위해서는 무엇보다도 서비스의 본질과 항공운송에 대한 폭넓은 이해가 필요하다는 점에 주목했다. 기본역량이 확보되어야 업무지식과 스킬에 대한 학습효과를 극대화할 수 있기 때문이다.

### 서비스본질에 대한 교육이 왜 필요한가?

본서는 항공서비스의 기초교육을 위해 집필되었다.

항공서비스에 대한 교재는 항공사의 신입사원과 경력사원을 대상으로 한 연수자료와 직무교재, 객실업무에 대한 기능별 대학교재 등 다양한 내용으로 개발되어 있다. 현재 국내의 항공서비스관련 학과의 교과과정은 주로 서비스마인드와 운송업무, 서비스마케팅과 항공기구조 등에 대한 이론교육과정과 고객응대, 기내방송, 식음료서비스, 비행안전 등에 대한 실습과정, 그리고 영어를 중심으로하는 외국어교육 등으로 다양하게 구성되어있어 실천적 교육체계를 갖추고 있다. 그러나 고객을 대면하는 서비스접점의 업무수행자에게 요구되는 역량의 강화를 위해서는 단순한 지식이나 기술, 태도에 대한 기능적인 학습에 앞서 서비스의 기본에 충실할 필요가 있다. 고객을 충분히 이해하는 사회적 · 심리적 교육과정이나 인문학적 교양과정에대한 교육을 항공업계는 요구하고 있기 때문이다. 이러한 교육의 필요성은 항공서비스 관련학과의 교수님들과 함께 고민하고 풀어 나가야 할 과제이다.

본서는 객실업무의 부분적 활동보다는 서비스의 개념을 폭넓게 이해하고, 거시적인 관점에서 항공운송서비스의 흐름을 학습할 수 있는 이론적 틀을 마련하기 위한 지침서에 해당된다.

### 집필의 배경

지난 30년간 대학에서 항공을 교육하고 항공의 문제를 연구해 오면서 저자는 항공업계의 변화를 지켜볼 수 있었다. 1980년대 항공시장의 규제완화와 시장경쟁체제로의 전환, 항공업계의 협력체계를 시작한 1990년대 전략적 제휴그룹들의 등장과 각국의 시장개방을 지향하는 항공자유화정책의 확산, 2000년대 초부터 시작된 항공보안의 강화, e-비즈니스의 정착, 최근 저비용항공시장의 팽창으로 이어진 항공업계의 새로운 흐름들은 연구자에게 늘 새로운 과제로 다가왔다. 국내시장을 드나드는 국제노선에서 펼쳐지는 외국항공사들과의 치열한 운임경쟁과 서비스경쟁은 우리나라 항공업계가 직면하고있는 새로운 도전이다. 항공운송산업의 이같은 조류들은 세계적으로 커가는 파이를 놓고 벌이는 끊임없는 도전과 응전의 과정이다. 그 과정에서 드러나는 경쟁우위는 결국 서비스에 의해 결정된다. 고객이 만족하는 서비스품질과 차별화된 서비스.

그 중심에는 항공사를 상징하고 고객을 대면하는 객실서비스가 있다. 그래서 항공서비스는 항공사의 경쟁력을 결정하는 핵심요소이다. 이와 같은 배경에서 본서는 객실승무원의 역량강화와 객실승무원을 준비하는 학생들의 학습서로 집필되었다.

### 본서의 구성

본서는 항공서비스를 독립적인 학문의 대상으로 설정하고, 이론의 체계화를 시도했다. 기능별로 세분화된 객실업무에 앞서 항공서비스에 대한 본질적 접근을 통해 서비스와 고객을 이해할 수 있도록 내용을 구성하였다. 이는 항공사의 실무교육체계에 따라 사실상 표준화된 서비스교육의 전단계로 항공서비스에 입문(入門)하는 과정에 해당된다. 서비스의 본질, 항공서비스의 구성, 서비스접점과 고객만족, 서비스품질, 항공사의 업무조직과 항공운송서비스, 항공운송의 구성요소, 그리고 객실업무는 본서를 구성하는 핵심개념들이다.

항공서비스에 대한 원론(原論)으로서 본서는 모두 3편으로 구성되어 있다. NCS학습에도 활용될 수 있도록 해당되는 주제에 대해서는 구체적인 내용을 수록하였다. 제1편에서는 '서비스' 대한 기초를 담았다. 전반부에는 서비스에 대한 올바른 이해를 위해서 서비스의 개념과 서비스경제, 그리고 1980년부터 뿌리를 내린 서비스경영을 소개하였다. 중반부에는 항공서비스의 본질적 개념에 접근하였다. 항공사의 운송서비스에 대한 전반적 이해는 항공서비스의 개념을 새롭게 정의하는 과정에 해당된다. 후반부에는 객실승무원의 업무현장에 해당하는 서비스접점에 대해 이론적으로 소개하였다. 제2편에서는 '고객'에 대한 기초를 담았다. 전반부에는 고객의 의미와 고객가치, 서비스의 구매행동을 설명하고, 중반부에는 서비스기업이 추구하는 고객만족을 위한 이론적 내용을 소개하였다. 후반부에는 서비스품질의 개념을 이용하여 고개의 불만족과 서비스회복을 설명하고, 사례를 곁들였다. 제3편에서는 항공사의 '운송서비스'에 대한 기초내용을 담았다. 전반부에서는 항공운송업의 구조와 작동원리를 소개하고, 중반부에서는 항공사의 조직과 기본업무체계, 객실서비스에 대한 기본적 내용을 소개하였다. 후반부에서는 거시적 관점에서 항공운송서비스에 대한 전반적 이해를 위해 항공운송을 구성하는 기본요소와 지원체계를 다루었다.

### 도움을 주신 분들

저자는 집필과정에서 대학의 교수와 항공사의 사내교육담당자들과 항공서비스 교육콘텐츠 개발의 필요성에 대한 교감을 나누었다. 업무현장의 객실승무원들을 대상으로 한 설문조사를 통해서는 서비스교육의 니즈와 보완점을 파악할 수 있었다. 본서를 통해 항공서비스의 전반을 다루어보고자 처음시도하였다. 그러나 본서의 내용에는 부족함이 많으나 앞으로 교육현장과 항공업계의 조언을 받아 내용을 보완해 나갈 것이다.

본서가 나오기까지 많은 분들의 도움을 받았다. 사내교육의 현황과 설문조사에 도움을 주신 대한항공 인재개발원의 장현주 원장님, 그리고 항공서비스 교육의 문제점과 방향을 잡는데 조언을 주신 금호아시아나 인재개발원의 이석근 부원장님 두 분은 본서의 집필을 시작하는데 격려가 되었다. 서비스교육 실태조사를 공동으로 수행하면서 객실서비스의 현장경험을 제공한 대한항공의 강승진 사무장, 자료정리를 위해 집필과정을 함께 한 대학원생 권형두 군에게도 고마움을 전한다. 대학원생들과 진행한 세미나수업, 그리고 항공업계의 사내교육 책임자분들과 학계 동료교수님들의 관심과 조언은 항공서비스 교육의 현실을 이해하는데 큰 도움이 되었다. 집에서 많은시간을 함께 하지못한 아내에게도 미안함과 고마움을 이 책에 담는다. 끝으로 본서의 출판을 위해 격려와 지원을 아끼지 않으신 도서출판 북넷의 류재식 사장님과 편집에 매진해 주신 광암문화사 진학범 사장님의 노고에 깊은 감사를 드린다.

2016년 6월

허희영 씀

# 차 례

# PART I

# 서비스의 이해



우리는 일상생활에서 '서비스'를 매우 다양한 의미로 사용한다. 무상으로 제공되는 추가적 물품이나 고객을 대하는 태도, 또는 판매한 상품의 유지 · 수리 등을 뜻하기도 하고, 상품의 거래에 수반되는 편익의 정도로 이해되기도 한다. 그러나 현대사회에서 서비스의 가치를 나타내기에는 모두 미흡한 설명들이다. 인간과 인간 사이에서 이루어지는 모든 행위를 뜻하는 서비스야말로 오늘날 세계적으로 가장 큰 산업을 구성하고 있는 상품이다. 항공서비스를 공부하기에 앞서 본 편에서는 현대적 의미의 서비스에 대한 개념과 서비스경제를 학습한다. 그리고 서비스접점에 대한 이해를 통해 서비스의 실제에 접근해 본다. 서비스개념의 정리를 통해 항공서비스가 지니는 의미도 함께 학습한다.

## PART Ⅰ 서비스의 이해



## PART Ⅱ 고객의 이해



## PART Ⅲ 항공운송서비스의 이해

CHAPTER 01

# 서비스개념의 이해

선진국일수록 국가경제에서 서비스산업이 차지하는 비중은 높다. 인류가 농경사회에서 산업사회를 거쳐 오늘날의 정보화시대로 진화해 오는 과정에서 나타나는 서비스의 진화는 자연스러운 경제현상이다. 경제적 생산규모와 고용, 시장참여자 등 모든 면에서 가장 큰 경제를 형성하고 있는 서비스산업은 시장과 상품의 특성이 제조업의 전통적인 산업들과는 차이가 있다. 본 장에서는 서비스의 개념을 통해 서비스에 대한 정의와 특성, 서비스산업의 구성 등을 살펴보고, 서비스경영의 기본개념을 학습한다.

**Keyword**: 서비스, 소멸성, 생산 · 소비의 동시성, 무형성, 공공서비스, 대량서비스, 관광산업, 서비스경제, 서비스패키지, 서비스경영, 서비스기대, 고객경험, 감정노동, 서비스마인드, 접점서비스, 서비스감성, 서비스품질

# 제 1 절 서비스의 개요

"이것은 서비스로 드리는 겁니다." 주변에서 흔히 듣는 말이다. 손님은 이 서비스를 당연히 공짜로 제공받는다. "서비스산업은 국가경제에서 매우 중요합니다." 이 말에서는 서비스가 독립적으로 가치를 창출하는 경제적 행위를 뜻한다. 경제를 성장시켜 일자리를 만들어 내는 생산적 활동이기 때문이다. 이처럼 서비스라는 용어만큼 일상에서 널리 쓰이면서도 개념이 모호한 경우도 드물 것이다. 항공서비스를 공부하기에 앞서 서비스의 본질을 제대로 이해하는 것이 중요한 이유이다. 본 절에서는 서비스의 의미와 산업의 구조, 그리고 오늘날의 서비스경제 등을 폭넓게 살펴봄으로써 서비스의 개념과 서비스산업을 이해한다.

## 1. 서비스의 개념

### (1) 서비스란 무엇인가?

#### • 서비스에 대한 편견과 오해

서비스(service)란 무엇인가? 우리 일상에서 널리 쓰이는 용어이지만 실제로는 그 본질을 이해하는데 어려움을 겪는 개념이다. 흔히 서비스는 다른 사람을 위해 도움을 주거나 호의를 베푸는 행위, 그리고 무료제공이나 봉사 등의 단순하고 선의적인 의미로 해석된다. 경제학에서는 서비스를 물질적 재화(財貨)와 구별하여 시장가치를 지니는 용역(用役)이라고도 한다. 전통적으로 서비스를 생산적 활동과 구별하여 인식하는 배경에는 서비스가 독립적으로 경제적 가치를 창출하기보다는 제품의 개발 · 생산이나 상품거래 등에 수반되는 부가적 또는 부수적인 활동이라는 인식이 여전히 자리잡고 있다. 유형의 제품만을 기업의 생산물로 다루었던 산업사회 초기의 문화적 편견과 오해로 인한 결과다.

#### • 독립적인 상품으로서의 서비스

산업이 분화되고 발달해 오면서 오늘날의 서비스에는 다양한 형태의 노동이나 경제적 행위들이 포함된다. 서비스는 경제적 가치를 지니지만 일반적 재화와는 구별된다. 우선, 일반적인 경제행위는 구체화된 재화를 통해 인간의 욕구를 간접적인 방법으로 충족시켜 주는데 비해 서비스는 인간의 욕망을 직접적인 방법으로 충족시켜 준다. 그리고 일반적인 경제행위는 생산의 물질적 대상이나 수단을 필요로하는데 비해 서비스는 반드시 생산수단을 필요로 하지는 않는다. 산업이 고도화된 오늘날 서비스의 개념은 독립적인 경제적 가치를 지니는 무형의 요소로서 재화의 가치를 구성하는 요소이거나 또는 독립적인 상품으로서 가치를 지닌다. 서비스란 본질적으로 수요자의 욕구를 충족시키기 위해 가치가 있는 것을 직접 또는 간접적인 형태로 유상(有償)으로 제공하는 경제적 활동이기 때문이다.

### (2) 서비스의 정의

서비스는 어느 한 쪽이 다른 한 쪽에게 소유권의 변동없이 제공해 주는 무형의 행위 또는 활동이다. 그 주체와 대상이 인간이라는 점에서 본다면, 서비스란 인간과 인간 사이에 일어날 수 있는 모든 행위를 표현하는 대표적인 개념이다. 경제적인 관점에서 보면, 서비스는 구매자 또는 그가 소유한 자산에 대한 원하는 결과를 얻기 위해 무형의 행위나 유형의 시설 · 자원이 대부분 시간단위로 제공된다. 서비스를 향유하는 고객은 경제적 대가를 지불하고 인력, 기술, 시설 및 장비, 시스템 등을 이용하여 원하는 가치를 얻는다. 고객과 서비스 제공자 간의 거래에서 사용되는 유형적인 요소들의 소유권은 고객에 귀속되지 않는다. 서비스는 행위, 프로세스, 그리고 결과의 세 가지 요소로 구성된다.[1] 서비스에 대해 학자들의 정의는 다양하지만 경제적 거래의 대상으로서 서비스가 지니는 무형성(intangibility)과 생산 · 소비의 동시성(simultaneous consumption)은 서비스의 개념을 설명하는 공통적인 요소이다. 미국마케팅협회(AMA)는 서비스의 개념을 "판매를 위해 제공되거나 판매에 수반하여 제공되는 행위, 편익 또는 만족"이라고 정의하고 있다.[2]

## 2. 서비스의 종류

서비스는 세상에서 가장 폭넓은 활동영역을 포함한다. 따라서 그 개념과 분류의 기

1) Christopher Lovelock and Lauren Wright, *Service Marketing: People, Technology*, Strategy, 6th ed., Prentice-Hall, 2007, p.6.

2) American Marketing Association, AMA Dictionary.

준에 따라 서비스의 종류는 매우 다양하다. 서비스의 종류를 경제적 역할과 산업분류 방식에 따라 구분해 보면 다음과 같다.

### (1) 경제적 역할에 의한 분류

서비스는 모든 경제에서 중심적 위치를 차지한다. 국가경제의 핵심적 산업으로 다양한 영역에서 경제를 형성하고 있다. 서비스경제의 영역은 다음과 같이 구분된다.

**① 사회기반 서비스**

사회의 인프라를 구성하는 서비스이다. 교통, 통신, 전기, 상하수도, 금융 등의 사회기반 서비스는 소비자를 포함한 경제의 모든 부문들을 연계시키는 역할을 한다. 이는 산업사회의 필수적인 기반으로서 다른 경제의 활동을 촉진하므로 경제발전을 위한 전제가 된다.

사회기반 서비스는 국가나 사회의 인프라를 구성하는 기본요소다.

**② 유통 · 분배서비스**

경제내에서 도 · 소매 등의 연결기능을 통해 생산자와 소비자에 이르는 유통경로의 역할을 담당한다. 최종소비자인 가계와 소비자를 위한 의료, 건강, 숙박 · 음식점, 셀프서비스 등의 서비스는 삶의 질을 높여준다.

유통 · 분배 서비스는 글로벌 경제에서 생산자와 소비자에 이르는 유통경로의 역할을 담당한다.

### ③ 금융서비스

경제내의 자금흐름과 위험분산 등을 통해 기업의 생산을 지원하고, 가계와 산업체 간의 자금흐름을 담당하는 금융 · 보험 · 리스 등의 서비스를 의미한다. 경제가 발전할수록 금융서비스를 상품으로 거래하는 금융서비스 산업의 역할은 중요해 진다.

금융산업은 실물경제를 촉진하고 보완하는 독립적인 서비스영역으로 선진경제일수록 고도화가 진행된다.

### ④ 비즈니스 서비스

기업부문에서 필요로 하는 컨설팅, 세무 · 회계, 광고 등과 같이 전문화된 비즈니스를 상품으로 제공하는 서비스를 말한다. 산업이 고도화될수록 외부의 전문서비스업체의 역할은 중요하다.

집중적이고 선택적인 노력이 요구되는 비즈니스 서비스는 고도의 전문성이 요구되는 분야이다.

### ⑤ 공공서비스

정부와 공공기관이 제공하는 서비스를 말한다. 정부의 행정서비스는 경제활동을 위한 환경으로 조성하는 역할을 담당하며, 공공교육, 의료서비스, 도로관리, 사법, 소방, 공중안전 등은 국가경제가 유지되고 국민들의 복지를 위해 필요한 서비스의 영역이다.

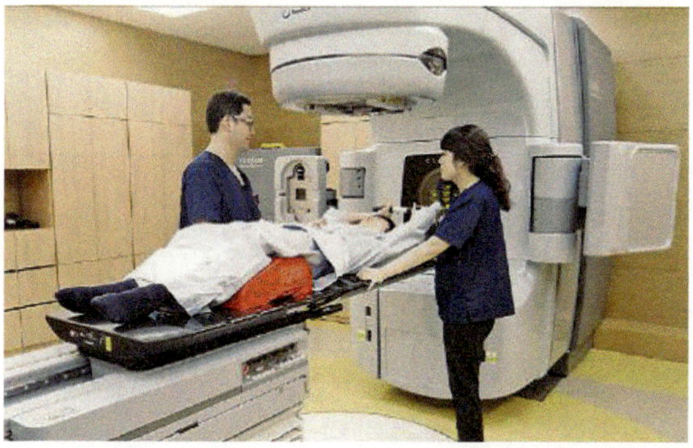

공공서비스는 국민들의 복지를 위해 정부의 역할이 큰 분야이다.

서비스는 경제를 구성하는 중심축으로서 제조업을 비롯한 여러 산업의 생산활동을 연결하는 네트워크의 기능을 담당한다. [그림 1-1]은 경제에서 중심적 역할을 담당하는 서비스가 각 분야별로 기업의 생산과 가계의 소비활동에 어떻게 연결되어 있는가를 나타낸 것이다.

**그림 1-1** 서비스의 경제적 역할

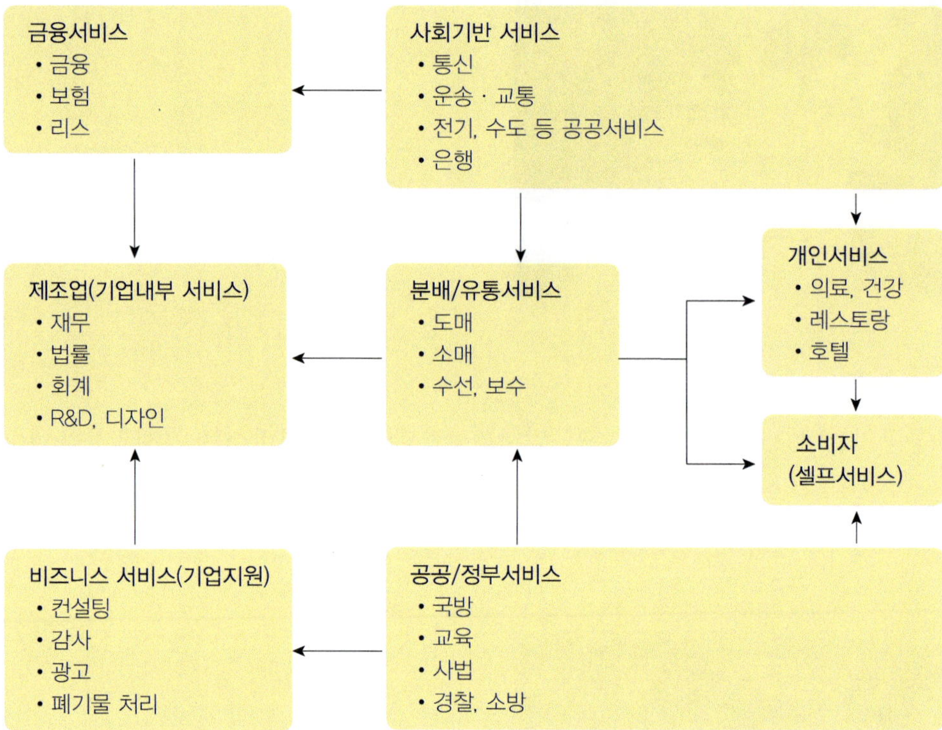


자료: Fitzsimmons, J. A., Fitzsimmons, M. J. & Sanjeev K. *Service Management*, McGraw Hill, 2014, p.4.

### (2) 산업별 분류

서비스는 경제의 발전과정에서 가장 고도화된 산업으로 자리잡는다. 모든 산업은 경제발전의 단계에 따라 진화하는데, 영국의 경제학자 클라크(C. Clark)는 산업구조를 경제발전에 따라 제1차 산업, 제2차 산업, 제3차 산업 등으로 분류하는 보편적 기준을 마련하였다. 이에 따르면, 국가경제가 발달할수록 제1차 산업의 비중은 작아지고 제2차, 제3차 산업이 차지하는 비중은 증가한다. 여기에서 제3차 산업은 무형의 경제적 산출물을 생산하는 다양한 업종을 포함하는 넓은 개념이다. 이와 같이 오늘날 산업을 분류하는 공통적인 기준은 다음과 같다.

- 제1차 산업 : 농업, 축산업, 임업 및 어업 등의 원시산업
- 제2차 산업 : 제조업, 건설업 등의 가공산업
- 제3차 산업 : 상업, 운송업, 금융 · 보험업, 통신업, 문화콘텐츠, 외식 등의 서비스 산업

제3차 산업의 서비스부문에 속하는 업종들은 다양하게 분포된다. 서비스업종에 대한 범위는 경제발전과 산업의 고도화에 따라 새로운 업종이 추가되고 분화된다. 참고로 우리나라의 산업표준분류(Korea Industrial Standards, KS)에서는 서비스산업에 속하는 업종들을 다음과 같이 규정하고 있다.

**표 1-1 산업표준분류(KS)에 따른 서비스의 유형**

| | |
|---|---|
| •도매 및 소매업 | •교육서비스 |
| •운수업 | •예술, 스포츠 및 여가관련 서비스업 |
| •숙박 및 외식업 | •보건 및 사회복지서비스업 |
| •금융 및 보험업 | •협회 · 단체, 수리 및 기타 개인서비스업 |
| •부동산 및 임대업 | •출판, 영상, 방송통신 및 정보서비스업 |
| •전문, 과학 및 기술서비스업 | •가구내 고용활동 및 자가소비 · 생산활동 |
| •사업시설관리 및 조경서비스업 | •국제 및 외국기관 |
| •공공행정, 국방 및 사회보장행정 | |

한편, 관광산업(tourism industry)이란 숙박, 외식, 여행, 오락 및 컨벤션 등을 대상으로 하는 환대산업(hospitality industry)을 대표한다. 호텔(hotel)의 의미는 본래 라틴어의 호스피탈리스(hospitalis)라는 환대(歡待)에서 유래되었다. 따라서 환대산업은 호텔, 레스토랑 등과 같이 인적 서비스의 비중이 높은 업종들을 의미하며, 관광산업과 같은 의미로 쓰이는 경우가 많다. 서비스부문의 대표적인 산업 가운데 하나인 관광산업에는 산업표준분류 가운데 운수업, 숙박 및 외식업, 여가와 관련한 서비스업 등이 해당된다. 이 가운데 운수업은 자동차, 철도, 선박 및 항공기를 이용하여 여행객의 공간적 이동을 가능하게 함으로써 관광의 구성요소인 동시에 산업을 촉진하는 수단이다. 특히 항공교통은 높은 수준의 인적 · 물적 서비스가 동시에 요구되는 고도의 서비스산업이다.

## 3. 서비스경제

### (1) 서비스의 경제적 역할

**• 서비스산업의 위치**

오늘날 서비스산업은 세계적으로 노동력이 가장 집중되는 분야이다. 인류가 18세기 산업혁명을 통해 사회 · 경제적 변혁을 이룩한 이래 농업과 제조업에서 서비스산업으로 노동력이 전 세계적으로 이동되어 왔다. 산업의 중심이 서비스로 이동하는 원인으로는 도시화, 기술의 발전, 낮은 임금과 경제의 글로벌화 등을 들 수 있다. 서비스산업은 모든 산업화된 국가에서 가장 비중이 높은 산업이며, 국가경제를 선도하는 역할을 담당하고 있다. 서비스업종의 수많은 일자리들은 선진국을 중심으로 전문직, 사업서비스, 의료와 교육, 공공서비스 분야의 숙련된 지식기반 업종으로 전환되었다. 실제로 산업화된 경제일수록 서비스산업부문의 고용이 대부분을 차지하고 있다. 이는 농경사회와 산업사회를 거쳐 오늘날의 후기산업사회로 진화하는 과정에서 나타나는 자연스러운 현상이다.

서비스산업은 국민총생산 비중이 높아 가장 일자리 창출효과가 크고 새로운 업종을 빠르게 창출한다.

**• 서비스경제의 확대**

서비스는 수요자와 공급자 간에서 관찰되는 독특한 특성들로 인해 전통적인 제조업에 바탕으로 둔 경영관리의 개념을 직접 적용하기 어려운 영역이다. 이로 인해 오늘날 경험에 기반을 두는 서비스경제라는 새로운 영역을 탄생시켰다. 오늘날 서비스경제의 규모는 선진국이나 개발도상국가 등 세계 대부분의 국가에서 증가하고 있다. [그림 1-2]는 서비스부문이 세계적으로 국내총생산에 얼마나 기여하고 있는가를 나타내고

**그림 1-2** 세계 GDP에 대한 서비스산업의 기여도

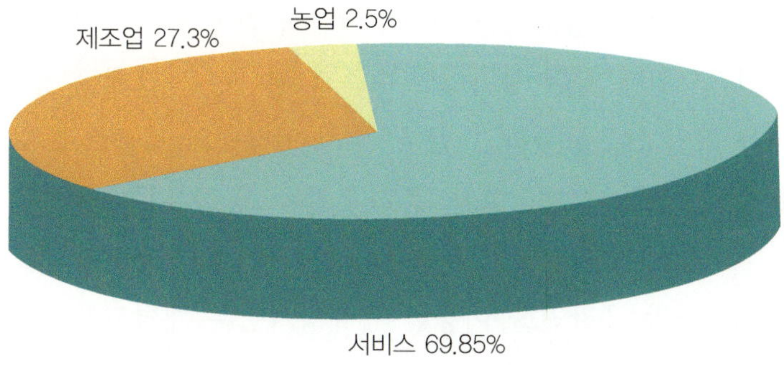


자료: *World Factbook*(2017)

**그림 1-3** 세계 주요국별 GDP 대비 서비스부분의 비중

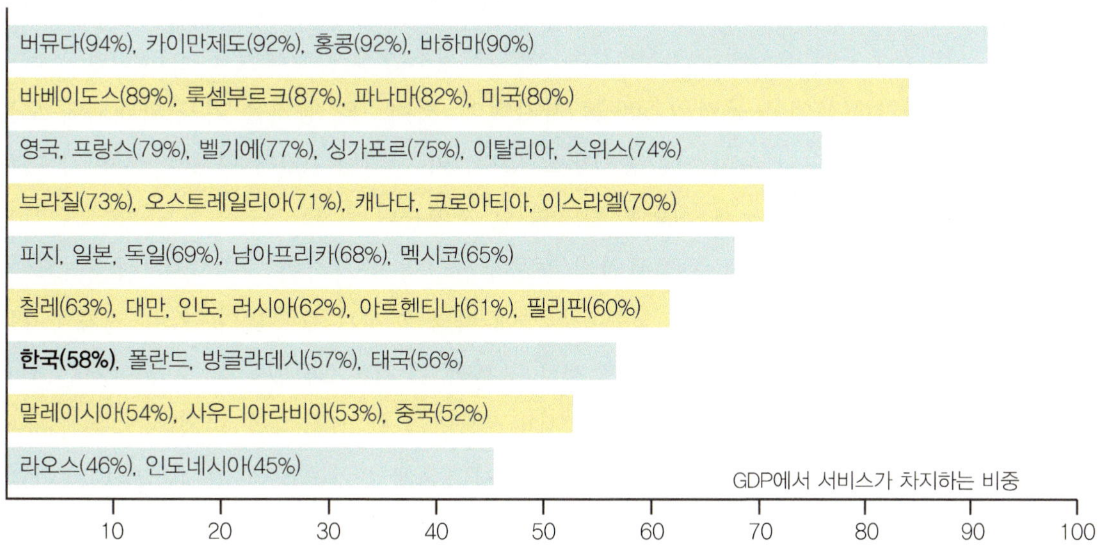


자료: *World Factbook*(2018)

있다.

대부분 선진국의 경우, 서비스부문이 국내총생산의 약 70% 내외를 차지하고 있다. [그림 1-3]은 서비스부문이 각국의 국내총생산(GDP)에서 차지하는 비중을 나타낸 것이다.

### (2) 정보기술과 서비스

오늘날의 서비스는 정보기술(IT)의 발달과 함께 빠르게 진화하고 있다. 정보기술은 전통적인 인적요인에 의한 서비스의 수준과 생산성을 크게 향상시켰으며, 새로운 서비스의 영역을 끊임없이 창출하고 있다. 특히 인터넷의 보급으로 보편화된 전자상거래는 마케팅과 물류, 금융, 호텔, 병원, 문화 · 관광, 공공부문에 이르기까지 전자서비스(e-service)를 가능하게 했다. IT의 발달은 모든 서비스의 패러다임을 변화시키고 있다. 특히 데이터베이스와 온라인을 이용한 마케팅기법은 개별고객에 대한 관리기법으로 발전하여 모든 산업계에서 널리 이용되고 있다.

### (3) 서비스경제의 발전

서비스의 영역이 확대되면서 서비스경제는 빠르게 진화하고 있다. 선진국일수록 경제에서 서비스가 차지하는 비중은 절대적이다. 1900년대 초 미국에서는 10명 중 3명만이 서비스부문에 종사하고, 나머지는 농업과 제조업에 종사하였으나 1950년경에는 서비스부문의 고용이 노동력의 50%를 차지했다. 서비스의 영역은 더욱 확대되어 오늘날에는 10명 중 8명이 서비스에 종사하고 있다. 이는 지난 100여 년 동안 사회가 제조업 중심에서 서비스중심으로 진화해 왔음을 잘 보여준다.[3)]

경제의 발전과정에서 특정산업의 노동생산성이 증가하면 노동력이 집중되고 어떤 부문에서 대다수의 노동력이 활동하는가에 따라 경제가 구분된다. 많은 경제학자들은 경제의 발전단계를 전통적으로 3단계로 구분하고, 서비스산업을 마지막 단계인 3차 산업으로 분류하고 있다. 그러나 최근 서비스산업의 팽창에 따라 피치몬스 등(James A. Fitzsimmons)의 학자들은 서비스산업을 다시 3단계로 세분하여 경제발전 단계별로 모두 5차 산업으로 구분하고 있다. 이 분류방식에 따르면, 제3차 산업은 기본적인 서비스인 국내서비스로 구성되며, 제4차 산업은 국제통상과 상거래, 그리고 제5차 서비스산업은 건강 · 교육 · 연구 · 문화 · 예술 및 레저 등 인간의 잠재능력을 구현하는 높은 수준의 서비스활동으로 이루어진다.

세계적으로는 아직도 많은 국가들은 경제개발의 초기단계에 머물고 있다. 지역별로는 아프리카의 대부분 국가와 아시아 일부국가들은 자연자원의 채취나 농업 등에 기반

---

3) Fitzsimmons, J. A., Fitzsimmons, M. J. & Sanjeev K. *Service Management*, McGraw Hill, 2014, p.5.

**그림 1-4** 경제활동의 발전단계

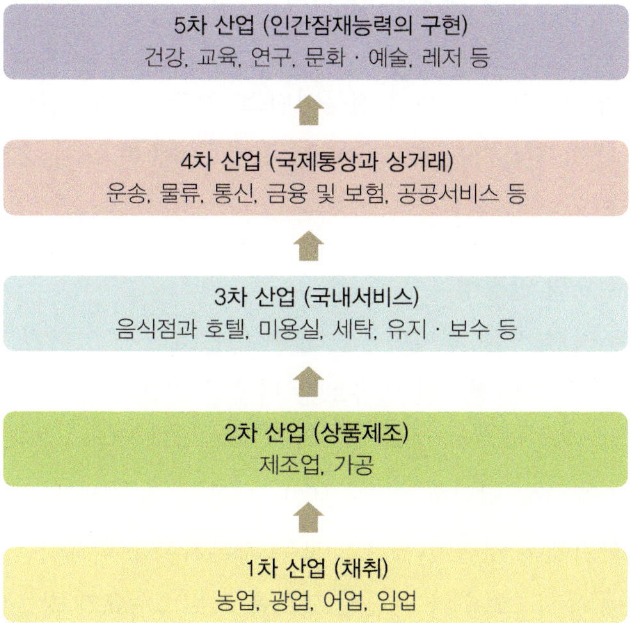


자료: Fitzsimmons, J. A., Fitzsimmons, M. J. & Sanjeev K. *Service Management*, McGraw Hill, 2014, p.6.

을 둔 1차 산업에 종사하고 있다. 이들 지역에서는 생산성이 낮아 저소득의 산출물에 의존하고 있으며, 가격변동에 경제가 많은 영향을 받는다. 한편, 서비스경제의 발전에 따른 노동력 이동은 세계적으로 보편적인 현상으로 나타나고 있다. 산업화된 선진국의 경제일수록 높은 부가가치를 창출하는 서비스부문에 집중하고 있다.

### (4) 서비스경제의 특징

오늘날의 서비스경제가 지니는 특징을 몇 가지로 정리해 보면 다음과 같다. 서비스경제의 특징들은 오늘날 선진국들이 서비스산업을 왜 경쟁적으로 육성하고 있는지를 잘 보여준다.

- **서비스의 고도화**

오늘날 서비스산업은 경제를 이끌어 나가는 성장의 원천이다. 그 이유는 서비스경제의 영역이 분화되면서 부문별로 고도화가 빠르게 진행되고 있기 때문이다. 일상에서 서비스는 흔히 상업적 거래에 수반되는 보조적 활동으로 잘못 인식되는 경향이 있다. 산업화와 함께 급속하게 성장해 온 서비스부문을 백화점이나 레스토랑처럼 낮은 임금 내지는 기술수준이 낮은 직업군으로만 보는 것도 옳지 않다. 21세기 들어서면서 선진국들의 전체 임금근로자 가운데 전문서비스, 보건, 사회지원과 교육서비스 컨설팅, 문화예술 등과 같이 전문성을 필요로 하는 서비스업종이 크게 증가함으로써 산업의 구조가 고도화되고 있다.

• **서비스수요의 안정성**

서비스부문의 성장은 경기변동을 줄여주는 효과가 있다.[4] 서비스경제가 경기변동에 대해 상대적으로 안정적인 이유로는 다음과 같은 속성을 들 수 있다. 첫째, 서비스는 일반상품과 달리 재고가 없기 때문에 시장수요에 따라 생산량이 결정되므로 경제불황기에도 일상생활에 밀접한 의료, 보험, 보안 등의 서비스수요는 지속적으로 발생한다. 둘째, 불황기에는 개인이나 기업 모두 자본지출을 억제하는 대신 기존의 자산을 운용하기 때문에 유지 · 보수와 관련된 새로운 서비스수요가 창출된다.

• **새로운 직업의 창출**

세계적으로 서비스부문이 급격하게 성장함에 따라 새로운 직업이 새로운 서비스에 의해 지속적으로 창출되고 있다. 고용의 창출을 주도하는 분야는 전문직이나 비즈니스 서비스, 교육훈련, 의료와 레포츠 등과 같은 지식기반의 산업들이다. 새로운 서비스직업들은 전문적인 교육을 필요로 하며, 상대적으로 높은 수준의 소득을 받는다. 실제로 많은 제조기업들은 서비스를 유형의 제품속성에 포함하여 인식하였으나 개별서비스를 분리하여 마케팅차원으로 전문화하고 있다. 예를 들어, IBM은 서비스경제에서 가치창출을 위한 긴밀한 융합을 의미하는 서비스과학(Service Science) 또는 경영공학(Management & Engineering)이라는 새로운 개념의 학문영역을 만들어 냈다. 서비스과학은 서비스시스템을 설계하고 개선 · 혁신하는데 필요한 각 분야들을 하나로 통합한 개념이다.[5] 이와 같은 새로운 추세는 경영과 공학 또는 컴퓨터공학 등과 같은 고유의

---

4) 미국의 경우, 과거 몇 차례의 불경기를 경험하는 동안 제조업의 고용은 감소한 반면, 서비스부문의 고용은 증가했다. 이는 소비자들이 제품의 구매는 미루는데 비해 필수적인 서비스, 즉 교육, 통신, 금융, 보건, 화재 및 방범 등의 공공서비스는 경기변동에 영향을 받지 않는 경향이 있기 때문이다. Fitzsimmons, J. A., Fitzsimmons, M. J. & Sanjeev K. *Service Management*, McGraw Hill, 2014, p.10.

5) Jochen Wirtz, et al., *Essentials of Services Marketing*, 2nd ed., Pearson Education Ltd., 2013, p.9.

전공영역뿐만 아니라 빅 데이터 활용을 비롯한 서비스의 인접학문의 기반지식에 대해 보다 체계적인 이해가 필요함을 의미한다.

## 4. 서비스의 네 가지 영역

서비스가 제공되는 프로세스의 관점에서 보면 서비스에는 사람, 물리적 대상물, 데이터와 정보가 폭넓게 활용된다. 서비스프로세스의 본질은 유형적일수도 있고 무형적일수도 있다. 유형적 행동은 사람이나 물리적 소유물에 의해 수행되며, 무형적 행동은 사람들의 심리 또는 무형적 자산에 의해 수행된다. 이것을 통해 서비스의 대상과 서비스범위의 유·무형성 등의 기준에 따라 서비스의 네 가지 영역이 만들어 진다. 서비스의 네 가지 영역은 다음과 같이 인적 프로세스(people processing), 물적 프로세스(possession processing), 정신적 자극프로세스(mental stimulus processing) 그리고 정보프로세스(information processing) 등이다.[6)]

**그림 1-5** 서비스의 네 가지 영역

| | 누가 또는 무엇이 서비스의 직접적인 수혜자인가? | |
|---|---|---|
| 서비스행위의 본질 | 사 람 | 물리적 대상물 |
| 유형적 행위 | 인적 프로세스<br>(사람에 대한 서비스)<br>• 이발소<br>• 승객운송<br>• 건강관리 | 물적 프로세스<br>(물리적 소유물에 대한 서비스)<br>• 연료교체<br>• 폐기물처리/재활용<br>• 수리 및 유지보수 |
| 무형적 행위 | 정신적 자극프로세스<br>(사람의 마음에 대한 서비스)<br>• 교육<br>• 광고<br>• 심리치료 | 정보프로세스<br>(무형자산에 대한 서비스)<br>• 회계<br>• 금융<br>• 법률서비스 |

자료: Jochen Wirtz, et al., *ibid.*, 2013, p.14.

6) Christopher H. Lovelock, "Classifying Services to Gain Strategic Marketing Insights", *Journal of Marketing*, Vol.47, 1983, pp.9-20. Jochen Wirtz, et al., *Essentials of Services Marketing*, 2nd ed., Pearson Education Ltd., 2013, pp.14-17에서 재인용.

### (1) 사람에 대한 서비스

이 서비스는 사람 자체를 서비스의 대상으로 한다. 이 범주에는 이동, 사람, 의료 등이 있다. 때로는 서비스제공자가 고객이 선호하는 위치에서 원하는 편익을 만들어서 거래하는데 필요한 도구를 가져와서 고객에게로 이동해야 한다. 인적서비스의 의미는 몇 가지로 요약된다. 첫째, 서비스의 생산과 소비가 동시에 이루어지며 고객은 서비스가 제공되는 물리적 현장, 서비스공장에 있어야 함을 의미한다. 둘째, 고객의 적극적인 협조가 서비스 제공과정에서 필요하다. 예를 들어, 병원에서는 고객 스스로 원하는 것을 서비스제공자에게 정확히 전달해야 하며, 서비스가 제공되는 동안 현장직원이 원하는 자세를 유지해야 한다. 셋째, 관리자는 고객의 관점에서 서비스과정과 성과를 생각하는 것이 중요하다. 금전적인 비용 외에도 비 금전적인 비용, 예를 들면, 시간적 · 신체적 노력 심지어는 두려움과 고통 등도 고려되어야 한다.

인적서비스는 고객 스스로 서비스과정에 참여하여 편익을 창출한다.

### (2) 소유물에 대한 서비스

고객은 서비스기업에게 자신이 소유하는 물리적인 제품에 대한 서비스를 요구하는 경우가 있다. 물리적 제품이란 세탁물이나 고장난 엘리베이터, 작동되지 않는 전자제품 등이 될 수 있다. 이러한 서비스의 범주가 지니는 의미는 다음과 같다. 첫째, 사람에 대한 처리와 달리 소유물에 대한 처리는 생산이나 소비가 동시에 이루어지지 않는다. 이것은 서비스기업으로 하여금 원가관리를 위해 서비스를 설계할 때 보다 더 많은 융통성을 부여한다. 둘째. 고객의 참여는 사람에 대한 프로세스인 경우보다 더 적다. 때

소유물에 대한 서비스는 고객이 스스로 서비스현장에 있기를 선호한다.

로는 고객이 서비스를 제공하는 현장에 있기를 요구하기도 한다.

### (3) 정신적 자극에 대한 서비스

이 유형의 서비스는 고객의 마음에 감동을 주거나 또는 고객의 태도형성이나 행동에 영향을 주기 위한 것이다. 교육, 뉴스와 정보, 전문적 조언, 특정의 종교활동 등의 영역이 여기에 해당된다. 이러한 서비스의 핵심내용은 정보기반적이다. 따라서 이는 음악 · 소리 · 영상이미지 등으로서 인지되어 기억으로 남겨진다. 이 유형의 서비스가 지니는 의미는 다음과 같다. 첫째, 고객은 서비스의 제공현장에 있을 필요가 있다. 정보가 제공될 때 이를 수동적으로 받아들임으로써 서비스가치를 경험한다. 둘째, 이 범주의 서비스는 미래의 소비를 위하여 저장되거나 반복적으로 사용될 수 있다.

정신적 서비스는 고객의 태도형성이나 행동에 영향을 주는 심리적 자극을 통해 새로운 가치를 창출한다.

### (4) 정보에 대한 서비스

정보는 정보처리와 자료집을 만들기 위하여 그들의 두뇌를 이용하는 전문가나 기계에 의해 처리된다. 정보는 서비스산출물의 가장 유형적인 형태이다. 그러나 이는 메일이나 보고서, 서적, DVD 등과 같은 보다 영구적이고 유형적인 형태로 전환될 수 있다. 정보의 효과적인 수집과 처리에 많이 의존하는 일부 서비스는 회계, 법률, 경영컨설팅, 의료진단 등과 같은 전문서비스에 해당된다. 종종 정보에 대한 서비스와 정신적 자극에 대한 서비스 간의 구분이 모호한 경우도 있다. 예를 들면, 주식중 개인이 고객의 주식거래를 분석해 주는 경우 이는 정보에 대한 서비스일 수 있다. 그러나 이러한 분석의 결과는 미래의 투자전략에 대한 조언에 이용되기 때문에 정신적 자극에 대한 서비스가 될 수 있다. 따라서 이들 서비스는 모두 정보기반의 서비스라고 표현할 수 있다.

정보기반 서비스는 서비스 가운데 가장 유형적인 방식으로 가치를 만들어 낸다.

## 제2절 서비스의 특성

서비스는 경제활동의 산출물이다. 시장에서 거래되는 상품으로서 고객의 경험을 통해 가치가 창출된다. 서비스를 구매하는 입장에서 보면, 서비스는 하나의 패키지로서 그 가치를 인식한다. 서비스의 특성을 일반적 특성과 서비스패키지로서의 특성으로 나누어 살펴보자.

## 1. 서비스의 일반적 특성

### (1) 고객의 서비스프로세스 참여

서비스는 공급자가 고객에게 일방적으로 제공하는 것이 아니라 고객이 함께 반응을 함으로써 가치가 창출된다. 서비스는 자원을 투입하여 산출된 생산물이다. 서비스자원은 노동과 자본, 시설 등이며, 생산과정에 고객이 함께 투입되어 서비스의 가치가 창출된다. 따라서 서비스가 생산시스템으로서 제대로 작동하기 위해서는 고객이 서비스전달의 프로세스에 직접 참여하여 가치를 경험해야 한다.

### (2) 생산과 소비의 동시성

일부영역의 서비스를 제외하고 대부분의 서비스는 생산과 동시에 소비가 된다. 제조업은 시장수요의 변동을 흡수할 수 있도록 적정한 수준의 완제품을 재고로 운영하는데 비해, 서비스기업은 시장수요의 변동이 서비스시스템에 직접적으로 영향을 미친다. 재고관리가 제조업의 생산관리에서 중요한 것과 마찬가지로 서비스산업에서는 고객의 기다림, 즉 서비스에 대한 대기시간과 상태를 관리하는 것이 중요하다.

### (3) 소멸성

생산되는 서비스는 소비가 이루어지지 않을 경우, 특정한 시간이 경과하는 순간 그 가치가 소멸된다. 이는 서비스의 동시성에서 기인하는 특성이다. 비행기의 좌석, 호텔의 객실, 의사의 진료시간 등은 잠재적 수요자를 위해 제공되었으나 고객에 의해 소비되지 않는 경우가 여기에 해당된다.

### (4) 무형성

상품으로서 서비스가 지니는 가장 두드러진 특성은 무형이라는 점이다. 판매를 위해 상품의 특징을 진열하거나 미리 구현해 보이는 것이 불가능하다. 서비스의 가치에 대한 구체적인 설명도 어렵기 때문에 서비스의 품질수준에 대한 객관화가 어렵다.

### (5) 이질성

서비스는 누가, 언제, 어디서 그것을 제공하느냐에 따라 차이가 발생한다. 즉, 시간이나 고객, 시장의 상황 또는 서비스제공자나 기업의 활동여건 등에 따라 서비스의 내용과 가치가 달라지기 때문에 이를 표준화하는 것이 어렵다. 그리고 동일한 서비스에 대해서도 고객마다 주관적 기준에 따라 가치를 판단하기 때문에 동일한 서비스를 각기 다르게 평가한다.

### (6) 서비스의 비소유성

서비스는 구매를 통해 소유권이 고객에게 이전되지 않는다. 경제적 대가의 지불을 전제로 물품이나 시설물, 장소 및 공간의 사용, 인력과 전문기술의 활용, 네트워크의 이용 등과 같이 독점적 사용을 위한 권리나 참여, 출입, 고용 등의 권한을 일시적으로 획득하는 것이다. 호텔의 객실이나 항공기의 좌석의 구매는 일정시간 동안 이를 사용할 권한을 구매하는 것이다.

## 2. 서비스패키지

### (1) 서비스패키지의 개념

서비스가 상품으로서 일반적인 상품들과 무엇이 다른가? 그 차이를 이해하기 위해서는 서비스패키지의 개념을 명확히 정의할 필요가 있다. 서비스패키지(service package)란 고객에게 제공되는 재화, 서비스, 경험, 정보 등의 집합이다. 서비스상품은 고객이 서비스과정에 함께 참여하여 상호작용함으로써 그 가치가 창출된다. 이때 고객의 입장에서 보면, 서비스는 다양한 활동요소들이 결합된 패키지의 형태로 서비스의 가치를 인식한다. 예를 들어, 항공기의 승객에게는 좌석의 쾌적함이나 기내식음료, 승무원의 친절이 목적지까지의 공간적 이동만큼이나 중요하다. 고객들은 여행을 위해 비행기타는 것을 기내서비스를 제공받는 것으로 인식하기 때문이다. 레스토랑의 경우에도 쾌적한 분위기와 정숙함이 식사만큼이나 중요하다. 고객들은 종종 식사를 친구들과의 모임장소로 인식하기 때문이다. 즉, 레스토랑이 제공하는 음식과 함께 제공되는 여러 가지 서비스요소들로 묶어 패키지의 가치를 경험하고 평가하는 것이다.[7]

---

7) James A. Fitzsimmons, Mona J. Fitzsimmons & Sanjeev K. Bordoloi, *Service Management 8th Ed.* 2014, pp.22-25.

서비스의 가치는 다양한 활동요소들이 결합되어 패키지형태로 향유하는 고객의 경험에 바탕을 둔다.

### (2) 서비스패키지의 구성

서비스상품은 서비스가 제공되는 과정에서 고객과의 상호작용을 통해 경험하는 편익에 의해 서비스의 가치가 창출된다. 서비스패키지는 제공과정에서 고객이 경험하게 되는 명시적 서비스와 묵시적 서비스, 지원시설과 서비스물품, 그리고 정보 등의 다섯 가지의 편익들로 구성된다. 이들 요소에 대해 항공기 탑승객에 제공되는 서비스패키지의 구성을 예를 들어 살펴보자.

**• 명시적 서비스**

고객이 감각에 의해 직접적으로 알 수 있는 서비스로서 서비스의 본질적이고 핵심적인 요소이다. 예를 들면, 항공기 탑승의 안전성과 쾌적성, 운항의 신속성과 공항접근의 용이성, 스케줄 및 노선의 편리성 등이 여기에 해당된다.

**• 묵시적 서비스**

고객이 암묵적으로 인지하는 심리적 혜택이나 서비스의 외관적인 특성에 의해 느끼는 편익이다. 예를 들면, 승무원의 태도나 기내의 인테리어 등에서 받게 되는 서비스가 여기에 해당된다.

**• 지원시설**

서비스가 제공되기 위해 필요한 시설과 장비 등의 물적자원으로서 항공기와 체크인 카운터, 공항의 항행안전과 보안시설 등이 여기에 해당된다.

그림 1-6 서비스패키지

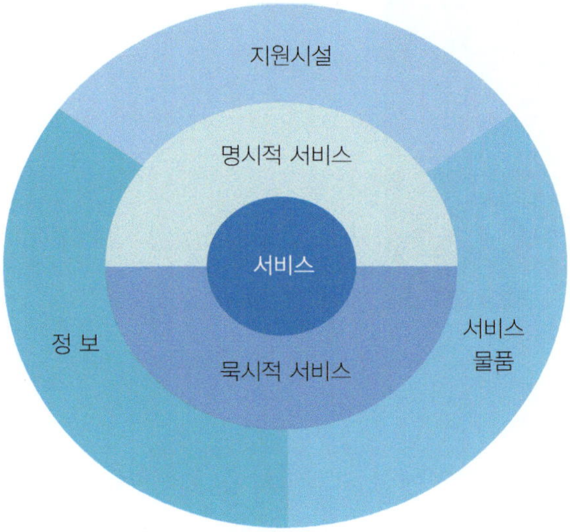


자료: Fitzsimmons, J. A., Fitzsimmons, M. J. & Sanjeev K. *Service Management*, McGraw Hill, 2014, p.22.

- **서비스물품**

서비스에 소요되는 것으로서 고객에 의해 구매되거나 소비되는 물품을 의미한다. 예를 들면, 기내식음료나 기내의 오락프로그램, 의약품 등이 여기에 해당된다.

- **정 보**

고객에게 제공되는 서비스 정보를 의미하며, 서비스의 편익을 강화하는 역할을 한다. 예를 들면 좌석의 예약상태, 기상조건, 여행목적지의 정보 등이 여기에 해당된다.

### (3) 서비스패키지의 평가기준

서비스는 고객이 경험하는 종합적인 편익(benefit)에 따라 그 가치가 평가된다. 따라서 서비스기업은 고객들이 기대하는 서비스패키지와 일치하는 경험을 제공해야 한다. 서비스는 종류에 따라 서비스패키지의 구성요소의 중요성이 달라진다. 예를 들면, 정신과 의사는 특별한 서비스물품이나 지원시설을 사용하지 않는 반면, 항공사는 객실서비스를 위해 다양한 서비스물품과 묵시적 서비스를 필요로 한다. 〈표 1-2〉는 항공사의 서비스패키지를 평가하는 기준을 예로 나타낸 것이다.

**표 1-2 서비스패키지의 평가기준(예시)**

① 명시적 서비스
- 출발과 도착의 정시성
- 항공안전기준에 충실한 운항정도
- 좌석배치, 비상절차안내, 승무원, 탑승과 하기절차 등

② 묵시적 서비스
- 항공기 및 기내상태와 좌석의 쾌적성
- 승무원의 친절수준
- 기내 인테리어의 상태 및 청결도 등

③ 지원시설
- 공항의 접근성과 출국장 위치
- 탑승수속 카운터의 편리성
- 탑승을 위한 대기장소 등

④ 서비스물품
- 기내식음료에 대한 만족도
- 기내판매 이용의 편리성
- 기내 VOD상태와 잡지, 오락프로그램, 화장실의 비품상태 등

⑤ 정 보
- 운항스케쥴, 좌석예약상태
- 비행 및 기상 등 도착지 정보의 제공
- 입국심사절차, 목적지 환승에 대한 안내 등

## 제3절 서비스경영

서비스경영이란 무엇인가? 서비스를 대상으로 하여 계획 → 조직화 → 지휘 → 통제 등의 단계별 활동에 대한 관리과정(management process)이다. 그동안 경제활동의 부산물 정도로 이해되던 서비스의 개념은 서비스경제의 중요성을 인식하기 시작하면서 독립된 학문영역으로 자리잡게 되었다. 본절에서는 서비스경영의 개념을 살펴보고, 인적요소의 비중이 큰 서비스경영에서 감정노동이 지니는 의미를 설명한다.

## 1. 서비스경영의 개념

### (1) 서비스경영의 등장

#### ① 항공서비스의 혁신이 출발점

서비스경영(service management)이 학문적으로 다루어지기 시작한 것은 비교적 최근의 일이다. 오늘날 서비스는 경영학의 대상으로서 고객만족경영을 통해 이론적으로 체계화되어 서비스기업뿐 아니라 일반기업의 마케팅분야에서 널리 적용되고 있다. 서비스경영은 1980년대 초반 고객만족의 혁신으로 경영회복의 신화를 이룩한 스칸디나비아항공사(SAS: Scandinavian Airlines System)의 성공사례를 통해 새로운 경영이념으로 자리잡았다. 서비스혁명으로 불리는 SAS의 고객만족경영은 경영철학과 서비스마인드, 서비스프로세스, 고객의 가치와 서비스태도 등을 총체적으로 일컫는다. 1979년의 오일쇼크와 영업실적악화로 심각한 경영부실에 직면한 SAS는 전문경영자였던 얀 칼슨(Jan Carlzon)의 서비스혁신을 통해 회사의 경영회복에 성공하였다. 그 후 SAS의 서비스혁신은 당시 네덜란드 코펜하겐대학의 방문교수였던 미국의 칼 알브레히드(Karl Albrecht) 교수에 의하여 서비스경영의 개념으로 체계화되었다. SAS의 서비스혁명을 통해 서비스경영은 비로소 경영학과 서비스분야에서 독립적인 분야로 새롭게 등장했다.

#### ② SAS의 성공과 서비스 경영이론의 발전

SAS는 기존의 조직을 현장서비스 중심으로 개편하고 접점서비스를 강화함으로써 서비스혁신을 달성하였다. 특히 '진실의 순간(moment of truth)' 개념을 처음으로 도입하였다. 진실의 순간이란 서비스의 모든 프로세스마다 고객은 새로운 진실을 경험하게 되고, 그 경험들이 곧 서비스가치를 결정한다는 것을 뜻한다. 서비스경영이론을 체계화한 칼 알브레히드에 따르면, SAS의 서비스혁신이 오늘날 서비스경영의 이론적 발전에 기여한 바는 다음과 같이 세 가지로 요약된다.[8)]

---

8) SAS의 성공신화는 Ron Zemke와의 공동저서 *Service America*(1985)를 통해 처음으로 알려지게 되었다. 그는 시대적 환경변화를 반영한 개정판(2003)에서 새로운 고객, 새로운 연구의 방향과 경향을 토대로 서비스경영의 전개방향을 제시하였다. Karl Albrecht and Ron Zemke, *Service America in the New Economy*, McGraw-Hill, 2003, pp.79-86.

서비스기업의 신화를 이룩한 스칸디나비아항공의 얀 칼슨. 1980년대부터 서비스경영의 개념을 탄생시켰다.

• **고객가치의 중요성**

SAS의 서비스혁신은 고객의 가치에 대한 개념을 탄생시켰다. 고객을 만족시키는 서비스는 이익창출을 통해 기업의 경영성과에 실제로 긍정적인 영향을 미친다. 즉, 서비스 지향적인 기업은 상대적으로 더 많은 고객가치를 창출함으로써 기업이윤을 증대시킨다. 실제로 미국의 기업들을 표본으로 수행된 실증연구에 따르면, 고객서비스 품질이 높은 상위 20%인 기업집단은 하위 20%인 기업집단에 비해 낮은 시장점유율과 높은 가격수준에도 불구하고 매출액 이익률이 월등히 높게 나타났다.

고객가치는 기업과의 관계가 오래 지속될수록 가치가 증가한다. 미국의 12개 산업분야에서 100개 이상의 기업을 표본으로 분석한 결과, 고객의 이탈을 5%만 감소시킬 경우 수익률은 25～85%까지 향상되었으며, 새로운 고객의 확보비용도 적게 부담하고 있었다.[9)]

**표 1-3 고객가치집중의 경제학**

| | 고객서비스 상위 20% 기업 | 고객서비스 하위 20% 기업 |
|---|---|---|
| 매출액 이익률 | 12% | 1～3% |
| 시장점유율 | 6% | 12% |
| 상품가격지수 | 110% | 98% |

자료: Karl Albrecht and Ron Zemke, *ibid.*, p.80.

9) Karl Albrecht and Ron Zemke, *ibid.*, p.80.

### • 서비스품질

서비스기업의 고객지향적 경영을 통해 고객만족의 개념을 구체화하였다. 오늘날 모든 서비스기업들은 고객의 소리(voice of customer)에 관심을 기울이고 있는데, 그 이유는 다음과 같이 몇 가지로 요약된다. 첫째, 고객과 만나는 순간을 이해하고, 고객의 관점에서 고객경험을 구체화할 수 있다. 둘째, 시장과 고객개인의 변화하는 욕구와 니즈를 파악한다. 셋째, 내부적으로 파악하기 힘든 서비스프로세스와 제품의 혁신을 위한 아이디어를 발굴한다. 넷째, 기업의 비즈니스에 고객의 참여기회를 제공한다. 고객의 서비스기대에 대한 관심은 1990년대부터 시작되었다. 파라슈라만(A. Parasuraman)과 자이사믈(Valarie Zeithaml), 베리(Leonard L. Berry) 등의 학자는 서비스 품질관리를 위한 SERVQUAL모형을 개발하였다. 이 평가모형은 서비스에 대해 고객의 기대를 신뢰성(reliability), 보장성(assurance), 외형성(tangibles), 공감성(empathy), 반응성(responsiveness) 등의 다섯 가지 요소로 구분하여 각각 고객의 기대와 경험의 비교를 통해 품질을 평가한다. 첫 글자를 따서 흔히 'RATER모형'이라고도 한다.[10)]

서비스의 가치는 고객의 기대를 얼마나 잘 충족시키는가에 의해 결정된다.

### • 고객경험의 관리

고객만족의 개념을 고도화하여 고객의 경험을 통한 서비스가치의 극대화를 지향하고 있다. 서비스가 제공되는 모든 과정에서 고객이 인지하는 모든 부분적 경험들은 서비스의 가치를 결정하는 요소가 되기 때문이다. 예를 들어, 비행기를 타는 과정에서 탑

---

10) 서비스품질(SERVQUAL)모형은 1988년 당시에는 모두 10개 요소로 개발되었으나 이후 5개 요소로 수정되었다. 구체적인 내용은 본 서의 제6장에서 다루어짐.

승객이 경험하는 체크인 서비스와 탑승안내, 탑승후의 기내방송과 기내식음료, 불편사항에 대한 응대, 도착지 공항에 대한 정보제공 등이 모두 고객경험의 만족도를 좌우한다. 이러한 고객경험의 관리는 오늘날 서비스경영의 핵심을 구성한다. 실제로 사우스웨스트항공(SWA)에서는 고객이사라는 임원제도를 별도로 운영하고 있으며, 리츠칼튼호텔에는 서비스품질관리 전담임원을 배치하고 있다. 이들의 기본적 임무는 핵심적 상품이나 서비스의 전달과정에서 구현되는 모든 활동이 고객에게 편안하고 좋은 추억으로 남도록 점검하는 것이다. 이러한 실천적 경영은 SAS의 서비스혁신에서 소개되었다. 서비스를 전사적인 차원에서 계획 · 운영함으로써 고객개인마다 경험하는 수많은 진실의 순간을 긍정적인 결과로 관리하는데 목적을 두고 있다.

서비스는 전달과정에서 고객이 인지하는 모든 부분적 경험들을 통해 상품의 가치가 결정된다.

### "SAS의 서비스혁명"

오일쇼크와 세계적인 경기의 침체기였던 1980년대 초. SAS는 1979년과 1980년 2년 간에 걸친 연속적인 적자로 3천만 달러의 적자가 누적된 상황이었다. 경영위기에 직면한 SAS의 이사회는 당시 39세의 젊은 전문경영인 얀 칼슨(Jan Carlzon)을 사장으로 영입하였다. 당시 대부분의 항공사들은 불황극복을 위해 긴축경영과 경영효율화를 추구하고 있었다. 그러나 얀 칼슨은 전혀 새로운 해법으로 서비스경영에 커다란 족적을 남겼다. 당시 SAS가 거둔 서비스혁신의 핵심은 고객에 대한 접점서비스였다. 효과적인 고객서비스를 위해 그는 고객만족에 초점을 두었다. 그는 직원들에게 "당신이 지금 판매하고 있는 서비스가 고객이 원하고 있는 것인지를 확인하라(Make sure you are really selling what the customer wants to buy)"라는 간단 · 명료한 슬로건으로 마케팅철학을 회사내에 정착시켰다. 이를 위해 회사의 조직을 접점서비스 중심으로 재편하여 모든 조직이 고객서비스의 지원부서로 탈바꿈시켰다.

이는 곧 고객지향적 기업문화의 등장을 의미했다. 이와 함께 서비스패키지의 프로세스에서 고객이 경험하는 서비스경험을 '진실의 순간(moment of truth)'으로 규정하고 이를 모든 구성원이 공유하도록 했다. "SAS는 당신이다. 고객이 느끼는 모든 진실의 순간마다 당신은 곧 회사이다. 고객의 만족을 위해서는 회사의 규정이나 정해진 틀에 억매이지 말고 고객의 진정한 욕구가 무엇인지를 판단하고 대응하라." CEO의 서비스철학이었다. 핵심은 모든 업무처리를 고객위주로 할 것이냐 혹은 회사위주로 해야 할 것이냐 하는 순간 두말할 것도 없이 고객중심으로 생각하고 행동하는 것이었다. 서비스가치와 서비스철학의 공유, 사고방식의 전환을 위해 얀 칼슨은 모든 임원과 노조간부를 대상으로 집중적인 워크숍과 전사적인 서비스교육을 강화하였다. 그리고 두 가지 방법으로 서비스의 개혁을 추진하였다. 하나는 요금구조와 객실서비스의 차별화였다. 이는 '비즈니스맨을 위한 항공사'라는 BMA프로젝트(Businessman's Airline Project)를 통해 비즈니스맨을 대상으로 일반석과 차별화된 비즈니스클래스를 도입하여 항공업계에 강한 인상을 남겼다. 둘째로는 운항스케쥴의 정시성을 확보하기 위해 '정시출발 프로그램'을 추진하였다. 당초 6개월 기간에 약 100만 달러 규모로 시작되었으나 직원들의 적극적인 참여로 3개월간 12만 달러만이 소요된 이 사업을 통해 운항지연을 유발하는 요인들을 대폭 해결했다. 그 결과 SAS는 유럽에서 가장 시간을 잘 지키는 항공사라는 명성을 얻었다.

경영위기의 극복을 위해 얀 칼슨은 비용감축보다는 오히려 4,500만 달러의 추가투자와 1,200만 달러의 영업비용을 늘여 1만 2천 명에 대한 사원교육, 147건의 서비스개선 프로그램을 수행한 결과 SAS는 800백만 달러의 적자에서 단 1년만에 매출액 20억 달러에 7,100만 달러의 이익으로 전환하는 놀라운 성과를 거두었다. SAS는 1983년 포춘(Fortune)지로부터 세계 최고의 항공사로 선정되었다. 무엇보다도 SAS가 거둔 최고의 성과는 전체 구성원들의 사고방식에서 나타난 변화였다. 그는 직접 접점서비스 직원들과의 소통을 통해 고객에 대한 태도를 변화시킴으로써 고객의 경험가치를 극대화할 수 있었다. 고객의 경험을 곧 서비스상품으로 인식한 결과이다. 오늘날 서비스경영에서 SAS의 서비스 혁신사례는 비즈니스전략이 아닌 사고방식의 전환으로 평가받고 있다. "우리 회사는 하루 5만 번씩 진실의 순간을 맞이한다." 서비스현장이 왜 중요한지에 대한 얀 칼슨의 표현이 서비스경영의 가치를 말해준다.

### (2) 서비스경영의 정의

경영은 한 마디로 기업활동을 위한 주요 의사결정의 과정으로 정의된다. 구체적으로는 조직의 목표를 효율적으로 달성하도록 조직의 인적·물적자원의 결합을 통해 계획, 실행, 통제 등의 경영기능을 수행하는 일련의 과정으로 설명된다. 서비스경영(service management)이란 경영의 원리가 서비스에 적용되는 분과(分科, branch)로서 판매를 위해 제공되는 서비스 또는 상품판매에 수반하여 제공되는 서비스를 대상으로 하는 모든 의사결정의 과정이다.

서비스경영은 두 가지 영역으로 구분된다. 한 가지는 독립적인 서비스상품과 산업을 대상으로 하는 경영의 영역이다. 이때 서비스란 시장에서 거래되는 독립적 상품을 의미하며, 서비스산업을 구성한다. 다른 하나는 고객의 욕구충족을 위해 거래되는 상품의 구성요소로서 일반상품을 대상으로 하는 경영의 영역이다. 이때 서비스는 물리적 상품과 결합되어 제공되는 총체적 상품(total product)의 구성요소로 인식된다. 따라서 서비스경영은 서비스업이나 서비스중심의 조직을 대상으로 하는 전자의 영역에 해당된다. 그리고 서비스경영의 목표는 고객에게 제공되는 서비스의 가치를 극대화하는 것이다.

## 2. 서비스와 감정노동

### (1) 감정노동의 개념

**• 감정노동의 정의**

감정노동(emotional labor)이란 사람을 상대하는 직업에 종사하면서 의지를 갖고 어떤 마음상태를 생산해내야 하는 노동을 말한다. 미국의 사회학자인 호크실드(Arlie R. Hochschild)에 따르면, 자신의 감정을 관리해야 하는 일이 업무의 40% 이상이면 감정노동에 해당된다. 그리고 이런 직종에 일하는 사람들을 감정노동자라 부른다.[11] 감정노동자는 고객이 우호적이고 보살핌을 받고 있다고 느끼도록 자신의 외모와 표정을 유지하고, 실제감정을 억누르거나 실제감정과 다른 감정을 표현하는 등 감정을 관리하는

---

11) Arlie R. Hochschild, *The Managed Heart : Commercialization of Human Feeling*, Berkeley, University of California Press. 1983.

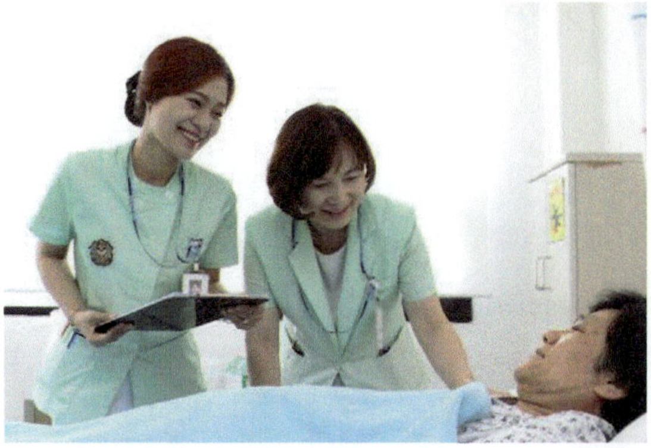

감정노동은 고객이 우호적이고 보살핌을 받고 있다고 느끼도록 자신의 감정을 관리하는 일이다.

일에 종사하는 사람들이다. 서비스직 뿐만 아니라 일반직장에서도 인간관계의 갈등으로 인한 감정노동이 나타난다.

- **정신노동 vs. 감정노동**

사람을 대면하는 일을 수행할 때에 조직에서 바람직하다고 여기는 감정을 자신의 감정과는 무관하게 행하는 노동으로서 주로 판매, 유통, 음식, 관광, 간호 등 서비스가 해당된다. 감정노동은 실제로 느끼는 감정과 다른 감정을 표현해야 할 때 발생한다. 이러한 감정적 부조화가 적절히 해소되지 않을 경우, 좌절이나 분노, 적대감, 감정적 소진 등의 스트레스를 겪게 된다. 한편, 정신노동(mental work)은 정신적인 투입을 요구하는 것으로 노동과 정신적인 일체화, 그리고 창조력을 필요로 하는 노동으로서 감정노동과는 구별된다.

### (2) 서비스산업의 감정노동

감정노동은 종사하는 업종이나 직무에 따라 그 내용과 강도의 차이가 있다. 주로 높은 수준의 감정노동은 대부분 고객과의 대면이나 음성통화 등과 같이 고객과의 직접적인 상호작용의 과정이 두드러진 서비스 종사자에게 해당된다. 예를 들면, 공공서비스에 속하는 의료기관인 경우라 하더라도 간호사, 의료기술직, 사무행정직 간에는 대면서비스의 정도에 따라 감정노동에는 차이가 있다. 또한 비대면적 서비스인 콜센터의 안내나 상담자들은 감정노동의 강도가 특히 높다. 서비스 종사자의 감정노동은 호텔객실, 간병인, 카지노딜러, 고객서비스 담당직원, 병원의 간호사와 교환원, 화장품판매직, 은행텔러, 유통식품판매직, 은행콜센터 상담사 등의 순으로 강도가 높다.

### (3) 객실승무원의 감정노동

서비스산업에서 감정노동을 대표하는 직업 가운데에는 항공기의 객실승무원이 포함된다. 객실승무원들은 기내에서 카트(cart)를 끄는 동안에는 육체노동을 하고, 비상착륙이나 비상탈출에 대비하거나 실제상황이 발생하는 경우에는 정신노동을 수행해야 한다. 한편, 육체노동과 정신노동의 수행과정에서 객실승무원들은 또 하나의 노동을 수행하게 되는데 이것이 바로 감정노동이다. 서비스의 제공과정에서 유지해야 하는 감정의 상태도 서비스의 한 부분이기 때문이다. 예를 들어, 일을 즐기는 것처럼 보이는 것도 객실승무원이 수행하는 업무의 일부가 되며 항공서비스는 고객으로부터 대가를 받고 판매되는 서비스상품이기 때문에 교환가치를 갖는 것이다.

서비스의 제공과정에서 유지해야 하는 감정의 상태도 서비스의 한 부분이다.

## 3. 서비스경영의 핵심용어

서비스경영은 서비스업이나 서비스중심의 조직을 대상으로 활용영역이 확대되는 동안 현장의 경험을 체계화하여 경영이론으로 발전시켰다. 오늘날 서비스업계의 현장에서 개발되어 폭넓게 활용되고 있는 다음의 핵심용어들은 서비스경영의 본질을 이해하는데 기초적 개념들이다.

### (1) 서비스마인드(service mind)

서비스가 수행되는 현장에서 서비스를 구성하는 대표적인 핵심요소로는 흔히 외형적 동작(smile), 서비스시스템(system), 인간의 감성(sense) 등의 세 가지(3S)를 꼽는다. 이 가운데 한 가지라도 소홀하게 되면, 그 서비스는 좋은 서비스라고 할 수 없다. 서비스 마인드는 인간의 감성(sense)을 의미한다. 마인드(mind)란 어떤 특정한 방식으로 세상을 보는 성향으로서 기술(skill)이 아닌 삶의 방식자체를 뜻한다. 다시 말해, 다른 사람과 구별되는 자신만의 사고체계를 의미하며, 다른 사람이 볼 수 없는 특정한 상황이나 현상을 보는 개인의 독특한 태도라고 할 수 있다. 예를 들어, 푸른색 선글라스를 끼고 세상을 보면 모든 푸른색으로 보이는 것과 마찬가지이다. 요약하면, 서비스마인드란 서비스를 바라보는 서비스를 인식하고 수행할 때의 개인적인 정신세계의 체계를 뜻한다. 이는 서비스를 구성하는 요소 가운데 가장 중요한 전제가 되며, 특히 객실승무원에게는 반드시 갖추어야 하는 요건이다.

### (2) 서비스만족(service satisfaction)

서비스의 모든 부문을 고객의 입장에서 생각하고 고객을 만족시켜 상품의 가치를 창출하고자 하는 경영의 이념이며 기법이다. 1980년대 후반부터 미국과 유럽 등지에서 주목받기 시작한 고객만족의 개념에서 파생되었다. 서비스만족을 높이기 위해서는 고객의 기대를 충족시킬 수 있는 서비스를 제공하고, 고객의 불만을 효과적으로 처리하며, 서비스담당자 등 내부고객도 만족시켜야 한다. 서비스만족은 상품의 품질뿐 아니라 서비스자체의 기획 · 설계 · 디자인 · 제작 · 사후관리 등 모든 과정에 걸쳐 서비스에 내재된 기업문화의 모든 요소들을 고객에게 제공하여 소비자의 만족감을 극대화한다.

### (3) 접점서비스(encounter service)

모든 고객은 서비스의 전달과정에서 서비스제공자와 접촉하게 된다. 그 대상은 주로 현장의 직원이거나 물리적 시설 또는 장비가 된다. 이를 고객접점이라 하는데, 서비스는 고객이 경험하게 되는 서비스패키지의 모든 접점에서 가치가 결정된다. 서비스의 제공과정에는 고객과의 대면이 이루어지는 수많은 접점이 존재한다. 각 접점에서 고객이 인지하는 서비스경험은 해당 기업이나 상품에 대한 이미지로 남겨지기 때문에 서비스접점은 서비스경영에서 가장 중요한 관리의 대상이 된다.

### (4) 고객관계(customer relationship)

서비스경영의 궁극적인 목표는 고객과 형성되는 관계를 통해 서비스의 가치를 극대화하는 것이다. 고객의 니즈와 욕구 등의 정보를 종합적으로 분석해 고객이 원하는 서비스를 개발하고 제공함으로써 새로운 고객을 창출하고 고객을 유지하여 고객의 가치를 극대화할 수 있다. 오늘날의 서비스경영은 고객정보를 세분화하여 신규고객획득, 우수고객유지, 고객가치증진, 잠재고객활성화, 평생고객확보 등의 방법으로 다양한 고객을 적극관리하는 고객과의 관계를 얼마나 효과적으로 관리하는가에 따라 성패가 결정된다. 오늘날 고객관계관리(CRM)기법은 서비스기업의 마케팅에 있어 대표적인 고객지향적 경영방식으로 이용되고 있다.

### (5) 서비스감성(service emotion)

인간의 마음을 움직이는 힘은 감성이다. 경험에 의해 가치가 결정되는 서비스산업에서 감성은 고객의 욕구를 결정하는 중요한 요소이다. 서비스감성이란 소비자가 서비스기업에서 느끼는 외관, 서비스접점에서 느끼는 친절도와 같이 서비스기능 외적인 측면에서 주관적으로 느끼는 만족도를 말한다. 서비스기업은 감정노동을 수행하는 서비스담당자들의 감성을 중시하여 감성을 이끌어 냄으로써 서비스만족을 높이는 동시에 고객의 감성적 욕구를 충족시키는 노력이 필요하다. 서비스 감성경영은 자동화된 서비스의 단점을 보완하기 위해 단순한 친절 이상의 감성적 요소를 강조하여 고객들의 감성적 욕구를 자극하는 노력에 초점을 둔다.

### (6) 서비스품질(service quality)

흔히 고객들은 '밝은 미소'와 '상냥한 인사' 서비스에 만족을 표한다. 그러나 환대(hospitality)를 기본으로 하는 높은 수준의 서비스기업일수록 고객은 그 이상의 차별화된 서비스를 기대한다. 서비스에 대한 품질에 대한 기업의 약속을 서비스보장(service guarantee)이라고 한다. 서비스품질은 고객이 기대와 실제 제공된 서비스에 대한 고객의 경험 간의 차이로 정의는 개념이다. 서비스품질에 대한 평가는 서비스 전달과정에서 일어난다. 즉 고객은 서비스의 본질을 느끼게 되는 접점에서 만족 또는 불만족을 평가하게 된다. 서비스품질은 기대와 경험 간의 차이로부터 나타나는 서비스실패와 회복 등과 밀접한 관계가 있다.

CHAPTER 02

# 항공서비스의 개요

항공서비스를 말할 때 우리는 항공기의 탑승객을 대상으로 제공되는 객실서비스를 떠올린다. 승객은 공간적 이동을 위해 항공기의 좌석을 구매하지만, 항공사는 승객을 정해진 스케쥴대로 운송하는 서비스만으로 고객의 기대를 충족시킬 수는 없다. 안전한 운항과 함께 기내에서 제공되는 쾌적한 서비스는 항공운송상품의 가치를 결정하는 중요한 요소이기 때문이다. 본장에는 항공서비스를 공부하기에 앞서 그 개념을 정리해 보고, 객실승무원의 기본임무는 무엇인가? 기내서비스가 어떻게 구성되고 어떠한 절차로 고객에게 제공되는가? 등의 기초를 학습한다.

**Keyword**: 항공서비스, 기내안전, 지상서비스, 기내서비스 업무, 항공서비스의 법적근거, 교육훈련, 망각곡선, 국제적 표준, 윤리의식, 항공교통의 특성, 항공운송의 구성, 운항단계, 공익적 서비스, 발권업무, 지상조업, 국가직무능력표준(NCS)

## 제1절 항공서비스의 개념

### 1. 항공서비스의 정의

'항공서비스'에 대한 의미는 서비스활동을 인식하는 관점에 따라 달라진다. 일반적으로 항공서비스는 항공운송서비스의 줄임말로 해석되어 항공사의 운송서비스를 구성하는 모든 업무체계를 지칭한다. 그러나 좁은 의미에서는 항공여행객을 대상으로 기내에서 객실승무원이 제공하는 인적 · 물적 서비스일체를 말한다. 전자의 경우는 서비스경영의 관점에서 항공사의 운송서비스상품을 의미하며, 후자의 경우에는 서비스접점에서 수행되는 실무적 관점의 객실서비스를 뜻한다.

#### (1) 서비스 경영학적 관점

항공서비스란 넓은 의미에서 항공운송서비스에 해당된다. 항공운송서비스란 항공기의 안전하고 신속한 이동을 통해 고객에게 쾌적한 좌석을 제공함과 동시에 인적 · 물적 서비스를 추가하여 여행자를 정해진 목적지까지 이동시킴으로써 상품의 가치를 구현하는 경제적 활동이다. 여기에는 서비스의 일반적 특성인 무형성, 비분리성, 이질성, 소멸성, 비소유성, 고객의 프로세스참여 등의 모든 특성이 포함된다. 항공서비스는 인적 요소와 물적 요소가 균형있게 통합되어 안전성, 신속성, 정확성 및 쾌적성 등이 확보되어야 비로소 가치가 창출된다. 독립적인 상품으로서 운송서비스의 생산 · 판매를

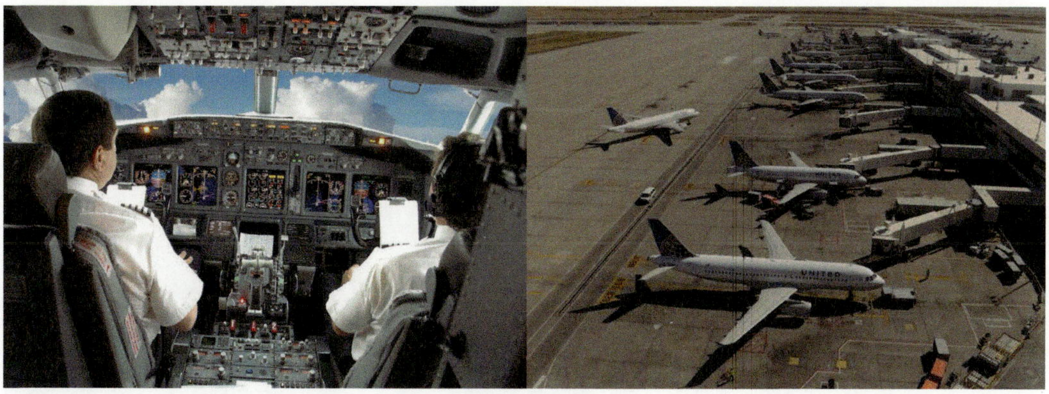

항공운송서비스는 여행자를 목적지까지 안전하고 신속하게 이동시킴으로써 가치를 구현한다.

다루는 기업경영의 관점에서 보면, 항공서비스는 항공운송상품의 모든 구성요소를 연구의 대상으로 하기 때문에 항공기운항을 비롯하여 정비유지와 공항서비스, 예약 및 발권서비스, 고객관리서비스 등의 기능을 모두 포함한다. 즉, 서비스의 특성을 지니는 운송활동의 모든 구성요소가 항공서비스에 해당된다.

### (2) 서비스 실무적 관점

항공서비스는 의미를 실무적 관점에서 정의하면, 서비스의 대상이 탑승객이고 서비스의 영역은 항공기의 객실에 한정된다. 항공업계나 관광업계에서 일반적으로 인식되는 항공서비스의 의미는 항공여행자를 대상으로 안전을 확보하는 업무와 기내서비스를 제공하는 업무로 구성되는 객실서비스 업무(cabin service)를 뜻한다. 즉, 객실승무원의 기본임무를 통해 항공기의 탑승객에게 제공되는 서비스일체를 의미한다. 객실승무원의 기본임무는 다음과 같이 안전의 책임과 서비스의 책임을 수행하는 것이다.

- **안전(safety)의 책임**

객실승무원은 항공기의 안전운항을 위해 기장과 협조하여 운항 중 승객의 안전과 비상탈출에 관한 임무를 수행함과 동시에 안전하고 쾌적한 비행환경을 조성하고 유지하는데 대한 책임을 진다.

- **서비스(cabin service)의 책임**

객실승무원은 제반규정과 서비스절차를 준수하여 승객에게 최상의 기내서비스가 제공되도록 한다. 기내서비스의 궁극적인 목적은 고객만족을 통해 고객이 지각하는 서

최상의 서비스만족은 궁극적으로 고객이 지각하는 긍정적 경험을 극대화한다.

비스의 가치를 극대화하는 것이다.

### (3) 항공서비스의 법적근거

항공기의 객실업무로 구성되는 항공서비스는 두 가지의 서비스개념에 기초를 두고 있다. 하나는 법적으로 규정된 의무적 서비스이며, 다른 하나는 항공사별로 개발 · 운영하는 임의적 서비스이다. 의무적 서비스에 대하여 모든 민간항공사는 객실승무원의 교육훈련규범에 명시하고 있는 교육내용에 대하여 정기적으로 정부기관의 점검을 받아 운영하고 있다. 현재 우리나라 항공사들의 객실서비스 매뉴얼과 교육훈련 등은 다음과 같은 국내외의 법 · 규정들에 기초하여 작성 · 운영된다.

- 국내항공안전법 및 항공보안법
- 국제항공기구(IATA, ICAO, FAA 등)의 운항안전규정(Operational Safety Audit)
- 국가보안규정
- 항공운항기술기준
- 객실승무원의 훈련규범

한편, 임의적 서비스는 서비스상품에 대한 고객만족과 가치창출을 위해 항공사가 자체적으로 개발하여 제공하는 서비스를 말한다.

### (4) 항공서비스의 일반적 정의

항공서비스는 항공기의 객실승무원이 수행하는 모든 서비스를 의미한다. 즉, 항공기 운항에 앞서 지상에서 기내서비스를 준비하고, 탑승과 운항 중, 비행이 완료된 후에 탑승객을 대상으로 기내에서 수행하는 서비스 등의 일체를 말한다. 객실승무원이 수행하는 서비스라 함은 탑승객과 기내물품의 확인, 항공안전을 확보하기 위한 비상상황의 절차 안내와 행동, 탑승과 하기(下機)의 안내, 고객불편사항의 해결, 기내서비스 물품의 제공 등을 통한 쾌적성 유지 등을 위한 업무들로 구성된다.

## "최초의 객실승무원"

세계 최초의 객실승무원 앨런 처치

여객기에 객실전문요원을 처음으로 탑승시킨 항공사는 1928년 독일의 루프트한자(Luft Hansa)였다. 그러나 이때는 여승무원이 아닌 남자승무원인 스튜어드(steward)가 탑승했다. 유럽에서는 고급서비스는 전통적으로 남성이 담당했기 때문에 객실서비스에 남성을 배치한 것이었다. 오늘날과 같이 항공사의 브랜드로 자리잡은 객실승무원이 처음으로 선을 보인 것은 1930년이었다. 당시 미국의 항공사들은 잦은 항공사고로 승객이 감소해 불황에 허덕였고 조종사들이 기내청소나 운항 중 승객의 안전을 담당하는 역할까지 맡고 있었다. 이 무렵 간호사 자격을 갖고 있던 미국 아이오와주 출신의 엘렌 처치(Ellen Church)는 유나이티드항공(UA)의 전신인 보잉항공사(Boeing Air Transport Co.)에 민간조종사로 일하기를 희망하고 있었다. 취업이 불가능하자 스팀프슨 사장을 찾아가 기내에서 서비스를 맡겠다고 제의했다. 이 제의는 처음엔 거절당했으나 앨런 처치는 "여자가 기내에서 일을하면 남자들도 비행기 타는 것을 무서워하지 않을 것"이라면서 설득했다. 결국 3개월간 시험적으로 탑승하는 조건으로 엘렌 처치는 세계 최초의 스튜어디스로 기록되었다. 이어 엘렌 처치는 자신을 포함해 다른 7명의 여성을 모았는데, 이를 통해 처음으로 8명의 스튜어디스가 탄생하였다. 선발된 스튜어디스들은 미국의 샌프란시스코와 시카고구간의 정기항공편에 탑승했다. 이 당시 항공기는 12인승의 DC-3으로 도중에 급유 또는 식사를 위해 수차례씩 중간에 기착하는 장거리여행이었다. 중간기착지에 병원도 없었기 때문에 간호사 승무원들의 역할은 컸다. 승객들이 상냥하고 친절한 스튜어디스의 서비스에 만족하자 보잉항공사는 이 제도를 본격적으로 도입하였다. 당시 보잉항공사는 스튜어디스의 요건으로 "간호사 자격을 갖고, 성격이 원만하고 교양이 있으며 키가 5피트 4인치(162cm) 이하, 몸무게 118파운드(51.189kg)이하, 나이 20~26세의 독신여성"이라는 엄격한 기준을 제시하였다. 신체적 요건이 현재와 달랐던 것은 당시 항공기의 객실이 좁고 천장이 낮았기 때문이었다. 이후 2년이 채 못돼 미국 내 20여 개 항공사가 모두 여성 객실승무원제도를 채택하였으며, 유럽에서도 1931년 에어프랑스에 이어 1934년 스위스항공이, 이듬해엔 네덜란드의 KLM, 1938년엔 루프트한자가 연이어 객실승무원을 채용했다.

보잉항공사의 최초승무원들(1930)

## 2. 항공서비스의 구성

항공서비스는 일반적으로 좌석안내, 식음료서비스, 기내판매 그리고 승객의 요구에 의한 서비스 등으로 구분되며, 모두 객실승무원에 의해 수행된다. 항공서비스는 제공되는 장소, 항공기의 운항단계, 객실업무의 기능에 따라 각각 다음과 같이 나누어진다.

### (1) 지상서비스와 기내서비스

항공서비스는 서비스가 수행되는 장소에 따라 지상서비스와 기내서비스로 구분된다. 지상서비스는 주로 물적 서비스에 해당된다. 주로 기내에 공급되는 음료와 기내식, 신문, 잡지, 면세판매품, 기념품 등의 품목을 출발지 공항에서 제공받기 위해 사전에 해당품목을 파악하여 이를 주문하고 탑재상태를 확인하는 업무들이다. 한편 기내서비스는 좁은 의미에서 객실서비스를 말한다. 대부분 지상서비스를 통해 공급된 서비스물품과 기내의 시설을 이용하여 제공하는 인적 · 물적 서비스로 구성된다.

**그림 2-1** 객실서비스의 구분

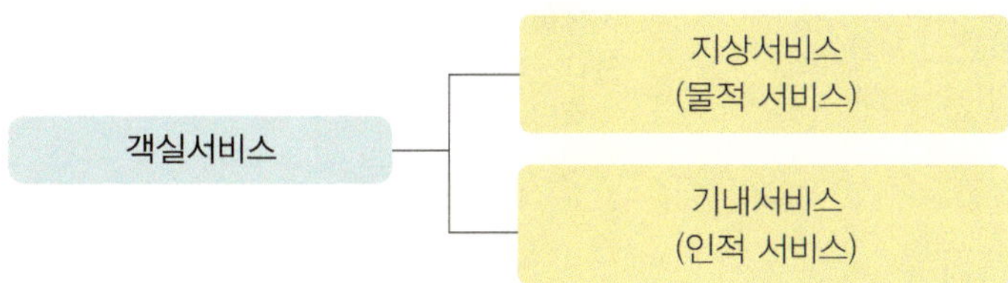

항공서비스는 서비스가 수행되는 장소에 따라 지상서비스와 기내서비스로 구분된다.

### (2) 운항단계별 항공서비스

항공서비스는 운항단계에 따라 각각 비행 전(pre-flight) 서비스, 비행 중의 기내(in-flight)서비스 그리고 비행 후(post-flight) 서비스 등으로 구분된다. 비행 전 서비스는 기내식수요의 파악, 기내의 필요물품목록의 확인 등 기내에 탑재할 품목을 확인하는 업무, 기내의 청결상태와 좌석상태를 점검하고 승객의 탑승을 돕는 업무 등으로 구성된다. 비행 중 서비스는 항공기가 이륙하여 순항하는 단계부터 목적지 공항에 착륙하는 단계까지 기내에서 제공되는 업무들로 구성된다. 음료 및 칵테일서비스와 기내식, 기내 면세품의 판매, 승객의 개별적인 요구에 응대하는 업무 그리고 승객의 입국서류 작성에 대한 서비스 등의 업무들이 포함된다. 비행 후 서비스에는 목적지 공항의 기상안내, 연결항공편에 대한 안내와 환송인사, 승객이 내린 후의 기내점검 및 관련서류의 인수 · 인계 등으로 구성된다.

**그림 2-2** 운항단계별 항공서비스의 구성요소

| | |
|---|---|
| 비행 전 서비스 (Pre-flight) | 브리핑<br>기내품목 탑재확인<br>기내상태점검<br>승객탑승안내<br>안내방송 및 이륙준비 |
| 비행 중 서비스 (In-flight) | 음료서비스<br>기내식서비스<br>기내판매<br>승객요구에 의한 서비스<br>입국서류 작성안내 등 |
| 비행 후 서비스 (Post-flight) | 안내방송 및 허가안내<br>서류인계<br>기내점검 및 인수인계 |

### (3) 기능별 항공서비스

항공서비스는 기능에 따라 기내안전의 확보와 기내서비스의 제공 등 두 가지로 구분된다. 기내안전은 국제민간항공기구(ICAO)의 규정과 항공안전법, 항공보안법 등에 의해 법적으로 의무화하고 있는 객실승무원의 기본업무이며, 기내서비스는 항공사가 자체적으로 마련한 절차에 따라 승객에게 제공되는 서비스업무이다. 각각의 내용들은 다음과 같다.

### ① 기내안전업무

객실의 안전을 확보하기 위해 객실승무원은 일정한 자격요건을 취득해야 한다. 이를 위해 규정에 정해진 항공기에 대한 기종별 교육과 안전훈련과정을 수료하도록 정하고 있다.[1] 객실안전규정 및 항공관련법규에 규정된 기내안전업무의 주요 내용은 정상적인 상황에서 비행시점별 안전업무와 비상상황에서의 대응절차 등으로 나누어진다.

**• 비행시점별 안전업무**

담당구역별 안전 및 보안업무의 수행, 승객의 좌석벨트착용 및 금연 등의 준수, 항공기의 지상 대기 및 이동 중 담당구역별 안전의 확인, 승객의 전자기기 사용에 대한 제한규정준수, 기류변화에 대한 행동지침 등이 대표적이다.

**• 비상상황에서의 대응절차**

기내에서 발생 가능한 비상탈출, 화재, 감압 등의 비상상황에 대하여 상황의 판단, 비상탈출의 결정, 탈출구개방 및 탈출시기 등에 대하여 정해진 절차에 따라 수행되는 업무들로 구성된다.

### ② 고객서비스 업무

객실승무원이 기내에서 승객에게 제공하는 객실서비스 능력은 곧 항공사의 상품수준과 경쟁력을 결정한다. 승객을 대상으로 수행되는 고객서비스는 다음과 같다.

**• 탑승안내 및 하기서비스**

출발지 공항에서 탑승수속이 완료된 고객을 대상으로 탑승안내, 탑승객의 좌석확인, 기내수하물의 보관, 비행여정 및 운항스케쥴의 안내 등에 대한 서비스가 수행된다. 항공기가 도착지 공항에 접근하는 단계에서는 입국신고서의 작성과 환승에 대한 안내,

---

1) ICAO의 규정은 국제적으로 적용되는 기내안전의 표준이 되고 있으며, 국내에서는 항공종사자 등 관계인으로 하여금 항공안전장애 발생의 인지를 의무적으로 보고하도록 의무화하고 있으며(항공안전법 제59조 항공안전 의무보고), 항공기 내에서 범한 범죄 및 기타 행위에 관한 국제협약을 준수하고(항공보안법 제3조), 항공기내의 보안을 별도로 정하고 있다(항공보안법 제5장 각 조, 2013. 4. 5 개정).

객실서비스는 항공사의 상품수준과 차별화된 경쟁력을 결정하는 핵심요소이다.

현지의 기상 등에 대한 정보제공, 수하물의 회수 등에 대한 안내방송을 수행한다.

**• 기내식 · 음료서비스**

기내에서는 승객에게 비알콜성 음료와 알콜성 음료가 모두 제공된다. 비알콜성 음료에는 콜라, 사이다 등의 청량음표(soft drink)와 쥬스, 과즙 등의 영양음료(nutritious drink), 그리고 거피와 녹차 등의 기호음료(favorite drink) 등이 있다. 알콜성 음료에는 맥주, 와인, 위스키, 브랜드 등 다양한 종류가 있다. 좌석클래스에 따라 차이는 있으나 요금에 포함되어 무료로 제공되지만, 저비용항공사(low cost carrier, LCC)의 경우에는 대부분 유료로 제공된다.

한편, 기내식(meal)은 서양식을 근간으로 하고 있으나 지역별 · 노선별로 탑승객의 문화적 특성과 선호도에 따라 다양한 형태로 제공된다. 기내식은 비행시간에 따라 차이가 있다. 2시간 이내의 단거리 노선의 경우에는 간단한 음료서비스나 차가운 음식을 주로 제공한다. 장거리 노선일 경우에는 따뜻한 음식을 제공하는데, 시간에 따라 식사의 종류와 회수를 달리 제공한다. 장거리 노선의 일반적인 기내식 서비스는 전채요리 → 스프 → 샐러드 → 주요리(main menu) → 치즈와 과일디저트 → 더운 음료 순으로 제공된다.

**• 기내위락 및 불편사항의 응대서비스**

비행 중 승객으로 하여금 객실에 구비된 설비를 이용하여 취침, 독서, 음악, 영화, 통신 등을 즐길 수 있도록 하는 객실위락시스템(in-flight entertainment system)에 의해 제공된다. 최근에는 탑승객의 욕구가 다양해짐에 따라 이를 경쟁적으로 충족시키기 위

탑승객의 다양한 욕구는 항공사들의 끊임 없는 위락시스템 개발을 촉진한다.

해 다양한 위락시스템이 개발되고 있다. 비행중에는 승객의 불편사항을 수시로 파악하고, 승객요구에 응대하여 불편사항에 대한 처리를 수행한다.

## 3. 항공서비스 교육훈련

### (1) 교육훈련의 개요

#### ① 교육훈련이 목적

교육훈련(training & education)은 항공서비스의 목표를 효율적으로 달성하는데 가장 기본적인 요소이다. 객실승무원으로 하여금 업무수행에 필요한 지식(knowledge)과 기술(skill)을 학습토록하는 동시에 직업윤리와 태도(attitude) 등을 바람직한 방향으로 변화시켜 커뮤니케이션과 구성원 간의 협력을 원활하게 하고, 자기발전의 욕구를 충족하기 위한 활동이다. 따라서 교육훈련의 목적은 다음과 같이 세 가지로 요약된다.[2)]

- 지식과 기술의 습득
- 커뮤니케이션과 조직협력의 훈련
- 자기발전의 욕구충족

2) 이 진, "항공서비스 교육훈련의 학습전이에 대한 영향요인에 대한 실증연구," 한국항공대 박사학위논문, 2015. p.12.

### ② 교육훈련의 방법

항공서비스에 대한 교육훈련은 다양한 방법을 활용하고 있다. 기본적인 방법으로는 강의와 토론, 견학, 현장실습 등이며, 사례연구, 역할연기, 모의연습, 순환보직, 실무학습 및 분임연구 등의 방법이 포함된다. 가장 보편적으로 이용되는 강의(lecture)는 피교육자들을 한 장소에 모아놓고 강사가 일방적으로 정보와 지식을 전달하는 교육훈련의 방법이다. 토론(discussion)은 피교육자에게 주제를 주어 각자의 의견발표를 통해 참여에 의한 방식으로 스스로 문제해결에 접근하는 학습방법이다. 견학 또는 참관(observation)은 피교육자가 직무와 관련성이 있는 현장에 가서 일어나는 상황을 직접 관찰함으로써 사고의 폭과 이해력을 넓히는 방법이다. 현장훈련(on-the-job training, OJT)은 피교육자가 객실에서 직무를 수행하면서 선임자를 통해 학습하는 방법으로서 현장실습 또는 직장훈련(職場訓練)이라고 한다.

한편, 사례연구(case study)는 과거에 실제로 있었던 일이거나 있을 수 있는 상황을 놓고 토의를 통해 문제를 해결해 나가는 교육훈련의 방식이다. 이 방식은 피교육자로 하여금 문제해결의 능력을 키워주고 많은 지식을 쌓게하는 장점이 있다. 역할연기(role play)는 어떤 사례를 연기로 꾸며 실제처럼 재현해 봄으로써 문제를 완전히 이해시키고, 그 해결능력을 키우는 훈련방법이다. 모의연습(simulation)은 피훈련자가 업무수행 중 앞으로 직면하게 될 어떤 상황을 가상적으로 만들어 놓고 이에 대처할 수 있는 능력을 길러주는 방법이다. 이 훈련방법은 주로 관리자훈련 등에 많이 이용된다.

교육훈련에는 서비스현장에서 일어나는 상황에 대한 경험과정이 포함된다.

### ③ 교육훈련의 학습효과

**• 학습효과의 의미**

모든 교육훈련은 지식과 기술, 태도 등에 대한 학습을 목표로 한다. 특정한 교육이나 훈련, 작업 등을 여러번 반복하게되면, 학습효과(learning effect)로 인해 업무가 숙달되어 생산성은 향상된다.[3] 그러나 한편으로는 교육을 통해 학습되는 내용은 시간이 경과함에 따라 기억이 지속되지 못한다. 새롭게 배운지식을 복습하지 않으면 그 기억력은 시간이 지남에 따라 줄어들며, 복습의 빈도가 높아질수록 더 많은 양을 기억하게 된다. 이를 에빙하우스의 망각곡선(Ebbinghaus Forgetting Curve)이라고 한다.[4]

**그림 2-3** 에빙하우스의 망각곡선

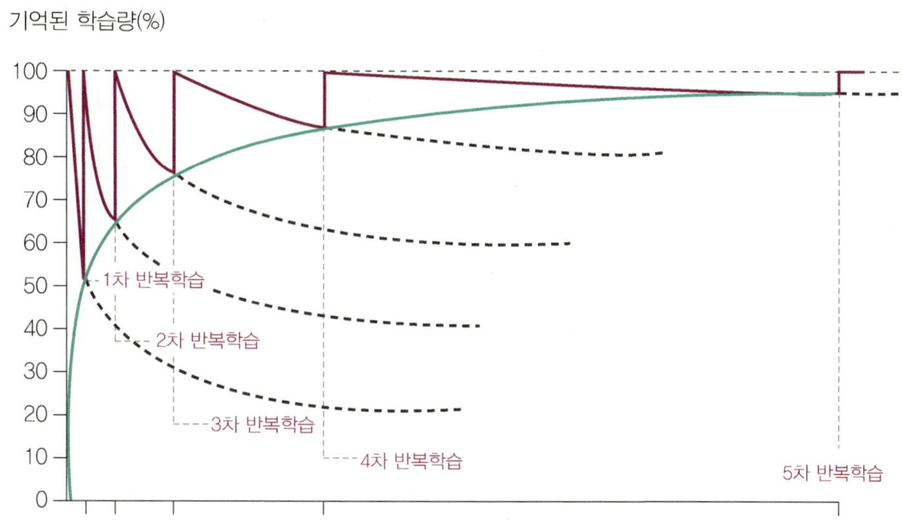


3) 학습효과(learning effect)는 학습에 의해 업무의 생산성이 향상되는 효과를 말한다. 1930년대 미 공군에 의해 처음 소개되었다. 항공기 조립작업에서 동일한 작업을 반복할 때마다 소요되는 노동력이 10~15%씩 감소한다는 것을 확인하였는데, 작업자들의 숙련도 증가와 업무 친숙도가 생산성을 증가시키게 된다.

4) 독일의 심리학자 헤르만 에빙하우스(Herman Ebbinghaus)는 인간의 기억에 관해 최초로 엄격한 실험적 연구를 하였다. 시간이 지남에 따른 기억보유량을 백분율로 나타낼 수 있다. 위의 그림에서 보듯이, 맨 처음 단어 목록을 학습했을 때는 기억보유량이 100%에 이르지만 이후 9시간 동안 급격하게 망각이 일어나다가 어느 정도 시간이 경과하면 망각이 천천히 진행된다.

• **반복훈련은 왜 중요한가?**

객실승무원에 대한 교육훈련은 항공기의 도입과 기내업무절차의 개선, 다양화되는 승객의 서비스기대, 항공안전요구사항의 추가 등으로 인해 새로운 학습이 항상 필요하다. 이미 훈련을 이수한 객실승무원에 대해서도 반복적인 훈련 등이 요구된다. [그림 2-3]은 에빙하우스의 망각곡선을 나타낸 것이다. 학습된 내용은 시간이 지남에 따라 기억이 줄어들게되며, 지속적인 교육을 통해 기억의 양이 향상됨을 알 수 있다. 에빙하우스는 실험을 통해 한번에 많은 내용을 집중적으로 학습하는 것보다 여러번으로 나누어 반복하는 것이 기억에 더 효과적임을 밝혔다. 기억의 보유량($R$)은 상대적인 기억능력($S$)과 비례하며, 시간($t$)과는 반비례하게 되는데 이를 함수로 나타내면 다음과 같다.

$$R = e^{-t/s}$$

반복학습에 대한 실증연구에 따르면, 학습 후 1시간 후에는 56%를 망각하고 24시간 후에는 66%, 48시간이 지난 후에는 72%로 학습한 직후에 가장 빨리 일어났다. 학습 후 하루가 지나 다시 외우면 일주일 동안, 일주일 후에 다시 외우면 한 달, 한 달 후 다시 외우면 6개월 정도 지속되며, 이때부터는 장기기억상태로 변환되어 6개월이나 1년에 한번씩 생각해 보아도 영구기억상태가 된다. 즉, 학습직후에는 기억에서 사라지는 속도가 빠르고, 시간이 흐를수록 사라지는 속도가 느려진다.

### (2) 교육훈련의 기본체계

#### ① 국제적 표준

항공서비스에 대한 교육훈련체계는 국제적인 표준을 기준으로 하고 있다. 항공안전분야에 대해서는 국제민간항공기구(ICAO), 미국연방항공국(FAA) 등의 국제항공기구가 권고하는 기준에 따라 각국 정부가 규정하는 내용을 충족시킬 수 있는 내용을 중심으로 구성된다. 그리고 기내서비스 분야에 대해서는 국제항공사 간의 국제적인 제휴그룹의 표준화된 내용과 각 항공사자체의 서비스메뉴얼 등으로 구성된다.

#### ② 교육훈련의 기본체계

현재 항공사에서 객실승무원을 대상으로 운영하고 있는 교육훈련체계는 다음과 같이 다섯 가지 분야로 구분된다.

표 2-1 교육콘텐츠의 구성(예시)

| 과목명 | 학습목표 및 내용 | |
|---|---|---|
| 기초소양교육 | 목표 | ▪ 인성, 직업관 및 서비스 마인드, 팀워크 등의 기본소양 |
| | 내용 | 1. 기본예절(미소, 표정관리, 자세, 대화예절, 인사예절) |
| | | 2. 용모와 복장 |
| | | 3. 매너와 에티켓, 다문화의 이해 |
| | | 4. 서비스마인드 및 팀워크훈련 |
| 이론교육 | 목표 | ▪ 항공운송관련 기초적 지식의 학습 |
| | | ▪ 예약, 발권, 운송, 운항 등에 대한 이해 |
| | 내용 | 1. 승무기준 및 근무규정, 회사조직의 이해 |
| | | 2. 항공상품 및 항공법, 운항규정의 이해 |
| | | 3. 서비스 상품지식 |
| | | 4. 항공권의 이해 및 출입국규정 |
| 안전 및 보안 | 목표 | ▪ 비상장비 및 시스템에 대한 절차 및 활용방법 |
| | | ▪ 응급환자처치요령 |
| | 내용 | 1. 수영 및 비상도어 작동 |
| | | 2. 항공기구조 |
| | | 3. 비상탈출훈련(착륙, 착수 및 구난구조) |
| | | 4. 화재진압훈련(화재예방법, 소화기사용법 등) |
| | | 5. 응급환자처치법 |
| | | 6. 항공보안 및 산업재해예방법 |
| 실무교육 | 목표 | ▪ 실무지식에 관한 전반적인 개요와 서비스품질 개선 |
| | 내용 | 1. 주류 및 식음료서비스 |
| | | 2. 기내서비스 장비 · 시스템사용법 |
| | | 3. 면세품판매 |
| | | 4. 고객응대 및 대화기법 |
| 외국어 및 기내방송 | 목표 | ▪ 외국어서비스 및 기내방송을 통한 인적서비스 향상 |
| | 내용 | 1. 기내영어, 일어, 중국어 등 |
| | | 2. 기내방송문 |

**• 기본예절 및 인성교육**

객실승무원으로서의 직업관과 서비스의 가치인식, 조직융화와 팀워크향상을 위한 기본자세와 근무규정, 서비스실습 등으로 구성된다. 특히 객실승무원으로서의 인성강화를 위해 매너와 에티켓뿐 아니라 조직 커뮤니케이션 능력향상을 위한 팀워크훈련도 포함한다.

**• 항공운송에 대한 이론교육**

항공관련 정보를 분석하고 숙지하여 객실승무원으로서의 지식을 익히고, 예약, 발권, 운송, 운항 등을 이해함으로써 원활한 업무수행을 할 수 있도록 하는 교육이다. 승무기준 및 근무규정, 회사조직의 이해, 항공상품이해, 항공법의 이해, 운항규정, 서비스상품지식, 항공권의 이해 및 출입국규정 등의 내용이 포함된다.

**• 안전훈련 및 항공보안교육**

탑승객의 안전을 보장하기 위한 기본이 되는 교육이다. 비상장비 및 시스템에 대한 올바른 사용, 비상착륙과 비상착수절차 및 요령습득 등을 내용으로 하는 안전훈련, 기내 환자발생에 대한 응급처치, 테러와 기내난동 등에 대한 대처법 등이 포함된다.

**• 실무교육**

현장업무에 관한 전반적인 내용으로서 식음료서비스, 기내서비스 장비사용법, 면세품판매, 고객응대 및 대화기법 등이 포함된다.

**• 외국어 및 기내방송교육**

비행 중 다양한 국적의 승객을 대상으로 원활한 의사소통능력을 학습한다. 주로 영어와 일본어, 중국어 능력을 향상시키기 위해 인터넷과 역할연기(role play)방식 등도 활용된다.

### (2) 교육콘텐츠의 새로운 표준

**• 산업별 직무능력표준(NCS)**

산업계 현장의 요구는 대학교육의 콘텐츠와 교육방법에 직접적인 영향을 미친다. 특히 실천성이 강한 학문분야일수록 산업의 수요가 교육콘텐츠에 반영된다. 2015년부터 우리나라는 국가직무능력표준(National Competency Standards, NCS)제도가 마련되어 산업현장의 요구가 해당 분야별로 대학교육에 반영되고 있다. 산업현장의 직무를 성공적으로 수행하는데 요구되는 지식(knowledge), 기술(skill) 및 기본소양(literacy)을 국가적 차원에서 표준화한 것이다. 정부에서 지정한 국가직무능력표준(NCS) 기반의 직업교육 · 훈련을 충실히 이수할 경우, 자격증취득과 무관하게 국가기술자격을 취득할 수 있는 제도이다. 이 표준에 따르면, 항공서비스는 항공객실서비스로 분류되어 교육프로그램이 제시되어 있다. 국가직무능력표준에서 정하고 있는 교육과정의 주요 내용은 다음과 같다.

- 기내 일상안전관리
- 승객탑승 전 준비
- 승객탑승 및 이륙 전 서비스
- 비행 전, 비행 중 서비스 및 착륙 전, 착륙 후 서비스
- 승객하기 후 관리
- 응급환자대처
- 객실승무관리

**그림 2-4** NCS의 항공서비스 교육체계

NCS의 교육내용들은 항공서비스의 관점에서 구분하면 객실 · 안전관리, 객실서비스의 수행 및 객실승무관리 등으로 구분된다. 객실 · 안전관리는 일상적인 안전관리, 응급환자나 비정상상황에 대한 업무 등으로 구성되며, 객실서비스는 승객을 대상으로 비행단계별로 수행하는 승객의 탑승 전과 탑승 후, 비행 중, 그리고 착륙 전과 착륙 후, 승객의 하기후에 수행하는 업무들로 구성된다. 객실승무관리는 객실승무원의 근무배정, 조종실과 객실 간의 정보공유, 불만고객의 응대, 출발 · 도착서류의 작성과 관리, 그리고 객실서비스의 관리활동 등으로 구성된다. [그림 2-4]는 NCS에서 정하고 있는 항공서비스의 교육내용을 나타낸 것이다.

**• 산학협력 프로그램의 개발**

항공서비스 교육은 서비스산업을 대표할 만큼 고도의 서비스감성과 전인적(全人的)인 인성의 개발이 요구되는 선도적 분야에 해당된다. 객실승무원은 항공사의 브랜드이미지를 결정하는 중요한 요소로서 모든 항공사마다 교육훈련에 많은 관심을 기울이고 있다. 따라서 서비스접점에서 효과적인 서비스수행의 역량을 갖춘 인적자원의 개발을 위해서는 항공업계와 학계 간의 원활한 산학협력이 중요하다. 객실업무의 수행에 필요한 외국어능력과 지식, 기술뿐 아니라 대면서비스에 필수적인 어법예절과 감성 · 인문학, 서비스마인드 등의 교육프로그램이 지속적으로 개발되고 있다.[5)]

### (3) 항공서비스 교육의 요구사항

교육의 콘텐츠는 학습효과를 극대화하기 위한 교육방법의 방향을 결정한다. 실용학문으로서 항공서비스 교육은 높은 잠재력을 갖춘 인적자원을 확보하려는 산업계의 니즈(needs)가 적절히 반영되어야 한다. 항공사의 서비스 경쟁력을 결정하는 서비스접점의 주체로서 객실승무원에게 요구되는 교육의 유형은 다음과 같다.[6)]

---

5) 국내항공서비스의 교육콘텐츠연구를 위해 대학교수와 사내강사, 객실승무원 등을 대상으로 한 설문조사의 결과에 따르면, 현재 항공서비스학과의 교육프로그램 일부는 항공사의 사내교육프로그램과 중복되어 선행(先行)학습의 수준에 머무르고 있어 장기적인 학습효과가 낮다. 반면, 어법예절과 글쓰기, 인문학 등에 대한 기초적 소양교육이 필요한 것으로 나타났다. 강승진, "항공서비스 교육콘텐츠의 실태와 개선점분석," 한국항공대학교, 대학원 석사학위논문, 2016.

6) 강승진, 허희영 "우리나라 대학의 항공서비스 교육콘텐츠의 개선방향", 항공서비스교육연구회 발표자료(2016. 2) 참조.

### ① 인성 및 윤리의식

인성(人性, personality)은 일상생활에서 개인별로 지니는 특성을 형성하는 일련의 습관이다. 서비스 종사자로서 바람직한 인성의 강화를 위해서는 자신의 내면을 바르고 건전하게 가꾸며 조직구성원, 공동체와 더불어 생활하는데 필요한 성품과 역량을 기르는 것을 목표로 하는 교육이 필요하다. 또한 객실승무원에게는 사명감과 책임감, 행동규범 등에 대한 직업윤리의식(professional ethics), 서비스마인드 등에 대한 기본적 소양교육이 요구된다.

### ② 외국어 능력

고객과의 커뮤니케이션은 모든 서비스의 기본이다. 다양한 국적의 고객들을 응대하는 객실업무에서 원활한 커뮤니케이션을 위해서는 자국어 외에 국제적인 언어가 필수적이다. 특정국가의 승객이 집중된 노선에서는 해당국의 언어로 소통해야 하기 때문에 국제적 공용어인 영어 이외에도 중국어, 일본어 등에 대한 외국어 능력도 필요하다.

### ③ 항공서비스에 대한 기초이론

항공법상의 승무원(crew member)이라 함은 항공운송사업자 및 항공기사용 사업자에 의하여 비행근무시간 동안 항공기에 탑승하여 임무를 수행하는 전문직업인에 해당된다.[7] 원활한 업무수행을 위해서는 서비스에 대한 기본소양, 항공법, 항공기운항 및 여객운송의 절차, 항공안전과 보안 등에 대한 기초적 이론의 학습이 필요하다.

### ④ 기내서비스 실무의 기초

항공서비스는 기내의 업무를 중심으로 수행되기 때문에 항공안전의 확보를 위한 절차가 차질없이 실천되어야 하고 고객과의 대면접촉을 위해 고도의 감정노동이 수반된다. 따라서 현장에서 일어나는 상황을 직접 관찰하거나 경험함으로써 사고의 폭을 넓히는 기회가 제공되어야 한다. 이를 위해 실제현장의 상황을 연출함으로써 서비스역량을 갖추는 학습과정이 필요하다.

7) 객실승무원(cabin crew)은 운항승무원(flight crew)과 함께 항공법상 승무원으로 정의하고 있다. 국토교통부, 운항기술기준 제8장(항공기운항) 제60조(8.1.2).

## 4. 항공서비스의 학문적 성격

### (1) 실천적 응용사회과학

항공서비스는 현장성이 강조되는 실천학문의 연구대상이다. 학문영역으로는 응용성이 강조되는 사회과학의 분과학(分科學, branch)으로서 응용사회과학에 해당된다. 학문의 현장성이란 서비스에 대한 현실과 실천에 초점을 둔 연구와 교육을 의미하며, 실천학문은 서비스 현실의 경험을 통해 검증된 규범에 기초하여 체계화된 지식체계를 말한다. 따라서 응용사회과학으로서의 항공서비스는 서비스현상을 설명하고 객관화하여 서비스행동과 반응을 예측하는 행동규범을 규명하는 종합적인 학문영역에 속한다. 항공서비스에 대한 연구를 위해서는 서비스에 대한 종합적인 인식이 필요하다. 따라서 종합학문으로서 관련이론과 경험의 법칙, 법 · 규제 및 경영환경 등을 복합적으로 활용하는 학제적(學際的, interdisciplinary) 연구가 요구된다.

### (2) 항공서비스의 인접학문

흔히 서비스란 인간(人間), 즉 사람과 사람 사이에서 주고받는 가치있는 행동을 모두 일컫는다. 항공서비스는 항공기를 이용하는 고객을 대상으로 하여 서비스를 제공하고 대가를 지불받기 때문에 기본적으로는 인간의 가치를 탐구하고 표현활동을 연구대상으로 하는 인문학(humanities, 人文學)에 기반을 둔다. 특히 인간에 대한 관심과 고객에 대한 이해를 위해 인간의 내면적 가치체계와 행동양식, 표현방법과 서비스환경을 구성하는 사회 · 문화적 환경의 이해 등이 요구된다. 따라서 심리학(psychology)과 사회학(sociology), 언어학(language), 법규(regulations)와 통계학, 경영학 등의 인접학문과 법제도 등이 폭넓게 응용된다.

### (3) 서비스연구의 학문적 특성

항공서비스는 산업초기부터 운송서비스 현장의 경험과 관찰을 통해 발전해 왔다. 서비스경영은 문제를 인식하고 현실적 측면에서 도출되는 행동적 규범의 타당성과 적용가능성을 전제로 실천적인 대안을 모색하는 과정이다. 항공운송의 목표는 서비스가치의 극대화에 있다. 따라서 서비스의 시장가치 극대화를 추구하는 항공서비스는 인간에 대한 연구와 서비스경험에 기초한다. 또한 환경의 변화에 따라 끊임없이 패러다임

항공서비스는 현장의 경험과 관찰을 통해 새로운 패러다임을 추구하는 사회과학적 연구의 대상이다.

을 추구하는 노력의 과정인 동시에 산물이기도 하다. 항공서비스의 학문적 특성은 다음과 같이 요약된다.

- **인간에 대한 연구**

서비스연구의 궁극적인 대상은 인간이다. 서비스를 대상으로 하는 주고받음의 관계에서 수요와 공급의 주체는 인간이며, 각 경제주체는 서비스의 교환과정에서 서비스의 효용을 지각하고 이를 극대화하고자 한다. 항공서비스는 서비스제공자와 고객의 상호작용을 인간적 연구(human study)를 통해 최적의 대안을 모색하는 프로세스의 연구에 관심이 놓여진다.

- **경험에 기초한 응용학문**

항공서비스는 경험에 기초하여 서비스현상을 설명하고 예측하는 객관적 규범을 제공하는 실천적 학문의 특성을 지닌다. 사회과학으로서 서비스이론은 경험에 의하여 체득된 지식 및 법칙을 말하는 것으로 사회과학에서는 이를 경험법칙이라고도 한다. 자연과학과 같이 '무엇을 어떻게 하여야 한다.'라는 논리의 법칙과는 구별되는 특성이다.

- **서비스 패러다임의 변화**

고객과 서비스제공자 간의 상호작용현상을 설명하고 예측하기위해 공유되는 서비스의 패러다임(paradigm)은 시간의 경과에 따라 변한다. 서비스에 대한 이론과 원칙은 정해진 것이 아니며, 환경의 변화에 따라 생태적으로 교류하기 때문이다. 서비스의 세분화 · 고도화되는 고객의 욕구를 반영하기 위해 진화의 결과로서 서비스시스템과 행위, 심지어 서비스를 인식하는 사고의 틀을 변화시킨다. 실제로 서비스현장에서는 새로운 이론과 규범이 끊임없이 개발되고 적용된다.

# 제2절 항공사의 운송서비스

## 1. 항공교통과 관광산업

### (1) 관광과 항공서비스

항공은 관광의 기본요소인 운송서비스를 담당한다. 여행객을 위한 이동수단으로서 항공교통은 오늘날 여행자들에게 가장 기본적인 서비스이다. 육상이나 해상운송에 비해 뒤늦게 이용되기 시작하였기 때문에 20세기 초에 처음 등장했을 당시만해도 기존의 교통수단을 보조하는 정도의 미미한 역할을 하는데 지나지 않았다. 그러나 제1, 2차 세

그림 2-5 관광과 항공교통

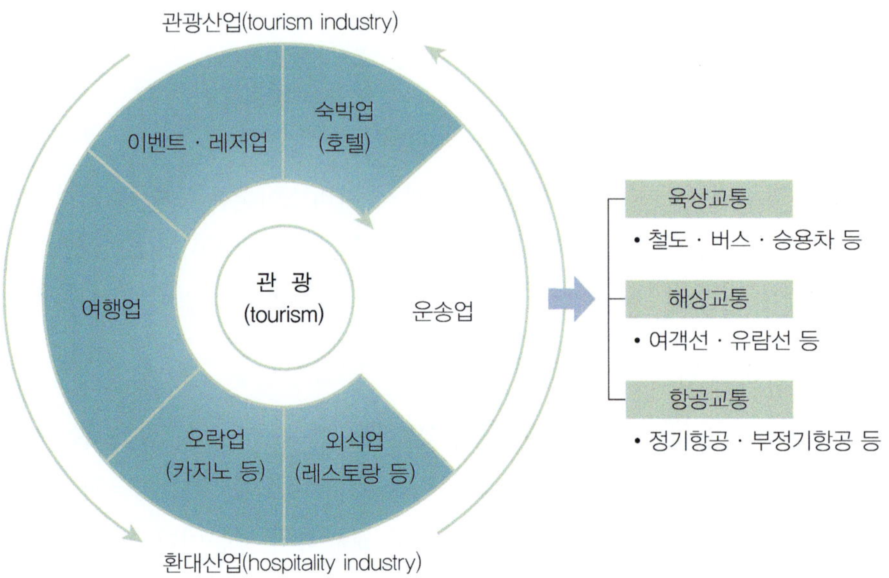

계대전을 겪으면서 급속한 기술적 진보를 이룩하여 오늘날에는 중 · 장거리 여행에 있어 가장 중심적인 교통수단으로 자리잡고 있다. 각종 통계에 따르면, 세계 각국의 입국관광객 가운데 항공여객이 차지하는 비율은 약 70%를 상회하고 있는 것으로 알려져 있다.

이와 같이 관광과 불가분의 관계를 맺고 있는 항공교통은 관광산업의 일부를 구성한다. [그림 2-5]에서 보는 바와 같이 항공교통은 관광산업의 구성요소인 동시에 관광자로 하여금 관광객체로의 공간적 이동을 가능하게 하는 수단으로서 중요한 역할을 수행한다.

### (2) 항공교통의 특성

오늘날 과학기술의 발달은 여객기의 고속화와 대형화 그리고 전천후 운항 등을 가능하게 함으로써 항공교통은 다른 교통수단에 비해 다음과 같은 비교우위와 특성을 지니고 있다.

#### ① 고속성

항공교통의 가장 큰 특징은 고속성이다. 1960년대 들어서면서 운송활동에 본격적으로 이용되기 시작한 제트여객기는 항공교통에 획기적인 발전을 가져왔다. 고속성은 일정한 고도에서 순항하는 경우에 극대화되기 때문에 특히 장거리 노선일수록 항공교통의 이점은 더욱 두드러지게 나타난다.

#### ② 정시성

정시성(定時性)이란 정해진 운항스케쥴을 기준으로 정확하게 운송활동이 이루어지는지를 나타내는 지표이다. 항공교통은 다른 운송수단과 비교할 때 기상조건, 항공기의 상태, 공항의 상황 및 탑승수속 등에 따라 교통여건이 변하기 때문에 정시성을 유지하는 것이 상대적으로 어렵다. 그러나 정시성은 항공운송의 신뢰성을 좌우하기 때문에 매우 중요한 요소로 인식되고 엄격히 관리된다.

#### ③ 안전성

모든 교통수단에 있어서 안전성은 가장 중요한 요소이다. 초기의 항공교통은 안전성 측면에서 상대적으로 낮게 인식되었다. 그러나 항공기술의 발달과 더불어 안전성이 크게 향상됨으로써 오늘날에는 교통수단 가운데 가장 안전한 것으로 평가되고 있다. 다만 항공기사고의 경우에는 구조의 시간적 여유가 없을 뿐 아니라 사고결과가 치명적이기 때문에 운항의 안전성이 가장 중요하게 다루어진다. 따라서 항공교통에는 안전성을 향상시키기 위해 각종 규제가 요구된다.

**④ 쾌적성과 편리성**

승객으로 하여금 쾌적한 상태에서 여행을 할 수 있도록 하는 것은 항공교통의 중요한 특성 중의 하나이다. 특히 공중을 비행한다는 것 자체가 승객으로 하여금 불안감을 느끼도록 하기 때문에 이러한 불안감을 최소화하기 위하여 쾌적성을 유지하는 것이 중요하다. 한편, 항공여행시장은 제한된 종류의 항공기를 이용하기 때문에 항공기 또는 항공기의 좌석자체만으로 상품의 차별화가 어렵다. 따라서 서비스경쟁을 통하여 경쟁력을 확보 · 유지해야 하며, 이를 위해서는 쾌적성과 함께 편리성 역시 중요한 요소로 인식된다.

**⑤ 경제성**

항공교통의 운임은 다른 운송수단에 비해 상대적으로 높은 수준이다. 그러나 소득 등 경제적 수준이 향상되고 항공교통이 대중화됨으로써 여행자들은 이동에 소요되는 시간과 고급의 여행서비스에 대한 가치를 점차 높게 인식하게 되었다. 즉, 비용에 비해 상대적으로 편익이 높은 특성을 지닌다. 이와 함께 항공기의 대형화와 장비의 현대화, 저비용항공사(LCC)의 등장 증으로 인해 원가의 절감이 가능하게 되었다. 시장의 규제완화추세가 확산되고 이에 따라 경쟁적으로 운임을 낮추려는 업계의 노력 등에 힘입어 오늘날 항공운송의 경제성은 폭넓게 인정되고 있다.

**⑥ 노선개설의 용이성**

항공교통은 육상교통이나 철도교통과 같이 도로나 철로의 건설과 관계없이 일정수준의 보안시설을 구비한 공항이 있는 곳이면 얼마든지 노선의 개설이 용이하다. 즉, 노선의 제약을 받지 않으면서도 교통수요에 부응하여 운항편수나 기종 등의 운송력을 통해 공급을 탄력적으로 조정해 나갈 수 있다.

**⑦ 독 · 과점적 시장구조**

항공교통의 또 다른 특성은 운송서비스를 공급하는 항공운송업이 정부의 규제를 받음으로써 시장이 독점 또는 과점의 형태로 구성된다는 점이다. 항공은 공공성과 안전성의 확보를 위해 사업의 면허취득과 운항활동 등에 대해 많은 기술적 규제가 적용된다. 그리고 자국의 이익을 보호하려는 각국 정부의 시장개입으로 인해 시장진입과 영업활동 등에도 규제가 뒤따른다. 한편, 최근의 규제완화추세로 인해 많은 저비용항공사(low cost carrier)가 등장하고 있어 독·과점적 시장구조의 변화조짐이 나타나고 있지만 타 산업에 비해서는 여전히 진입장벽이 높은 편이다. 시장의 글로벌화 역시 항공사 간의 인수·합병과 제휴 등을 촉진함으로써 초대형 항공사들이 출현하고 있다. 이는 과점적 시장이 지속되는 요인이 되고 있다.

항공서비스에는 공공성과 안전성의 확보를 위해 운송업에 대해 많은 기술적 규제가 적용된다.

### (3) 항공교통의 구성

#### ① 기본요소

항공교통을 구성하는 기본요소를 대별하면 다음과 같이 네 가지로 구성된다. 첫째, 항공기를 들 수 있다. 운송목적의 항공기는 승객과 화물을 싣고 출발공항을 이륙하여 비행 후 도착공항까지 안전하게 비행하여야 하므로 운송용 항공기의 안전성에 대하여 국제민간항공기구(ICAO)와 각국 정부는 그 기준을 엄격히 정하고 있다. 둘째, 항공기를 운항하고 지원하는 항공종사자이다. 항공종사자라 함은 일정한 자격요건을 충족하여 항공기의 운항, 항공교통관제, 운항관리 및 무선설비의 조작 그리고 정비활동 등을 각각 수행할 수 있는 전문적인 지식을 갖춘 인력을 말한다. 셋째, 항공기가 비행할 수 있도록 공역상에 지정된 통로인 항공로 또는 항로를 들 수 있다. 이는 국가 또는 지역별로 항공기 운항의 안전성을 공인한 통로이며, 항행시설 등을 이용하여 설정해 놓은 공간의 통로이다. 끝으로, 항공기의 이 · 착륙을 위해 사용되는 공항시설을 들 수 있다. 공항시설은 다시 활주로, 유도로, 주기장, 공항터미널, 항행안전시설, 항공교통관제소 등의 관제 및 통신시설, 기상관측시설과 경비 · 보안시설 및 이용객안내시설 등의 기본시설과 이들 활동을 지원하기 위한 지원시설로 구분된다.

**② 지원체계**

안전하고 원활한 항공교통이 기능을 충분히 발휘하기 위해서는 교통의 흐름을 종합적으로 관리하기 위한 지원체계가 필요하다. 항공교통의 지원체계는 크게 국가나 지역 단위별로 구성되는 지원체계와 항공사 단위별로 수행하는 지원체계로 나누어진다. 전자의 경우, 항공기의 운항을 가능하게 하는 공역을 국가적 차원에서 관리하는 공역관리업무와 항행이 이루어지는 구역내의 교통에 대한 규제, 조언, 경고 및 정보제공 등의 기능을 수행하는 항공교통업무(air traffic service)로 구성된다. 후자의 경우, 항공사가 개별적으로 수행하는 운항관리 및 통제, 정비, 객실관리, 지상조업 등의 기능이 지원체계의 영역에 포함된다.

항공기운항은 국가가 지원하는 공역관리와 항공교통서비스를 전제로 가능하다.

### (4) 항공운송의 관광산업촉진효과

**① 보편적 교통수단의 제공**

관광자원에 대한 접근성은 관광상품의 개발을 위한 필요조건이다. 관광은 산업초기부터 육상과 해운중심의 교통수단에 의해 접근성이 개선되어 왔다. 그러나 1970년대 들어서면서 민간항공은 장거리 · 국제관광을 위한 교통수단으로 보편화되면서 관광산업의 발전을 촉진하였다. 오늘날 항공교통이 여행을 위한 대중화된 수단으로 정착된 배경에는 다음과 같은 두 가지 항공운송의 특성이 있다.

첫째, 항공기술의 발달을 들 수 있다. 1960년대부터 이용되기 시작한 제트기는 항공교통의 효율성과 안전성을 획기적으로 향상시킴으로써 항공수요를 크게 증대시켰다. 특히 제트기의 등장은 대량운송과 고속화를 실현함으로써 항공운임의 인하와 항공교통의 대중화를 가능하게 하였다. 둘째, 항공운송산업에 대한 규제완화가 1980년대 들어서면서 세계적으로 확산되었다.[8] 특히 항공사에 대한 민영화가 시장경쟁체제를 형성함으로써 새로운 항공노선이 적극 개발되어 관광시장이 크게 확대되었다.

미국의 규제완화법 제정(1978)은 오늘날 항공업계가 항공서비스 시장의 무한경쟁체제에 돌입하는 계기가 되었다.

### ② 국제여행의 촉진

전 세계적인 항공자유화정책의 확산에 따라 국제여행의 수요가 지속적으로 창출되고 있다. 미국 등 선진국을 중심으로 확대되어온 항공자유화는 오늘날 국제항공의 새로운 질서를 형성하고 있다. 오픈스카이정책(Open Sky policy)으로 불리는 새로운 흐름은 각국 정부의 항공운송산업에 대한 보호 · 육성정책에서 벗어나 상대국과의 상호이익에 바탕을 둔 양국 간의 항공시장에 대한 개방을 의미한다. 이는 오늘날 관세철폐를 핵심으로 하는 자유무역협정(FTA)과 유사한 개념으로서 운수권(traffic right)에 대한 규제의 철폐를 의미한다. 즉, 항공자유화는 항공운임과 운항횟수, 노선개설 등에 대

8) 항공운송의 규제완화는 1978년 미국의회가 제정한 규제완화법(Deregulation Act)에서 시작되었다. 이를 계기로 항공사의 설립, 노선의 개설, 운임 등 연방정부의 산업에 대한 대부분의 시장규제를 철폐함으로써 본격적인 경쟁체제에 돌입하였으며, 이와 같은 정책변화는 1980년대 들어서면서 전 세계적으로 확산되었다.

한 규제를 완화하거나 철폐함으로써 다양한 항공운송서비스를 창출하고 있다.[9] 오늘날 항공협정의 체결과정에서는 당사국 간의 관광산업에 대한 득실을 우선적으로 고려하고 있다.

## 2. 항공교통의 특징

항공운송은 서비스가 지니는 본래의 특성외에도 업무자체의 복잡성과 항공교통이 지니는 공공성으로 인해 일반 서비스업종과는 구별되는 특징이 지닌다.

### (1) 복합적 서비스

흔히 항공운송은 종합예술로 비유된다. 서비스를 원활히 수행하기 위해서는 시스템과 대면서비스가 전제되어야 한다. 항공운송은 생산과 유통이 분리되는 산업과 달리 서비스상품의 생산과 소비의 대부분 과정이 대중에게 노출되는 특징이 있다.

이로 인해 서비스의 성패가 현장에서 바로 결정되기 때문에 호평과 비평을 동시에

성공적인 서비스는 전사적(全社的)인 지원시스템이 뒷받침되어야 가치가 구현되는 빙산의 일각이다.

---

9) 항공자유화정책은 여러 형태의 운수권을 타 국가에 허용하는 개방정책으로서 국제항공에 있어서는 자유경쟁정책을 의미한다. 공통적으로 다루어지는 내용에는 취항가능한 항공사 수의 무제한 허용, 모든 노선에서의 운항횟수 및 공급좌석수의 무제한 허용, 상대국에 취항하여 제3국으로 운송할 수 있는 운수권의 허용, 상대국에서 발생한 수익의 자유로운 본국 송금 등 전면적인 시장개방조치들이 포함된다. 우리나라는 2019년 현재 여객과 화물부문에서 각각 32개국, 42개 국가들과 항공자유화협정을 체결하고 있다.

받을 수 있다. 한편, 고객과 접촉하는 서비스현장은 전체 서비스시스템의 일부에 해당된다. 대면서비스의 품질향상을 위해서는 이를 뒷받침하는 시스템의 지원이 절대적이다. 이는 고객에게 드러나지 않기 때문에 겉으로 드러나는 항공서비스는 흔히 빙산의 일각으로 비유되기도 한다. 업무체계의 관점에서 보면, 항공운송서비스는 시스템과 대면서비스가 조화되어야 하는 복합적 서비스의 특징을 지닌다. 이는 마치 오케스트라와 같이 서비스패키지를 구성하는 모든 요소들이 유기적으로 작동함으로써 고객만족과 직·간접적으로 연결되어 있다.

### (2) 공익적 서비스

오늘날 항공운송의 핵심기능은 대중적인 교통수단으로 안전하고 신속한 공간적 이동에 있다. 항공운송은 신속성과 쾌적성, 고속성 등의 장점을 지니는 반면, 공공성으로 인해 항공기운항에는 사회적 기대와 책임이 뒤따른다. 공익적 관점에서 항공운송사업이 지니는 긍정적인 특징과 부정적인 특징은 각각 다음과 같다.

- **항공의 긍정적 특징**

항공운송은 첫째, 국가를 대표하는 상징성을 지닌다. 국적기(國籍機, national flag carrier)로서 국가원수의 외국방문 등 국가를 대표하는 행사에 상징적으로 자국의 항공기가 이용된다. 국적기는 곧 국가의 위신(national prestige)을 나타낸다. 둘째, 국제적인

국제교류를 상징하는 항공기는 대외적으로 국가적 위신을 상징한다.

인적 · 물적교류의 주요 수단이다. 국간 간의 교류를 촉진함으로써 단순한 운송수단보다는 생활양식과 문화적 교류를 주도하는 수단이 된다. 셋째, 항공기는 국적기로서 상대국가에 대해 자국의 존재를 알리고, 항공협정을 통해 국가 간의 외교협력을 주도한다. 넷째, 항공운송은 생활의 편의와 비즈니스를 촉진하는 교통수단이다. 다양한 항공노선을 통해 관광산업과 기업의 글로벌사업을 개발 · 확대시키는 중요한 수단으로 이용된다.

**• 항공의 부정적 특징**

항공운송은 안전에 매우 민감하고 서비스에 대한 고객의 기대가 높기 때문에 다른 산업과 달리 작은 시스템의 결함이나 서비스실패가 사회적인 주목을 받는다. 천재지변 등의 불가항력적인 원인에 의한 사고라 하더라도 사회적으로 비난의 대상이 될 수 있다. 또한 세계적인 항공안전규제의 강화, 시장경쟁의 심화, 테러위험의 증가 등으로 인해 산업에 대한 제약요인이 상대적으로 많다.

공항을 비롯한 항공서비스의 전달과정에서 발생하는 서비스실패는 항상 사회적인 주목을 받는다.

## 3. 항공운송의 개요

### (1) 항공운송의 개념

항공운송서비스란 항공기를 이용하는 여행자에게 제공되는 일련의 운송서비스를 모두 일컫는다. 따라서 여행자를 고객으로 하는 운송서비스 상품의 판매와 예약 및 발권업무, 공항에서 수행하는 여객의 항공기탑승과 하기(下機)를 위한 제반업무, 기내에서 수행하는 객실업무 그리고 항공여행과 관련한 각종 정보의 제공 등의 서비스활동이 모두 항공운송업무의 범주에 속한다. 서비스상품의 특성상 고객의 경험과 다양한 고객 욕구의 충족정도에 의해 상품의 가치가 결정되기 때문에 항공운송산업은 호텔, 레스토랑 등과 함께 고객에 대한 대면서비스가 중요시되는 환대산업(hospitality industry)을 대표한다.

### (2) 항공운송업무의 흐름

일반적으로 항공운송업무는 항공기를 중심으로 운송활동이 이루어지는 과정에 따라 앞서 설명한 바와 같이 운항 전과 운항 중, 그리고 운항 후의 세 단계로 구분된다.

운항 전 업무로는 고객에 대한 취항노선과 연결편, 스케쥴 등에 대한 정보의 제공, 예약과 발권, 탑승수속과 보안검색, 탑승안내 등이 대표적이며, 운항 중 업무로는 기내의 안전서비스, 식음료서비스, 기내판매, 승객불편사항의 해결 등의 기내서비스를 들

**그림 2-6** 항공운송서비스의 흐름

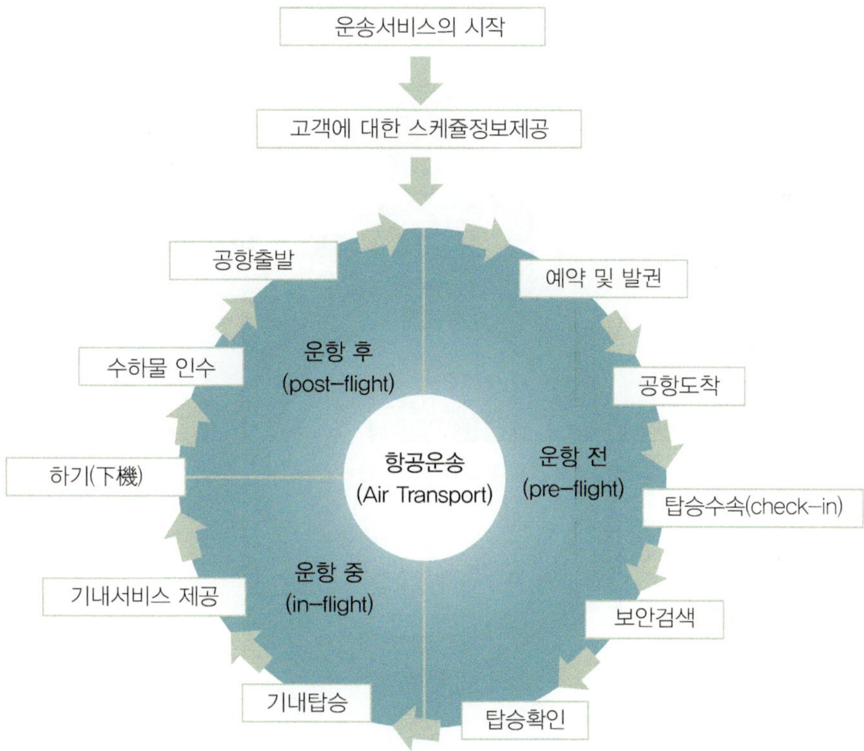

수 있다. 운항후에는 입국안내, 작별인사를 비롯하여 수하물을 찾아 공항을 떠나기까지 승객을 안내하는 일련의 업무들이 여기에 해당된다. 항공여행에 대한 정보를 제공하는 단계에서 관광업무가 시작되어 도착지 공항에서 끝나기까지 각 단계마다 전문성을 지닌 전담부서에 의해 다양한 종류의 서비스가 제공된다. [그림 2-6]은 시간흐름에 따라 고객에게 제공되는 운송서비스의 내용을 나타낸 것이다.

### (3) 운송서비스의 가치

항공운송에서는 항공기, 제공좌석, 예약 및 좌석확보의 용이성, 스케쥴, 정시성과 안전성, 기내서비스, 공항의 운송서비스 등이 상품의 가치를 결정하는 중요한 요소들이다. 그러나 실제로 항공기의 종류나 제공좌석 등이 매우 유사하여 항공사별로 이를 차별화하는 데에는 한계가 있다. 따라서 오늘날과 같은 경쟁적인 시장에서 항공사마다 널리 추구하는 상품의 차별화 수단은 각 항공사 고유의 이미지나 운임수준, 스케쥴 그리고 승객에 대한 서비스 등이며 이를 통해 다양한 고객의 욕구를 얼마나 효과적으로 충족시키느냐에 따라 항공서비스상품의 가치가 결정된다.

경쟁적 환경에서는 다양한 고객욕구를 얼마나 효과적으로 충족시키느냐가 항공사의 평판과 성패를 결정한다.

CHAPTER 03

# 서비스접점

서비스접점은 고객이 서비스를 경험하고 그 가치를 제공하는 물리적 또는 추상적 장소를 말한다. 고객과 서비스제공자 상호 간의 짧은 교류를 통해 서비스상품에 대한 만족과 불만족이 결정되는 접점은 상품가치를 발견하는 '진실의 순간'이기도 하다. 특히 고객을 직접 대면하는 현장직원의 서비스마인드와 역량은 서비스기업의 경쟁력을 좌우한다. 본 장에서는 서비스접점의 의미와 유형, 감정노동을 수행하는 객실승무원의 요건 등을 설명한다.

**Keyword**: 서비스접점, 진실의 순간(MOT), 커뮤니케이션 스킬, 서비스전달시스템, 비언어적 표현, SOFTEN, 경청, 셀프서비스, 현장직원, 갈등, 감성지능, 인성, 서비스마인드, 역할연기, 서비스실패, 직업윤리, 윤리경영

# 제 1 절 서비스접점의 이해

## 1. 서비스접점의 의의

### (1) 서비스접점의 개념

서비스접점(service encounter)은 서비스를 제공하기 위해 고객과 마주하는 물리적 또는 추상적 장소이다. 물리적 장소는 고객이 서비스를 제공받기 위해 사람 또는 사물과 직접적으로 접촉하는 서비스접점이며, 추상적 장소는 전화나 인터넷 온라인 등과 같은 매개를 통해 서비스를 지각하고 제공받는 접점이다. 서비스접점은 흔히 '진실의 순간'으로 비유된다. 고객이 서비스를 경험하는 과정에서 서비스패키지의 각 요소에 담겨있는 진실을 최초로 확인하는 순간이 바로 서비스접점이기 때문이다.

### (2) 서비스접점의 중요성

서비스접점에는 모든 서비스패키지가 집약되어 있다. 고객은 이 접점의 짧은 만남에서 서비스를 경험하고 그 품질과 가치를 평가한다. 고객이 처음으로 서비스 프로세스를 경험하는 경우에는 서비스접점이 그 기업이나 서비스전반에 대한 첫인상을 결정한다. 고객은 기업이나 서비스의 구체적인 내용을 판단할 기준을 가지고 있지 않기 때문에 서비스접점에서 긍정적인 경험이 많을수록 기업과 서비스에 대한 전반적인 이미지는 좋아진다. 반대로 부정적인 경험이 많을수록 기업과 그 서비스에 대한 평가에 불리하게 작용한다. 따라서 서비스접점은 고객만족과 서비스의 성패를 결정하는 가장 중요한 요소이다.

## 2. 서비스접점의 속성

서비스접점은 곧 고객과 서비스제공자 간의 상호작용을 뜻한다. 상호작용에는 대면접촉에 의한 인적응대뿐 아니라 사물과 사람, 사물과 사람 간의 소통을 통해 제공되는 인터페이스(interface) 서비스가 모두 포함한다. 현장직원과의 대면접촉뿐 아니라 회사의 로비나 영업장출입, 주차장진입, 체크인, 안내방송, 인터넷에 의한 특정 웹사이트

접속, 콜센터직원과의 통화 등이 모두 서비스프로세스를 구성하는 요소들이다. 이 접점에서 서비스기업과 고객 간의 상호작용이 이루어진다. 다음의 몇 가지 이론과 모델을 통해 고객의 행동을 이해하는데 유용한 서비스접점의 속성들을 살펴보자.

서비스접점은 서비스기업과 고객 간의 상호작용이 이루어지는 모든 물리적 · 추상적 장소를 의미한다.

### (1) 진실의 순간

**• 진실의 순간이란?**

진실의 순간(moment of truth, MOT)은 고객이 회사나 제품에 대한 이미지를 형성하게 되는 15초 내외의 짧은 순간을 일컫는 마케팅용어다. 현장직원과 접촉하거나 광고를 볼 때 고객이 어떤 특정시점에 갖게 되는 느낌이 기업의 이미지, 때로는 생존을 결정짓는다는 뜻으로 스페인의 경제학자 리처드 노먼(R. Norman)이 1980년대 초에 처음으로 이 용어를 사용하였으며, 1983년 네덜란드의 스칸디나비아항공사(SAS)가 서비스혁신에 성공을 거두면서 이 개념이 널리 알려졌다. 기업의 입장에서는 회사의 이미지와 상품의 품질을 고객에 의해 평가받는 모든 서비스프로세스가 진실의 순간에 해당된다. 이 개념은 SAS의 CEO였던 얀 칼슨(Jan Carlzon)이 새로운 개념을 경영에 활용하여 서비스혁신에 성공을 거둠으로써 마케팅과 서비스경영분야에서 일반화되었다.[1] 진실의 순간에는 서비스가치와 품질에 대한 고객의 인식에 결정적인 영향을 미치는 상

---

1) 진실의 순간은 본래 스페인 투우경기에서 유래하였다. 즉, 투우사와 투우가 서로 맞서는 대결에서 투우사는 투우가 눈을 내리까는 결정적인 순간에 칼을 투우의 등에 있는 급소에 꽂는 최후의 순간을 진실의 순간(스페인어, 'Moment De La Verdad')이라고 한다. 이는 곧 피하려 해도 피할 수 없는 순간인 동시에 실패가 허용되지 않는 매우 중요한 순간을 뜻한다.

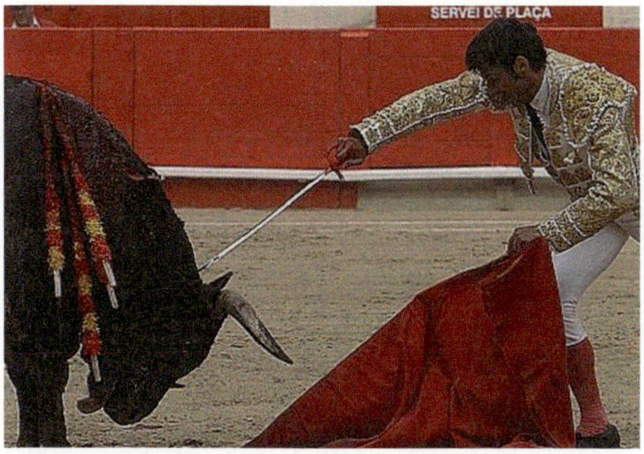


진실의 순간(MOT)은 투우사와 투우가 서로 맞서는 순간에 칼을 투우의 급소에 꽂는 결정적 순간을 맞이하는 것처럼 고객은 서비스접점마다 그 가치를 결정하는 진실의 순간을 경험하게 된다.

황들이 모두 포함된다.

- **항공기 승객이 경험하는 진실의 순간들**

항공사의 고객은 한 번의 탑승과정에서 수많은 진실의 순간들을 접하게 된다. 항공권의 예약에서 공항의 탑승수속, 항공기의 탑승과 하기, 기내식 음료서비스와 기내판매, 목적지 공항을 떠나기까지 서비스접점에서 새로운 경험들을 통해 서비스에 담겨진 진실을 발견하게 되는 것이다. 서비스 전달과정에서 고객이 발견한 진실은 곧 하나의 패키지로 지각되어 서비스의 가치를 결정하게 된다. 예를 들면, 다음과 같은 서비스과정들이 항공기 탑승객에는 모두 진실의 순간에 해당된다.

- 여행정보를 얻기 위해 콜센터에 전화했을 때
- 인터넷을 이용하여 항공권을 예약할 때
- 예약을 취소하기 위해 콜센터에 전화할 때
- 공항의 체크카운터에서 담당자에게 다가갔을 때
- 운항지연으로 공항에서 무작정대기할 때
- 게이트에서 탑승권을 건네줄 때
- 탑승하여 승무원의 환영인사를 받을 때
- 기내에서 좌석을 찾을 때
- 기내좌석의 작동방법을 물을 때
- 기내식을 바꿔달라고 했을 때 등

### (2) 고객대면의 범위

서비스에는 고객과 대면하는 정도에 따라 다양한 수준의 접점이 있다. 콜센터의 전화나 인터넷을 통해 접촉하는 서비스가 있는가 하면, 의료상담이나 컨설팅과 같이 심도있는 대면을 통해 제공되는 서비스가 있다. 고객접촉의 수준에 따라 서비스의 유형은 [그림 3-1]과 같이 구분된다.

#### ① 높은 수준의 대면서비스

고객과 서비스제공자 간의 직접적인 접촉이 이루어지는 서비스의 유형이다. 고객이 서비스시설을 방문할 때, 그들은 서비스공장에 들어가는 것과 마찬가지이다. 예를 들어, 호텔은 숙박공장을 의미하며, 식당은 음식료 서비스를 생산하고 병원은 건강을 다루며, 항공사는 운송서비스를 생산하는 공장에 각각 비유된다. 서비스의 초점이 사람에게 놓이기 때문에 물리적 환경과 함께 현장직원과의 상호작용을 통해 가치있는 경험을 창출하는데 주력하게 된다. 서비스 전달과정에서 고객은 기업에 대한 많은 물리적 단서에 노출된다. 물리적 단서란 건물의 인테리어, 장비나 비품, 현장직원의 태도나 외

**그림 3-1** 서비스 유형별 고객의 접촉정도

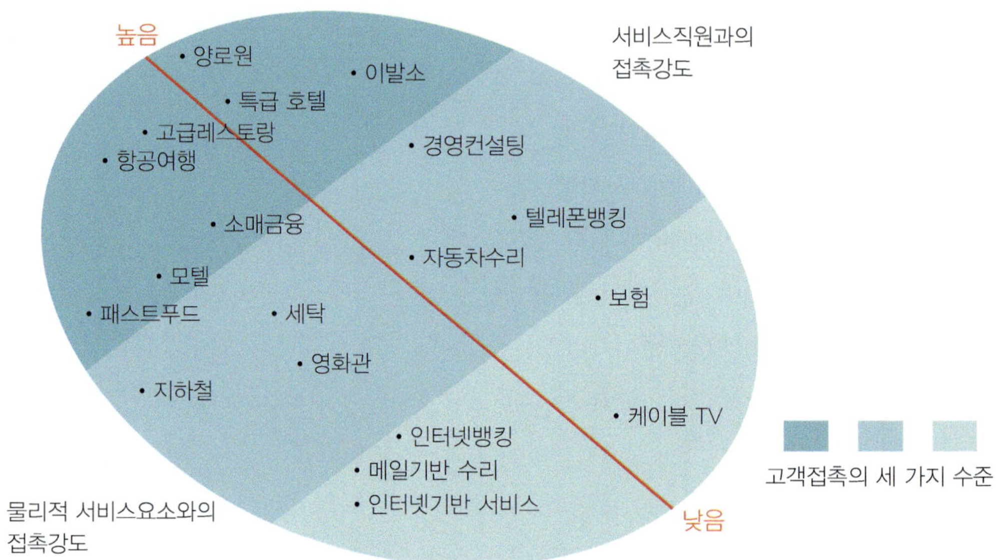


자료: Jochen Wirtz, *ibid.*, p.51.

모, 다른 이용고객 등을 뜻한다.

**② 낮은 수준의 대면서비스**

고객과 서비스제공자 간의 직접적인 접촉보다는 매우 제한된 물리적 접촉이 이루어지는 서비스의 유형이다. 대체로 회사 전체적인 관점에서 물리적 유통경로를 통해 원격으로 접촉이 이루어진다. 예를 들면, 전화나 인터넷, 이메일 등을 통해 은행과 금융거래를 하거나 항공권의 좌석을 예약하고 발권하는 온라인 서비스가 대표적이다. 오늘날 정보통신이 발달과 함께 서비스의 편의성을 중요시하는 소비자가 늘어나면서 높은 수준과 중간수준의 대면서비스들이 낮은 수준의 대면서비스로 이동하는 경향이 늘고 있다.

### (3) 서비스 생산시스템

고객에게 시각적으로 구현되고 고객에 의해 경험이 되는 물리적 환경을 서비스 생산시스템이라고 한다. 서비스생산(servuction)은 서비스(service)와 생산(production)의 줄임말로서 대면서비스에서 전형적인 고객경험을 형성하는 모든 상호작용을 뜻한다. 고객들은 서비스를 경험하는 동안 서비스환경, 현장직원, 그리고 심지어 다른 고객들과도 상호작용을 한다. 서비스기업은 고객이 원하는 서비스경험을 생산하기 위해 모든 상호작용이 조화를 이루도록 해야 한다. 서비스 생산시스템은 고객의 눈에 보이지 않는 기술적 핵심과 눈에 보이는 서비스 전달시스템으로 구성된다.

**① 기술적 핵심**

기술적 핵심(technical core)이란 서비스의 투입요소들이 상품으로 전환되는 과정에서 핵심이 되는 기술을 말한다. 음식점의 조리실, 항공사의 운항통제부와 같이 대체로 무대의 후방(back office)에 위치하여 고객에게 보이지는 않으나 서비스를 계획 · 생산하고 운영시스템을 담당한다.

무대의 후방에 위치하여 서비스를 계획 · 생산하는 시스템은 서비스 기업의 기술적 핵심이다.

**② 서비스 전달시스템**

서비스의 전달시스템(delivery system)은 완성된 상품이 고객에게 전달되는 프로세스를 뜻한다. 이 시스템은 서비스 운영시스템의 가시적인 부분에 해당된다. 건물, 설비, 현장직원 등과 같이 무대의 전방(front)에 위치하여 서비스의 전달을 담당한다. [그림 3-2]에서 보는 바와 같이 서비스를 경험하는 다른 고객들(고객 B)도 고객(고객 A)에게 서비스를 전달하는 역할을 한다.

**그림 3-2** 서비스 전달시스템

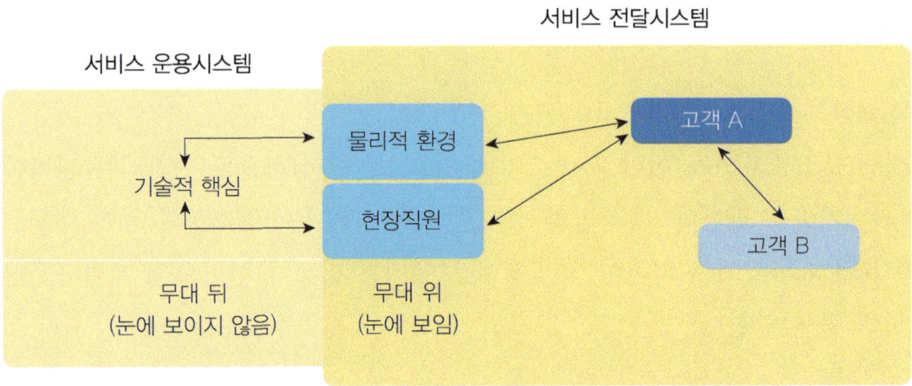


자료: Jochen Wirtz, *ibid.*, p.52.

### (4) 서비스 전달매체

통합적 관점에서 보면, 극장(劇場, theater)은 서비스와 서비스 생산시스템을 통해 어떻게 새로운 가치가 창출되는가를 잘 보여준다. 서비스시설과 현장직원이 모두 한자리에 있을 때, 무대는 고객을 위해 기억에 남을 만한 서비스전달을 위한 서비스접점이 된다. 서비스전달은 고객이 일종의 공연을 경험하는 일련의 사건으로 구성된다. 호텔과 항공사, 병원과 같이 고접촉서비스인 경우, 무대와 등장인물의 역할을 통해 서비스가 어떻게 전달되는가를 보자.

서비스전달은 고객이 일종의 공연을 경험하는 일련의 사건으로 구성된다.

- 서비스시설 : 드라마가 펼쳐지는 무대가 있는 서비스시설에서 세트는 하나의 막에서 다른 막으로 바뀐다. 항공기의 여객은 공항에 도착하여 탑승수속카운터로 이동하고, 다시 탑승구로 이동하여 비행기의 기내에 도착하는 과정은 무대의 막이 바뀌는 것과 같다. 어떤 무대는 자판기처럼 간단한 소품만을 필요로 하는 반면, 레스토랑과 객실을 갖춘 호텔과 같이 세심한 소품들을 필요로 하는 무대도 있다.
- 현장직원 : 무대에 등장하는 현장직원들은 무대뒤의 지원을 받아 연기를 하는 등장인물에 비유된다. 경우에 따라서는 특별한 의상을 갖추어야 한다. 호텔리어, 객실승무원, 의사 등이 입는 유니폼은 무대연기를 위한 의상이라고 할 수 있다.

성공적인 연출을 위해서는 무대연기자들의 역할과 그들이 따라야 하는 대본(script)이 훌륭해야 한다. 극장에서 배우는 스스로의 역할을 이해하고 대본에 익숙해야 한다. 대면서비스에 있어서 현장직원의 역할과 대본에 대한 지식은 서비스기업이 고객을 대

**표 3-1** 항공기 객실서비스를 위한 대본(script)

| 승 객 | 조종사 | 객실승무원 |
|---|---|---|
| 1. 공항도착 | 2. 항공기탑승, 점검과 시동 | |
| 3. 체크인 카운터로 이동 | | |
| 4. 출국수속(C.I.Q) | 5. 항공기 탑승게이트로 이동 | 6. 항공기탑승 |
| | | 7. 기내상태점검 |
| 8. 탑승게이트로 이동 | | |
| 9. 탑승대기 | | |
| 10. 비행기탑승 | | 11. 탑승인사와 좌석안내 |
| | | 12. 환영인사, 비상안내방송 |
| | | 13. 안전벨트 착용안내방송 |
| 14. 안전벨트착용 | | |
| | 16. 환영인사와 기장소개 | 15. 승객의 착석상태확인 |
| | 17. 비행시간과 여정안내 | |
| | 20. 비행기 활주로 이동 | 18. 도어폐쇄 |
| | 21. 비행기이륙 | 19. 이륙안내방송 |
| 23. 안전벨트해제 | | |
| | 24. 순항고도 및 기상상태안내 | 22. 안전벨트해제안내 |
| 26. 타월, 빈컵내어줌 | | 25. 타월, 음료제공 |
| 29. 식사, 식기내어줌 | | 27. 타월, 빈컵회수 |
| | | 28. 기내식 제공 |
| 32. 음악, DVD,기내오락 | | 30. 식기회수 |
| 34. 주문과 결재 | | 31. 승객요구사항의 응대 |
| 36. 입국서류작성 | | 33. 기내판매 |
| | | 35. 입국신고서 배부 |
| | | 37. 도착예정 안내방송 |
| 40. 안전벨트착용 | 42. 목적지 기상안내 | 38. 비행기 착륙안내방송 |
| 41. 좌석 원위치 | 43. 환송인사 | 39. 좌석, 안전벨트확인 |
| 47. 안전벨트 해제 | 44. 비행기착륙 | |
| | 45. 항공기 도착게이트로 이동 | 46. 도착과 환승안내방송 |
| 50. 항공기 하기(下機) | | 48. 도어개방 |
| 54. 입국장으로 이동 | | 49. 작별인사와 하기안내 |
| 55. 입국심사 | | |
| 56. 수하물 회수 | | |

면하는 동안 서비스제공자와 고객의 행동을 이해하고 관리하는데 필수적이다. 예를 들어, 일관된 서비스를 제공하기 위해서는 이코노미객실의 승무원 대본과 같이 매우 치밀하게 구성되어야 한다. 서비스의 대본들은 고객과 상황에 따라 적절한 유연성도 갖추고 있어야 한다.

〈표 3-1〉은 항공기의 기내서비스를 위한 대본을 시간흐름의 순서에 따라 나타낸 것이다. 탑승객, 조종사, 객실승무원이라는 세 명의 배역(player)이 등장한다. 대본에는 각자 연기해야 하는 역할이 정해져 있다. 서비스를 주도하는 두 명의 배역과 대본을 의식하지 않는 고객의 역할은 다르다. 조종사의 역할은 그가 맡은 직무가 다른 것처럼 승무원의 역할도 각기 다르다. 이 대본은 기내의 서비스를 효율적으로 운영하고자 하는 목적에서 만들어진 것이지만, 궁극적으로는 신속하고 안전한 항공기 운항과 쾌적한 항공여행을 위한 서비스를 제공하기 위한 것이다. 승객과 조종사, 그리고 객실승무원이 각자의 역할에 충실하고 서비스 전달과정에서 협력하는 경우에 항공서비스는 비로소 만족스러운 결과를 얻게 된다.

## 3. 대면적 커뮤니케이션

고객의 니즈와 요구를 파악하여 개발 · 제공하는 모든 서비스패키지의 시작과 끝은 고객과의 커뮤니케이션에 있다. 특히 고객과 직접 대면(對面)하는 서비스접점의 커뮤니케이션은 서비스기업의 경쟁력을 좌우하는 가장 중요한 요소이다. 언어적 표현뿐 아니라 비언어적 표현도 고객을 응대하는 현장직원이 갖추어야 할 중요한 커뮤니케이션 기술(communication skill)이다.

### (1) 언어적 표현과 비언어적 표현

커뮤니케이션은 언어적인 표현과 비언어적 표현으로 구분된다. 고객과 대면하는 서비스접점에서는 비언어적 표현이 보다 중요해진다. 심리학자 메라비언(Albert Mehrabian)의 연구에 따르면, 효과적인 커뮤니케이션을 위해서는 언어(words)보다도 현장직원의 자세와 용모, 제스처 등 외적으로 보이는 시각효과, 그리고 목소리의 톤이나 음색(音色, voice color)처럼 언어의 품질을 나타내는 청각이미지가 중요하다. 의사소통에서 비언어적 요소가 언어보다 더 중요하다는 사실을 메라비언의 법칙(Law of

Mehrabian)이라고 하는데, 의사소통에서 상대로부터 받는 이미지의 결정요소는 다음과 같다.[2)]

- 언어(words) : 7%
- 시각이미지(body language) : 55%
- 청각이미지(tone of voices) : 38%

이러한 비언어적 표현은 특히 짧은 시간에 좋은 이미지를 주어야 하는 서비스접점에서 중요하다. 예를 들면, 현장직원의 친절한 안내를 받더라도 그가 하는 말에 신뢰가 뒤따르지 않을 수 있다. 이러한 불신은 직원의 말투와 눈빛, 시선, 몸짓 등에서 고객이 부자연스러움을 인지하기 때문이다. 또한 직원의 말투가 불안정하고 자신감이 없거나 제스처가 부자연스럽다면 소통의 신뢰도는 낮아지게 된다.

### (2) 비언어적 표현기법

전문가일수록 비언어적 표현이 더 중요하다.

개인 간의 소통에 있어 대화내용의 전달력을 결정하는데 비언어적 요소들이 중요하다. 특히 고객과 대면하는 서비스접점에서 비언어적 대화의 기술(skill)은 서비스의 만족도를 결정하는 요소이다. 효과적인 커뮤니케이션에 필요한 요소의 약자로 이를 'S.O.F.T.E.N' 기법이라고 한다. 비즈니스를 위한 대화나 협상, 서비스현장 등에서 유용하게 적용되는 이 기법은 대화의 내용보다는 다음과 같은 6가지 비언어적 자세의 중요성을 강조한다.

- **밝은 미소(Smile)**

대면하는 상대방에 대해 호감을 주는 얼굴이 소통을 원활하게 한다. 고객과의 접점에서 커뮤니케이션을 위해 중요한 것은 '밝은 미소'라는 비언어적 표현이다. 모든 비즈니스 대화에 있어서도 가장 중요한 첫 대면은 언어적 표현이 아니라 미소와 웃음이다.

---

2) 메라비언의 법칙은 앨버트 메라비언(Albert Mehrabian)이 1971년에 출간한 저서 '*Silent Messages*'에서 처음 발표한 것으로서 커뮤니케이션 이론에서 중요시된다. 특히 짧은 시간에 좋은 이미지를 주어야 하는 서비스 접점에서 현장직원의 교육훈련에 널리 이용된다.

모든 비즈니스에 있어서 가장 중요한 첫 대면은 언어적 표현뿐 아니라 미소와 제스처 등의 비언어적 소통이다.

- **열린 자세**(Open gesture)

대화에 알맞은 자유로운 제스처를 말한다. 열린 자세는 상대에 대한 관심과 여유를 나타낸다. 경우에 따라서는 양팔과 손을 벌리는 제스처가 의사전달에 도움이 되는 반면, 팔짱을 끼거나 비스듬한 자세는 상대의 마음을 닫게 할 수 있다.

- **상체를 기울인 경청**(Forward leaning)

이는 상대의 말에 관심이 있다는 의미로 몸을 약간 앞으로 기울인 상태에서 듣는 것을 말한다. 경청하고 있음을 나타내는 비언어적 표현인 동시에 대화의 몰입도를 높이는 효과가 있다.

- **가벼운 접촉**(Touch)

악수나 등이나 어깨의 두드림 등 가벼운 접촉 등은 의사소통을 높이는 효과가 있다. 상대에 대해 관심과 친밀감을 나타내는 비언어적 표현으로 인간관계를 향상시킨다.

- **마주보는 시선**(Eye contact)

대화하는 상대의 눈을 마주하는 것은 대화에 있어 가장 기본으로서 부드럽고 진지하게 바라보는 것이 필요하다. 고객이 말하고 있는데, 상대의 얼굴쪽을 보지 않고 주위를 둘러보는 자세는 산만한 이미지를 준다.

- **고개 끄덕임**(Nodding)

상대의 말을 들으면서 고개를 끄덕이는 것은 상대방이 전달하는 대화내용에 대한 긍정적 태도와 이해를 나타내는 표현이다. 전달되는 말의 중요성이나 깊이에 따라 횟수와 끄덕임의 정도를 달리하는 것이 보다 자연스럽다.

### (3) 경 청

경청(傾聽)은 효과적인 커뮤니케이션의 필요조건이다. 이는 상대의 말을 단순히 듣는 것이 아니라, 상대방이 전달하고자 하는 말의 내용, 의사전달의 동기와 대화의 정서에도 관심을 기울여 이해된 것을 상대방에게 표현하는 모든 과정들을 포함한다. 즉, 경청은 상대의 말을 귀담아 들을뿐 아니라 그 사람의 입장에서 이해하려는 자세로 집중하는 것이다. 서비스접점에서는 경청을 통해 고객요구의 요점을 정확히 파악할 수 있다. 경청은 커뮤니케이션 기술의 중요한 요소로서 선입견이나 고정관념이 배제되어야 하며, 진심으로 상대의 말에 듣는 자세가 필요하다. 그리고 상대의 말을 끝까지 듣기 전에 자신의 판단으로 해석하는 것을 피해야 한다.

#### "뒤센의 미소(Duchenne Smile)"

미국의 대선후보경선이 한창이던 2016년 4월 어느날. TV의 저녁뉴스에서는 정치인들의 미소가 눈길을 끌었다. 뜨겁게 맞붙은 공화당의 두 후보, 1위 도널드 트럼프와 이를 추격 중인 테드 크루즈의 웃는 모습이 화면에 비추어졌다. 당시 크루즈의 표정이 오싹할 정도로 기이하고 불편하다는 지적까지 나온 뒤였다. '뒤센의 미소'라고 불리는 활짝 웃는 웃음대신 억지웃음 때문이었다. 언행이 과격한 듯해도 웃을 땐 천진난만한 트럼프와 대조를 이루었다. 민주당 힐러리 클린턴도 소탈한 미소로 인기몰이 중이었는데, 두 사람 표정엔 공통점이 있었다. 입꼬리만 올라간 가짜 웃음이 아니라 까치발 모양의 눈가 주름이 특징인 진짜 미소, 즉 뒤센의 미소를 짓는다는 것이었다.

밝은 웃음은 자신과 고객 모두에게 행복감을 더해준다(뒤센의 미소 vs. 팬암의 미소)

뒤센의 미소란 '표정의 문법(1862)'이라는 저서를 통해 마음속에서 우러나오는 진짜 미소와 가짜 미소를 비교한 프랑스의 심리학자 기용 뒤센(G. Duchenne)의 이름을 딴 진짜 미소를 말한다. 웃음 근육을 발견한 그는 입과 눈까지 모두 움직이는 미소는 뇌가 웃는 표정에서 즐거움을 감지하기 때문에 웃으면 더 즐거워진다는 것이다. 주변에서 접하는 진짜 웃음들에는 몇 가지 특징이 발견된다.

- 입술끝이 위로 당겨 올라간다.
- 두 눈이 안쪽으로 약간 모아진다.
- 눈가 근육이 움직이며 주름이 진다.
- 두 뺨의 상반부가 올라간다.

진정한 미소는 시련을 이겨내는 긍정의 힘을 길러준다. 뒤센의 미소를 자주짓는 게 자신과 남에 행복감을 전달하고, 일상의 어려움이나 역경으로부터 제자리에 돌아오는 회복탄력성(resilience)을 강화시켜준다는 연구도 있다. 한편, 억지로 만들어진 가식적인 웃음으로 팬암의 미소가 있다. 지금은 파산했지만 팬암항공사 승무원들의 당시 웃음은 진정성 있는 밝은 미소와 대비되는 거짓웃음으로 비유되고 있다. 감정노동에 시달리는 서비스접점일수록 자신과 고객의 행복을 위해 얼굴근육부터 활발하게 움직여 보자. 일상적인 현대생활에 지친심신의 회복탄력성에도 도움이 된다. 눈매와 입꼬리를 말아 올리는 뒤센의 미소를 늘 기억하자.

## 제2절 서비스접점과 조직

### 1. 서비스접점의 유형

서비스접점의 종류는 매우 다양하다. 오늘날의 정보통신기술은 서비스접점에서 이루어지는 고객과 서비스기업 간의 상호작용에 많은 영향을 미친다. 서비스접점의 기술(technology)은 특히 전통적인 대면적인 방식을 탈피하여 다양한 형태의 서비스접점으로 발전되었다. 예를 들면, 인터넷과 공항의 무인발권시스템인 키오크스(KIOSK)는 항공여객들의 서비스에 대한 기대와 행동양식에 변화를 가져왔다. 일부 고객들은 더 이상 콜센터의 예약직원과 통화를 하거나 공항에서 탑승권을 받기위해 체크인 카운터에 줄을 설 필요없이 인터넷과 무인자동발권시스템을 이용하고 있다. 단순한 서비스인 대면적인 인터페이스가 기술로 대체되고 있는 것이다. 서비스기술의 혁신으로 인해 세분

**그림 3-3 서비스접점별 기술의 역할**

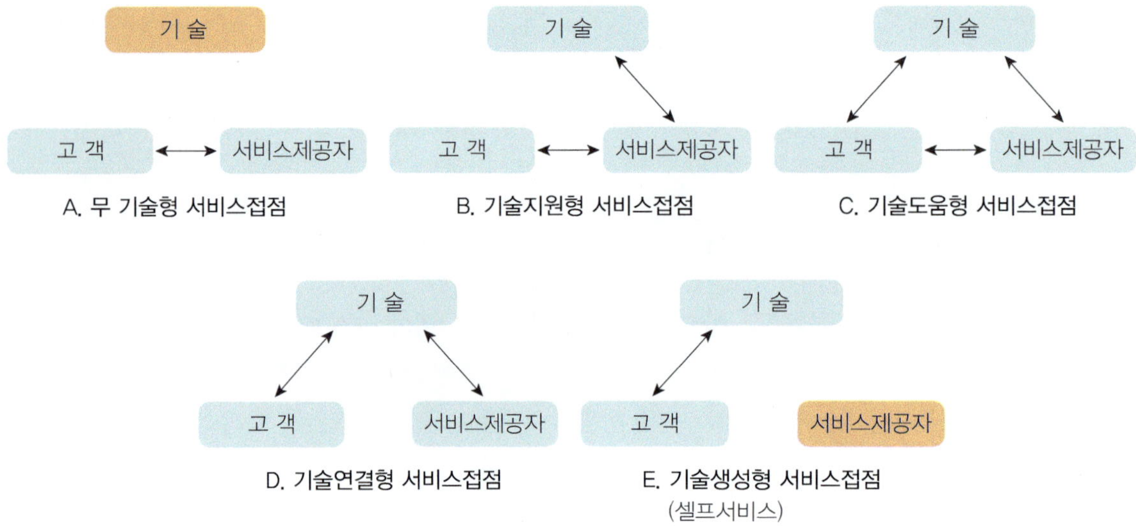


자료: Craig M. Froehle and Aleda V. Roth, "New Measurement Scales for Evaluing of Technology-Mediated Customer Service Experience." *Journal of Operations Management* 22, No(Feb. 2004), p.3. Fitzsimmons, J. A., Fitzsimmons, M. J. & Sanjeev K., *ibid.*, 2014. p.108에서 재인용.

화되고 있는 서비스접점은 다음과 같이 다섯 가지 유형(mode)으로 구분된다.[3]

### (1) 인적서비스 접점

인적서비스 접점이란 기술을 사용하지 않은 형태의 서비스접점이다. 이러한 유형의 접점에서는 고객이 서비스를 담당하는 현장직원과의 상호작용을 위해 직접적으로 대면하게 된다. 미용실이나 물리치료사처럼 기술이 핵심적인 역할을 수행하지 않은 전통적인 하이터치(high touch) 서비스들이 대표적인 경우이다. 대부분의 개인적 관리차원의 서비스가 이 유형에 해당되며, 법률상담이나 세무 및 경영컨설팅, 정신신경과 상담 등의 전문서비스들도 여기에 속한다.

### (2) 기술지원형 서비스접점

기술지원형(technology assisted)의 서비스접점은 대면적인 서비스의 전달이 용이하

3) Fitzsimmons, J. A., Fitzsimmons, M. J. & Sanjeev K., *ibid.*, 2014. pp.108-109.

도록 서비스제공자가 기술을 사용하는 형태를 말한다. 안과검진, 치과, 엑스레이검사 등 많은 의료서비스들이 이 유형에 속한다. 항공사들은 전통적으로 승객의 탑승수속을 위해 여객예약기록(passenger name record, PNR)시스템을 이용해 오고 있으나 오늘날에는 점차 기술생성형의 서비스접점이 늘어나면서 무인발권시스템(KIOSK)을 통한 셀프체크인 방식이 늘어나고 있다.[4)]

### (3) 기술기반형 서비스접점

기술기반형(technology-facilitated) 서비스접점은 고객과 서비스제공자가 모두 동일한 기술을 사용하는 경우에 해당된다. 예를 들면, 금융상담원이나 재무설계사는 고객과의 상담에서 PC에 저장된 금융데이터나 재무모델을 활용해 각기 다른 투자위험들에 대한 예상수익을 보여줄 수 있다. 기술지원형 서비스보다 기술에 대한 의존도가 높으며, 고객과 서비스제공자는 각각 기술과 정보를 독립적으로 이용하여 서비스프로세스에 참여한다.

### (4) 기술연결형 서비스접점

기술연결형(technology-mediated) 서비스접점은 고객과 서비스담당자 간의 상호작용을 위해 기술이 매개로 이용되는 경우이다. 따라서 서비스접점에서는 대면적인 접촉이 이루어지지 않는다. 레스토랑 예약이나 콜센터처럼 서비스접점에서의 상호작용은 주로 전화나 온라인을 통해 이루어진다. 위성위치확인(GPS)기술을 활용해 현재의 위치를 확인하는 내비게이션 서비스, 자동응답시스템(ARS)을 이용한 항공운임이나 스케쥴정보의 조회 등이 이러한 유형에 해당된다.

### (5) 기술생성형 서비스접점

기술생성형(technology-generated) 서비스접점이란 서비스를 제공하는 현장직원의 업무가 모두 셀프서비스 기술로 대체된 경우에 해당된다. 즉, 해당 서비스가 고객에게

---

4) 'kiosk'란 본래 옥외에 설치된 대형천막이나 현관을 뜻하는 페르시아어 용어로서 간이판매대나 소형매점을 의미한다. 오늘날에는 누구나 쉽게 이용할 수 있도록 공공장소에 설치한 무인단말기를 뜻하며, 셀프서비스 스테이션(self service station)이라고도 한다. 주로 터치스크린 방식으로 정보를 얻거나 구매 · 발권 · 등록 등의 서비스를 제공한다.

아웃-소싱되어 고객이 스스로 서비스를 생성하는 형태라 할 수 있다. 서비스제공비용의 절감을 위해 서비스접점이 점차 늘어나고 있다. 은행의 ATM과 인터넷은행, 공항의 무인발권시스템, 온라인예약, 콜센터의 대화형 음성응대(IVR)기술 등의 다양한 서비스형태로 발전하고 있는 분야이다.

## 2. 서비스접점의 진화 : 셀프서비스

### (1) 셀프서비스의 확대

**• 셀프서비스의 경제적 효과**

교통카드 티머니(T Money), 카페테리아, 톨게이트의 하이패스 차선, 주차장의 자동인식서비스, 무인경비시스템과 은행의 ATM 등은 일상생활에서 보편화된 셀프서비스의 전형이다. IT를 이용하고자 하는 서비스기업의 동기와 소비자의 편익이 이러한 셀프서비스의 확대를 촉진하는 원천이다. 서비스기업의 중요한 동기는 비생산적인 활동에 지불되는 비용의 제거에 있다. 예를 들어, 콜센터를 통한 고객응대에는 건당 7달러의 비용이 들지만, 온라인으로 처리될 경우 단지 10센트만이 소요된다. 한편, 고객들이 셀프서비스를 수용하거나 오히려 더 선호하는 배경에는 상대적으로 편리한 고객화의 과정, 서비스의 정확성과 신속성, 편리성 등이 있다.

공항에 설치된 국적항공사의 백드롭시스템 이용에 대한 안내문. 셀프서비스의 동기는 비생산적인 활동에 지불되는 비용의 제거에 있다.

**표 3-2 셀프서비스의 진화**

| 서비스산업 | 사람과의 접촉 | 자동화된 서비스 | 인터넷기반 서비스 |
|---|---|---|---|
| 은행 | 창구직원(텔러) | ATM | 온라인 은행거래 |
| 식료품점 | 체크아웃 점원 | 셀프 체크아웃창구 | 온라인 주문/픽업 |
| 공항 | 여행사직원 | 키오스크(KIOSK) | 탑승권 프린트 |
| 식당 | 종업원 | 자판기 | 온라인 주문/배송 |
| 영화관 | 티켓박스직원 | 키오스크 구매 | 온라인(VOD) 시청 |
| 서점 | 점원 | 인터넷판매 | 온라인쇼핑 |
| 교육기관 | 교수 | 인터넷강의 | 원격강의 |
| 카지노 | 딜러 | 컴퓨터게임 | 온라인게임 |

자료: James A. Fitzimmons, "Is the Future of Service Self-service?" *Managing Service Quality* 13, No.6(2003), p.444. Fitzsimmons, J. A., Fitzsimmons, M. J. & Sanjeev K., *ibid.*, 2014. p.110에서 재인용.

• **확대되는 서비스영역**

오늘날 대면방식의 인적서비스는 점차 기계로 대체되고 있으며, 더 나아가 인터넷에 기반을 두고 언제 어디서든 제공이 가능한 전자서비스로 전환되고 있다. 이러한 변화는 산업혁명이후 생산과정에서 인간의 노동력이 기계로 대체되었던 과거의 변화와 유사하게 진행되고 있다. 셀프서비스는 서비스가치를 증가시키지 못하거나 수익확대의 기회가 없는 단순서비스에 투입되는 노동력을 기술로 대체하여 비용을 절감하는 것으로 시작되었다. 그러나 현대사회에서는 다양한 분야에서 시간과 공간의 제약이 없이 정확 · 신속한 서비스를 구현함으로써 그 영역이 크게 확대되고 있다. 〈표 3-2〉는 서비스부문에 셀프서비스 기술이 적용되고 있는 사례들을 나타내고 있다.

### (2) 창조적 부문으로의 서비스이동

셀프서비스로 서비스접점이 확대되는 것은 많은 사회 · 경제적 변화를 가져왔다. 대인적인 의료서비스와 컨설팅 등과 같은 높은 수준의 인적서비스를 수반하는 하이터치 서비스[5]를 제외한 단순 · 반복적 업무로 구성되는 숙련도가 낮고 저부가가치인 서비스 직종은 점차 셀프서비스로 전환되고 있다. 따라서 셀프서비스 부문의 확대는 향후 서

5) 하이터치(high touch)란 높은 감성의 수준을 의미하며, 기술과 대비되는 인간적인 감성을 말한다. 미국의 미래학자 존 네이스비츠(John Naisbitts)의 저서 *Megatrends: The New Directions Transforming our Lives*(1982)를 통해 하이테크와 함께 하이터치 현상이 소개되었다. 고도의 기술이 도입되면 될수록 그 반동으로 인해 고객은 보다 인간적이고 따뜻함을 선호한다는 내용인데, 이와 같은 인간적인 반응을 '하이터치'라고 부른다.

비스산업의 성장이 의료와 같은 고숙련도 부문과 전문직 등의 지식기반부문, 그리고 문화예술 등의 창조적 부문에 한정되어 높은 수준의 감성이 수반된 서비스가 집중될 것임을 의미한다.

## 3. 서비스접점의 조직구조

### (1) 서비스접점의 삼각구조

앞서 설명한 바와 같이 서비스의 특성 가운데 하나는 고객이 서비스의 생산과정에 적극적으로 참여한다는 점이다. 고객이 경험하는 모든 진실의 순간에는 서비스제공자와의 상호작용이 이루어진다. 서비스가 제공되는 현장에서는 서비스조직과 현장직원, 고객 간의 삼각구조가 형성된다. 이를 서비스접점 삼각구조라고 한다. 이 구조에서는 각 주체들 간에 다음과 같은 협력과 갈등이 발생한다.

우선, 서비스조직은 현장직원이나 고객의 이해관계와 항상 일치하지 않는다. 모든 서비스기업은 경쟁력을 확보·유지함으로써 경영의 성과를 극대화하고자 한다. 따라서 서비스의 효율적에 주된 관심이 놓여진다. 그결과 경영자의 입장에서는 서비스의

**그림 3-4** 서비스접점의 삼각구조

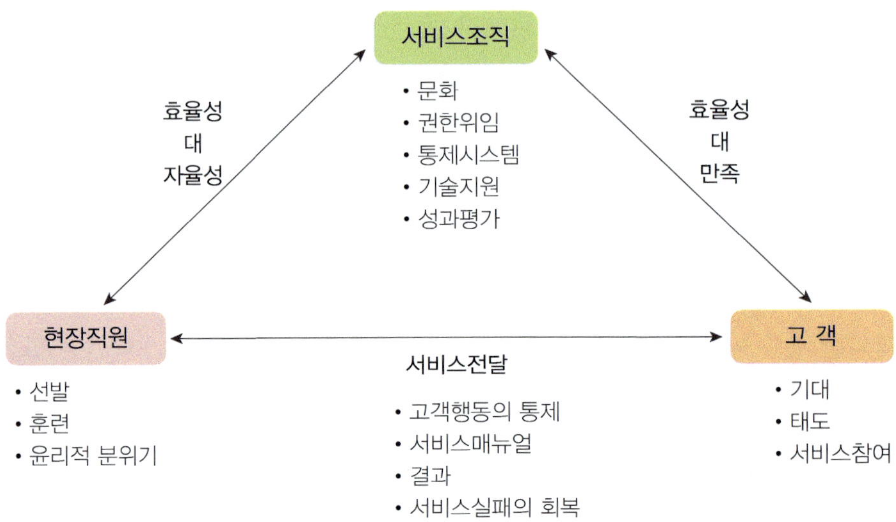


자료: Fitzsimmons, J. A., Fitzsimmons, M. J. & Sanjeev K., *ibid.*, 2014. p.110.

전달과정을 통제하기 위해 서비스접점의 현장직원에 대한 자율권과 재량권을 제한하는 규칙과 절차 등을 강화하는 경향이 있다. 이러한 서비스규제는 고객에게 제공되는 서비스의 범위를 제한하기 때문에 고객의 불만을 야기할 수 있다. 한편, 현장직원과 고객은 상호작용의 과정에서 주도권에 대한 욕구를 갖는다. 현장직원은 서비스접점에서 업무를 보다 용이한 방식으로 처리함으로써 스스로의 부담을 줄이고자 고객의 행동을 통제하려 한다. 이와 반대로 고객의 입장에서는 서비스접점에서 최대한의 혜택을 얻기 위해 현장직원과의 상호작용과정을 주도하고자 한다. 따라서 서비스접점의 삼각구조에서 서비스조직과 고객, 현장직원 간에는 균형있는 서비스접점을 구성함으로써 상호이익을 창출하는 것이 중요하다. 서비스접점에서 어느 한쪽이 과도하게 상호작용과정을 지배하고자 할 때, 진실의 순간에서 장애가 발생할 수 있다. 다음의 서비스접점들은 각 주체들이 상호작용을 주도할 때 흔히 발생하는 갈등의 유형을 나타낸 것이다.

### (2) 서비스접점의 유형별 특성

#### ① 서비스조직 주도형 접점

모든 기업은 본질적으로 생산성 향상과 원가절감을 위해 효율성을 극대화하고자 한다. 서비스기업은 서비스의 서비스패키지와 전달체계를 표준화하여 생산성을 높이고자 한다. 이 과정에서 현장직원의 재량권은 통제된다. 고객의 입장에서는 표준화된 서비스에 대한 선택권만을 갖게 되므로 맞춤형의 서비스는 제공받기 어렵다. 예를 들어, 맥도널드나 도미노피자 등의 프랜차이즈 서비스기업들은 서비스접점을 주도하고 통제하는 구조화된 조직과 환경을 구축하고 있다. 이들 기업은 고객들의 서비스기대를 낮추도록 학습시킴으로써 경영의 성과를 높인다. 흔히 관료주의로 비유되는 경직된 서비스조직에서 발생하는 고객불만의 대부분은 현장직원에게 고객요구를 처리할 수 있는 재량권이 위임되지 않는 서비스조직 주도형 접점에서 발생한다. 이러한 경우에 현장직원은 고객의 입장과 욕구를 이해하면서도 대안을 모색할 수 없고, 직무에 대한 만족감이 줄어들 수도 있다.

#### ② 현장직원 주도형 접점

서비스담당자는 고객의 요구로 인한 업무의 부담을 줄이기 위해서 서비스접점의 활동범위를 축소하려고 하는 경향이 있다. 현장직원이 자율적인 지위를 갖는 경우, 고객에 대해 상당한 통제권을 갖고 권한을 행사하는데 비해 고객의 입장에서는 서비스 제공자가 전문적인 지식을 갖고 있다고 인식하기 때문에 현장직원의 판단을 신뢰하게 된다. 예를 들면, 의사와 환자 사이의 상호작용에서는 현장직원이 주도하는 접점의 갈등구조가 잘 드러난다. 이 경우에 환자는 고객으로 인식되지 않을 수 있으며, 서비스접점에서 종속적인 위치에 놓여진다. 또한 서비스조직으로서 병원은 의사로부터 경영의 효율성과 무관한 요구사항에 직면하기도 한다.

#### ③ 고객주도형 접점

고객주도형의 서비스접점에서는 고객 스스로 원하는 서비스를 주도적으로 제공받는다. 이 조건에서는 표준화된 서비스와 개인이 원하는 서비스를 스스로 통제할 수 있다. 표준화된 서비스란 셀프서비스와 같이 인적서비스를 거의 필요로 하지 않는 단순한 형태의 서비스만으로 고객의 욕구를 충족시켜 줄 수 있다. 예를 들어, 신용카드단말기가 설치된 셀프서비스 주유소에서 고객은 그 누구와도 상호작용을 필요로 하지 않는다. 이에 비해 형사사건에 대한 법정변론과 같이 고객화된 서비스인 경우에는 서비스조직의 모든 자원이 활용되어야 하고, 효율성 면에서도 많은 비용을 수반한다.

### (3) 서비스접점의 유형별 성공요인

서비스접점의 삼각구조는 앞서 설명한 바와 같이 주로 사람들 상호작용에 초점을 두고 있다. 그러나 오늘날의 서비스현장에서는 고객과 서비스기업 간의 거래특성에 따라 접점의 유형이 달라진다. 기계가 사람에게 서비스를 제공할 수도 있고, 기계가 또 다른 기계에 서비스를 제공할 수 있으며, 사람이 기계에 서비스를 제공하거나 기계가 사람에 서비스를 제공하는 경우도 있다. 오늘날의 정보화시대에는 점차 사람에 의해 제공되는 서비스가 기계로 대체되는 경향이 나타나고 있다. 특히 금융, 유통, 정보통신 등의 서비스분야에서는 대부분의 서비스기업들이 고객을 위한 웹사이트를 운영하고 있다. 사람과 사람, 사람과 기계, 기계와 기계 상호 간의 서비스접점에서 서비스의 특성에 따라 각각의 가치를 성공적으로 창출하는 요인들은 〈표 3-3〉에서 보는 바와 같다.

**표 3-3** 서비스접점의 유형별 성공요인

| 고 객 | 서비스 제공자 | |
|---|---|---|
| | 사 람 | 기 계 |
| 사 람 | ▪ 좋은 인성을 갖춘 현장직원의 확보<br>▪ 대면접촉에 의한 높은 서비스품질<br>▪ 커뮤니케이션의 편리성<br>▪ 인적서비스 지원능력<br>▪ 신뢰성과 공감능력을 갖춘 직원 | ▪ 다양한 이용자들의 인터페이스<br>▪ 다수의 고객확보<br>▪ 거래의 보안성<br>▪ 편리한 접근성<br>▪ 인적서비스의 보조적 지원 |
| 기 계 | ▪ 편리한 접근성<br>▪ 신속하고 정확한 반응<br>▪ 거래결과의 확인<br>▪ 원격모니터링 | ▪ 하드웨어 및 소프트웨어의 호완성<br>▪ 서비스 제공과정의 모니터링<br>▪ 거래의 기록 및 보완성<br>▪ 서비스의 일관성 |

서비스접점에서는 거래의 특성에 따라 접점의 유형들은 끊임없이 진화한다.

## 제3절 현장직원

현장직원(field staff)은 서비스조직과 고객 간의 서비스접점 중심에 위치하여 인적서비스를 수행한다. 본 절에서는 서비스접점의 중심에 위치하는 현장직원이 지녀야 하는 인적요건을 살펴보고, 높은 수준의 서비스품질을 유지하기 위한 현장직원의 선발과 훈련 등을 설명한다.

## 1. 현장직원은 왜 중요한가?

### "코라 그리피스-뛰어난 웨이트리스"

Cora Griffith는 위스콘시 애플턴에 위치한 Paper Valley Hotel의 Orchard 카페의 웨이트리스이다. 그녀는 자신의 역할을 잘 수행하여 처음 방문한 손님들에게도 인정받을 뿐만 아니라 단골고객들에게 유명하다. 그녀는 동료들에게 존경과 부러움의 대상이다. Cora는 그녀의 일을 사랑하고 있으며 실제로도 그렇다. 그녀는 다음의 아홉 가지 법칙을 지키고 있다.

① **손님을 가족과 같이 대하라**: 처음 방문한 손님들이 낯선 사람이라는 느낌을 갖지 않도록 한다. Cora는 미소를 지으며 이야기한다. 그리고 테이블에 있는 모든 이를 대화에 참여시킨다. 그녀는 어른을 대하는 것과 같이 아이들에게도 사려깊게 대한다. 또한 모든 사람들의 이름을 불러주는 것을 중요하게 생각한다. "저는 사람들이 저희 집에 저녁을 먹으러 온 것처럼 느끼길 원합니다. 그들이 환영받는다고 생각하기 바래요. 저는 단지 사람들을 대접하는 것이 아니라 고객을 만족시키는 겁니다."

② **먼저 들어라**: Cora는 고객이 주문을 거의 받아 적지 않으면서 듣는 요령을 터득하였다. 그녀는 주의 깊게 듣고 고객의 특성에 맞는 서비스를 제공한다. "이 고객은 바쁜 고객인가? 또는 이 고객은 다이어트를 위해 특별한 식단이나 특별한 방법으로 요리하길 바라는 것은 아닌가?" 등을 늘 생각한다.

③ **손님이 원하는 바를 예상하라**: 그녀는 시기적절하게 음료수를 리필해 주고 여분의 빵과 버터를 가져다준다. 예를 들어, 커피에 꿀을 타서 먹는 것을 좋아하는 한 단골손님에게는 요청이 없어도 꿀을 가져다 준다. "저는 손님이 어떤 것을 요청하는 것을 원치 않아요. 그래서 항상 손님들이 필요하게 될 것을 예상하려고 합니다."

④ **작은 것이 차이를 만든다**: Cora는 서비스에 있어서 세부사항을 관리하고 식기의 청결과 식기의 올바른 자리를 유지하도록 한다. 냅킨을 접는 방법은 항상 올바로 지킨다. 그녀는 접시가 테이블로 나가기 전에 조리실에서 확인한다. 또한 음식을 기다리는 동안 어린아이들이 그림을 그릴 수 있도록 크레용을 제공한다. "고객을 기쁘게 하는 것은 작은 것이죠."

⑤ **똑똑하게 일하라**: Cora는 자신이 맡은 테이블을 모두 둘러보고 할 일들을 한 번에 해낼 수 있

는 기회를 찾아본다. "절대 한 번에 한 가지 일만을 해서는 안됩니다. 그리고 빈손으로는 조리실에서 테이블로 가지 말아야 합니다. 항상 커피나 아이스티, 물을 가져 나가도록 합니다."

⑥ **배움을 계속하라**: Cora는 가지고 있는 기술들을 향상시키고 새로운 것을 배우기 위한 노력을 계속한다.

⑦ **성공은 네가 찾을 수 있는 곳에 있다**: Cora는 그녀의 일에 만족한다. 그녀는 고객을 기쁘게 하는 데서 만족을 찾는다. 그리고 다른 사람들을 즐겁게 하는 것을 즐긴다. 그녀의 긍정적인 태도는 레스토랑에서 긍정적 힘으로 작용한다. "만약 손님이 우울한 상태로 레스토랑에 온다면 저는 그분이 떠나기 전에 기분을 좋게 만들도록 노력합니다."

⑧ **모두를 위한 하나, 하나를 위한 모두**: 그녀는 8년 넘게 같은 동료들과 일해 왔다. Cora의 동료들로 이루어진 이 서비스팀은 300명이 넘는 대회참가자들이 아침을 먹기 위해 한꺼번에 들이닥치는 무척이나 바쁜날에는 서로 돕곤한다. 모두는 서로를 돕니다. 웨이터들은 서로가 부족한 점을 도와가며 일한다. 매니저들은 그릇을 치우고, 조리장은 접시에 음식을 담는다. "우리는 거의 가족같아요. 우리는 서로를 매우 잘 알고 있어요. 그리고 서로를 돕습니다."

⑨ **자신의 일에 자신감을 갖는다**: Cora는 그녀가 하는 일의 중요성을 믿는다. 그리고 그것이 중요하다는 것을 잘 안다. "제 스스로가 단순히 웨이트리스라고만 생각하지 않아요. 저는 이 직업을 제가 선택했고 제 모든 가능성을 위해 이 일을 하고 있습니다. 저는 누구에게나 자신이 하는 일에 자부심을 가지라고 말합니다. 당신의 모든 역량을 일에 쏟으세요."

Cora Griffith는 성공적인 경우다. 그녀는 상사에게 충성스럽고 그녀의 고객들과 동료들에 헌신한다. "저는 항상 최선을 다하려고 했습니다. 그러나 고객들을 관리하는 것이 얼마나 중요한지를 가르쳐 주고 그렇게 할 수 있도록 해 준 것은 우리 회사입니다. 회사는 항상 저의 걱정을 들어주고 지원해 주었습니다. 제가 Orchard 카페에서 일하지 않았다 해도 좋은 웨이트리스가 되었겠죠. 그러나 지금과 같이 똑같은 웨이트리스가 되지는 못했을 겁니다." Cora의 말이다.

[Jochen Wirtz, *et al.*, p.322-323.]

고객의 입장에서 현장직원과의 만남은 서비스의 가장 중요한 경험이다. 서비스기업으로서는 현장직원들에 의해 전달되는 서비스의 수준과 방법은 기업과 상품의 경쟁우위뿐 아니라 차별화의 중요한 요소가 된다. 왜 서비스현장의 직원은 고객에게 중요한가? 현장직원은 서비스의 최전방에서 다음과 같은 역할을 맡기 때문이다.

**• 서비스생산의 핵심**

현장직원은 서비스에서 가장 눈에 띄는 위치에 있다. 그들은 서비스를 수행하며 서비스의 질에 결정적인 영향을 미친다.

**• 서비스기업의 대표성**

현장직원은 서비스기업을 대표한다. 고객의 관점에서 보면 서비스접점의 현장직원은 곧 기업으로 인식된다.

**• 브랜드의 핵심**

현장직원과 서비스는 종종 브랜드를 구성하는 핵심요소이다. 브랜드의 약속을 전달하거나 혹은 전달하지 않을 사람이 바로 서비스접점의 직원이기 때문이다.

**• 판매자**

현장직원은 고객과의 서비스접점에서 판매를 직 · 간접적으로 수행하는 역할을 한다. 만족스러운 서비스를 통해 고객의 반복구매와 새로운 고객의 창출에도 영향을 미친다.

**• 생산성 결정**

현장직원은 서비스접점의 생산성을 결정하는 역할을 한다. 서비스의 생산성은 현장직원의 개별적인 서비스역량에 따라 서비스상품의 구매수준이 달라진다.

## 2. 서비스접점의 갈등과 감정노동

### (1) 서비스접점의 갈등

조직에서의 갈등(conflict)은 구성원의 정서와 가치체계가 다른 정서와 가치체계와 일치하지 않을 때 발생하는 불일치현상이다. 갈등은 대부분의 조직에서 존재하게 되는데, 한 종류이거나 또는 두 세 종류의 조합으로 나타난다. 서비스접점에서 나타나는 갈등의 유형은 다음과 같다.

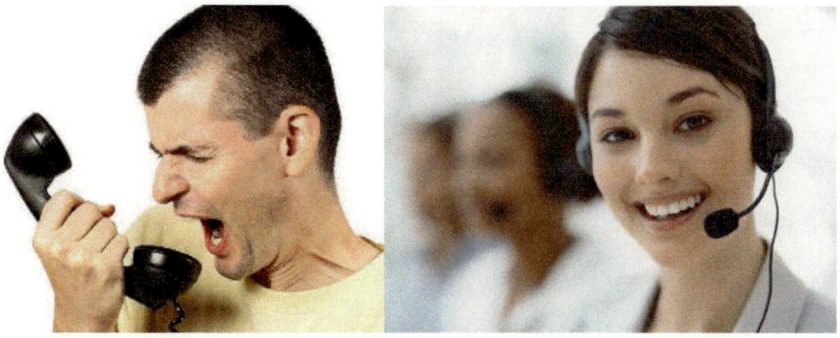

자신의 직업적 욕구와 가치관의 불일치는 종종 역할갈등을 낳는다.

**① 개인의 갈등**

개인이 심리적인 불일치현상으로 인해 겪는 내적 또는 심리적 갈등이다. 개인의 가치관과 조직의 가치관 간의 차이, 개인의 윤리의식과 조직의 윤리의식 간의 차이가 주된 원인이다. 서비스 현장직원은 자신의 직업적 욕구와 성격, 자아의식, 신념 사이에서 흔히 마찰을 경험한다. 예를 들어, 직무에 따라서는 무례한 고객에게도 상냥하고 정중히 응대할 것을 요구할 수 있다. 문제를 야기하는 대부분의 문제고객은 과도한 요구, 불합리하거나 듣기를 거부하며 모든 것을 고객의 방식으로 요구한다. 이 경우에 겪게 되는 갈등을 역할갈등(role conflict)이라고도 한다.

**② 고객과 조직의 갈등**

고객과 조직에 의해 겪는 갈등은 첫째, 개인과 고객 간의 고객갈등과 둘째, 개인과 조직 간의 조직 내 갈등으로 나누어진다. 고객과 접촉하는 현장직원은 직무의 목표와 회사의 마케팅목표를 모두 고려해야 한다. 즉, 고객의 욕구를 충족시켜야 하는 동시에 서비스전달과정이 효율적이고 생산적으로 수행되도록 요구를 받는다. 예를 들어, 물을 원하는 고객에게 "죄송합니다만, 우리 레스토랑에서는 물을 서비스하지 않습니다. 하지만 우수한 탄산음료를 판매합니다."로 응답하는 현장직원의 갈등은 고객의 욕구와 회사의 영업방침 간의 차이로 인해 겪게 되는 고객과의 갈등이다. 한편, 조직 내 갈등은 개인 간에 개성이나 자아가 불일치함으로써 발생한다. 개인 간의 불일치는 조직 내에서 구성원들이 각각의 업무를 수행하는 과정에서 흔히 나타나게 된다. 조직행동학에서 서비스매니저를 조직경계관리자라고 하는데, 이는 조직의 안과 밖의 세상을 연결하는 역할의 수행자를 의미한다. 예를 들어, 조직경계관리자는 현장직원을 종종 반대방향으로 이끌어 역할을 수행토록 함으로써 현장직원으로 하여금 스트레스를 느끼게 하며, 이는 결과적으로 개인과 조직 간의 갈등을 겪게 된다.

#### ③ 고객 간의 갈등

고객 사이의 갈등은 금연구역에서의 흡연, 대기행렬의 무질서유발, 영화관에서의 통화, 레스토랑이나 기내에서의 무례한 행동 등에서 흔히 나타난다. 다른 고객으로부터의 불만이 표출되거나 이를 예방하기 위해 현장직원은 두 고객 모두를 만족시킬 수 없는 상황에 처하게 될 때 고객 간의 갈등으로 인한 스트레스를 받게 된다. 서비스현장의 직원은 이와 같이 다양한 갈등과 스트레스를 경험하더라도 여전히 고객에게 상냥하고 정중하게 응대하도록 기대된다. 이와 같이 감정이나 정서를 통제하고 수행하는 역할을 감정노동 또는 정서노동(emotional labor)이라고 한다.

### (2) 감정노동

#### ① 감정노동의 정의

감정노동이라는 용어는 호크실드(Arlie Hochschild)가 저서(*The Managed Heart*, 1983)를 통해 처음 언급한 개념이다. 개인의 자질 또는 인간의 특성으로 인식되던 '감정'이 어떻게 시장에서 상품화가 가능한 자원으로 바뀔 수 있는지, 시장에서 사람들이 그 자원을 어떻게 활용하는지, 그리고 감정을 상품으로 만드는 것이 개인에게 어떤 의미인지 등을 규명한데에서 시작되었다.[6] 감정노동은 말투나 표정, 몸짓 등 드러나는 감정표현을 직무의 한 부분으로 인식한다. 따라서 특정한 감정의 상태를 연출하거나 유지하는 일체의 감정적 관리가 직무수행에서 중요한 경우, 이를 감정노동이라고 한다. 감정노동은 정신과 기분이 잘 조절되어야 하고, 각자의 개성을 구성하는 본질이라고 여기는 부분까지도 희생해야하는 상황이 생기기도 하는데, 주로 서비스업종의 종사자에 해당되는 노동개념이다. 이하에서는 호크실드의 감정노동에 대한 정의를 통해 정신노동과의 차이를 살펴보자.

6) 감정노동은 정서를 만들고 처리하는데에 초점을 맞추는 노동으로서 흔히 '정서적 노동(affective labor)'이라고도 한다. 승무원 · 판매원 · 안내원 등 서비스 직종에 종사하는 여성을 대표적인 감정노동자라 할 수 있는데, 호크실드는 백화점 여성노동자를 대표적인 '감정노동자'로 보았다. 백화점들은 '미소의 여왕'을 선발한다든가 하는 방식으로 감정생산에 경쟁을 도입하기도 한다. Arlie R. Hochschild, *The Managed Heart: Commercialization of Human Feeling*, Univ. of California Press, 1983.

#### ② 객실승무원의 미소와 감정노동

제품을 만드는 공장에서 수행되는 일은 정신과 팔, 정신과 손가락, 정신과 어깨를 함께 움직여서 하는 것이다. 우리는 이것을 육체노동(physical labor)이라고 한다. 항공기의 객실승무원은 기내복도 사이로 무거운 기내식 카트를 끄는 동안에는 육체노동을 하고, 비상착륙이나 비상탈출에 대비하거나 실제로 그런 상황이 발생하는 경우에는 정신노동(mental labor)을 해야 한다. 그러나 이러한 육체노동과 정신노동을 수행하는 과정에서 승무원들에게 수반되는 또 하나의 노동이 바로 감정노동이다. 객실승무원들의 경우, 승객들이 즐겁고 안전한 곳에서 충분한 배려를 받고있다는 느낌을 받게해야 하는데 관심을 기울여야 하기 때문이다.

승무원에게 미소는 서비스수행의 한 부분이다. 자아와 기분을 잘 조절해 남들이 보기에 일이 힘들지 않아 보이게 해야 한다. 남들이 볼 때 미소를 짓는 일이 힘들다는 느낌을 준다면, 그 승무원은 업무를 잘 수행하지 못하는 것이다. 자신의 피로감이나 짜증을 숨기는 것도 업무의 일부다. 승무원이 서비스를 제공하는 동안 피로감이나 짜증을 잠시동안이라도 한 번에 떨칠 수 있다면 이런 감정들을 감추는 것이 쉽기 때문에 승무원들은 이 감정들을 떨치려는 노력으로 감정노동을 하게 된다. 종종 승무원들은 자신의 미소가 마음에서 우러나오는 것이 아니라 자신에게 요구되는 것으로 해석하기도 한다.

#### ③ 감정노동이 중요한 이유

항공사의 모든 종사자 중에서도 승무원은 고객과 가장 많이 접촉하고, 회사의 상품을 가장 잘 구현하는 현장직원이다. 승객은 서비스를 떠올릴 때 수하물체크인 직원이나 게이트안내직원, 기내청소부, 분실물 보관직원, 구내식당조리사를 떠올리지 않는다. 승객은 승무원을 먼저 떠올린다. “승무원이 일하는 한 시간을 위해서는 기내서비스담당, 운항통제와 인사 · 훈련부서, 정비부서 등 다른 부서에서는 평균 10.5시간을 들여 뒷받침을 합니다. 저희는 승객 한 분의 비행에 모두 합쳐 100시간(Man-Hour) 정도가 소요됩니다. 그렇지만 승객은 사실 승무원과 나눈 접촉만을 오래 기억합니다.” 항공업계 관계자의 설명은 객실승무원의 중요성과 감정노동의 강도를 잘 말해준다.

전통적으로 항공사의 이미지와 광고는 상냥한 예절과 따뜻한 대인서비스를 떠올리게 만드는 아름답고 말쑥하게 차려입은 여성승무원이 대표한다. 고객의 기대감을 높이

승무원의 상냥한 예절과 따뜻한 서비스를 떠올리게 하는 이미지는 세계적으로 모든 항공사의 광고모델이다.

기 위해 종종 항공사의 광고에서는 운송서비스의 내용을 감각적으로 표현하기도 한다. 예를 들어, 항공업계 전반적으로 운항하는 전체 비행기의 약 5~10%가 연착(delay)하고 있지만, 광고는 예정시간을 지키겠다는 서비스를 약속한다. 반쯤 비어있는 객실내부사진은 넓은 공간과 느긋한 서비스를 약속하지만, 이런 경우는 흔치않을뿐 아니라 항공사는 이러한 상황이 바람직하지도 않다. 특히 서비스상품의 광고는 대부분 고객인의 감성적 욕구에 초점을 맞춘 서비스를 약속한다. 어디에서나 볼 수 있는 미소도 역시 그 승무원이 친절하고 도움을 주려는 사람이며 어떤 요구라도 들어줄 준비가 되어있다는 메시지를 전달하는 것이다. 이와 같은 항공사의 이미지 형성이 감정노동을 어렵게 하는 출발점이다. 이와 같이 객실승무원은 감정노동을 가장 많이 수행하는 직종가운데 하나이다.

### (3) 감성지능

#### ① 감성지능의 정의

감성지능(emotional intelligence)이란 자기자신과 다른 사람의 감정과 의식의 상태를 파악하고 그것을 결부시켜 이해하고, 정서적으로 잘 반응하는 능력을 말한다. 인간의 정신작용을 기억력위주의 인지능력으로 구분한 지능지수(IQ)와는 구별되는 개념이다. 감성지능을 측정한 것을 감성지수(EQ)라고 한다.[7] 감성지능은 선천적으로 결정되

7) 감성지수(Emotional Quotient)는 1980년대에 시작되어 골만(D. Goleman)의 저서 '*Emotional Intelligence* (1995)'를 계기로 지능만을 검사하는 지능지수가 설명할 수 없는 개인의 역량을 평가하는 지표로 발전되었다. 예를 들어, 고객을 만족시키거나 조직에서 상사나 동료, 부하직원들 간에 원만한 관계를 유지하는 능력, 개인이 팀워크에 기여하는 정도 등을 평가하는 개인의 능력지표로 이용되고 있다.

기도 하지만 교육훈련을 통해 자기개발이 가능한 개인의 능력이다.

**② 감성지능의 구성요소**

오늘날 개인의 역량을 평가하는 중요한 요소로 널리 활용되고 있는 감성지능은 다섯 가지 능력으로 정의된다.

- 자기인식 : 자신이 느끼는 감정을 스스로 신속하게 알아차리는 인지능력
- 자기조절 : 자신의 감정을 적절히 조절하고 변화시키는 자제능력
- 동기부여 : 일과 성취에 대한 적극적인 욕구
- 감정이입 : 다른 사람의 감정을 자신의 것처럼 느끼는 공감능력
- 대인관계능력 : 다른 사람의 의사나 감정에 자신을 적절하게 대처하는 능력

감성지능은 서비스기업의 현장직원으로 하여금 자신과 고객의 감정과 정서를 점검하고, 그것들의 차이를 변별하며 올바르게 생각하고 행동하는지 개인의 역량을 판단하는 요소이다.

**"지능과 업무역량의 함수관계"**

IQ가 높은 직원은 그만큼 잘한다고 할 수 있을까? 업무의 현장에서는 실제로 맞지 않는 말이다. 감성노동자의 업무역량도 역시 지적능력만으로는 충분히 설명되지 않는다. 인간이 지닌 다양한 능력은 지능 하나만으로 설명되지 못하기 때문이다. 하버드대학의 교수인 하워드 가드너(H. Gardner)는 저서 '마음의 틀(*Frames of mind*, 1983)'에서 다중지능이론(Multiple Intelligence Theory)을 개발하여 처음으로 제시하였다. 그는 지능검사만으로는 인간능력의 모든 영역을 판단할 수 없다고 주장한다. 이 이론에 따르면, 여러 종류의 지능이 조합되어 개인의 다양한 재능이 발휘된다. 각 분야에서 수많은 종류의 천재들이 존재하는 이유도 여기에 있다. 오늘날 교육 · 심리학분야에서 널리 받아들여지고 있는 다중지능이론은 종전의 지능이론과는 달리 인간의 지능은 서로 독립적이며, 다양한 능력으로 구성되어 있다고 해석한다. 따라서 개인이 특정한 분야에서 내재된 재능이나 자질을 어떻게 학습하고 활용하며 개선해 나가는 것은 다원적인 접

근을 필요로 한다. 개인적인 역량은 문제해결 능력이나 성공적인 결과를 생산하는 능력의 영역에 속한다. 가드너는 인간의 지적활동을 서로 독립적인 여덟 가지의 지능으로 설명하고 있다. 여덟 가지 지능에는 IQ가 기반하고 있는 논리 · 수학(logical-mathematical)적 지능뿐 아니라 언어(linguistic)와 공간(spatial), 신체 · 운동(bodily-kinesthetic), 음악(musical), 대인관계(interpersonal), 자기이해(intrapersonal) 및 자연탐구(natural) 등이 포함된다. 업무의 현장에서 대면적인 서비스를 수행하는 객실승무원에게 가장 중요한 지능들은 무엇일까? 잠재된 지능을 어떻게 개발하여 구현할 것인가? 다중지능이론이 항공서비스의 현장종사자에게 던지는 이 질문의 의미를 한번쯤 음미해 볼 필요가 있다.

## 3. 현장직원의 자질요건

### (1) 인성(人性)

서비스현장의 직원에게는 다양한 감성적 측면이 요구된다. 고객과의 대면적인 접촉이 많거나 감정노동의 강도가 높은 현장일수록 직무스트레스로 어려움을 겪는 직원이 있는가 하면 다양한 사람들과의 상호작용기회를 향유하는 직원도 있다. 직원에 따라서는 서비스일선의 업무를 지루하고 반복적인 것으로 생각하는가 하면 다양한 사람들을 만나 즐기는 기회로 생각하기 때문이다.

성공적인 서비스수행을 위해 현장직원에게는 몇 가지 자질이 요구된다. 상황에 대응하는 유연성, 고객의 모호한 요구에 대한 이해력과 인내심, 고객행동의 관찰 및 상황에 대한 대응능력, 그리고 고객과 공감하는 능력 등이 공통적인 요건이다. 특히, 고객에 대한 공감능력(empathy)은 현장직원이 지니는 경험과 교육수준, 업무지식, 영업훈련, 지성 등의 요건들에 비해 가장 중요한 인성(personality)으로 평가된다. 인성이란 자신만의 생활스타일로서 다른 사람들과 구분되는 지속적이고 일관된 독특한 심리 및 행동양식을 말한다. 달리 말하면, 일상생활을 유지하기 위한 개인의 방법을 특징짓는 일련의 습관이다. 인성에는 변화하지 않는 구조적 측면과 함께 유동적이고 변화하는 학습과정의 측면이 모두 포함된다. 따라서 현장직원은 교육훈련을 통해 서비스조직에서 고객과 호혜적인 관계를 형성하고 유지하는 자질을 갖추어야 한다.

### (2) 서비스마인드

고객과의 접점서비스를 구성하는 요소로는 흔히 외형적 동작(smile), 제도적 지원(system), 현장직원의 감성(sense) 등 세 가지가 대표적이다. 이를 3S라 하는데, 이 가운데 현장직원의 감성을 서비스마인드라고 한다. 마인드란 어떤 특정한 방식으로 세계를 보는 하나의 성향으로서 어떤 기술(skill)이 아니라 삶의 방식 그 자체를 말한다. 다른 사람과는 구별되는 자신만의 정신세계의 체계를 의미하며 다른 사람이 볼 수 없는 특정한 상황이나 사물, 현상을 살펴보는 개인의 태도라 할 수 있다. 예를 들어, 검정선글라스를 끼고 세상을 볼 때 모든 색깔이 검게 보이는 것과 마찬가지이다. 따라서 서비스마인드란 서비스를 인식하거나 수행할 때 개인이 지니는 정신세계의 기본체계로서 서비스를 구성하는 가장 중요한 요소이다.

## 4. 현장직원의 선발과 교육훈련

### (1) 선 발

잠재력이 풍부한 우수한 인력의 확보는 모든 기업에 있어 인적자원관리의 주요 관심사항이다. 서비스접점의 현장직원을 선발하기 위한 후보자의 서비스성향과 자질 등을 측정 · 평가하는 표준화된 방법은 없으나 업무의 특성을 고려한 다양한 면담기법들이 개발되어 활용되고 있다. 대표적인 방법으로는 추상적 질문, 상황스케치, 역할연기 등의 기법들이 있다.

우수한 인력의 확보는 모든 기업에 있어 인적자원관리의 가장 중요한 기능이다.

• **추상적 질문**(abstract questioning)

이 방법은 다양한 질문을 통해 서비스현장에서 당면하게 되는 상황에 대응하는 지원자의 능력을 평가한다. 서비스상황에 대한 지원자의 인식을 평가할 수 있는 질문으로 다음과 같은 예를 들 수 있다. "당신의 경험에 비추어 가장 대처하기 힘든 고객은 어떤 타입이며 그 이유는 무엇입니까?" 한편, 지원자가 얼마나 많은 업무지식과 정보를 알고 있는지를 판단하기 위해서는 다음과 같은 질문을 던질 수 있다. "고객들의 가장 중요한 불만사항들은 무엇입니까?" 그리고 지원자의 대인관계역량을 판단하기 위한 질문은 다음과 같을 수 있다. "어떻게 고객을 대하고 있습니까?" 또는 "그와 같은 유형의 고객을 대하는데 가장 이상적인 방법은 무엇입니까?" 이와 같이 추상적 질문은 새로운 환경에 부합하고자 하는 능력을 파악하기 위해 직무에 대한 지각력과 유연성을 평가하는데 유용하다.

• **상황스케치**(situational vignette)

이 방법은 특정한 상황을 부여하고 이에 관한 질문으로 지원자의 문제해결능력을 평가하는 방법이다. 예를 들어, 다음과 같은 상황스케치를 생각해 보자.

> "귀국하는 항공편의 어느 탑승객이 출국 당시 기내에서 구입한 화장품 케이스의 파손상태가 심해 반품을 요구하였다. 승객은 환불을 요구하고 있는데, 숙면 중인 기내에서 그의 말은 좀처럼 알아듣기가 힘들다. 해당 화장품이 카탈로그에는 없는 것이기 때문에 우리 항공편에서 판매한 것이 아니라는 것을 알고 있다면, 당신은 요구에 어떻게 응대할 것인가?"

이와 같이 제시된 상황에 대한 대응은 지원자의 직관과 대인관계능력, 상식, 판단력 등에 관한 역량을 파악하는데 도움이 된다. 이에 덧붙여 지원자의 상황적응능력에 대해 더 많은 정보를 얻고자 한다면 다음과 같은 추가적 질문도 가능하다. "만일 이 승객이 갑자기 화를 내고 우긴다면 어떻게 대처하겠는가?" "이 문제를 해결하기 위해 어떤 조치를 취할것인가?"이와 같이 상황스케치는 주어진 상황에 대처하는 지원자의 사고능력을 평가한다.

• **역할연기**(role play)

역할연기는 지원자를 모의실험 상황에 참여시켜 서비스환경을 실제상황처럼 연출하고 이에 대한 반응을 요구하는 기법이다. 역할연기는 주로 직원선발의 마지막단계에서 사용되며, 제3자를 함께 참여시켜 상황의 구현을 돕기도 한다. 이 방법은 지원자가 스트레스 상황에서 보이게 되는 행동을 관찰하는데 유용하다. 지원자는 당면한 상황에서 직접 행동으로 반응하기 때문에 추상적 질문이나 상황스케치에 비해 보다 현실적인 반응을 관찰할 수 있다. 특히 서비스접점의 현실을 가정한 상황에서 지원자의 장점과 단점을 관찰할 수 있는 좋은 기회가 된다. 한편, 지원자 간의 직접적인 비교가 어려우며, 구체적인 대사를 필요로 할 뿐만 아니라 사전에 연기를 위한 준비과정이 필요한 번거로움이 뒤따른다.

역할연기(role play)는 서비스접점의 현실을 가정한 상황에서 지원자의 장점과 단점을 관찰한다.

### (3) 교육 · 훈련

교육·훈련(education & training)은 선발된 인력으로 하여금 조직목표달성에 기여할 수 있도록 잠재력을 개발하는 과정이다. 교육 · 훈련에는 사내교육과 외부위탁교육, 기타 파견교육 등이 있다. 사내교육에는 사원을 집합하여 교육을 받는 세미나, 워크숍과 같은 집합식교육과 직급에 따른 리더십교육, 기타 소양교육 등의 다양한 방법이 있다. 실제로 대부분의 훈련교재나 현장직원을 위한 지침서는 업무를 수행하는데 필요한 기술적 능력을 설명하는 것에 초점을 두고 있다. 서비스기업의 경우, 교재나 지침서에는 고객응대예절, 고객자료의 보고와 작성, 용모와 에티켓, 안전수칙 등에 대해 비교적 상세히 기술하고 있다. 그러나 서비스 프로세스에서 고객과의 상호작용에 대해서는 밝은 미소와 친절 등을 강조하는 수준에 머무르고 있다. 실제 서비스접점에서 고객과 현장직원 간의 상호작용과정에서는 언제든지 곤란한 상황이 발생하게 되는데, 이에 대한 훈련이 현장직원의 역량을 강화하는데 중요하다. 곤란한 상황들은 다음과 같이 문제고

객을 응대해야 하는 경우와 서비스가 실패한 경우의 두 가지로 나누어 볼 수 있다.[8)]

• **문제고객**(problem customer)

현장직원이 고객과의 소통과정에서 겪는 애로요인들의 대부분은 서비스의 기술적인 문제와 무관하게 발생한다. 서비스 전달시스템으로는 충족될 수 없는 비현실적인 기대를 지닌 문제고객으로 인해 발생하는 어려움이다. 예를 들면, 기내에 반입할 수 없는 여행용가방을 반입한 탑승객이나 식당에서 손뼉을 치고 큰소리로 직원을 부르는 고객이 대표적인 경우에 해당된다. 문제고객의 기대는 〈표 3-4〉에서 보는 바와 같이 다섯 가지 범주로 나누어진다.

**표 3-4** 문제고객의 유형

| (1) 합리적이지 못한 요구 |
|---|
| 서비스 기업이 제공하지 않은 서비스 혹은 적절하지 못한 시간과 관심을 필요로 하는 고객요구<br>(예) "내 가방을 모두 기내로 들여오고 싶습니다." 혹은 "내 좌석이 불편하니 앞쪽의 통로쪽으로 옮겨 주세요." |
| **(2) 모욕적이거나 적대적 태도** |
| 언어나 행동으로 현장직원을 부적절하게 대우하는 것<br>(예) "이봐요! 내 술은 어디에 있나?" 여직원을 거칠게 대하는 레스토랑 손님 |
| **(3) 부적절한 행동** |
| 술에 취해있거나 부적절하게 행동하는 고객<br>(예) 술에 취해 비행도중 내리겠다고 하는 승객 혹은 호텔의 로비에서 담배를 피우는 손님 |
| **(4) 예기치 못한 요구** |
| 의학적 혹은 언어소통의 어려움을 지닌 고객에 대한 특별한 취급<br>(예) "내 아이가 지금 많이 아프다." 혹은 생소한 외국어로 묻는 고객 |
| **(5) 규정에 위배되는 요구** |
| 안전규정, 법률, 회사정책 때문에 충족시킬 수 없는 고객요구<br>(예) "출발지연으로 난 지금 와인을 좀 마셔야 하겠습니다." 혹은 "식사한 대금을 각자 지불할 수 있도록 손님별로 계산서를 나누어 주십시오." |

• **서비스실패**(service failure)

서비스접점에서 발생하는 서비스실패는 현장직원이 고객과 상호작용하는데 커다란 부담이 된다. 그러나 서비스실패는 현장직원이 이를 회복하기 위해 혁신적인 사고와

8) Fitzsimmons, J. A., Fitzsimmons, M. J. & Sanjeev K., *ibid.*, 2014. p.119.

**표 3-5 서비스실패의 유형**

| (1) 서비스제공 불능 |
| --- |
| 정상적으로는 가능하지만 기대했던 서비스가 제공되지 못하는 상황<br>(예) "난 창가쪽의 좌석을 예약했습니다." 혹은 "왜 현금자동인출기가 고장입니까?" |
| **(2) 서비스지체** |
| 서비스가 예기치 않게 지연되어 고객들이 기다려야 하는 상황<br>(예) "왜 내가 탑승할 비행기가 도착하지 않았습니까?" 혹은 "우리는 이곳에 한 시간 동안 있었지만 아무도 주문을 받지 않았습니다." |
| **(3) 마음에 들지않는 서비스** |
| 받아들일 수 있는 표준에 적합하지 못한 서비스<br>(예) "내 의자는 뒤로 젖혀지지 않네요." 혹은 "제기랄, 이걸 음식이라고 주는 겁니까!" |

유연성을 발휘할 수 있는 기회가 되기도 한다. 서비스실패는 〈표 3-5〉와 같이 세 가지 범주로 나누어진다.

서비스접점에서 피할 수 없는 어려움에 직면하는 경우, 곤란한 상황의 악화를 방지하기 위해서는 훈련과정과 대인관계를 경험한 현장직원이 필요하다. 이를 위해 서비스기업은 주어진 상황에 따라 미리 처방된 대응방식을 현장직원에게 훈련시키는 프로그램을 개발하고 있다. 예를 들어, 문제고객으로부터 '합리적이지 못한 요구'에 직면하였을 때 현장직원은 다른 고객에게 불편을 줄 수 있음을 지적하면서 고객의 요구를 들어주는 것이 공평하지 못함을 설득할 수 있도록 한다.

한편, 각 상황별로 실제해법을 마련하여 훈련할 수 있다. 예를 들어 "죄송합니다만 항공규정에 의하면 승객 한 분당 좌석아래나 위에 넣기에 충분한 휴대가방 2개만 기내

서비스실패는 현장직원이 이를 회복하기 위해 혁신적인 사고와 유연성을 발휘할 수 있는 기회가 된다.

반입을 허용하고 있습니다. 수하물표를 받으시고 최종 목적지까지 큰 짐을 부치시겠습니까?"라고 응대하는 등의 훈련이 필요하다.

일반적인 방법으로는 커뮤니케이션에 대한 교육훈련이 있다. 이 방법은 현장직원이 고객과의 상호작용에서 접할 수 있는 유형별 상황에 대하여 대응방법의 목록을 작성하고, 주어진 상황에 가장 적절한 대응을 선택하는 규칙을 개발한다. 역할연기는 이러한 문제해결의 경험을 습득하는데 이상적인 방법이 될 수 있다. 적절히 교육훈련을 받은 현장직원은 전문가로서 서비스접점을 통제할 수 있어야 한다. 이는 곧 서비스 만족도의 향상에 도움이 되고, 서비스제공자 입장에서는 스트레스와 좌절감을 줄이는 효과가 있다.

## 5. 객실승무원의 직업윤리

### (1) 직업윤리의 개념

직업윤리(professional ethics)는 직업인에게 요구하는 직업적 양심과 사회적 규범을 구성하는 요소로서 행위의 옳고 그름, 선과 악, 도덕성 등에 대한 판단기준의 체계를 말한다. 서비스조직의 문화와 교육훈련에 의해 서비스접점의 직원윤리가 형성된다. 현장직원에게 있어 직업윤리는 업무를 수행하면서 스스로 판단을 내려야 하는 상황에 직면했을 때 소속된 조직이 표방하는 가치에 의해 학습된 직업윤리에 따라 행동하게 된다. 윤리적 문화가 좋지 못할 경우, 조직에 대한 신념의 약화, 고객관계의 저하, 업무 생산성 및 조직몰입도의 저하 등의 경영비용이 늘어나게 된다. 대면서비스가 많은 환

세월호 사고(전라남도 진도해상, 2014). 승무원들이 승객의 안전을 버리고 탈출한 이 사고는 직업윤리가 실종된 대표적인 참사로 기록된다.

아시아나항공기 착륙사고(샌프란시스코공항, 2013). 직업윤리에 충실한 객실승무원들의 신속한 상황판단과 탈출지휘는 사고피해를 줄이는데 결정적이다.

대산업에서는 현장직원의 직업윤리를 강화하기 위해 다양한 차원의 교육훈련과 근무환경을 조성하고, 공유된 가치와 건전한 업무관행, 표준화된 절차, 소통채널 등을 구축하는 것이 중요하다. 오늘날 직업인이 갖추어야 할 윤리적 덕목으로는 책임감, 성실성, 정직과 신뢰성, 팀워크 등이 공통적으로 높게 평가되고 있다.

### (2) 서비스기업의 윤리경영

윤리경영(倫理經營, ethical management)이란 회사의 경영이나 활동에 있어 기업윤리를 최우선가치로 생각하며 투명하고 공정하며 합리적인 업무수행을 추구하는 경영을 목표로 한다. 이는 기업경영에 있어서 무엇보다도 윤리, 즉 이익을 추구하는데 투명한 가치관을 정립하고 공정한 업무를 수행하는 것을 말한다. 윤리경영은 또한 시장의 윤리, 즉 시장질서를 준수하는 동시에 사회 · 경제적 주체로서 권리와 의무를 다하는 경영이라고 정의되기도 한다. 현실적으로 철저한 감독없이 근무하는 서비스접점의 현장직원은 종종 고객의 응대과정에서 발생하는 갈등의 처리과정에서 윤리적 기준과 적당히 타협 또는 절충할 수도 있는 상황에 놓여진다. 〈표 3-6〉은 직원이 그들의 실수를 덮고, 기업의 수익을 높이고, 불만을 제기하는 고객을 만족시키기 위해 어떻게 비윤리적인 행위로 연결될 수 있는지를 예로 든 것이다. 비윤리적 또는 기회주의적인 행위로 인한 부정적 결과를 예방하고 신뢰와 성실에 바탕을 둔 서비스문화를 구축하기 위해서는 현장직원에 대한 직업윤리를 강화하는 노력이 필요하다.

건전한 기업문화와 윤리적 경영을 위해서는 윤리규정의 제정, 윤리위반에 대한 처벌 등의 공식적 규제가 필요하다. 이와 함께 조직구성원 간의 토론, 상호감시, 윤리적

**표 3-6 고객-접촉설정에서 비윤리적 행동의 예**

| 서비스본질 호도 | 고객호도 | 일반적 실상 |
|---|---|---|
| ▪ 빈방이 없음에도 금연실 예약 | ▪ 예약보증 | ▪ 고객을 불공정 혹은 불손하게 대함 |
| ▪ 미끼상품<br>▪ 불필요한 서비스유발 | ▪ 불필요한 서비스실시<br>▪ 불필요한 항목을 넣어 계산서를 부풀림 | ▪ 고객의 요구에 무반응<br>▪ 규정된 회사방침의 불이행 |
| ▪ 서비스제공자의 책임과 임무를 그릇되게 설명 | ▪ 고객 소지품의 파손을 은익 | ▪ 고객의 신용카드정보를 빼냄 |
| ▪ 특정 서비스혜택을 과장 | ▪ 보증서비스 적용을 어렵게 함 | ▪ 고객정보를 제3자와 공유함 |

분위기의 조성 등의 비공식적 규제가 윤리적 행동을 강화하는데 유용하다. 윤리적 경영은 궁극적으로 서비스품질과 직원들의 직무만족을 향상시키는데 도움이 된다.[9] 특히 공식적 규제에 의해 형성되는 사회적 · 문화적 분위기는 현장직원으로 하여금 개별적 혹은 집단적으로 스스로의 윤리적 행동을 강화하고 감시하는데 효과적이다.

### (3) 객실승무원과 직업윤리

객실승무원의 직업윤리는 국제항공기구와 각국의 정부기관에서 규정하고 있는 법제도, 그리고 항공사마다 직무절차로 정하고 있는 항공승무규정(Cabin Service Manual)에 기초한다. 이를 항공안전의 임무책임자로서의 직업윤리와 서비스제공자로서의 직업윤리를 각각 나누어 정리하면 다음과 같다.

#### ① 항공안전의 확보

객실승무원의 직업윤리는 1차적으로 승객의 안전을 확보하는 임무와 책임에서 시작된다. 따라서 항공기의 안전운항을 위해 기장과 협조하여 운항중의 승객안전과 비상탈출에 관한 임무를 수행하여야 한다. 이를 위해 객실승무원은 안전교육을 정기적으로 받아야 하며, 객실승무자격을 유지하기 위해서는 국토교통부로부터 인가받은 객실승무원 안전훈련교범(Cabin Crew Training Manual)에 따라 자격이 취득되고 유지된다.[10] 안전훈련의 종류에는 신입안전훈련, 정기안전훈련, 재임용안전훈련, 리더십훈련

객실승무원의 정기적인 비상착수훈련. 비상상황에서 탑승객의 안전확보는 최우선적인 직업적 윤리이다.

9) Charles H. Schwepker, Jr. and Michael D. Hartline, "Managing the Ethical Climate of Customer-Contact Service Employees." *Journal of Service Research 7,* no.4(May 2005), pp.377-97.

10) 국토교통부, 항공운항기술기준 제8장 항공기 운항(Operation) 8.1.2 참조.

등이 있는데, 이들 중 정기안전훈련은 12개월 주기로 한번씩 해마다 승무자격을 유지하기 위해 받아야 하는 필수교육이다. 교육내용은 일상안전, 항공기도어 및 비상장비실습, 조종 · 객실합동훈련, 구급훈련, 항공보안 등이 있다. 사고대비훈련은 주로 비상구 및 비상장비실습으로 수행되며, 비상착륙 및 착수 시 승객들에 대한 구조절차를 학습한다.

**② 서비스제공자의 직업윤리**

객실승무원은 안전과 서비스에 대한 교육과 훈련을 받은 전문직 종사자이다. 승객의 안전성을 확보하는 직업윤리에 충실해야 하는 동시에 서비스의 제공자로서 다음과 같은 직업윤리를 갖추어야 한다.

- **서비스에 대한 책임**

객실승무원은 기업의 서비스철학이 반영된 객실서비스정책의 달성을 위해 제반규정과 서비스절차를 준수하여 승객에게 최상의 서비스를 제공해야 한다. 모든 객실승무원은 할당된 업무에 책임을 지며, 임의로 자신의 업무를 타 승무원에게 맡기거나 상호 변경할 수 없다.

- **동료 승무원과의 업무협조**

동료승무원 간에 예의를 갖추고 신중하게 대하며, 업무분담에 있어 협조적인 자세로 임한다. 개인의 우수한 업무수행능력에 대해 인정해주며, 객실승무책임자를 포함하여 승무원 상호 간 필요한 정보를 원활하게 교환한다. 또한 승객앞에서 객실승무원의 개인적 사정이나 상황을 표출하지 않는다.

- **서비스 마인드와 리더십**

객실승무원은 고객의 만족을 위해 자기감정의 조절, 대화의 원칙을 준수하며, 유창한 화술보다는 말의 내용으로 대화의 분위기를 조성한다. 인사와 경청, 칭찬을 통해 인적 서비스의 가치를 극대화하며, 철저한 자기관리로 승객의 호감과 신뢰를 확보해야 한다.

- **서비스 전문지식과 긍정적 태도**

서비스전문가로서 고객에 대한 배려의 자세와 긍정적인 태도, 전문적인 통찰력을 배양하며, 친밀하며 편안한 인간관계를 형성하도록 노력해야 한다. 또한 고객의 욕구와 기대를 이해하고, 모든 고객에게 존중심을 표현하며, 제공할 수 있는 것만 약속하며 약속한 것은 반드시 지킨다.

요약하면, 객실승무원의 직업윤리는 비상상황에서 승객의 안전에 대한 책임과 임무를 수행하고, 객실서비스 담당자로서 탑승객의 쾌적성을 확보하기 위한 직업적 양심과 성실성, 업무수행의 규범 등으로 구성된다.

## 참고문헌

References


Adrian Palmer, *Principle of Services Marketing*, MaGraw-Hill, 6th ed., 2011.

A. Parasuraman, Valarie A. Zeithaml, and Arvind Malhotra, "E-S-QUAL: A Multiple-Item Scale for Assessing Electronic Service Quality," *Journal of Service Research*, Vol.7, 2005.

Arlie R. Hochschild, *The Managed Heart: Commercialization of Human Feeling*, Berkeley, University of California Press. 1983.

Bruce Bodaken, Robert Fritz, *The Managerial Moment of Truth*, Free Press, 2006.

Charles H. Schwepker, Jr. and Michael D. Hartline, "Managing the Ethical Climate of Customer-Contact Service Employees." *Journal of Service Research 7*, no.4(May 2005)

Christopher Lovelock and Lauren Wright, *Service Marketing: People, Technology, Strategy*, 6th ed., Prentice-Hall, 2007.

Christopher H. Lovelock, "Classifying Services to Gain Strategic Marketing Insights," *Journal of Marketing*, Vol.47, 1983.

James A. Fritzmmons and Fritzmmons, M. J, *Service Management, Operations, styrategy, Information Technology*, 6th ed., McGraw Hill, 2008.

James A. Fritzmmons, Mona J. Fritzmmons, Sanjeev K. Bordoloi, *Service Management*, 8th ed., McGraw-Hill, 2014.

Jochen Wirtz, Patrica Chew, Christopher Lovelock, *Essentials of Services Marketing*, 2nd ed., Pearson, 2012.

Kano, Noriaki, "Attractive quality and must-be quality" *The Journal of the Japanese Society for Quality Control*, 1984.

Hansen, D. E. & Danaher, P. J., "Inconsistent Performance during the Service Encounter: What's a good start worth?," *Journal of Service Research*, Vol.1, Feb. 1999.

John G. Wensveen, *Air Transportation: A Management Perspectives*, 6th ed., Ashgate Publishing Co., 2008.

Karl Albrecht, Ron Zemke, *Service America!* Albrecht Publishing Co., 2003.

Lahsley, C., Morrison, A., Randell, S., "More than a Service Encounter? Insights into the emotions of hospitality through special meal occasions." *Journal of Hospitality and Tourism Management*, Vol.12, No.1, 2005.

Lyn Pont, *Hospitality Management*, Manners Press, LLC, 2015.

Nameghi Ehsaneh N. M, Ariffin Ahmad Azmi M, "The measurement scale for airline hospitality: Cabin crew's performance perspective," *Journal of Air Transport Management*, Vol. 30, 2013.

Parasuraman A., Zeithaml A. V, and Berry L. L., "A Conceptual Model of Service Quality and its Implication for Future Research," *Journal of Marketing*, Vol.11, 1985.

Philip Kotler, Gary Armstrong, *Principle of Marketing*, 12th Ed., Prentice Hall, 2008.

Robert W. Lucas, *Customer Service*, 6th ed., McGraw-Hill International Edition, 2015.

Tom Powers, *Introduction to Hospitality Industry*, 8th ed., John Wiley & Sons, 2011.

Valerie A. Zeithaml, Roland T. Rust, and Katherine N. Lemon, "The Customer Pyramid: Creating and Serving Profitable Customers," *California Management Review*, Vol.43, No.4, 2001.

Valarie A. Zeithaml, Mary Jo Bitner, *Service Marketing*, 3rd ed., McGraw-Hill, 2003.

강기두, 서비스 마케팅, 제4판, 북넷, 2018.

대한항공 인력개발원, 항공여객 기본과정 입사교육 Ⅱ, 2015.

박찬임외 6인, "서비스 감정노동 연구 보고서," 한국경제진흥원, 2013.

서비스경영연구회, 서비스경영(Service Management 역서), MaGraw-Hill Education Korea, 2014.

윤석철, 프린시피아 매네지멘타, 경문사, 1993.

이 진, "항공서비스 교육훈련의 학습전이에 대한 영향요인 연구," 한국항공대, 박사학위논문, 2015.

장정빈, 서비스 아메리카(역서), 물푸레, 2003.

최희주, "항공사 객실승무원 교육프로그램의 유효성에 대한 실증연구," 한국항공대, 석사학위논문, 2015.

강승진, 허희영 "항공서비스교육의 실태와 개선방향," 항공서비스교육연구회 연구발표회자료, 2016.

한국노동사회연구원, "한국사회 감정노동 실태와 개선방안 연구보고서,"

한국산업인력공단, 국가직무능력표준, 2015.

경제사회발전노사정위원회, 2014.

허희영, 항공관광업무론 제4판, 명경사, 2014.

# PART II

# 고객의 이해



고객은 기업이 존립하기 위한 전제조건이다. 자사의 상품을 구매하는 고객의 욕구를 충족시키지 못하는 기업은 생존할 수 없다. 상품을 구매하기 위해 지불하는 비용보다 고객이 지각하는 편익이 더 커야 고객은 만족한다. 서비스에 대한 가치는 고객의 경험에 의해 결정된다. 서비스패키지를 경험하는 고객의 만족과 불만족, 실패한 서비스에 대한 성공적인 회복은 오늘날 서비스기업들이 늘 직면하는 문제들이다. 본 편에는 고객의 욕구와 고객가치, 구매행동을 살펴보고 고객만족과 고객충성도가 지니는 의미를 설명한다. 그리고 서비스품질의 의의와 서비스회복에 대해 사례와 함께 학습한다.

CHAPTER 04

# 고객의 이해

성공적인 기업들의 공통적인 한 가지 특징은 모든 노력을 고객에게 집중한다는 점이다. 이들 기업들은 고객의 욕구를 충족시키는데 최선을 다한다. 탁월한 고객가치와 고객만족을 기반으로 지속적인 고객관계를 구축하고 유지하는데 모든 구성원이 각자의 역량을 집중한다. 기업이 생존하고 발전하는 원동력은 시장의 수요자인 고객이 결정하기 때문이다. 본장에서는 고객과 기업의 관계를 살펴보고, 서비스상품을 생산 · 판매하는 항공사의 입장에서 고객의 가치를 정리해 본다.

**Keyword**: 고객개념, 고객중심, 기업의 존립요건, 니즈(needs)와 욕구(wants), 시장세분화, 고객가치, 편익과 비용, 비금전적 비용, 구매의사결정, 문화적 요인, 개성과 자아, 학습, 신념과 태도

# 제1절 고객의 의의

## 1. 고객의 의미

### (1) 고객의 일반적 정의

고객(customer)이란 경제에서 창출되는 재화와 용역을 구매하는 개인이나 법인, 기관 등을 뜻한다. 고객은 상품의 구매를 위해 경제적 대가를 지불하기 때문에 기업의 존립기반이 되며, 전체적으로는 해당 상품의 수요를 형성한다. 이와 유사한 개념인 소비자(consumer)는 상품을 소비하는 경제주체로서 고객을 포함하는 넓은 개념이다. 고객과 소비자는 종종 동일한 경제주체로 해석된다. 그러나 소비자는 거시경제적인 관점에서 상품의 포괄적인 불특정한 소비주체를 의미하는 반면, 고객은 특정한 기업이나 브랜드를 대상으로 상품을 구매하는 주체라는 점이 다르다. 따라서 고객은 모든 기업의 경영에 있어 경쟁적인 우위와 핵심역량을 창출하기 위해 확보해야 할 기본요소인 동시에 기업의 자산으로 인식된다. 항공서비스시장에서 고객이란 자사의 항공기를 이용하는 특정의 소비자로서 탑승객, 화물의 운송을 위탁하는 화주(貨主) 등을 말한다.

### (2) 고객의 구성

오늘날 고객은 단순한 판매의 대상이 아니라 상품을 반복적으로 구매하는 소비자, 그리고 기업과 직·간접으로 거래관계를 맺고 있는 이해관계자그룹을 모두 의미한다. 넓은 의미에서 서비스현장의 고객에는 서비스상품의 생산-유통채널-최종소비자에 이르는 단계별로 내부고객, 중간고객 및 외부고객 등이 포함된다.

- 내부고객 : 동료직원, 상사, 협력부서 등의 내부구성원
- 중간고객 : 영업대리점, GDS 등의 유통채널
- 외부고객 : 거래기업 및 최종소비자

동료나 상사, 협력부서 등의 내부고객은 서비스의 생산·판매과정에서 공동으로 서비스가치를 생산하기 때문에 역할담당자 상호 간에 고객관계가 형성된다. 따라서 이들 내부고객을 가치생산고객이라 부른다. 그리고 서비스기업과 최종고객 간의 중간적 역

고객은 단순한 판매의 대상이 아니라 기업과 관계를 맺고 있는 모든 이해관계자집단을 포함한다.

할을 하는 여행사나 전문유통시스템인 GDS 등은 기업을 대신하여 최종소비자에게 상품을 전달하기 때문에 가치전달자 또는 가치전달고객이라고 한다. 외부고객은 좁은 의미의 고객으로서 거래기업이나 최종소비자를 의미한다. 외부고객은 궁극적으로 서비스 가치를 구매하고 경험하는 소비자이다.

## 2. 고객개념의 변화

오늘날 모든 기업의 역량이 집중되는 최종적인 대상은 고객이다. 기업의 목표도 역시 소비자의 욕구에서 출발한다. 기업의 목표는 고객의 욕구를 파악하고 이를 충족시킬 수 있는 상품을 생산 · 판매함으로써 이윤을 창출하여 궁극적으로는 기업의 가치를 극대화하는 것이다. 이와 같은 고객욕구와 관련한 일련의 경영활동을 마케팅(Marketing)이라고 한다. 고객에 대한 인식은 마케팅개념과 더불어 발전해 왔다. 여기에서는 항공운송서비스에서 고객에 대한 마케팅의 개념이 어떻게 변모해 왔는지를 항공운송시장의 발전과정을 통해 살펴보자.

### (1) 공급지향적 시기

항공운송산업의 초기는 공급자중심의 시기에 해당된다. 항공기가 처음으로 운송에 이용된 것은 미국정부의 우편물운송(1911)이었다. 항공운송의 유용성이 입증되면서 미국에서는 여객운송을 위한 전국적인 네트워크가 구축(1921)되었다. 이를 계기로 1920년대부터 항공운송을 시작하였다. 이 시기동안 세계 최초의 민간항공사인 네덜란드의 KLM항공(1919)을 비롯하여 오늘날의 글로벌 항공사인 콴타스항공(1920), 루프트한자(1926), 에어프랑스(1933), 아메리칸항공과 유나이티드항공(1934), 에어캐나다(1936) 등이 연이어 설립되었으며, 항공여객시장이 형성되기 시작하였다. 항공시장이 점차 확대됨에 따라 각국 정부는 자국의 항공발전을 위해 전담기구를 설치하여 정책지원과 규제를 실시하였다. 미국은 1938년 정부기구로 민간항공위원회(Civil Aviation Board, CAB)를 설치하였다. 빠르게 성장하던 세계민간항공은 제2차 세계대전 기간동안 심각한 침체기를 겪기도 했으나 이후 군용기부문에서 개발된 항공기술이 민간으로 이전됨으로써 기술발전을 촉진하였다. 특히 1950년대부터 보급되기 시작한 제트여객기는 항공운송의 고속화와 대량화를 실현하였다. 제트시대의 개막과 더불어 초음속여객기(supersonic transport, SST)에 대한 항공기 제작업계의 관심이 집중되면서 영국과 프랑스는 초음속여객기 콩코드(Concord)를 공동으로 개발(1976)하기도 하였다. 항공수요가 급증함에 따라 미국정부는 항공운송에 대한 규제완화법을 제정(1978)하였다. 이를 계기로 규제완화는 세계 각국으로 확산되었으며, 1980년대부터 항공업계는 본격적인 경쟁체제에 진입하였다. 이때부터 항공운송시장은 공급자 중심에서 수요자 중심으로 시장으로 전환되었다.

영국과 프랑스가 공동개발(1976)한 초음속여객기 콩코드(Concord). 기술적인 성공을 거두었지만 경제성과 소음 등의 문제 등으로 지속적인 고객 창출에는 실패하였다.

### (2) 판매지향적 시기

1980년대 들어서면서 본격적인 시장경쟁으로 인해 항공업계는 생산보다는 판매에 관심을 집중하게 되었다. 경쟁체제로의 전환을 위해 미국이 정부의 규제기구인 CAB를 해체(1985)함에 따라 유럽을 비롯한 주요국들도 항공시장의 규제를 철폐하거나 완화하였다. 이로 인해 많은 신설항공사들이 시장에 진입하였다. 1990년부터 구소련과 동구 공산권국가들의 붕괴, 걸프전 등의 국제분쟁으로 인해 세계경제의 부침(浮沈)을 겪기도 했으나 WTO체제의 등장과 글로벌경제의 출현 등으로 항공수요는 꾸준히 증가하였다.[1] 이같은 변화는 산업의 급격한 양적팽창을 가져왔으며, 항공업계에서는 고객중심의 판매지향적 경영에 관심을 기울이기 시작하였다. 자유로운 항공사의 설립과 시장경쟁의 결과로 항공업계에서는 활발한 인수 · 합병(M&A)과 대형항공사에 대한 산업집중화가 나타났다. 그리고 허브-스포크 네트워크의 등장, 서비스의 차별화와 자유로운 운임결정 등으로 요약되는 항공시장의 변화는 결과적으로 항공서비스의 질적 향상을 가져오는 계기가 되었다. 이 시기동안 1980년대부터 세계적인 조류를 형성한 고객만족(CS)의 개념도 항공업계에서 빠르게 확산되었다.

### (3) 고객지향적 시기

항공업계의 공급확대와 시장경쟁으로 인한 판매지향적 경영은 1990년대 들어서면서 고객에 대한 인식의 변화를 가져왔다. 고객만족을 전제로 한 고객가치의 극대화, 항공좌석에 대한 차별적 운임결정을 가능하게 한 수입관리(revenue management), 경쟁회피와 자원의 공유를 위한 글로벌 제휴그룹의 등장, 운임에 민감한 관광여행자 시장을 표적으로 하는 저비용항공사(low cost carrier, LCC)의 등장과 확산, 고효율 · 저비용의 신형여객기 개발경쟁 등은 모두 고객의 니즈와 욕구를 충족시키기 위한 새로운 변화들이다. 오늘날 글로벌시장에서 경쟁이 심화됨에 따라 다양한 고객의 욕구를 충족시키기 위한 현대적 개념의 마케팅개념이 항공업계에 정착되었다. 비교적 단순했던 종전의 항공운송서비스는 새로운 항공여행상품의 개발, 다양한 운임전략, 판매유통시스템의 고도화, 다양한 촉진전략 등으로 요약되는 마케팅관리의 대상으로 인식되었으며, 항공사들은 이를 전사적(全社的) 차원에서 계획 · 운영하고 있다.[2] 이와 같은 고객개념의 변화는 오늘날 글로벌시장에서 경쟁우위의 확보에 필수적인 마케팅전략으로 발전되었다.

---

1) 시장경쟁체제로 전환함에 따라 미국은 1978년 약30개였던 대형항공사의 수가 1985년에는 105개까지 증가하였으나 시간이 지남에 따라 자유로운 시장경쟁으로 인해 M&A 등을 거치면서 오히려 대형항공사들의 산업집중화는 강화되었다. 예를 들어, 1978년 41개 대형항공사의 운송분담율이 52.5%였으나 1988년에 이르러 그 비율이 60.4%로 증가하였다. 허희영, 항공운송산업론 3판, 북넷, 2018, p.117.

2) 현대적 개념의 일반적 마케팅은 흔히 상품(product), 가격(price), 유통(place) 및 촉진(promotion) 등 네 가지 요소에 대한 의사결정체계로 설명되며, 각 결정요소의 첫 글자를 따서 4P라고 한다. 서비스마케팅에서는 이들 요소 외에도 서비스프로세스(process), 서비스접점의 직원(people) 및 물리적 환경(physical evidence) 등을 추가하여 '7P'로 마케팅의 개념을 정의한다.

### (4) 현대마케팅의 특징

오늘날 모든 산업의 경영과 마케팅에는 고객중심적 경영철학이 자리잡고 있다. 탁월한 경영성과를 구현하는 기업일수록 모든 역량을 고객에 집중시키고 있다. 고객은 더 이상 기업과 동등한 교환의 주체로 인식되지 않으며, 시장경제에서 소비자가 궁극적으로 지속적인 생산과 생산의 변화를 결정하는 소비자 주권(consumer sovereignty)을 행사한다. 실제로 세계적인 항공사들은 여행객의 니즈와 욕구를 파악하여 그 욕구를 충족시키는 상품개발에 역량을 집중하고 있다. 이를 위해 서비스접점의 현장직원들은 자신들이 수행하는 모든 서비스과업이 고객에서 시작하여 고객에서 끝난다는 고객중심적 경영철학을 철저히 실천한다. 구성원들은 항공사의 모든 활동이 경쟁항공사보다 더 높은 가치를 제공함으로써 고객을 만족시키는 과정으로 이해한다는 공통점을 가지고 있다. 고객중심적 경영철학의 특징은 다음과 같다.

경영성과가 탁월한 기업일수록 모든 역량이 고객에게 집중된다.

- 고객지향성 : 고객을 철저히 이해하는 것을 말한다. 고객을 모든 기업활동의 핵심에 두고 고객의 입장에서 생산하는 상품에 접근한다. 고객의 니즈를 발굴하고 고객의 욕구를 파악하기 위한 시장조사, 선제적 아이디어의 개발, 지속적인 상품개발과 서비스혁신을 추구한다.
- 통합성 : 기업의 모든 기능을 고객에 맞추어 조정 · 통합한다. 상품의 설계, 가격결정, 판매경로의 결정 및 광고 등의 마케팅뿐 아니라 생산, 연구개발, 재무, 인사조직 등의 모든 기능을 고객에 맞추어 경영한다. 항공사의 경우, 모든 조직의 기능을 항공운송서비스의 제공으로 통합하는 것을 말한다.

- 고객만족을 통한 가치창출 : 기업의 이윤, 즉 새로운 가치의 창출은 목표가 아닌 활동의 결과물이다. 기업은 생산한 상품을 판매하여 이윤을 획득하는 것이 아니라 팔릴 수 있는 상품을 생산하여 이윤을 획득하는 것이다. 이윤은 곧 승객에게 높은 서비스가치와 만족을 제공한 대가로 실현된 결과이다.

## 3. 고객과 기업경영

### (1) 기업존립의 기본조건 : 고객

기업의 존립과 성장을 가능하게 하는 기본조건은 고객의 존재이다. 상품을 구매해 줄 고객이 안정적으로 있어야 하며, 동시에 고객에게 만족을 줄 수 있는 기업-고객 간의 교환이 이루어져야 비로소 기업이 존재할 수 있기 때문이다. 교환은 당사자 모두의 욕구를 충족시킴으로써 이전보다 더 나은 상태를 만들어 주므로 가치를 창조하는 과정이 된다.

고객과 기업 간의 경제적 교환은 기업의 존립의 가능하게 하는 생존의 조건이다.

시장의 상황에 따라 기업과 고객은 어느 한쪽이 교환을 주도하게 된다. 수요가 공급을 초과하는 판매자시장(seller's market)상황에서는 고객이 교환에 더 적극적인 입장이 된다. 반면, 공급이 수요를 초과하는 구매자시장(buyer's market)상황에서는 기업이 고객과의 교환에 보다 적극적인 입장에 서게 된다. 오늘날과 같이 공급자 간의 경쟁이 치열한 항공운송시장은 고객과의 교환을 창출 · 유지해야하는 항공사의 노력이 요구되는 구매자시장이다. 따라서 구매자시장에서는 고객이 추구하는 욕구가 무엇인지를 파악하

**표 4-1** 고객과 기업의 경제적 교환

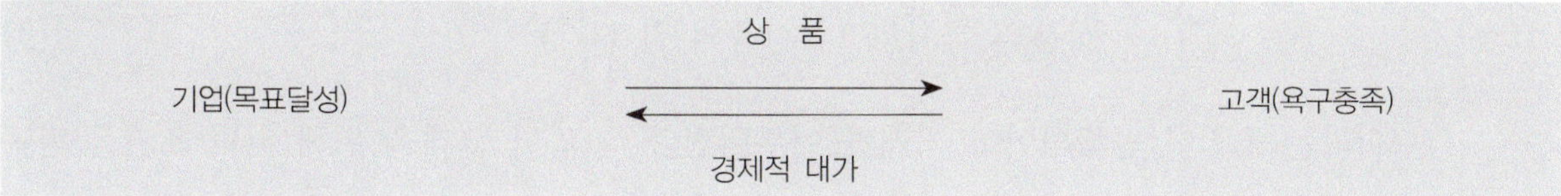


여 그 욕구를 경쟁사보다 효과적으로 충족시킬 수 있는 서비스를 제공함으로써 고객을 만족시켜야 한다.

### (2) 기업의 생존부등식

인간의 삶에 필요한 재화와 서비스를 생산하고 공급하는 기업의 제반활동을 우리는 흔히 경영이라고 한다. 그리고 모든 기업은 경영을 통해 존재한다. 앞서 설명한 것처럼 기업이 시장경제에서 생존하기 위한 기본조건은 생산된 상품을 시장에서 구매해주는 고객의 존재이다. 시장에서는 상품의 공급자인 기업과 수요자인 고객 간의 상호교류를 통해 하나의 경제가 형성된다. 경제내에서 기업이 계속 존속하기 위해서는 상품의 생산에 투자된 원가(cost, $C$) 이상의 가격(price, $P$)으로 고객에서 공급할 수 있어야 한다. 따라서 생산자인 기업의 입장에서 볼 때, 시장에 공급하는 상품에 대하여

$$\text{상품의 가격}(P) > \text{상품의 원가}(C) \qquad (1)$$

의 부등식이 만족되어야 한다. 이것이 곧 기업의 존립을 위한 경영의 필요조건이 된다. 이 부등식의 좌변($P$)의 가격에서 우변($C$)의 원가를 뺀 차이를 생산자 혜택 또는 공급자 잉여(producer's benefit, $PB$)라고 하는데, 기업이 상품의 생산 · 판매로부터 얻게 되는 이익이다. 생산자 혜택을 흔히 영업마진(margin)이라고도 한다.

$$\text{생산자 혜택} = \text{상품의 가격}(P) - \text{상품의 원가}(C) \qquad (2)$$

생산자 혜택은 기업이 확대재생산의 과정을 통해 고객에게 더 나은 상품을 공급할 수 있게 하고, 종업원에게 더 나은 대우를 해주며, 국가에 세금을 낼 수 있게 해주는 원천이다. 한편, 고객이 상품을 구매하는 이유는 기업의 입장과 다르다. 고객의 입장에서는 상품의 가치(value, $V$)가 그 상품의 구매가격($P$)보다 커야 구매를 결정한다. 즉, 소

비자 입장에서 느끼기에

$$상품의 가치(V) > 상품의 원가(C) \tag{3}$$

이라는 조건이 만족되어야 거래가 이루어진다. 기업이 고객을 위해 위의 조건을 만족시키는 것은 경제적으로나 사회적으로 바람직한 현상이다. (3)식의 좌변($V$)에서 우변($C$)을 뺀 차이를 소비자 혜택 또는 소비자 잉여(consumers' benefit, *CB*)라고 한다.

$$소비자 혜택(CB) = 상품의 가치(V) - 상품의 가격(P) \tag{4}$$

소비자 혜택은 곧 기업이 고객에게 기여하는 공헌이다. 고객이 느끼는 상품의 가치를 상품의 가격과 같은 화폐단위로 표현하는 것은 어렵다. 왜냐하면 상품의 가치란 실제적인 용도나 성능 등의 편익뿐 아니라 무형의 심리적 · 정서적 만족감도 포함하기 때문이다. 관념적으로 상품의 가치가 존재한다는 사실은 의심의 여지가 없으나 이를 계량적으로 파악하는 것은 고객에 따라 다르다는 것을 의미한다. 특히 거래되는 상품이 무형의 서비스인 경우, 동일한 상품에 대해 고객마다 상이하게 가치를 평가하는 이질성으로 인해 상품의 가치를 평가하는 일은 쉽지 않다.

여기에서 (1)식과 (3)식을 모두 포함시킬 수 있는 조건을 생각해 보자. 이는 상품을 생산 · 공급하는 기업이 안정적으로 존립할 수 있는 근거가 된다. 그리고 경영을 통해 기업이 고객과 더불어 경제내에서 공존하는 가장 바람직한 방식이다. 이들 조건은 곧 기업경영의 요건으로서 다음과 같이 나타낼 수 있다.

$$상품의 가치(V) > 상품의 가격(P) > 상품의 원가(C) \tag{5}$$

(5)식은 우리가 경제사회에서 상업적 거래를 하기 위한 필요조건이다. 이 부등식을 기업의 생존부등식이라고도 하는데, 이것이 곧 성공적인 기업의 조건이다.[3)]

### (2) 기업경영의 실패사례

실제로 위의 제약조건을 만족시키는 일이 쉽지는 않다. 상품의 가치, 가격, 원가 사

---

3) 기업의 생존부등식은 공동체의 '삶을 주고 받음'의 관계로 파악된다. 개인이나 기업, 국가의 경영에 있어서도 우리의 삶이 주고 받는 관계위에 기초하고 있는 공리(公理)처럼 자명한 사실이다. 다만, 이를 기업경영의 관점에서 설명한 것이다. 윤석철, 프린시피아 매니지멘타, 경문사, 1993. pp.18-24를 참조.

이에는 위의 식(5)로 주어지는 이상적인 관계에서 벗어나는 경우가 종종 발생하게 된다. 이 경우에 기업의 경영은 어려움이 직면하게 된다. 다음의 몇 가지 예를 보자.

첫째, (5)식의 우측부등식이 반대로 $P < C$인 경우이다. 즉, 상품의 원가보다도 낮게 가격이 하락하는 경우이다. 생산자 혜택 $PB = P - C$는 마이너스(−)의 값을 갖게 되어 기업으로서는 적자를 보게 된다. 시장에서 항공사 간의 경쟁이 치열하여 출혈경쟁을 해야하거나 비행시간이 임박하여 남아 있는 빈 좌석을 싼값이라도 팔아야 하는 경우에 이런 상황이 종종 발생한다. 이러한 상태가 지속된다면 기업은 적자경영으로 인해 재무적 곤경에 처하게 된다.

둘째, (5)식의 좌측부등식이 반대로 $V < P$인 경우이다. 이때는 고객의 입장에서 상품을 구매한 가격보다도 상품의 가치가 낮다고 느끼게 된다. 특히 서비스상품의 가치에 대한 고객의 평가는 구매한 이후에 경험을 통해 이루어지기 때문에 서비스시장에서 흔히 발생하게 된다. 소비자 혜택 $CB = V - P$는 마이너스(−)의 값을 갖게 되어 고객이 상품구매에 대해 "별 것 아니구나.", "속았구나." 하는 느낌을 가질 수도 있다. 이와 같이 상품구매 당시에 기대했던 가치에 미달하는 경우, 고객은 반품을 요구하거나 불만을 제기하는 등의 서비스실패로 나타나게 된다. 기업으로서는 고객을 상실하여 존립기반이 위태로워 질 수 있는 경우이다.

셋째, (5)식의 두 부등식이 모두 반대로서 $V < P < C$인 경우이다. 시장경쟁이 심화되고 상품의 재고부담이 늘어 원가이하로 상품을 판매해야 하는 조건에서 상품구매로부터 고객이 느끼는 가치가 지불한 상품가격보다 낮다고 느끼는 상태를 말하는데, 이 경우에는 기업과 고객이 모두 어려움을 겪게 된다.

고객이 경험하는 상품의 가치가 구매가격보다 낮으면 기업은 생존할 수 없다. 고객가치의 변화를 따라 잡지 못해 몰락한 코닥

### (3) 서비스기업의 성공요건

성공적인 거래가 성립되기 위해서는 공급자인 서비스기업은 이윤을 창출하고 동시에 고객은 서비스의 구매에 만족해야 한다. 이를 위해서는 서비스의 가치($V$), 고객이 지불하는 가격($P$), 서비스의 원가($C$) 사이에는 다음과 같은 기업경영의 조건이 성립해야 한다.

$$V > P > C$$

위 조건이 충족될 때 기업과 고객 간의 거래를 통해 성립되는 경제에서 기업은 시장가격보다 낮은 원가로 고객이 원하는 서비스가치를 제공함으로써 모두가 만족하게 된다. 예를 들면, 항공사가 판매하는 좌석의 운임은 공급하는 좌석의 단위원가보다 높아야 하며, 승객은 항공기 탑승의 경제적 가치가 좌석에 대해 지불한 운임보다 높다고 느껴야 항공사가 장기적 · 안정적으로 존립할 수 있는 조건이 성립된다.

## 제2절 고객의 욕구와 유형

### 1. 고객의 욕구

성공적인 서비스기업일수록 기업의 모든 활동은 고객에서 시작되고 고객에서 종료된다. 고객은 누구이고 어떤 상품을 원하는가? 이를 올바로 파악하는 것은 기업의 성패를 좌우하는 핵심요소이다. 경쟁이 치열한 환경일수록 기업은 시장에서 상품의 수요를 결정하는 소비자의 심리적 상태를 올바로 파악하기 위해 고객의 니즈와 욕구에 대한 개념을 효과적으로 활용해야 한다. 그러나 시장에서 파악된 고객의 욕구가 실제로 상품의 수요로 모두 실현되는 것은 아니다. 고객이 결핍상태에서 느끼는 본원적 욕구(needs) → 상품에 대한 구체적 욕구(wants) → 구매의지와 구매력에 의한 수요(demands)가 단계적으로 진행될 때 비로소 고객의 욕구는 시장수요로 전환된다. 고객욕구와 관련된 각 개념들을 정리해 보면 다음과 같다.[4)]

4) Philip Kotler, Gary Armstrong, *Principle of Marketing*, 12th Ed., Prentice Hall, 2008, pp.27-28.

### (1) 고객의 니즈(needs)

고객의 니즈란 사람이 생활을 영위함에 있어 무엇인가 결핍되어 있는 상태를 말한다. 일상생활에 있어서 필요한 어떤 것이 존재하지 않거나 고갈되어 있는 상태로서 무엇인가를 통해 충족되어야 함을 의미한다. 예를 들면, 음식을 먹지 못해서 배가 고픈상태이거나 열심히 일을 해서 피로가 누적된 상태인 경우에 음식을 먹어야 하거나 휴식을 취하는 것이 필요한 상태를 말한다. 인간의 본원적 욕구에 대해 결핍을 느끼는 상태로서 표면적으로는 드러나지 않으나 고객의 욕구를 생성하는 근원이 니즈이다. 따라서 서비스개발에 적극적인 기업일수록 고객에게 잠재되어 있는 니즈를 파악하는 노력을 한다.

### (2) 고객의 욕구(wants)

고객의 욕구는 결핍된 상태인 니즈를 충족시킬 특정한 무엇인가를 원하는 욕망을 말한다(wants are desires for specific satisfiers of needs). 즉, 구체적인 욕구로서 결핍을 채워야 하는 수단에 대한 요구를 의미한다. 예를 들면, 배가 고픈상태에서 빵이나 밥을 먹고 싶다거나 피로한 상태에서 휴가를 내서 여행을 떠나고자 하는 것과 같이 구체적인 대상을 원하는 심리적 상태를 말한다. 고객의 욕구는 모든 서비스개발의 출발점이 된다.

### (3) 시장수요(market demands)

상품의 수요는 실제로 특정한 상품의 구매에 대한 의지와 능력이 뒷받침된 욕구의 크기이다. 즉, 시장수요는 구매력을 갖춘 구체적 욕구에 의해 형성된다. 따라서 기업의 입장에서는 상품에 대한 고객의 욕구를 파악해야 할뿐 아니라 실제로 구매할 의지와 능력이 있는가를 전제로 상품의 시장수요를 파악하고 이를 예측해야 한다.

구체적 욕구와 이를 충족시킬 구매력이 생기면, 고객들은 가장 높은 가치와 만족을 제공할 수 있는 편익을 갖춘 상품을 구입하기를 원한다. 마케팅능력이 탁월한 기업일수록 고객의 본원적 욕구, 구체적 욕구, 그리고 시장수요를 정확히 판단한다. 예를 들어, 사우스웨스트항공(Southwest Airlines)의 임원들은 정기적으로 체크인카운터에서 수하물을 처리하고 발권업무와 객실서비스 업무에 참여하여 고객의 니즈와 욕구를 파악

미래의 시장수요에 대한 정확한 예측능력은 모든 사업의 성패를 결정한다.

하기도 한다.

## 2. 고객의 구분

서비스구매가 고객에게는 특별하고 중요한 일이지만 서비스제공자로서는 일상적인 업무가 되기도 한다. 예를 들어, 셀프서비스 주유소에서 휘발유를 구매하는 것이나 대중적인 숙박시설에서 하루밤을 보내는 것에 대한 고객의 기대와 감정은 보편적인 수준이 된다. 그러나 환상적인 여행을 계획하는 고객이나 의료시술을 원하는 고객의 경우에는 서비스에 대해 높은 수준의 기대를 갖는다. 여기에서는 고객의 유형을 살펴보고, 시장세분화를 통해 실제로 서비스시장에서 동질적인 고객을 어떻게 구분하는가를 살펴보자.

### (1) 고객의 일반적 유형

다수의 고객을 반복적으로 응대하는 현장직원에게 고객의 감정과 기대수준에 부응하는 서비스를 유지하는 것은 매우 어려운 일이다. 따라서 고객의 유형에 따라 서비스의 수준을 설정하는 것이 중요하다. 일반적으로 상품에 대한 기대와 태도에 따라 고객의 유형은 다음과 같이 네 가지로 분류된다.[5)]

5) Gregory P. Stone, "City Shoppers and Urban Identification," *American Journal of Sociology*(1954), Fitzsimmons, J. A., Fitzsimmons, M. J. & Sanjeev K. *ibid.*, 2014, pp.122-123에서 재인용 참조.

### ① 절약형 고객(economizing customer)

고객 스스로 투입하는 시간과 노력, 금전 등으로부터 획득할 수 있는 가치를 극대화하고자 하는 유형의 고객이다. 시장에서 여러 서비스기업의 경쟁적 강점을 검증하기 위해 가치를 면밀히 파악하기 때문에 까다로운 고객으로 인식된다. 이러한 유형의 고객을 유지하는 것은 쉽지 않으나 이들 고객의 이탈은 곧 잠재적 경쟁위험에 노출되는 것을 의미한다.

잠재적 수요가 많은 절약형 고객의 이탈은 곧 경쟁위험에 노출되는 것을 의미한다.

### ② 윤리적 고객(ethical customer)

이 유형의 고객은 사회적으로 신뢰할 수 있는 기업의 단골이 되는 것을 도덕적 의무라고 인식한다. 사회공헌이나 지역봉사로 명망을 획득한 서비스기업은 이처럼 충성스러운 고객기반을 창출할 수 있다. 예를 들어, 사회적기업이나 기업이 제공하는 공익프로그램은 기업이 사회적책임을 수행하고 있다는 이미지 형성에 도움이 된다.

윤리적 고객은 사회적으로 신뢰할 수 있는 기업의 단골이 되는 것을 도덕적 의무라고 인식한다.

### ③ 단골고객(personalized customer)

이 유형의 고객은 서비스경험에 바탕을 둔 친밀한 인사나 대화를 통해 만족스러운 대인관계를 추구한다. 예를 들어, 고객의 이름을 불러 인사하는 것은 단골고객에 대한 예의로서 개별화를 추구하는 고객에게 소중한 가치로 인식된다. 오늘날 대부분의 서비스기업들은 고객에 대한 자료를 활용하여 반복구매를 하는 고객화(customized)된 상용(常用)고객들에게 개인적인 서비스경험을 창출하도록 다양한 마케팅기법을 활용하고 있다.

고객화(customized)된 상용(常用)고객에게는 개인적인 서비스경험의 창출이 중요하다.

### ④ 편의성 추구고객(convenience customer)

이 유형의 고객은 서비스를 구매하는데 가격보다는 편의성에 더 가치를 두는 유형이다. 높은 서비스품질을 갖춘 경험을 제공하는 것이 고객을 창출하고 유지하는 것이

편의성을 우선하는 고객은 구매가격보다 서비스의 편의성에 더 가치를 둔다.

최선의 방법이다. 편의성을 추구하는 고객은 개인적이고 제약이 없는 서비스를 구매하기 때문에 추가적인 요구를 하지 않는다. 고객자료를 적절히 활용한다면 또 다른 편의성을 제공할 수 있다.

### (2) 시장세분화

#### ① 시장세분화의 정의

시장세분화(market segmentation)는 시장을 다수의 부분시장으로 세분화하여 동질적인 집단별로 나누는 것을 말한다. 모든 시장이 항상 동질적인 수요로 구성되지는 않기 때문에 시장세분화는 고객들의 욕구가 서로 다르다는 가정에서 출발한다. 시장경쟁이 없던 산업초기에는 단일상품을 모든 여행자에게 공급하는 방식의 획일적인 마케팅이 수행되었다. 그러나 오늘날의 경쟁적 시장에서는 고객의 구매욕구가 한층 다양해짐으로써 시장을 상품별, 고객별, 지역별로 세분화하는 마케팅전략이 효과적이다.

#### ② 시장세분화의 일반원리

시장을 효과적으로 구분하기 위해서는 먼저 여행자의 구매행동을 설명하고 예측하는데 유용한 변수들을 식별해야 한다. 이는 곧 상품을 구매하고자 하는 소비자의 욕구를 가장 잘 반영할 수 있는 변수들을 선택하는 문제가 된다. 시장을 세분화하는데 공통적으로 이용되는 변수들은 크게 소비자의 특성변수와 소비자의 행동변수의 두 가지로 구분된다.

#### ③ 시장세분화의 기본변수

항공운송시장은 다음과 같은 세 가지 변수, 즉 여행목적과 여행거리, 여행자의 문화적 특성과 국적 등이 세분화변수로 가장 널리 이용된다.

- **여행목적**

여행목적에 기초한 시장세분화는 항공업계에서 가장 흔히 이용되는 방식이다. 이 방식은 여행시장을 출장목적의 여행자시장과 관광목적의 여행자시장으로 구분한다. 출장여행시장은 기업 및 개인단위의 사업과 공무출장여행 그리고 국제회의 참가를 위한 여행과 인센티브여행 등의 세부시장으로 나누어진다. 한편 관광여행시장은 관광이나 휴식, 레저 및 친지방문 등의 세부시장으로 구분된다.

• **여행거리**

여행거리에 따라 단거리시장과 장거리시장으로 구분된다. 두 시장간에는 상품에 대한 여행자의 선호체계에 뚜렷한 차이가 있다. 단거리 여행자의 경우, 좌석의 안락함이나 기내에서 제공되는 식사보다는 운항스케쥴이나 정시성, 공항이용에 대한 경험이 수요를 결정하는 중요한 변수이다. 반면, 장거리여행자의 경우는 논스톱여부, 기내서비스에 대한 경험 등이 수요를 결정하는데 중요한 변수로 인식된다. 따라서 여행거리는 시장세분화의 중요한 기준이 된다.

• **여행자의 문화적 특성과 국적**

이는 여객시장의 수요구조를 결정하는 세 가지 변수 중에서 가장 중요한 요소라 할 수 있다. 즉, 여행목적이나 여행거리만으로 시장의 특성을 규명하는 것은 한계가 있기 때문에 여행자 개인이 속해 있는 문화와 국가의 배경을 통해서 고객을 이해하는 것이 필요하다.

문화적 배경은 고객을 동질적인 집단으로 세분화하는 기본요소 가운데 하나이다.

• **서비스의 수준**

여행수요는 저렴한 가격만큼 일부서비스의 수준을 포기할 수 있는 정도에 따라 시장이 구분된다. 서비스가격에 덜 민감한 비즈니스 여행자는 높은 수준의 서비스를 위해 비교적 높은 항공요금을 지불할 용의가 있는 반면, 가격에 민감한 관광여행자는 예약서비스와 탑승절차, 편리한 운항스케쥴, 기내식음료 등의 일부서비스를 포기하는 대신 저렴한 항공운임의 좌석을 선호한다. 예를 들어, 전통적인 항공사를 이용하는 여행객과 다소의 불편을 감수하고 저비용항공사(low cost carrier, LCC)를 이용하는 여행객이 기대하는 서비스수준은 각기 다르다. 오늘날 세계적으로 항공시장은 서비스수준에 따라 전통적인 서비스를 제공하는 항공사(full service carrier)와 낮은 수준의 서비스를 제공하는 LCC, 그리고 전용기를 이용하여 높은 수준의 서비스를 제공하는 비즈니스항공 등으로 각기 세분화된 시장이 형성되어 있다.

## 제3절 고객가치와 경쟁우위

기업이 경쟁력을 확보하여 생존 · 발전하기 위해서는 고객이 만족할 수 있도록 충분한 가치를 제공하는 상품을 시장에 공급해야 한다. 앞서 살펴본 바와 같이 고객이 만족할만한 가치란 상품에 대해 지불하는 가격에 비해 상품이 지니는 가치가 더 크다고 느끼는 것을 말한다. 따라서 기업은 상품이 지니는 편익을 높이거나 상품의 가격을 낮추어야 한다. 상품의 편익에 의해 고객으로부터 창출되는 고객가치와 경쟁우위의 개념을 살펴보자.

### 1. 고객가치

#### (1) 고객가치란?

고객가치는 교환을 통해 고객에게 전달되는 가치로서 정확히 표현하면 고객전달가치(customer delivered value)를 말한다. 고객의 입장에서 재화나 서비스를 구매하여 사용한 후 얻는 편익(benefit)에서 그 재화나 서비스를 구매하기 위하여 지급해야 하는 비용(cost)의 차이로 정의된다. 서비스에 대해 지각된 전체편익의 총가치에서 지각된 모든 비용의 총합을 뺀 가치이기 때문에 고객가치를 고객의 순가치(net value)라고도 한다. 즉, 고객이 서비스를 경험함으로써 지각하는 편익과 이를 위해 고객이 부담하는 비용의 차이를 말한다. 이때 편익이란 어떤 상품으로부터 고객이 기능적 · 감성적 · 상징적으로 지각하는 만족감이나 욕구의 충족정도를 말하며, 비용이란 상품의 구매를 위해 지불하는 경제적 지출과 시간, 노력 등을 의미한다.

고객에게 전달된 서비스경험으로부터의 편익이 지불한 비용보다 클수록 고객가치는 그만큼 더 늘어난다.

이론적으로 고객가치를 높이기 위해서는 상품이 가져다주는 편익을 크게 하거나 또는 비용을 줄임으로써 가능해진다. 예를 들어, 고객이 특정 항공사를 지속적으로 구매하는 이유는 편익이 비용보다 크고, 다른 항공사를 이용하는 것보다 전달받는 가치가 더 높다고 느끼기 때문이다.

고객전달가치 = 편익(benefit) − 비용(cost)

고객가치를 창출한다는 의미는 고객의 입장에서 상품의 구매로부터 얻는 것이 비용보다 더 많도록 만드는 것이다. 고객가치가 많이 창출될수록 기업의 입장에서는 자사의 상품에 대한 고객의 선호도가 증가하여 매출이 증가하고 궁극적으로는 기업의 이윤이 늘어나게 된다. 따라서 고객가치의 창출은 현대경영이 추구하는 핵심적 가치라고 할 수 있다. 고객이 지각하는 편익과 비용을 구체적으로 살펴보자.

### (2) 고객가치의 편익

서비스상품이 제공하는 편익에는 어떠한 것들이 있을까? 모든 상품의 가치는 여러 종류의 편익이 결합한 형태로 구현된다. 일반적으로 고객이 느끼는 편익은 다음과 같이 세 가지의 편익으로 구분된다.

#### ① 기능적 편익

상품의 기능과 관련된 속성으로서 1차적인 상품의 구매동기를 결정하므로 흔히 본원적 편익이라고 한다. 항공서비스상품의 경우, 공간적 이동을 위한 운항스케쥴의 편리성과 안전성, 그리고 좌석예약, 탑승수속과 기내서비스 등의 편익이 해당된다.

**② 감성적 편익**

서비스를 경험함으로써 느끼는 즐거움이나 만족감 등과 관련된 편익을 말한다. 서비스제공자의 친절함과 정중함, 고객과의 공감하는 현장직원, 쾌적한 기내의 분위기 등 서비스의 경험과정에서 체험하는 긍정적인 감정으로서 서비스의 보조적 편익을 의미한다.

**③ 상징적 편익**

상징적인 서비스를 제공받음으로써 느끼는 자부심이나 품위 또는 차별화된 지위 등을 일컫는다. 상징적 편익은 항공사의 주요 고객을 대상으로 제공하는 VIP회원자격의 부여, 공항의 라운지이용 등 부가서비스를 통해 제공되는 편익이다.

서비스의 가치는 여러 종류의 편익이 결합한 형태로 구현된다.

### (3) 금전적 비용과 비금전적 비용

고객이 서비스를 구매하는데 따르는 비용에는 금전적 · 비금전적 비용이 모두 포함된다.

**① 금전적 비용**

서비스기업에 서비스를 생산 · 제공하는데 소요되는 비용은 서비스원가, 시장의 경쟁상태, 가격정책과 경영방침 등의 요소에 의해 상품가격에 반영된다. 서비스 구매가격은 고객이 지불하는 직접적인 비용이다. 금전적 비용에는 상품의 구매가격 외에도 구매후의 운영비용, 그리고 우발적인 비용 등이 모두 포함된다.

### ② 비금전적 비용

서비스를 구매하는 과정에서 고객은 정보탐색, 구매, 그리고 서비스사용에 따른 시간, 노력, 불편함 등 다양한 비금전적 비용을 부담하게 된다. 일반적으로 비금전적 비용에는 다음과 같이 네 가지 유형이 있다.[6]

**• 시간(time)비용**

서비스 전달과정의 일부이다. 고객들은 공공기관을 방문하거나 줄을 서 대기하는 것처럼 즐겁지 않고 무가치한 활동으로 인해 시간을 낭비하는 것을 비용으로 인식한다. 실제로 경제학 · 경영학 등에서는 시간의 가치(time value)를 금전적으로 인식한다.

**• 물리적(physical)비용**

서비스구매에 수반되는 피로감이나 불편함 등의 신체적 또는 물리적 비용은 고객이 서비스기업을 방문하거나 대기시간이 길어질 때, 그리고 서비스 수속절차를 밟거나 셀프서비스를 이용해 서비스를 전달받을 때 발생한다.

**• 심리적(psychological)비용**

회원등록서류의 작성, 지각된 위험, 불안감, 두려움 등을 의미한다. 특히 공항의

서비스구매에는 다양한 비금전적 비용이 수반된다.

6) Jochen Wirtz, Patrica Chew, Christopher Lovelock, *Essentials of Services Marketing*, Prentice Hall, 2012, pp.159-160.

출 · 입국심사나 국제여행을 위한 통관절차, 병원에서의 의료진단 등과 같이 특정한 서비스를 구매하거나 사용하는 경우에 발행한다.

- **감각(sensory)비용**

신체의 다섯 감각기관에 영향을 주는 불쾌한 감각의 인지를 의미한다. 서비스현장에서 이들 비용은 혼잡함, 소음, 불쾌한 냄새, 바람, 너무 덥거나 추울 때, 불편한 좌석, 그리고 시각적으로 어울리지 않는 환경 등에 의해 발생한다.

### (4) 고객생애가치

기업의 입장에서 고객가치의 중요성은 고객생애가치(customer lifetime value, CLV)를 통해 이해할 수 있다. 고객생애가치란 충성도가 유지되는 고객으로부터 앞으로 얻게 될 총이익을 현재의 가치로 환산한 개념이다. 현재의 고객을 유지하는 비용이 새로운 고객을 획득하는 비용보다 적다는 가정 하에서 상품에 만족하는 고객이 생애기간동안 기업에 공헌하는 가치가 얼마인가를 추정할 수 있다.

다음과 같은 예를 통해 고객생애가치가 왜 중요한가를 보자. ABC항공사의 경영자는 불만이 있는 고객을 볼 때마다 2천만 원의 수입이 날아간 것으로 느낀다. 왜냐하면 평균적인 한 고객이 100백만 원을 지출하고 1년에 한 차례의 비행기를 타고, 20년 정도 자사의 항공편을 이용한다고 판단하기 때문이다. 이 고객이 불쾌한 경험 때문에 다른 항공사를 이용한다면, A항공사는 2천만 원의 수입을 잃게 되는 것이다. 비즈니스 목적의 해외여행이 빈번한 1등석의 VIP고객인 경우라면, 생애가치는 이보다 훨씬 더 클 것이다. 예를 들어, 매월 두 차례씩 미국과 유럽을 오가면서 1등석의 평균왕복운임 1천만 원을 지불하고 사업수행기간 20년 동안 고객으로 남는 글로벌기업의 CEO인 경우라고 가정하면, ABC항공사에 수입에 공헌하는 이 고객의 생애가치는 4억 8천만 원이 된다. 실제로 도요타는 렉서스 승용차에 대해 한 명의 만족한 충성고객은 약 6억 원의 생애가치를 창출하는 것으로 추정한 바 있다.[7)]

---

7) Philip Kotler, Gary Armstrong, *Principle of Marketing* 12th Ed., Prentice Hall, 2008, p.44.

고객은 충성도가 유지되는 동안 장기적으로 기업의 이익에 기여하는 자산이다.

## 2. 경쟁우위

경쟁적인 시장에서 고객은 다수의 상품을 비교하여 가치가 가장 큰 상품을 선택한다. 기업이 고객가치를 높이기 위해서는 첫째, 고객이 지불하는 비용이 동일하다면 더 많은 편익을 제공해야 한다. 둘째, 편익이 동일하다면 고객이 지불하는 비용을 낮추어야 한다. 이와 같은 조건에서 기업은 경쟁우위를 확보하기 위해 원가를 낮추는 방법과 편익을 차별화하는 방법의 두 가지 전략을 추구하게 된다.

### (1) 원가우위전략

경쟁사보다 낮은 비용으로 상품을 제공하여 시장지위를 높이는 전략이다. 이를 위해 낮은 생산비용과 유통비용을 통해 가격경쟁력을 확보하고자 한다. 원가우위는 효율적 규모의 투자, 원가요인에 대한 효과적 통제, 간접비의 절감, 외부기업과의 제휴 등을 통한 생산성의 향상 규모의 경제(economy of scale)에 의해 실현된다. 이 전략은 주로 가격에 민감한 고객을 대상으로 한다.

저비용항공사(LCC)는 원가우위의 방법으로 가격에 민감한 고객을 흡수한다.

### (2) 차별화전략

경쟁사가 모방하기 어려운 편익을 제공함으로써 경쟁우위를 확보하는 전략이다. 차별화는 주로 높은 품질수준, 우수한 디자인, 탁월한 서비스 및 브랜드 등의 요소를 통해 특성화된 상품이미지를 구축한다. 차별화전략이란 고객에 대한 정보를 이용하여 구체적인 욕구를 만족시키는 전략이다. 특히 개별화된 서비스에 비싼가격을 지불한 용의가 있는 고객을 대상으로 하며, 고객의 충성도를 구축하는데 초점을 둔다.

서비스의 차별화는 고객의 니즈를 파악하여 구체적인 욕구를 만족시키는 경쟁우위 확보 전략이다.

## 제 4 절 고객의 구매행동

고객의 구매행동은 상품의 구매욕구의 자극에 대해 소비자들이 어떻게 반응하는가를 나타내는 것이다. 소비자의 구매행동모델에 따르면, 새로운 상품이나 가격, 광고 등의 마케팅과 환경적인 자극을 받게 되면, 소비자의 심리적 변화가 구매의사결정과정을 거쳐 자극에 반응하게 된다. 소비자들은 유사한 자극을 받더라도 구매행동은 다양하게 반응하게 되는데, 이는 소비자의 문화, 라이프스타일, 개성 등과 같은 요인들이 영향을

**그림 4-1** 소비자 구매행동모델

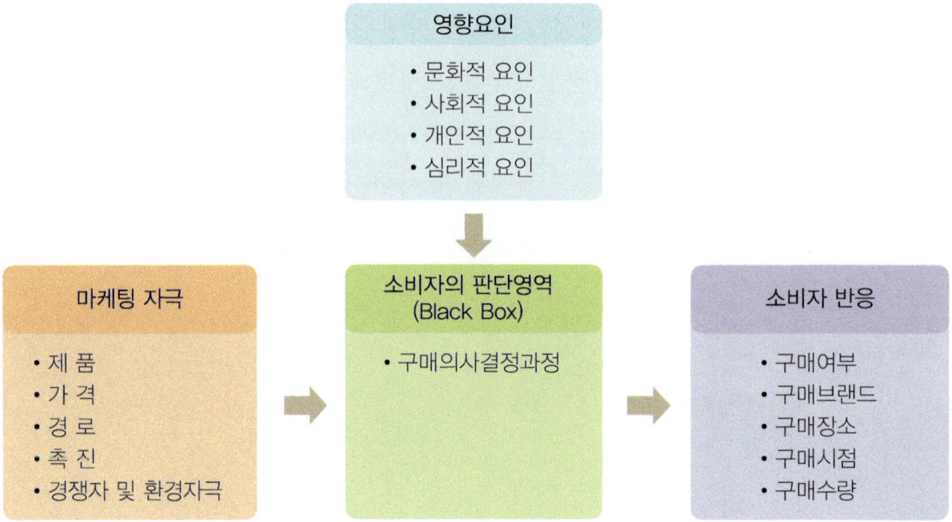


미치기 때문이다.

## 1. 구매의사결정

구매의사결정의 과정은 소비자 개인이나 상품 그리고 상황에 따라 달라진다. 예를 들어, 라면이나 음료수는 습관이나 기억에 의존하여 구매를 하는 반면, 자동차나 컴퓨터는 기억된 정보뿐 아니라 판매원이나 주변사람 등의 외부 정보원으로부터 다양한 정보를 탐색하여 신중하게 구매를 결정한다. 이와 같이 소비자가 어떤 상품의 구매에 대해 가지는 관심은 다음과 같이 세 가지 요인에 의해 결정된다.

- 개인적 특성 : 동일한 상품이라 하더라도 구매자의 개성이나 기호, 선호하는 가치 등의 개인적 특성에 따라 상품에 대한 관심도가 달라진다.
- 제품 : 가격이나 기능, 구매자의 기대수준 등 상품이 지니는 효용성에 따라 구매에 대한 욕구수준이 달라진다.
- 상황 : 구매하는 상품의 최종소비자, 용도나 구매의 목적 등에 따라 구매의사결정이 달라진다.

**그림 4-2** 구매의사결정과정

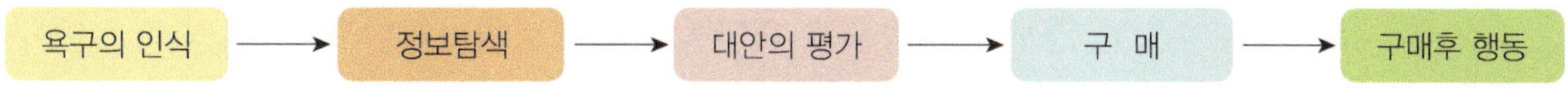


구매에 대한 관심이 높아질수록 소비자들은 더 많은 상품정보를 탐색하여 상품에 내재된 가치를 평가한다. 구매의사결정의 과정은 욕구의 인식, 정보의 탐색, 대안의 평가와 구매, 그리고 구매후 행동 등으로 이루어진다.

### (1) 욕구의 인식

개인이 현재의 상태가 이상적인 상태와 차이가 있다고 지각할 때 욕구가 발생한다. 욕구는 배고픔이나 갈증과 같은 내적인 결핍, 그리고 시각적 또는 감각에 의해 새로운 외적인 자극 등에 의해 환기된다. 이러한 욕구가 충분히 높은 수준에 도달하여 행동을 유발할 만큼의 동기(motive)가 있을 때 소비를 통해 문제해결을 시도하게 된다. 동기가 유발된 소비자는 원하는 대상에 대하여 정보를 탐색하고 대안을 평가하여 구매의사결정을 시작한다. 따라서 기업은 어떠한 욕구가 발생했는지 그리고 어떠한 결핍의 상태(needs)가 욕구를 야기했는지를 파악해야 한다.

### (2) 정보탐색

다음 단계로 요구가 인식된 소비자는 자신의 욕구를 해소할 수 있는 대안에 대한 정보를 탐색하게 된다. 정보탐색을 위해 이용하는 정보는 다음과 같은 원천으로부터 획득된다.

- 상업적 원천 : 광고, 영업장의 전시물 및 현장직원, 포장 등
- 개인적 원천 : 가족 및 친지 등
- 공공적 원천 : 대중매체, 소비자단체 등
- 경험적 원천 : 상품의 사용경험

소비자는 정보탐색과정을 통해 구매하고자 하는 대안들에 대한 브랜드, 상품이 제공하는 편익, 평판 등에 대한 정보를 얻는다. 기업의 입장에서는 자사의 상품가치를 높게 인지할 수 있도록 정보원천의 특성을 최대한 활용하고자 한다.

### (3) 대안의 평가

소비자는 수집된 정보를 바탕으로 대안들을 비교 · 평가한다. 평가의 기준은 욕구에 따라 달라진다. 일반적으로 상품의 기능, 디자인, 가격과 보증 등이 평가에 이용된다. 모든 속성에서 특정한 브랜드나 상품이 우월한 경우는 드물기 때문에 한 가지 속성에 약점이 있더라도 다른 속성의 강점에 의해 약점을 보완하여 전반적인 평가를 하게 된다. 예를 들어, 디자인에 만족하지 않더라도 가격이 저렴할 경우 가격이 디자인 속성을 보완하게 된다. 여러 가지 속성들의 강점과 단점을 동시에 평가하는 것을 보완적 평가라고 한다. 한편, 소비자가 가장 중요시하는 한 가지 속성만을 기준으로 평가하는 경우도 있다. 예를 들어, 소비자가 가격이나 디자인 등의 속성에는 관심이 없고 사용의 편리성을 가장 중요하게 평가한다면, 이 한 가지 속성의 단점은 다른 속성들의 강점에 의해 보완되지 않는다. 이를 배타적 또는 비보완적 평가라고 한다. 따라서 소비자는 모든 구매결정에 적용되는 단일의 평가과정보다는 구매자 개인이나 상품, 시장상황 등과 같은 다양한 요인들에 의해 달라진다.

### (4) 구매결정

대안의 평가를 통해 소비자들은 가장 선호하는 브랜드나 상품에 대한 구매의도를 형성한다. 경우에 따라서는 자신이 선호하는 대안의 구매로 연결되지 못하는 경우도 있다. 구매의도와 구매결정 간에는 두 가지 요소가 작용한다. 첫째, 상품에 대한 평판이다. 다른 사람들의 태도에 의해 소비자 스스로 평가한 대안의 구매의도가 영향을 받는다. 둘째, 예상치 않은 상황요인으로서 재정상태의 악화, 경쟁상품의 가격인하, 새로운 대안의 출현 등이다. 이 경우에 소비자는 구매를 연기하거나 평가과정을 새로 거치게 된다.

### (5) 구매 후 행동

소비자는 상품을 사용함으로써 당초의 기대와 경험을 비교하여 만족 또는 불만족을 느끼게 되며, 그 결과에 따라 구매 후의 행동이 뒤따르게 된다. 만족한 소비자는 반복적인 구매를 하게 되고 소비경험을 다른 사람에게 전달하기도 한다. 불만족한 소비자는 추가적인 구매를 중단하게 되고 불만스러운 경험을 다른 소비자들에게 전달한다.

고객은 서비스기대와 경험을 비교하여 만족과 불만족을 판단한다.

기업의 입장에서는 구매 후 행동에 대한 만족도를 높이기 위해 애프터서비스(A/S)를 강화하고 다양한 소통채널, 즉 고객의 소리(voices of customer, VOC)를 통해 불만사항을 인지하고 즉각적으로 이를 해소하는 피드백(feedback)체계를 구축해야 한다.

## 2. 구매행동의 영향요인

### (1) 문화적 요인

#### ① 문 화

문화(culture)란 한 사회의 개인이나 인간집단이 자연을 변화시켜온 물질적 · 정신적 과정의 산물로서 구성원들의 심리와 행동에 영향을 미치는 환경요소이다. 소비자들은 자신이 속한 문화의 영향권에서 기본적 가치와 인식, 욕구, 행동양식을 습득한다. 문화는 소비자행동에 전반적인 영향을 미친다. 공통적인 삶의 방식에 따라 서로 비슷한 가치관을 갖는 사람들끼리 공유하는 하위문화가 형성된다. 인종, 지역, 종교, 세대에 따라 공유하는 하위문화가 다르다. 기업은 하위집단의 문화적 차이를 이해하고 이들 구성원들의 구매행동에 적합한 상품의 가치를 창출하는 것이 중요하다.

#### ② 사회계층

대부분의 사회는 상류층, 중류층, 하위층 등 사회계층(social class) 구조를 형성하고 있다. 사회계층은 소득, 직업, 연령, 교육수준, 사회적 영향력 등의 다양한 기준에 따라 분류된다. 동일한 계층에 속하는 사람들은 비슷한 가치관과 욕구, 소비행태를 지니게

문화와 사회적 계층은 구성원들의 심리와 행동에 영향을 미치는 환경요소이다.

된다. 기업은 소비자집단을 분류하는데 사회계층을 기준으로 삼는 경우가 많다. 이 기준에 따라 동질적인 소비자집단의 구매행동을 규명하고, 이들의 욕구를 파악한다.

### (2) 사회적 요인

#### ① 준거집단

소비자는 구매를 결정할 때 주변사람들이 무엇을 가지고 있는지 혹은 자신을 어떻게 평가하는지를 고려하게 된다. 특히 의식주와 관련된 구매나 외형적으로 드러나는 상품을 구매할 때 주변을 의식하는 경향이 강하다. 이와 같이 구매결정과정에서 비교의 기준으로 삼는 집단을 준거집단(reference group)이라고 한다. 준거집단은 가족이나 동료, 동호회 등 자신이 속해 있는 집단 그리고 자신이 소속되기를 원하는 집단 등이다. 준거집단은 개인의 생활양식이나 태도, 자아실현의 목표 그리고 나아가서 개별상품에 대한 선호도에도 영향을 미친다. 준거집단에는 전문성과 지식, 개성, 리더십 등으로 구성원들의 행동양식에 영향을 주는 여론선도자(opinion leader)가 존재한다. 여론선도자는 제품에 대한 평판을 형성하는데 중요한 역할을 담당한다.

#### ② 가 족

가족은 소비자의 구매행동에 가장 큰 영향을 미치는 요소이다. 가족구성원들의 상품구매에 대한 관여의 정도나 역할은 구매의 대상이나 구매과정, 생활양식에 따라 달라진다. 전통적으로 주택이나 자동차 등의 고가상품인 경우 가장인 남편의 영향력이 컸으나 오늘날에는 자녀와 부인의 영향력이 늘고 있다. 이와 같은 영향력의 변화는 상

가족과 준거집단은 구매행동에 가장 큰 영향을 미치는 요인이다.

품의 계획단계부터 판매에 이르기까지 기업의 마케팅에 새로운 조류를 형성하고 있다.

### (3) 개인적 요인

#### ① 연령과 성별

상품의 구매는 나이가 들면서 행태가 변화한다. 특히 의류와 외식, 가구, 레저 등은 연령에 따라 선호도에 차이가 있다. 가족의 라이프스타일 단계에 따라서도 구매행동이 달라진다. 독신, 신혼부부, 육아와 청소년 자녀를 둔 가족, 노년부부 등의 단계를 거치면서 일상생활과 행동양식이 변화한다. 기업은 주요 고객의 연령이나 라이프스타일을 파악하고 그들이 어떠한 상품을 선호하는가에 따라 마케팅전략을 수립한다.

#### ② 라이프스타일

라이프스타일(lifestyle)은 개인이 세상을 살아가는 방식이나 시간과 돈을 소비하는 방식이다. 일이나 취미, 쇼핑, 레저 및 친목활동 등의 생활방식, 일상생활에 가치를 두는 개별적인 관심이나 견해 등으로 표현된다. 소비자의 라이프스타일은 구매하는 상품의 유형이나 시장수요를 결정한다. 기업은 소비자의 유형별로 라이프스타일을 분석함으로써 구매자의 가치관이나 생활방식, 소비패턴 등이 어떻게 구매행동에 영향을 미치는가를 파악한다.

#### ③ 개성과 자아

개성(personality)은 개인을 특징짓는 속성으로서 생리적, 심리적, 사회환경적 요인을 모두 포함하는 개념이다. 소비자의 행동은 개성과 환경의 상호작용으로 나타난다.

개성은 특정 상품이나 브랜드를 선택하는데 많은 영향을 미치기 때문에 기업으로서는 주요 고객이 어떤 개성을 가지고 있는가를 파악하는 것이 중요하다. 또한 자아(self concept)는 자신에 대해 지니는 생각을 말한다. 자아개념에는 스스로 어떤 사람인가에 대한 인식, 그리고 어떤 사람이고자 하는가에 대한 이상적 개념이 포함된다. 소비자는 실제적 자아개념에 어울리는 특정 상품이나 브랜드를 통해 이상적인 자아를 실현하고자 하는 욕구를 지닌다.

소비자는 특정한 상품이나 브랜드를 통해 이상적 자아실현의 욕구를 지닌다.

### (4) 심리적 요인

#### ① 동 기

인간이 지니는 다양한 요구들 가운데 행동을 불러일으킬 만큼 충분한 수준의 강도를 가지고 있을 때 이를 동기(motive)라고 한다. 욕구에는 배고픔, 갈증, 피곤함 등의 생리적 욕구, 존경과 인정감 등의 심리적 욕구가 있다. 이들은 모두 본능적인 충동에서 비롯된다. 이 욕구들 가운데 행동을 결정짓는 욕구를 동기라고 하며, 사회적 규범을 수용하는 과정에서 억제되어 무의식 속에 자리잡게 된다. 사람은 자신의 행동에 대한 동기를 잘 인식하지 못하지만, 상품을 구매하고자 하는 내면에는 동기가 존재한다. 기업은 소비자의 무의식적 동기를 파악하기 위해 심층면접이나 심리적 도구를 이용하기도 한다.

#### ② 학 습

학습(learning)이란 경험에 의해 형성된 신념이나 태도, 행동의 변화를 말한다. 인간의 모든 행동은 학습의 결과로 일어나는 지속적인 변화로서 동인(動因, drive), 단서,

반응 및 강화의 상호작용을 통해 이루어진다. 동인은 행동을 유발하는 강한 내적자극을 말한다. 예를 들어, 배고픔은 음식점을 찾도록 동기화시킨다. 단서(cue)는 언제, 어디서, 어떻게 반응할 것인가를 결정하는데 영향을 주는 자극이다. 예를 들어, 음식점의 간판이나 인터넷 검색으로 확인된 사이트는 구매에 영향을 주는 단서가 된다. 반응(response)은 충동이나 단서에 자극을 받아 취하는 행동을 말한다. 단서를 통해 발견한 음식에서 만족할만한 결과를 얻었다면 반응은 강화된다. 이와 같은 과정을 통해 배가 고플때 구매자는 그 음식점을 다시 찾게 될 가능성이 높아진다. 습관적 구매와 같은 일상적 구매행동은 모두 학습의 결과이다. 기업은 자사의 상품을 강한 동인과 연계시키거나 동인을 유발하는 단서를 찾아 이를 활용하고 긍정적 결과를 강화함으로써 안정적인 고객을 확보하고자 한다.

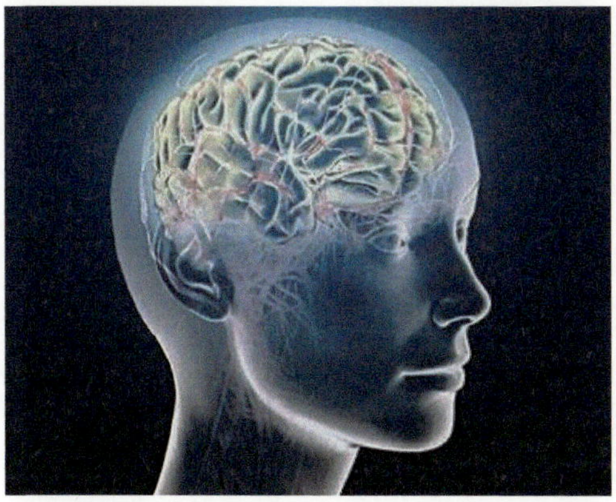

학습은 개인의 신념이나 태도, 행동의 변화를 지향한다.

### ③ 신념과 태도

신념(belief)이란 자신이 가진 믿음이나 생각에 대하여 흔들림없는 태도를 취하며 변하지 않는 것을 말한다. 소비자는 특정한 상품에 대한 신념을 통해 태도를 형성하며 구매행동에 영향을 받는다. 이때 태도(attitude)란 한 개인이 어떤 대상에 대해 지속하는 호의적 · 비호의적 감정을 말한다. 예를 들어, 특정한 국적항공사의 서비스가 최고라는 말을 한다면, 이는 그 소비자의 태도를 나타내는 말이다. 이 태도는 신념을 바탕으로 형성되며 소비자들의 상품에 대한 구매의도에 영향을 미치게 된다. 기업은 고객과의 소통을 통해 소비자집단이 자사의 브랜드나 상품에 대해 긍정적인 신념을 갖도록 해야 한다.

## 다카지마야(高島屋) 백화점의 고객감동스토리

"손님을 빈부귀천에 따라 차별하지 마라." 다카지마야(高島屋) 백화점은 본래 1931년 미곡상으로 창업. 오늘날 약 1만명의 종업원을 거느린 일본 최고의 백화점이다. 창업주였던 이다신치(飮田新七)가 후손들에게 당부한 이 말은 다카지마야의 직원뿐 아니라 일본의 모든 상인들에게 금과옥조로 전해지고 있다. 일본 최고의 백화점으로서 성공의 비결은 무엇일까? 서비스접점에서 있었던 작은 사건이 이 서비스기업의 경영철학을 잘 말해준다.

**포도 한 송이 사건**

1989년 3월 초순의 어느 날.

남루한 옷차림을 한 40대 초반의 중년남자가 다카지마야 지하식품부에 들어왔다.

그는 포도 두 송이가 놓인 식품코너 앞에 서서 깊은 한숨만 쉬고 있었다.

이상하게 여긴 지하 식품부의 여직원이 손님에게 다가갔다.

그는 포도가 사고 싶은데 돈이 모자라니 몇 알만이라도 팔 수 있느냐고 물었다.

그 포도 두 송이의 값은 무려 2만엔이었다.

여직원은 잠시 고민했다.

포도 한송이의 가격은 1만엔이다. 그런데 고객은 2천엔밖에 없다고 했다.

뭔가 사연이 있는 것 같긴 한데 차마 물어볼 수는 없었다.

잠시 후 직원은 가위를 가져와 2천엔 어치를 잘라서 포장지에 곱게 싸서 손님에게 팔았다.

중년의 남자는 포도를 사가지고 빠르게 사라졌다. 그리고 두어 달이 지난 후 5월 4일자 마이니치신문(每日新聞)의 독자투고란에는 이런 기사가 실렸다.

"우리에게 神만큼이나 큰 용기를 준 다카시마아 식품부 여직원에게 정말 감사드린다. 내가 치료하던 어린 환자는 5년 6개월의 짧은 생애를 마감했다. 그러나 마지막 소원이었던 포도를 먹을 수 있었다. 그 여자아이는 혈액암 환자로서 더 이상 치료를 해도 회생의 여지는 없었다. 마지막으로 포도를 먹고 싶다는 이 아이의 소원을 아버지는 너무 가난해서 들어줄 수 없었다. 그런데 그 소원을 다카시마야의 여직원이 들어주었다."

부녀는 도쿄의 변두리 단칸방에 살고 있었다. 암으로 죽어가고 있던 딸은 마지막 소원으로 포도가 먹고 싶다고 했다. 아버지는 포도를 사기 위해 백방으로 뛰었다.

그러나 때는 3월. 아직 냉장기술이 발달하지 않았던 당시에 포도는 어디에도 없었다. 아버지가 마지막에 포도를 발견한 곳이 일본 최고의 백화점인 다카지마야 백화점 식품부였다. 그러나 가진 돈은 2천엔이 전부였다. 딸의 마지막 소원을 들어주고 싶었으나 가진 돈이 부족했다. 그런데 여직원이 포도를 잘라서 팔았다. 포도송이는 2천엔 어치를 잘라내면 상품의 가치가 사라진다. 이 직원은 규정을 어겼지만 손님을 차별하지는 않았다. 고객의 요구는 최대한 들어주라는 백화점의 방침에 충실히 따랐던 것이다.

자칫 그냥 묻혀 버릴 수 있었던 이 사건은 아이의 백혈병 치료를 담당하던 의사가 이 사연을 신문칼럼을 통해 밝히면서 세상에 알려졌다. 그 기사를 읽은 1천만명의 도쿄 시민들은 함께 울었다. 이 일로 인해 다카지마야 백화점은 일본 최고 명성의 백화점임이 다시 한번 입증되었다. 손해를 감수하면서까지 진정으로 고객을 배려한다는 것을 확인해 준 것이다.

오늘날 다카시마야는 그 포도 한 송이의 서비스 정신을 판매 매뉴얼에 넣고 사원교육을 실시하고 있다. 고객존중의 정신을 아로새기기 위해서이다. 그리고 그 일을 계기로 '로즈클럽'이라는 것을 만들었다. 다카지마야 백화점의 상징은 장미인데 오늘날 로즈클럽에서는 고객이 어떠한 문의를 하여도 거기에 맞는 서비스로 응대하고 있다. 다카지마야 백화점의 사훈 "우리의 목표는 친절"이 단순한 구호만이 아님을 이 사례는 잘 보여준다. 고객을 차별하지 말고, 남을 돕는 마음을 갖자는 창업주의 유언처럼 이 백화점은 고객 한 사람 한 사람을 모두 소중히 배려한다. 이 상징적인 일화만큼이나 다카지마야는 여전히 일본 최고의 백화점으로 인정받고 있다.

CHAPTER

05

# 고객만족

고객이 만족하는 서비스를 경험하기까지에는 많은 서비스활동 요소들이 수반된다. 서비스는 무엇보다도 고객에 초점이 맞추어져야 한다. 고객은 서비스기업과의 상호작용을 통해 서비스 전달 과정에 참여하기 때문이다. 예를 들어, 건축가가 집을 지으려면 고객에게 무엇을 원하는지 무엇을 선호하는지 먼저 물어보아야 한다. 얼마나 충분히 대화를 했느냐에 따라 건축물에 대한 만족도는 달라진다. 항공기를 타는 승객의 경우에는 기내서비스에 대한 기대가 이미 형성되어 있다. 그러나 고객의 만족을 파악하고 따라서 그 기준을 충족시키는 일은 매우 어렵다. 본장에서는 고객만족과 고객의 충성도(loyalty)의 개념을 설명하고, 고객의 관계를 어떻게 형성 · 유지하고 그들과 효과적으로 소통하는가를 학습한다.

**Keyword**: 고객충성도, 고객만족경영, 고객만족도, 카노(Kano)모형, 표적고객, 서비스등급, 고객관계관리(CRM), 보싱프로그램, 비금전적 보상, 유대감, 커뮤니케이션 채널, 무형성 극복, PR, 인적판매

# 제 1 절 고객만족의 이해

어떻게 고객을 만족시킬 것인가? 오늘날 모든 기업들의 최대관심은 고객만족이다. 고객만족은 곧 기업이 생존하기 위한 필수조건이기 때문이다. 서비스에 내재된 편익을 통해 고객의 기대를 충족시키는 모든 요소들은 다양하다. 서비스의 품질뿐 아니라 서비스에 대한 고객의 주관적 선호도, 브랜드에 대한 충성도나 서비스를 구매하고 사용하는 환경 등이 모두 포함된다. 여기에서는 고객만족의 개념과 충성도를 정리하고, 고객만족이 서비스기업의 경영에 왜 중요한가를 살펴보자.

## 1. 고객만족의 개념

### (1) 고객만족의 의미

고객만족(customer satisfaction, CS)은 고객이 느끼는 상품의 가치가 구매당시의 기대와 일치하는 것을 말한다. 상품의 사용가치가 기대했던 가치보다 미흡하면 만족하지 못하고, 지각된 가치가 기대가치와 일치하면 만족하게 된다. 이때 상품이 무형의 서비스인 경우, 사용가치는 고객이 서비스를 직접 경험함으로써 지각된 가치의 정도를 의미한다.

**표 5-1 고객만족과 상품가치**

| 만족도 | 가치조건 |
|---|---|
| 고객불만족 | 기대가치 〉 사용가치 |
| 고객만족 | 기대가치=사용가치 |
| 고객감동 | 기대가치 〈 사용가치 |

지각된 가치가 기대가치보다 높으면, 고객은 매우 만족하거나 감동을 경험하게 되는데, 이를 흔히 고객감동이라고 한다. 고객의 만족도가 높을수록 고객의 충성도는 높아지며, 이로 인해 기업의 성과도 향상된다. 따라서 고객지향적인 기업일수록 제공할 수 있는 것만을 약속하고, 실제로는 약속한 것보다 더 많은 가치를 제공함으로써 고객

서비스의 경험으로 고객이 지각한 가치가 구매 당시의 기대와 일치할 때 고객은 만족한다.

을 감동시키고자 한다. 감동을 경험한 고객들은 반복적 구매를 통해 기업에 공헌하게 되며, 해당 상품의 가치를 잠재적 고객에게 전파하는 역할도 담당한다.

### (2) 고객만족과 고객충성도

고객의 충성도(customer loyalty)란 기업이 제공하는 제품이나 서비스 구매 후 고객 만족에서 형성되는 호의적인 태도에 의한 행동과 재구매의도를 말한다.[1] 충성도가 높은 고객일수록 지속적인 구매를 하기 때문이다. 제품이나 기업에 대한 높은 고객충성도의 획득과 유지는 기업의 매출액 및 시장점유율의 향상, 고객유지비용의 감소로 나타나며, 이는 곧 기업의 경제적 이득으로 실현된다.

### (3) 서비스상품의 고객만족

서비스상품은 고객의 주관적 경험에 의해 평가되고 만족도가 결정된다. 따라서 객관적으로 좋은 서비스를 제공하기란 쉽지 않다. 경쟁적인 시장에서 지속적으로 우수한 서비스상품을 제공하기 위해서는 기업고유의 차별화된 서비스 경쟁력이 필요하며, 이를 통해 고객만족을 실현할 수 있다.

---

1) 유사한 용어인 '로열티(royalty)'는 흔히 특정 기업이 보유한 특허권, 저작권 또는 산업재산권 등의 지식 사산을 사용하고 이에 대해 보유기업에게 소정의 대가를 사용료로 지급하는 것을 의미한다. 마케팅에 있어 고객의 구매행태를 설명하는 요소로서 로열티(loyalty)는 특정한 상품이나 기업에 대한 고객의 우호적 태도로서 충성도를 의미한다.

## 2. 고객만족이 중요한 이유

### (1) 고객만족경영의 의미

고객만족경영은 고객만족을 전사적인 기업목표로 하여 모든 활동을 전개하는 경영방식이다. 서비스상품은 객관적 실체가 존재하지 않는다. 따라서 고객은 서비스상품을 구매하기 전에 광고, 판매원, 주변사람 등으로부터 얻은 정보를 바탕으로 서비스의 가치에 대한 기대를 형성한다. 그리고 서비스를 경험함으로써 그 가치를 지각한다. 높은 수준의 고객만족은 서비스기업이 추구하는 궁극적인 목표이다. 만족한 고객은 미래에 반복적으로 서비스를 구매하며, 다른 사람에게 긍정적인 경험을 전달한다. 반면, 불만족한 고객은 만족한 고객과 반대로 반응한다. 그들은 구매를 중지하고 입소문(口傳)을 통해 부정적인 평판을 형성한다. 고객만족은 서비스기업이나 서비스상품에 대한 고객의 충성도, 시장점유율, 수익성 향상 등으로 구현되어 기업의 성과를 높여준다.

고객만족경영은 고객만족을 궁극의 기업목표로 추구하는 경영이념이다. 경영의 모든 부문을 고객의 입장에서 생각하고, 고객만족을 통해 기업의 생존과 발전을 도모하는 것으로 1980년대 후반부터 미국과 유럽 등지에서 주목받기 시작하였다.

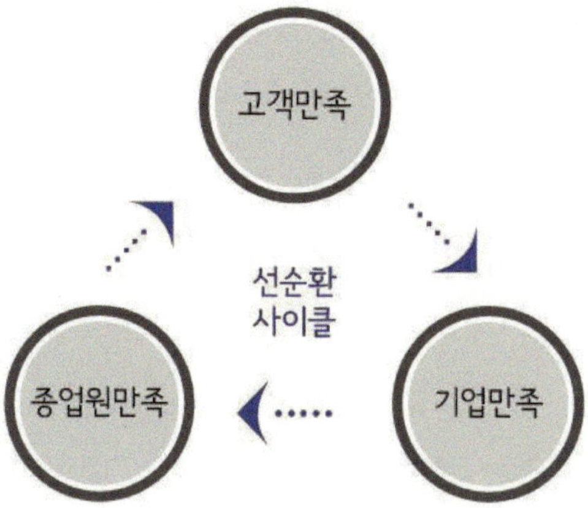


고객만족경영은 고객과 기업, 종업원이 모두 상생하는 선순환구조로 모든 기업이 지향하는 궁극적인 목표다.

### (2) 고객만족의 경제적 효과

오늘날 모든 서비스기업이 고객만족에 집중하는 이유는 무엇인가? 이 물음은 고객만족의 기대효과를 통해 설명된다. 고객만족으로부터 기대되는 이점은 다음과 같이 두 가지 측면으로 설명된다. 첫째는 공격적인 측면으로서 만족한 고객을 통해 새로운 고객을 창출할 수 있다. 만족스러운 서비스의 공격적 효과는 시장지배력 확보, 시장점유율 상승, 평판의 향상, 그리고 프리미엄 가격 등으로 나타난다. 실증연구들에 의하면, 우수한 서비스를 제공하는 기업은 시장점유율의 상승폭이 상대적으로 크고 이로 인해 보다 많은 수익을 올릴 수 있으며, 추가적인 프리미엄 가격으로 동일한 상품을 판매할 수 있고 마케팅비용도 절감할 수 있다.[2)] 둘째는 방어적인 측면으로서 현재 확보되어 있는 고객을 안정적으로 유지할 수 있는 이점이다. 고객만족은 고객선호도를 높여 기존 고객의 이탈을 줄이는 효과가 있다. 고객만족의 구체적인 효과는 다음과 같다.

**① 신규고객획득 비용감소**

기존의 고객이 이탈하면 시장지위를 유지하기 위해 새로운 고객을 확보해야 하는데 신규고객의 획득에는 추가적 비용이 든다. 또한 신규고객의 경우 기존 고객에 비해 더 많은 유지비용이 필요하다. 반면, 충성도가 높은 고객은 오래 유지할수록 고객단위당 수익률이 증가한다.

**② 고객구매의 증가**

일반적으로 서비스에 만족하는 고객은 보다 높은 구매성향을 지닌다. 서비스에 만족한 고객은 빈번하게 구매를 하며, 새로운 상품에도 관심을 갖는다.

**③ 서비스비용의 감소**

소비자를 잘 알게 되면 기존 고객에 대한 서비스비용을 낮출 수 있다. 기업으로서는 만족고객의 니즈와 구매패턴을 더 잘 알기 때문에 회사내의 서비스자원을 더 효율적으로 활용하여 서비스비용을 절감할 수 있다.

**④ 시장정보의 획득**

만족한 고객은 시장에 대해 자신의 구매행태와 시장의 정보를 기업과 공유하고자 한다. 특히 고객이 제공하는 시장정보에는 경쟁사의 마케팅정보를 비롯하여 고객의 불만사항이나 제안사항, 새로운 시장의 니즈 등이 포함되므로 시장의 변화를 파악하는데 도움을 준다.

---

2) 서비스품질이 상위 20%인 회사들은 경쟁사에 비해 평균 8% 정도의 가격 프리미엄을 얻는 것으로 알려져 있다. Tony Cram, *The Finishing Touch*, Prentice Hall, 2010, p.6.

### ⑤ 프리미엄 가격의 형성

서비스에 만족한 고객은 지불하는 상품가격에 상대적으로 덜 민감하다. 구매의사결정과정에서 고객은 서비스가치를 높게 지각하기 때문에 종종 프리미엄을 추가한 가격을 지불한다.3)

### ⑥ 잠재고객의 창출

서비스의 만족스럽게 경험한 고객은 다른 잠재적 고객들에게 긍정적인 입소문을 내준다. 구전의 효과는 자발적이고 간접적이며, 서비스상품의 가치를 입증하는 효과가 있다. 따라서 서비스기업은 서비스상품의 본질적 가치뿐 아니라 서비스의 개념설계 · 디자인 · 생산과 제공 · 사후관리(A/S) 등 모든 서비스패키지에 기업의 브랜드이미지와 기업문화, 감성 등을 함께 고객에게 제공해야 한다.

**그림 5-1** 고객만족의 경제적 효과

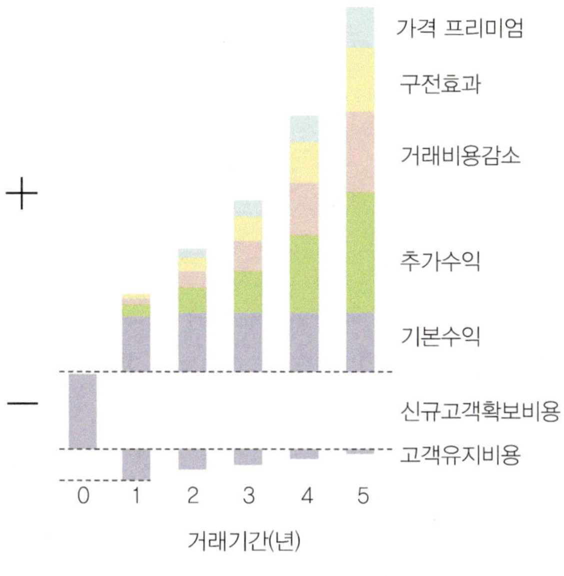


자료: Vochen Writz et al, *ibid.*, p.362.

3) 자이사믈과 비트너(Zeithaml & Bitner)는 골재와 석재를 공급하는 회사인 Graniterock사가 경쟁사보다 우수한 서비스로 인해 다른 회사보다 30%의 가격을 더 받고 있는 사실을 예로 들고 있다. 그 회사는 고객이 요청하면 근무시간 외에도 배달을 해주고 24시간 셀프서비스가 가능한 시스템을 갖추고 있다.

## 3. 고객만족도 결정모형

### (1) 서비스의 한계효용체감

서비스에 대한 고객의 만족도에는 한계효용체감의 법칙이 성립된다. 한계효용(限界效用, marginal utility)이란 재화의 단위가 늘어날수록 추가되는 재화단위에 대한 효용이 점차 줄어드는 경제학의 명제이다. 오늘날 서비스에 대한 고객의 만족도에 있어서도 욕구가 충족되면, 다음 단계의 기대욕구가 상승하여 당초의 서비스수준으로는 고객을 만족시키기 어렵게 된다. 고객은 서비스에 대해서 가지고 있던 불만이 해소되면 그것을 당연하다고 느끼고 다시 새로운 것에 대한 기대를 갖기 때문이다. 예를 들어, 항공사에 좌석구매는 예약한 다음 티켓을 별도로 구매하고 공항에서 탑승권을 교부받는 복잡했던 절차가 인터넷을 통해 간소화되었다. 공항에서 신분증의 제시만으로 간단히 탑승수속을 마치는 방식으로 편리성이 향상되었으나 탑승객의 만족도가 비례적으로 향상되지는 않았다.

고객은 서비스불만이 해소되고 나면 다시 새로운 니즈에 대해 서비스요구를 갖는다.

### (2) 서비스품질과 고객만족도

서비스가 적극적이면 고객의 만족도는 증가한다. 고객의 만족도는 불만족요인과 만족요인이 동시에 작용하기 때문에 서비스품질과 고객의 만족도는 반드시 비례하지 않는다. 고객은 자신의 욕구가 충족된 상태에서도 아직 여전히 불만족인 상태일 수 있다.

고객은 특정한 서비스에 대해 가지고 있던 불만이 해소되었음에도 불구하고 다시 새로운 것에 대한 만족감을 느끼지 못하는 한계효용체감의 법칙을 따르기 때문이다.

### ① 카노모형

카노모형(Kano model)은 서비스품질을 고객의 만족과 불만족 두 가지 차원으로 설명한다.[4] 카노모형에 따르면, 효과적인 서비스를 위해서는 고객의 만족과 불만족이라는 주관적 차원, 그리고 고객욕구의 충족과 미충족이라는 객관적 차원의 두 가지를 동시에 고려해야 한다. [그림 5-2]에서 보는 바와 같이 x축은 서비스결과의 차원에서 고객의 욕구를 어느 정도 잘 충족시켰는가를 나타내는 척도이고, y축은 고객이 느끼는 불만족과 만족의 정도를 나타낸다. 아래의 불만족도 곡선은 서비스가 충족되더라도 불만이 줄어들뿐 만족도는 증가하지 않는다. 반면에 위의 만족도 곡선은 서비스가 충족되면 만족도는 증가하지만 충족되지 않더라도 고객은 불만을 느끼지는 않는다. 예를 들

**그림 5-2** 만족도분석에 대한 카노(Kano)모델

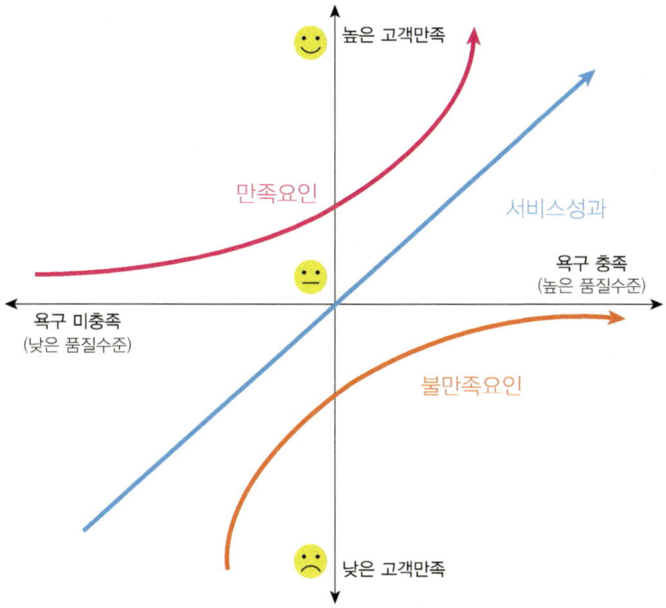


4) 카노(Kano)모형은 시장조사 등으로 수집된 '고객의 소리'(Voice of Customer)를 분석하여 고객의 니즈를 파악함으로써 새로운 상품을 개발하는데 흔히 이용된다. Kano Noriaki, "Attractive quality and must-be quality" *The Journal of the Japanese Society for Quality Control*, 1984, pp.39-48.

어, 항공기 출발시간이 지연될수록 고객의 불만은 커지지만 제 시간을 지킨다고 고객의 만족도가 높아지지는 않는다. 항공사의 정시성은 불만족요인이기 때문이다. 반면에 고객의 요구가 없더라도 추위를 느끼는 탑승객을 알아차리고 승무원이 담요를 제공했다면, 고객에게는 만족요인이 된다. 이때 담요를 제공하지 않더라도 고객은 불만하지 않는다.

**② 고객만족 요인의 종류**

서비스의 만족도에 영향을 미치는 요인들 가운데 만족도에 긍정적인 영향을 미치는 변수에는 서비스의 필수적 요인, 서비스전달요인 및 매력적 요인 등의 세 가지가 있다. 이밖의 다른 요인들은 만족도와 무관하거나 오히려 만족도에 부정적인 영향을 미친다.

**• 필수적 요인**

서비스가 반드시 갖추고 있어야 할 요인(must-be quality element)이다. 이 요인들은 달성되거나 심지어 초과달성되더라도 그 자체만으로는 만족도를 높이지 못한다. 그러나 이 요인이 충족되지 못하면 고객은 불만족을 느낀다. 예를 들어, 치과병원의 대기실에서 고객은 의자가 있을 것으로 기대한다. 앉아 있지 못하고 서 있는 채로 기다려야 한다면 실망할 것이다. 그렇다고 값비싼 가죽으로 된 안락의자라고 해서 만족도가 더 높아지는 것은 아니다.

**• 서비스전달요인**

고객이 기대하고 있고, 서비스의 전달이 좋을수록 만족도가 더 높아지는 일차원적인 요인(one-dimensional quality element)이다. 서비스전달요인은 만족과 불만족의 경험을 결정하는 직접적인 요인이다. 예를 들면, 환자를 안심시켜주는 치과의사의 매너는 환자의 자신감을 불러일으킨다. 환자가 안심하면 할수록 만족도는 더 높아진다.

**• 서비스매력요인**

예상하지 못한 훌륭한 서비스를 제공받게 되면, 고객은 기쁨을 느끼게 된다. 그러나 기대하지 않은 서비스이기 때문에 제공받지 않더라도 불만족을 느끼지는 않는다. 서비스매력요소(attractive quality element)는 고객의 만족도에 긍정적인 영향을 준다. 예를 들면, 치과치료를 받은직후 당신의 입 크기에 잘 맞아 칫솔질이 더 쉽고 더 효과적인 칫솔을 선물받는 것이 여기에 해당된다.

• **무관심 및 불확실요인**

고객이 제공받는 서비스에 대해 가치를 느끼지 않는 요인(indifferent quality element)이다. 따라서 고객의 만족과 불만족이 서비스품질에 영향을 미치지 않는 요인이다. 예를 들어, 치과의사가 인근의 칫솔판매점을 추천한다면, 고객들은 이 추천에 대해 가치를 느끼지 않을 것이다. 한편, 고객의 기대가 모호하거나 서비스결과가 불확실한 서비스요인이 있다. 치과병원의 대기실 TV에 스포츠 채널을 틀어 놓는다면 이를 좋아하는 고객도 있겠지만 이를 좋아하지 않는 고객도 있을 것이다.

• **역효과요인**

서비스가 제공되면 오히려 고객의 불만족을 일으켜 역효과를 내는 요인(reverse quality element)이다. 예를 들어, 외과의사가 실없는 농담을 하는 것보다 환자들은 보다 진지한 태도를 선호한다.

### (3) 고객만족도 향상을 위한 기본지침

고객만족은 기업의 존립과 발전을 위한 필수조건이다. 흔히 고객감동, 고객가치경영, 고객중심 등의 다양한 슬로건들은 모두 고객의 만족도를 극대화하기 위한 의지의 표명이다. 서비스산업계에서는 고객의 기대를 충족시키고, 고객만족의 수준을 향상시키기 위해 다양한 서비스전략들이 개발되어 있다. 이 가운데 공통적인 지침들을 네 가지로 요약하면 다음과 같다.

• **고객의 새로운 니즈(needs)파악**

고객이 무엇을 필요로 하는지에 대한 최신정보를 끊임없이 파악해야 한다. 고객이 느끼는 서비스의 가치는 언제든지 변할 수 있기 때문이다. 고객마다 다양하게 내재되어 있는 서비스의 니즈를 인지하고, 고객이 무엇을 기대하고 있는지를 확인하는 것이 중요하다.

• **서비스표준의 설정**

서비스의 기본이 되는 표준이 마련되어야 한다. 서비스담당자는 서비스의 기본적 내용과 절차를 정확히 알고 이에 기초하여 고객의 기대에 맞추어 서비스를 제공해야 한다. 이는 고객만족도와 무관하게 비용을 발생시키는 과도한 서비스를 방지하는 효과가 있다.

**• 만족요인에 대한 역량의 집중**

고객의 만족과 불만족을 결정하는 서비스전달요인에 역량을 집중하고, 고객의 기대를 초과하는 노력이 중요하다. 이를 위해서는 고객만족도를 직접 높일 수 있는 요인을 찾아내고 그곳에 투자해야 한다. 경쟁적 환경일수록 경쟁기업과 차별화된 서비스를 개발해야 한다.

**• 고객감동을 주는 서비스 마무리**

서비스 프로세스의 마무리는 고객이 서비스경험을 기억하는 가장 중요한 단계이다. 긍정적인 기억을 위해 고객에게 감동을 주는 예상치 못한 서비스를 개발해야 한다. 서비스의 필수적 요인들이 충족되는 경우, 성공적인 마무리는 고객의 감동을 극대화한다. 서비스의 마지막 단계에서 기대하지 않았던 환대는 고객을 더 기쁘게 만들기 때문이다.

긍정적인 기억을 위해서는 고객에게 감동을 주는 예상치 못한 서비스를 개발해야 한다.

[시론]

### 항공 마일리지 유효기간, 시장에 맡겨야

'군만두'를 영어로 하면 무얼까. '서비스'가 답이다. 짜장면과 짬뽕을 찾는 손님이 많은 음식점에서 탕수육을 주문하면 서비스로 군만두 한 접시가 공짜로 나오기 때문이다. 대학가 식당골목의 치열한 경쟁을 빗댄 난센스 퀴즈다. 인센티브는 소비자의 구매를 자극하고 단골의 이탈을 막는 마케팅수단이고 미끼다. 가격에 민감한 소비자일수록 인센티브에 대한 기대와 만족도는 높다. 손님은 탕수육의 원가를 따지지 않는다. 상품가치에 대한 기대와 경험이 맞아 떨어지면 그만이다. 고객만족은 수요자와 공급자가 균형점을 찾는 시장경제의 작동원리이고 기업의 생존요건이다.

내년 초부터 시작되는 '항공 마일리지'의 유효기간을 놓고 소비자는 불만이다. 사용하지 않은 마일리지의 순차적 소멸에 대해 한 시민단체는 공정거래법 위반으로 대한항공과 아시아나항공을 고발했다. 공정거래법상 시장지배적 사업자는 소비자 이익을 현저히 저해할 행위를 할 수 없음에도 2008년 당시 우월적 지위에 있던 두 항공사가 약관을 개정해 마일리지의 유효기간을 10년으로 단축했기 때문에 이를 현금으로 바꿔주거나 면세점에서 쓸 수 있게 해야 한다는 주장이다. 공정거래위원회는 소비자 이익의 침해여부를 판단하기 위해 두 항공사에 최근 10년간의 자료를 요청했다. 불공정성 여부는 고객에게 약속한 인센티브의 이행과 약관 개정의 적법성에 따라 판가름날 것이다. 국토교통부는 조건없는 마일리지 좌석 5% 이상 배정, 운영내역공개와 취소수수료 금지 등 개선안으로 발 빠르게 소비자 보호에 나섰다. 영업마진 5%에 사활을 걸고 있는 항공업계에 영업지침까지 정해준 것은 정부의 과도한 시장개입이다.

항공사의 인센티브제도는 1972년 미 유나이티드항공이 회원고객에게 특전을 주면서 시작됐다. 1981년에는 아메리칸항공이 적립된 탑승실적에 따라 보상해주는 마일리지제도로 발전시켰고, 항공업계의 마케팅수단으로 확산됐다. 인센티브 경쟁은 이제 국내 저비용 항공사도 마일리지제도를 도입할 만큼 보편적이다. 세계적으로 정착된 이 제도가 지금 국내에서 고객의 불만요인이 된 이유는 무엇일까. 항공사의 무모한 마케팅과 소비자의 높은 기대 탓이다. 항공사는 마일리지제도를 시작하면서 고객과의 신뢰를 쉽게 생각했다. 이용객이 늘어 마일리지가 눈덩이처럼 쌓이자 뒤늦게 유효기간을 10년으로 제한하는 약관변경을 했다. 시민단체와 공정위의 검토와 조정도 거쳤지만 마일리지가 여전히 족쇄라는 걸 간과했다.

두 항공사의 마일리지 부채가 각각 2조원, 5000억원씩 쌓이는 동안 고객불만도 함께 쌓였다. 그동안 고객에게 이용조건에 대한 정보를 충분히 제공하지 않은 게 문제였다. 마일리지를 원만히 운영하는 대부분 외국 항공사들의 유효기간은 길어야 3년을 넘지 않는다. 이 제도의 원조인 유나이티드항공과 아메리칸항공의 유효기간은 지금 18개월이다. 유효기간의 부담을 고려해 필요할 때마다 고객의 기대치를 조정해 온 결과다. 델타항공은 1년마다 소멸되는 마일리지 방식을 운영하면서 고객불만이 늘자 2015년부터는 유효기간을 없앴다. 경영에 부담이 되면 이 회사는 또 약관을 변경할 것이다. 세계 항공업계 1, 2, 3위인 이들 항공사가 운영여건에 따라 인센티브를 탄력적으로 바꿀 수 있는 마케팅환경과 그들의 서비스 문화를 배울 필요가 있다.

마일리지 논쟁은 거래의 공정성에 대한 소비자와 기업 간 이해로 해결돼야 한다. 외국 항공사에는 없는 가족의 마일리지 공유제도와 매년 세계 최상급으로 평가받고 있는 국적항공사들의 서비스품질에 대한 이해가 더해진다면, 이번의 서비스 실패는 고객충성도를 강화하는 기회가 될 수 있다. 항공업계를 벗어나 보면, 고객의 기대와 경험의 균형은 늘 시장에서 만들어진다. 여행객이 붐비는 인천공항에서는 탕수육을 시켜도 군만두가 없다. 손님에겐 기대감도 불만도 없다.

[허희영(한국항공대 교수), 한국경제 2018.12.17.]

# 제2절 고객충성도

## 1. 고객의 충성도는 왜 필요한가?

### (1) 고객자산으로서의 충성도

경영에 있어 충성도는 특정한 기업이나 브랜드에 대한 고객의 우호적 감정이다. 기업의 입장에서 고객의 충성도는 장기적인 수익의 원천이므로 고객자산이다. 충성도로 인해 반복적으로 같은 항공사를 이용하는 승객을 흔히 상용고객(常用顧客, frequent flyer)이라고 한다. 반면에 고객의 이탈은 한 회사로부터 구매를 중단하고 그들의 충성도를 다른 회사로 옮기는 것이다. 이탈비율이 높아지는 것은 품질에 문세가 있다는 것을 의미하며, 이는 곧 기업의 경제적 손실로 이어진다.

### (2) 고객충성도의 경제적 가치

충성도가 높은 고객은 경제적으로 얼마나 가치가 있을까? 서비스기업의 충성고객이 서비스기업의 수익에 얼마나 기여하는가를 분석한 라이첼드와 사세르(F. Reichheld & W. Earl Sasser)의 연구에 따르면, 한 기업과 오랫동안 관계를 지속할수록 기업의 수익에 더 많이 기여하는 것으로 나타났다. [그림 5-3]에서 보는 바와 같이, 고객충성도를 확보하는 데에는 대부분 1년 이상이 소요되고, 수익은 고객관계가 오래될수록 증가한다. 고객충성도의 수익창출효과는 다음과 같이 네 가지 요인으로 설명된다.[5)]

#### ① 매출의 증가

일반적으로 기업고객은 시간이 경과할수록 기업의 성장에 따라 서비스 구매의 규모를 늘여 나간다. 개인고객의 경우에도 가족구성원수가 늘거나 소득이 오르면 구매력이 증가한다. 두 유형의 고객 모두 높은 수준의 서비스를 제공하는 서비스기업으로부터 구매를 강화하게 된다.

---

5) Jochen Wirtz, Patrica Chew, Christopher Lovelock, *Essentials of Services Marketing*, 2nd ed., Prentice Hall, 2013, pp.358-360.

**그림 5-3** 시간경과에 따른 서비스기업의 고객 1인당 수익창출변화

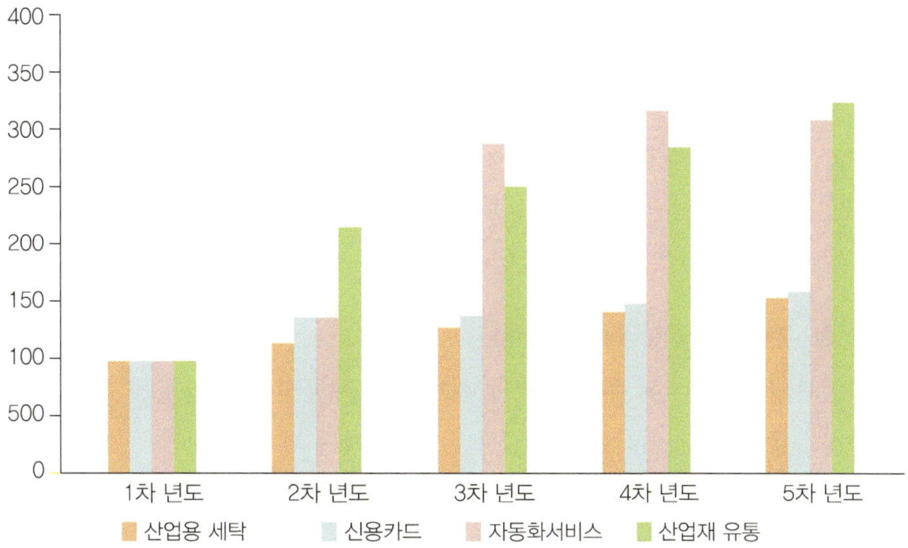


자료: Frederick F. Reichheld and W. Earl Sasser, Jr., "Zero Defection: Quality Comes to Services," *Harvard Business Review*, 1990, pp.105-111. Jochen Wirtz et al., *ibid.*, p.361에서 재인용.

**② 운영비용의 절감**

고객의 서비스경험이 늘어날수록 서비스기업에 대한 요구사항은 줄어든다. 예를 들어, 정보제공과 지원에 대한 필요성이 줄어들어 스스로 서비스를 충족시킨다. 즉, 서비스경험을 통해 서비스 프로세스의 오류를 줄임으로써 생산성 향상에 기여한다.

**③ 추천된 고객에 의한 수익창출**

긍정적인 경험에 의해 좋은 평판이 형성됨으로써 새로운 고객을 추천하게 된다. 추천된 새로운 고객은 무료서비스나 광고 등의 촉진활동을 줄여줌으로써 신규고객의 확보에 따르는 마케팅비용을 절감시켜준다.

**④ 프리미엄 가격의 구매**

충성도가 높은 상용고객은 고객만족에 따라 할인구매보다는 정상가격을 지불하는 경향이 있다. 만족도가 높은 경우에는 프리미엄 가격을 지불하기도 한다. 고객은 서비스제공자를 신뢰할 때, 더 많은 금액을 지불하는 경향이 있기 때문이다. 앞서 [그림 5-1]에서 살펴본 바와 같이 충성도가 높은 고객은 오래 유지될수록 기업의 수익에 대하

여 더 많이 기여한다.

### (3) 고객이 충성하는 이유

고객은 처음부터 특정한 기업이나 상품에 대해 선호하거나 신뢰하지는 않는다. 고객의 충성도는 상품의 구매를 통해 확신과 사회적 이점, 특별대우 등의 요소를 경험함으로써 형성된다. 서비스상품을 경험하는 고객들의 충성도는 다음과 같이 세 가지 편익에 의해 형성된다.[6]

**① 확신편익(confidence benefit)**

기업과의 확고한 관계를 통해서 서비스를 제공받는데 잘못될 위험이 적고, 제대로 된 서비스를 받을 것이라는 확신, 서비스제공자에 대한 신뢰감, 구매에 대한 낮은 수준의 불안, 기대하는 것에 대한 사전적 인지, 그리고 기업으로부터 가장 높은 수준의 서비스를 받을 것이라는 고객의 느낌 등을 포함하는 편익이다.

**② 사회적 편익(social benefit)**

고객과 담당직원 간에 서로 알고 지내고 이름을 알기도 하며, 서비스기업에 대한 우정 및 관계를 통해 특정 사회적 측면에 대해 즐기기도 하는 것을 포함하는 편익이다.

**③ 특별대우(special treatment)**

서비스상품의 구매에 대해 더 좋은 가격을 제안하고, 대부분의 고객에게는 불가능

고객의 충성도는 확신과 사회적 편익, 특별한 대우에 대한 경험의 결과로 형성되는 기업고유의 자산이다.

6) Jochen Wirtz et al., *ibid.*, p.362.

한 할인조건의 제공, 특별서비스, 대기상황에서 우선적인 배려, 다른 고객들보다 더 빠른 서비스제공 등의 편익이다.

## 2. 고객충성도의 구축과 관리

오늘날 대부분의 기업들은 브랜드에 대한 충성도를 구축하기 위해 다양한 방법으로 노력을 기울이고 있다. 고객의 충성도는 다음과 같이 상호연계된 세 가지 마케팅활동에 의해 구성된다.[7]

**그림 5-4** 고객충성도의 관리모형('충성도 바퀴' Wheel of Loyalty)

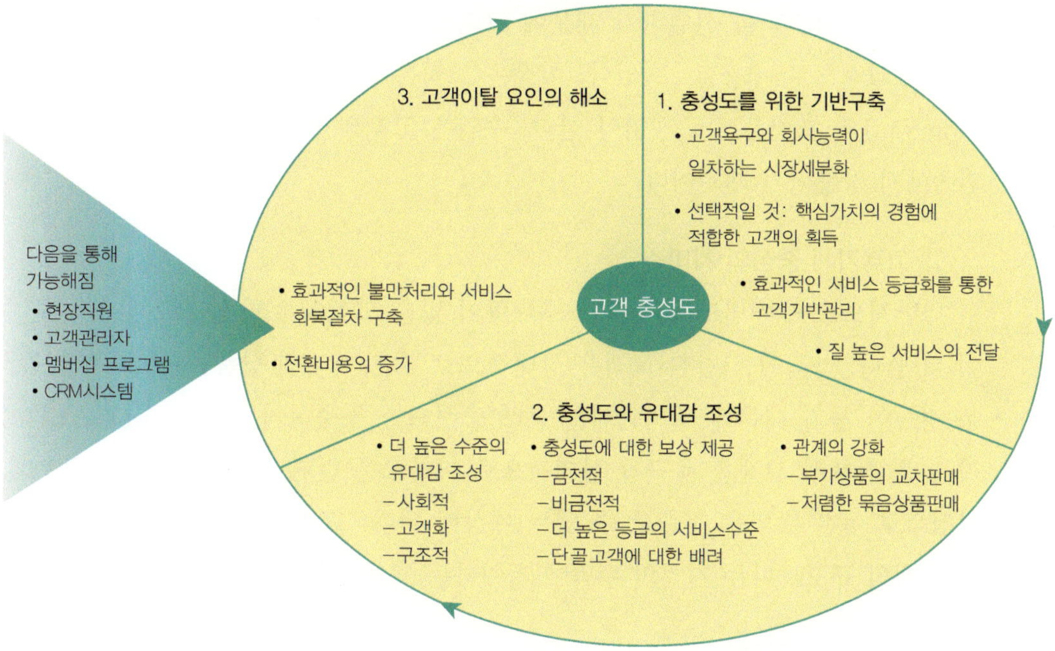


자료: Jochen Wirtz et al., *ibid.*, p.365.

---

7) 조센 워츠(Jochen Wirtz) 등은 고객충성도를 어떻게 구축하고 유지하는가에 대해 고객관리모형인 '충성도 바퀴(Wheel of Loyalty)'로 설명하고 있다. 이하의 내용은 충성도 바퀴모형을 통해 정리하였다. Jochen Wirtz et al., *ibid.*, pp.363-377를 참조.

### (1) 충성도를 위한 기반구축

고객의 충성도를 창출하기 위한 견고한 기초가 필요하다. 이를 위해 적절한 고객의 세분화, 고객이 느끼는 매력의 제공, 제공된 서비스에 대한 고객만족의 유발 등이 요구된다. 이를 구체적으로 살펴보면 다음과 같다.

#### ① 표적고객의 설정 : 시장세분화

충성도 관리는 고객의 욕구와 기업의 서비스역량에 기초하여 시장을 세분화하는 것에서 시작된다. "우리의 서비스는 누구에게 초점을 맞추어야 하는가?"에 대한 물음을 통해 서비스상품의 구매주체가 되는 표적고객(target)을 설정하고, 이들에게 기업이 제공할 수 있는 서비스능력을 대응시킨다. 기업의 역량 및 강점과 고객의 욕구를 연결함으로써 표적고객을 선별하기 때문에 고객의 관점에서 가치가 있다고 인식하는 서비스를 효과적으로 제공할 수 있다. 이같은 노력은 기업과 고객이 모두 만족하는 윈-윈(win-win)의 조건을 충족시켜야 한다. 수익은 고객의 비용이 아닌 서비스성공과 고객만족에서 창출되기 때문이다.

#### ② 고객가치 중심의 서비스

일반적으로 구매빈도가 높거나 구매량이 많은 고객일수록 일반고객에 비해 수익성이 더 높다. 가격에 민감한 고객은 상대적으로 낮은 가격의 상품을 찾아 브랜드를 바꾸는 경향이 높기 때문에 고객관계를 통해 충성도를 구축하기 어렵다. 한편, 고객충성도가 높은 잠재적 고객은 욕구가 상대적으로 까다로운 반면, 일단 충성도가 구축되면 장기적으로 높은 수익을 창출할 수 있는 대상이 된다. 고객과의 기반을 구축하는 과정에서 고객의 규모보다는 기업의 수익에 기여하는 고객의 가치를 고려해야 한다.

#### ③ 서비스의 등급화

고객의 유지는 고객과 기업 간의 상호이익을 위해 장기적이고 효과적인 거래관계의 성립을 전제로 한다. 상호이익을 위한 거래에서 서로 다른 고객계층은 각기 다른 서비스 기대와 욕구를 갖는다. 따라서 수익성 단계별로 고객의 욕구에 따라 상이한 서비스 수준을 적용하는 것이 효과적이다. 자이사믈(Zeithaml) 등은 [그림 5-5]와 같이 4단계의 피라미드 구조를 통해 고객서비스를 등급화하고 있다.[8)]

8) Valerie A. Zeithaml, Roland T. Rust, and Katherine N. Lemon, "The Customer Pyramid: Creating and Serving

**그림 5-5** 고객서비스 피라미드

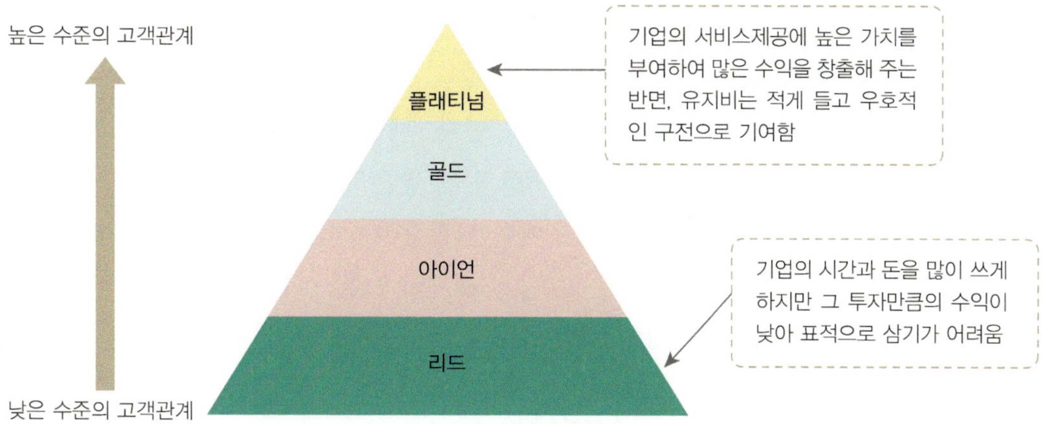


자료: Jochen Wirtz et al., *ibid*., p.368.

- 플래티넘(platinum) : 이 고객층은 기업의 고객 중 극소수에 해당된다. 구매력이 높으며, 기업의 수익성에 많은 기여를 한다. 이 고객층은 가격에는 민감하지 않으나 서비스품질에 대해서는 가장 높은 기대수준을 갖고 있으며, 새로운 서비스를 위한 투자에 긍정적인 태도를 갖는다. 예를 들어, 항공기 탑승객의 경우에는 100만 마일 이상의 탑승실적을 가진 상용고객(million miler)에 해당된다.
- 골드(gold) : 이 고객층은 플래티넘 고객층보다 대체로 규모가 크다. 그러나 각각의 고객은 플래티넘 고객에 비해 수익에 대한 기여도는 상대적으로 낮다. 이들은 상대적으로 가격에 대해 민감하고 기업에 기여하는 정도는 낮다. 항공기 탑승객의 경우, 일정규모 마일 이상의 탑승실적을 가진 멤버십자격의 회원이 해당된다.
- 아이언(iron) : 서비스기업이 관리하는 고객이 차지하는 계층이다. 기업이 규모의 경제를 달성하는데 중요한 고객집단으로서 기업고객의 안정적 기반을 구축하고 유지하는데 중요하다. 그러나 이 고객층은 대부분 낮은 수준으로 수익을 창출하기 때문에 특별대우의 대상은 아니다.
- 리드(lead, 납) : 이 고객층은 기업에 낮은 수준의 수익을 가져다준다. 그러나 이들은 종종 아이언 고객층과 같은 수준의 서비스를 요구한다. 회사의 입장에서는

Profitable Customers," *California Management Review* Vol.43, No.4, 2001, pp.118-142. Jochen Wirtz et al., *ibid*., p.367에서 재인용.

종종 영업손실을 가져오기도 한다. 항공기탑승객의 경우, 할인된 단체항공권이나 특별판촉프로그램을 이용하여 탑승하는 고객이 해당된다.

**④ 고객만족과 서비스품질의 충족**

충성도의 구축은 고객만족을 전제로 한다. 제품이나 서비스에 매우 만족하거나 감동한 고객은 기업에 대해 높은 충성도로 인해 좋은 평판의 전파자역할을 하게 된다. 그들은 경험한 서비스기업으로부터 구매를 지속하며 긍정적 경험을 제3자에게 전달한다. 고객만족과 충성도 간의 관계는 [그림 5-6]에서 보는 바와 같이 이탈, 무관심, 호감의 세 영역으로 나누어진다. 고객이탈영역은 낮은 수준의 고객만족에서 일어난다. 고객은 전환비용이 높거나 다른 선택이 없는 경우가 아니면 다른 기업이나 상품으로 전환하고자 한다. 특히 불만족한 고객은 부정적인 평판을 형성함으로써 기업에 직접적인 피해를 준다. 무관심영역은 중간수준의 만족도를 느끼는 고객에 해당된다. 이들 고객은 더 좋은 대안을 발견하면 다른 영역으로 기꺼이 전환할 수 있다. 그리고 호감영역은 만족도가 매우 높은 수준의 고객으로서 다른 서비스기업에 대해 나타내지 않는 높은 수준의 충성도를 보인다. 이들 고객은 공개적으로 해당기업이나 상품에 대해 호감을 표시하며, 다른 잠재적 고객들에게 추천하고자 한다.

**그림 5-6** 고객만족과 충성도의 관계

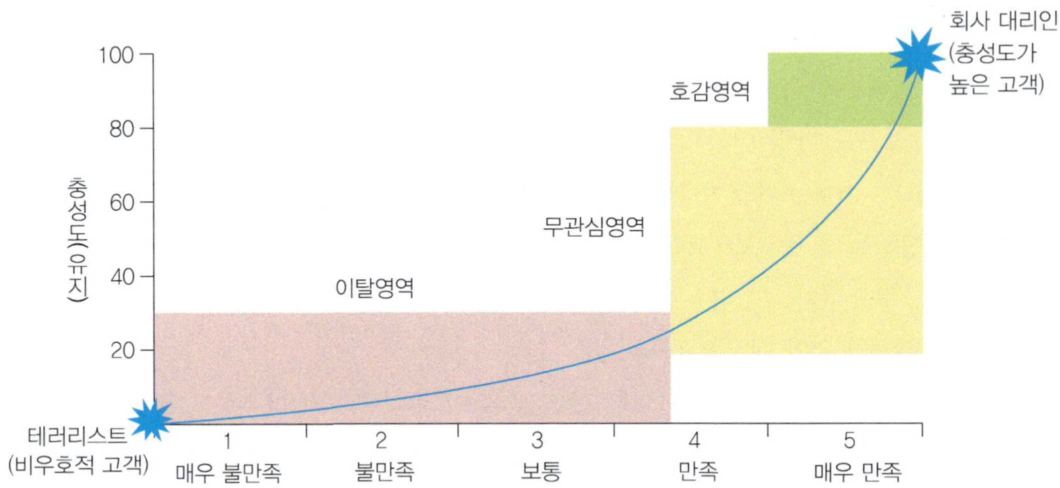


자료: Jochen Wirtz et al., *ibid.*, p.370.

### (2) 고객과의 유대감 유지 · 강화

유대감(fellowship)이란 서로 밀접하게 연결되어 있는 공통된 느낌을 말한다. 고객에 의해 구축된 충성도를 발전시키기 위해서는 고객-기업 간의 유대감을 유지하고 강화할 수 있는 다양한 마케팅전략이 필요하다. 유대감을 형성하기 위한 전략으로는 부가상품에 대한 교차판매와 저렴한 가격의 묶음판매 등을 통한 고객관계의 강화, 보상프로그램에 의한 유대감 조성, 높은 수준의 유대감 구축 등의 세 가지가 있다.

#### ① 고객관계의 강화

고객과 기업 간에 유대감을 유지 · 강화하기 위해서는 고객관계의 강화가 필요하다. 묶음판매 또는 교차판매를 이용하여 고객관계를 강화시킬 수 있다. 묶음판매는 단일의 서비스상품들을 묶어 다양하게 구성하여 판매하는 것을 말한다. 예를 들어, 은행의 고객으로 하여금 예금계좌와 함께 신용카드, 자동차할부대출, 주택담보대출과 연금가입 등을 함께 거래토록함으로써 관계를 강화시킬 수 있다. 고객의 입장에서는 높은 전환비용을 부담해야 하는 반면, 개별상품의 구매에 따른 부수적 이점을 동시에 제공받을 수 있다. 교차판매는 자체상품뿐 아니라 다른 회사의 상품까지 판매함으로써 이윤창출의 기회를 확대하는 수익모델이다. 고객의 입장에서는 원스톱쇼핑을 통해 구입과정에서 편리함을 느낀다.[9]

고객과의 유대감형성을 위해서는 개별화된 고객관계의 강화가 필요하다.

9) 교차판매(cross selling)는 특히 서비스산업에서 보편화되고 있다. 예를 들어, 전통적으로 은행은 전통적인 예금과 대출이 수익모델이었으나 오늘날에는 수익성 확보를 위해 투자신탁회사나 보험회사의 상품 등 다른 금융부문의 판매채널을 이용해 자사의 상품을 판매하는 방카슈랑스(Bancassurance)로 전환되었다. 교차판매는 기업이 고객에게 다양한 상품을 제공할 수 있는 원스톱(one stop) 판매로서 마케팅전략의 하나다.

### ② 보상프로그램

고객의 선호도를 강화하고 구매비중을 높이기 위해서는 반복구매에 대한 보상프로그램을 개발하는 것이 중요하다. 보상프로그램은 흔히 마일리지 제도로 알려져 있으나 실제로는 다양한 방법들이 이용되고 있다. 주로 서비스의 구매빈도와 구매가치 등에 비례하여 인센티브 방식으로 제공되는데, 인센티브에는 금전적 보상과 비금전적 보상이 있다.

**• 금전적 보상**

고객에 대한 금전적인 보상은 구매할인, 마일리지 등과 같이 고객충성도에 대한 보상차원에서 물질적 편익(hard benefit)이 제공된다. 신용카드회사의 캐시백프로그램, 항공사와 호텔의 마일리지 프로그램을 비롯하여 백화점, 수퍼마켓, 통신회사, 카페, 극장, 주유소 등 서비스시장에서 널리 이용되는 보상방식이다.

**표 5-1 고객가치에 따라 브리티시항공이 제공하는 혜택(例)**

| 편 익 | 실버등급회원 | 골드등급회원 |
|---|---|---|
| 예 약 | 실버등급 전용전화 | 골드등급 전용전화 |
| 예약보장 | 좌석이 만석(full)일 때, 24시간 전에 정상가격으로 예약하고 적어도 1시간 전에 체크인하면 이코노미좌석 보장 | 좌석이 만석(full)일 때, 24시간 전에 정가티켓을 예약하고 적어도 1시간 전에 체크인하면 이코노미좌석 보장 |
| 대기 우선순위 | 우선순위부여 | 우선순위부여 |
| 체크인 | 프레스티지 카운터에서 처리 | 프레스티지 카운터에서 처리 |
| 라운지 출입 | 좌석등급관계없이 본인과 동반인 이용가능 | 퍼스트클래스 라운지를 좌석등급 관계없이 본인과 동반인 이용가능. 도착라운지도 이용가능. 라운지는 언제나 이용이 가능 |
| 우선탑승 | 관광노선 항공편의 우선탑승 | 관광노선의 비행편 우선탑승 |
| 항공마일리지 | +100% | +100% |
| 동반자 업그레이드 | | 해당 연도에 2,500포인트 얻으면, 본인과 동행인에 대해 무료좌석업그레이드. 같은 해 3,500포인트 얻으면, 2명에 대해 무료업그레이드 가능. 4,500포인트 얻으면, 다른 사람도 실버카드발급 |
| 특 권 | | 5,000포인트 얻으면, 히드로공항 터미널5층의 콩코드룸에 출입가능 |

자료: British Airways Executive Club, www.britishairways.com/travel/ Jochen Wirtz et al., *ibid*., p.375에서 재인용.

**• 비금전적 보상**

고객의 충성도에 대하여 심리적으로 보상(soft benefit)하는 방식이다. 충성도에 비례하여 콜센터대기에 대한 우선권부여나 특별서비스의 제공, 일부항공사의 경우, 무료수하물 허용량확대, 공항라운지의 무료사용, 좌석의 업그레이드 등이 이에 해당된다. 이밖에도 고객의 특별한 요청에 대한 응대와 노력, 감사의 표시 등 무형적 보상이 포함된다.

**③ 높은 수준의 유대감 구축**

일반적인 고객로열티 프로그램은 경쟁기업의 모방에 노출되기 쉽다. 따라서 서비스기업은 지속가능한 경쟁우위를 유지하기 위해 다양한 방법으로 유대감을 강화하고 있다. 대표적인 방법으로는 사회적 유대, 고객화유대, 구조적 유대 등의 세 가지가 있다.

**• 사회적 유대감**

사회적 유대는 주로 현장직원과 고객 사이의 개인적인 관계에 기반을 둔다. 이러한 개인적 유대감은 상호신뢰를 통해 형성되고 강화된다. 사회적 유대는 물리적인 유대에 비해 관계구축이 어렵고 많은 시간이 소요되는 반면, 장기적 관계를 구축하기 용이하며 경쟁회사로서는 모방이 어렵다. 예를 들어, 교육기관에서 강사와 고객인 학생 간에 형성된 사회적 유대는 충성도가 오래 지속되며, 고객 간에 공유된 관계나 경험이 있을 때 유대감은 더 강화된다.

**• 고객화 유대감**

서비스기업이 충성고객에게 차별화된 서비스를 성공적으로 제공했을 때 형성되는 유대감이다. 소위 단골고객은 고객화유대가 성공적인 충성고객이라고 할 수 있다. 예를 들면, 항공사의 객실승무원들은 일등석에 탑승한 승객의 선호도를 파악하여 최적의 서비스를 제공함으로써 고객화된 유대감을 강화한다. 고객화를 통해 특별한 서비스에 익숙한 고객은 다른 서비스기업으로부터 단기적으로 같은 수준의 서비스를 제공받기 어렵기 때문에 기업의 입장에서는 충성고객을 유지하는데 효과적인 방법이다.

**• 구조적 유대감**

구조적 유대감은 고객의 행동을 서비스기업의 일부분으로 만들어 기업에 고객을 연계시킴으로써 생성된다. 프로젝트의 합작투자, 정보처리의 공유 등과 같이 주로 서비

경쟁우위를 확보하고 유지하기 위해서는 고객과의 유대감이 전제되어야 한다.

스기업과 고객기업(B2B), 서비스기업과 고객(B2C)의 상황에서 형성되는 유대감이다. 예를 들어, 자동차 렌트회사는 여행자에게 자동차의 종류, 보험의 범위 등을 포함한 과거 여행기록을 회사 홈페이지에서 확인할 수 있도록 함으로써 고객이 새로운 예약이 필요한 경우에 서비스이용의 편리성을 제공한다.

### (3) 고객이탈의 최소화

고객은 경험하는 서비스에 만족하지 않을 경우, 충성고객이라 하더라고 언제든지 거래기업을 바꿀 수 있다. 고객이 경쟁자로 전환하는 요인들은 무엇이며, 이러한 전환을 줄이는 방법은 무엇인가? 고객이동이라고도 불리는 고객이탈의 원인과 이를 최소화하는 방법을 살펴보자.

#### ① 고객이탈의 원인

고객의 이탈을 줄이기 위해서는 고객전환(switching)의 원인을 이해하는 것이 무엇보다도 중요하다. 여러 서비스분야에서 고객의 이탈원인을 분석한 실증연구에 따르면, 충성고객이 서비스제공자를 전환하는 이유들은 다음과 같다(괄호안은 복수응답의 비율).[10]

---

10) Susan M. Keveaney, "Customer Switching Behavior in Service Industries." *Journal of Marketing* Vol.59, 1995, pp.71-82. Jochen Wirtz et al., *ibid.*, p.375에서 재인용.

**그림 5-7** 서비스기업으로부터 고객이 이탈하는 원인

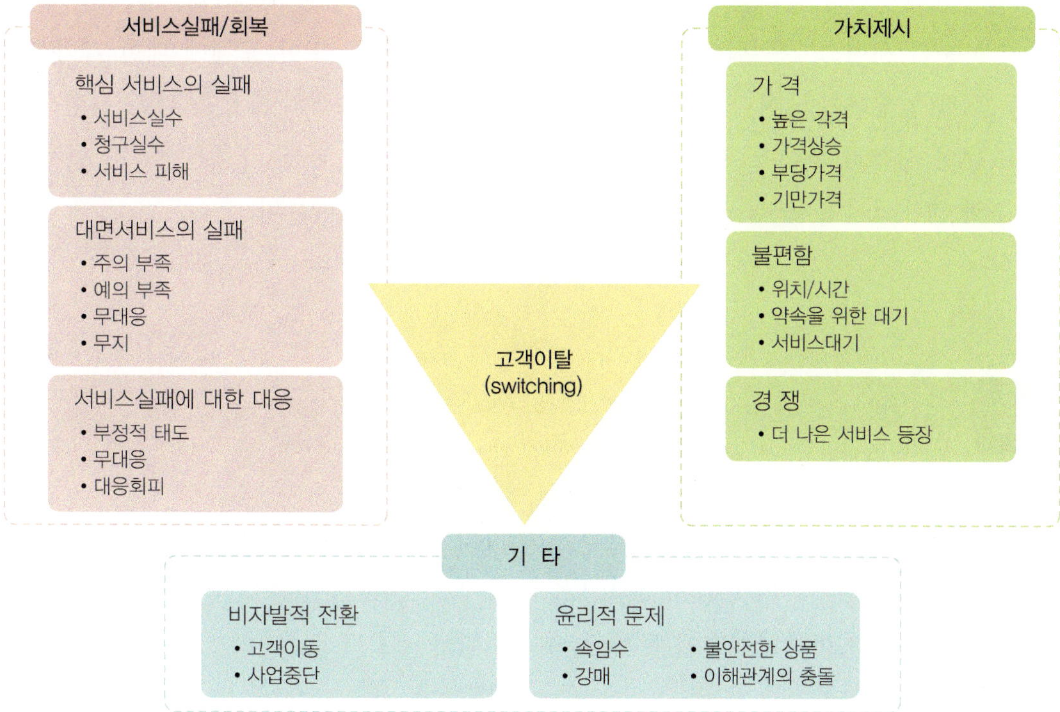


자료: Jochen Wirtz et al., *ibid.*, p.377.

- 중요한 서비스의 실패(44%)
- 서비스품질에 대한 불만족(34%)
- 높은 가격 또는 정직하지 못한 가격(30%)
- 시간지연 · 장소변경으로 인한 불편함(21%)
- 서비스실패에 대한 불성실한 응답(17%)

**② 효과적인 불만처리와 서비스 회복절차**

효과적인 불만처리와 훌륭한 서비스회복은 불만족한 고객을 유지하는데 매우 중요한 서비스과정이다. 고객관리가 성공적인 기업은 고객이 자신의 문제를 편하게 소통할 수 있도록 고객의 소리(voice of customer, VOC) 등의 다양한 커뮤니케이션 채널을 구축 · 운영한다. 그리고 이를 통해 적절한 서비스 회복전략으로 문제를 해결한다.

#### ③ 전환비용의 증가

고객이탈을 줄이는 또 다른 방법은 전환장벽(switching barrier)을 높이는 것이다. 대부분의 서비스에는 전환비용이 수반된다. 전환비용은 또한 교체에 대한 계약불이행에 의해 발생하기도 한다. 예를 들어, 고객은 현재 거래은행의 계정을 다른 은행으로 바꾸는데 시간과 노력이 필요하며, 체크카드와 신용카드, 다른 금융서비스가 현재의 계정과 연계되어 있을 때 이와 같은 번거로움이 더 많이 뒤따른다.

## 제3절 고객관계관리(CRM)

오늘날 서비스기업들은 대부분 고객가치를 극대화하기 위한 관리체계를 구축하고 있다. 고객관계관리(Customer Relationship Management, CRM)는 치열한 경쟁적 환경에서 등장한 마케팅개념인 동시에 이를 지원하는 고객정보관리시스템이다.

### 1. CRM의 개념

#### (1) 고객관리인식의 변화

정보기술(IT)의 발전에 따라 고객 및 기업은 인터넷을 기반으로 다양한 정보에 접근가능해 졌다. 고객은 정보를 이용하여 상품가격을 쉽게 비교할 수 있게 되었을뿐 아니라 직접 가격을 결정할 수 있게 되었다. 기업의 입장에서는 가치가 고객으로부터 창출된다는 인식이 확산되면서 정보기술을 이용하여 고객정보를 전략적으로 활용할 필요성이 대두되었다. 이와 같이 데이터기술의 발달은 고객의 욕구와 구매행태에 대한 지식과 정보수집과 분석기능을 강화시킴으로써 고객관리방식에 획기적인 변화를 가져왔다. 특히 서비스에서는 기업과 고객(Business to Customer, B2C) 간의 관계가 거래(transaction) 중심에서 관계(relationship)중심으로 전환되었다.

고객욕구와 구매행태에 대한 지식과 정보는 서비스의 필수요소이다.

### (2) CRM의 정의

CRM의 기본적 개념은 다음과 같이 정의된다. 우선, 고객을 장기적 · 지속적으로 관리하는 마케팅기법이다. 동시에 표적고객에 대해 집중적으로 관리함으로써 고객으로부터 안정적이고 장기적인 이익을 창출하는 경영방식이다. 고객관리의 측면에서 보면, CRM은 기업이 관계를 맺게되는 고객의 생애(life cycle)상의 접점요소를 파악하고 체

**그림 5-8** CRM의 정의

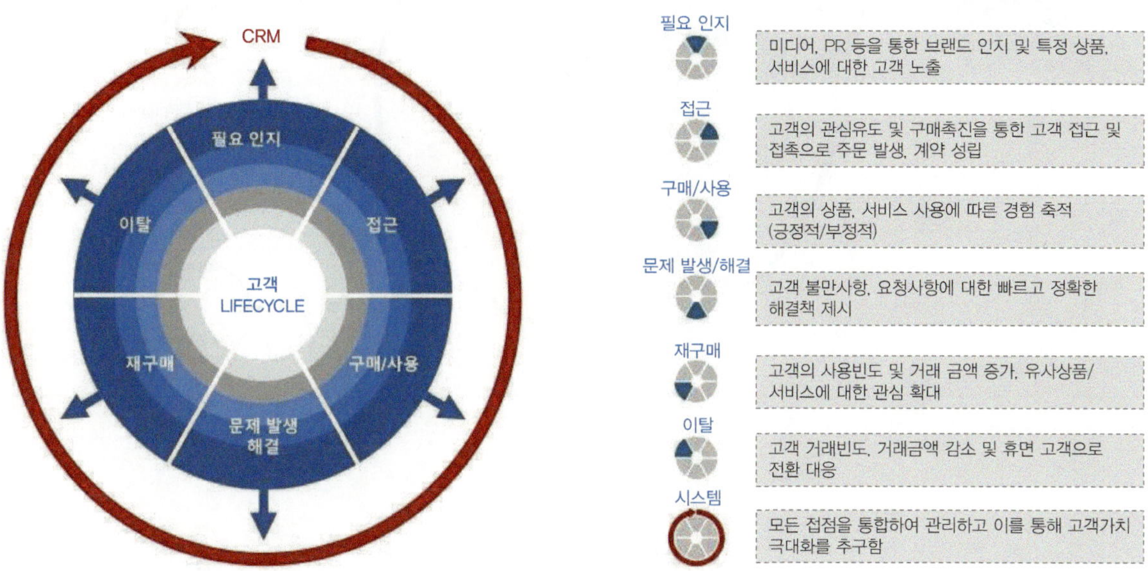


자료: Salesforce Korea(2019)

계화하기 위한 전략과 시스템이다.

[그림 5-8]에서 보는 바와 같이 CRM은 고객으로 하여금 상품과 서비스에 대한 필요성을 인지토록 하고, 구매의 관심과 접근을 유도하며 경험의 가치를 극대화하고 문제발생에 대한 신속한 해결 및 재구매를 유도하고 고객의 이탈을 방지함으로써 고객의 가치를 극대화하는 관리기법이다.

### (3) CRM의 목적

CRM은 기업과 고객 간의 모든 접점에서 관계를 강화함으로써 잠재적 고객영역으로부터 신규고객의 확보(acquisition), 기존 고객의 활성화(cultivation), 이탈고객의 방지(retention)를 통해 고수익고객을 확보하는 것을 목적으로 한다.

**그림 5-9** CRM의 목적

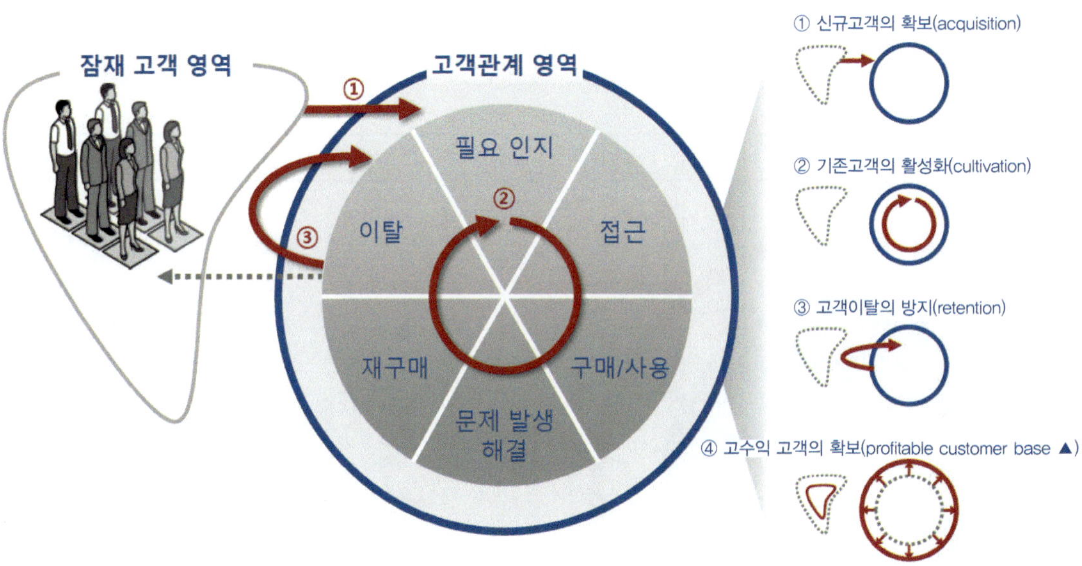


자료: Salesforce Korea(2019)

## 2. CRM의 원리와 구성요소

### (1) CRM의 기본원리

CRM은 고객을 자산으로 인식하여 활용가치를 중시하고 외형적인 시장점유율의 확대보다는 고객의 기여도를 중시하는 경영이념을 바탕으로 한다. 고객관리기법으로서 CRM은 첫째, 고객의 충성도를 활용한 로열티마케팅(loyalty marketing)의 원리를 적용한다. 이는 핵심적인 주요 고객층을 특화하여 관리하며, 자사의 상품에 대한 애용과 고객의 자발적인 요구를 상품계획에 반영함으로써 핵심 고객층을 확대해 나간다. 둘째, 원 투 원 마케팅(one to one marketing)을 특징으로 한다. 이는 기업과 고객이 1대 1의 관계를 유지하는 커뮤니케이션 마케팅을 전개함으로써 고객개개인의 니즈(needs)를 이해하고 개별행동의 결과를 분석하여 개별적으로 응대하는 마케팅을 말한다. CRM은 개별마케팅을 통해 자사상품에 대한 고객의 충성도(royalty)를 자산으로 인식하여 이를 극대화하는 것이다.

고객의 로열티자산＝고객의 본원가치－고객관리비용

고객의 본원가치란 고객이 자사의 상품을 구매하는 총액뿐 아니라 고객으로 유지되는 기간 동안 회사에 기여하는 모든 경제적 가치를 말한다. 고객관리비용이란 고객을 확보 · 설득 · 유지하는데 소요되는 모든 비용을 의미한다. 고객 로열티자산을 극대화하기 위해 CRM은 고객 · 관계 · 관리의 세 가지 요소를 효과적으로 관리하는 것이다. 즉,

- C–Customer(고객)
- R–Relationship(관계)
- M–Management(관리)

로 각각의 의미를 살펴볼 수 있다. 이는 곧 고객을 새롭게 인식하고, 어떻게 관계를 형성하여 유지하며, 효과적으로 관리하는가에 대한 해법을 규명하는 데에서 출발하고 있다. 예를 들면, 우리 회사의 고객은 누구인가? 핵심 고객층은 어떤 사람들인가? 고객은 무엇을 원하고 요구하는가? 고객이 요구하게 될 혜택이나 서비스는 무엇인가? 고객의 평생가치를 극대화할 수 있는 방안은 무엇인가? 등에 대해 분석하고 각각의 방안을 찾아 고객관리에 활용하는 것이다.

### (2) CRM의 구성요소

CRM은 고객마다 기업과의 관계, 거래규모, 니즈(needs) 등의 차이로 인해 서비스 프로세스 및 데이터 등의 관리요소가 상이하다는 것은 전제로 한다. 오늘날 고객은 상품에 대한 접근채널이 다양하고 신상정보의 변경이 빈번하며, 기능이나 가격 등의 정량적인 가치뿐 아니라 정성적인 가치에 영향을 받기 때문에 마케팅관리와 영업관리, 서비스관리, 분석 및 전략 수립 등을 통해 전사적 차원에서 종합고객정보를 통해 CRM을 구성해야 한다.

**그림 5-10** CRM의 구성요소

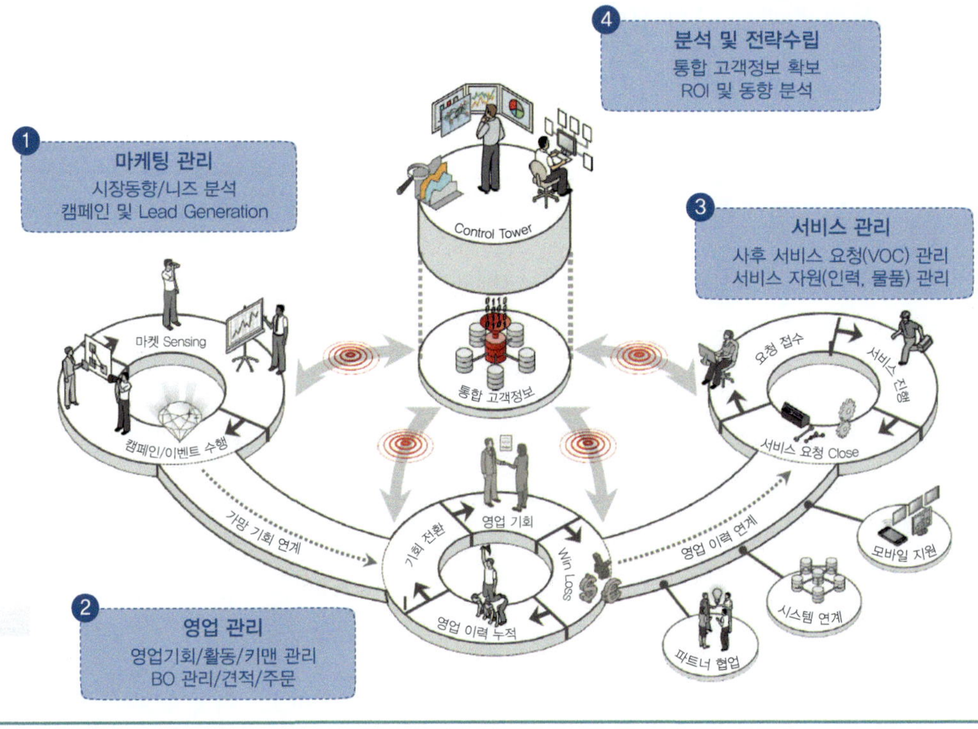


자료: Salesforce Korea(2019)

## 제4절 고객 커뮤니케이션

전통적인 마케팅의 커뮤니케이션은 유형의 상품을 대상으로 개발되었다. 서비스기업은 상품이 지니는 무형성을 극복하기 위해 고객과의 소통을 위해 차별화된 방법을 필요로 한다. 여기에서는 고객만족을 위해 무형성의 문제를 어떻게 해결하기 위한 커뮤니케이션의 방법들을 살펴보자.

### 1. 서비스의 무형성 극복

서비스는 유형의 대상이 아닌 무형의 경험 또는 실천을 통해 가치가 실현된다. 이와 같은 서비스의 무형성은 서비스기업이 고객에게 상품의 속성이나 편익을 설명하는 것을 어렵게 한다. 서비스의 무형성이 지니는 문제점들과 이를 극복하기 위한 방법들은 다음과 같다.

#### (1) 추상성(abstractness)

물리적 대상과 직접적으로 연결되어 있지 않다. 따라서 서비스와 무형적 개념을 연결할 수 있는 단서나 사례를 제시하는 것이 중요한 과제이다. 주로 광고를 통해 서비스의 전형적인 소비자편익을 보여줌으로써 추상성의 문제를 극복한다. 예를 들어, 항공기에 탑승한 여객이 보여주는 현장직원에 대한 만족스러운 미소는 서비스의 구체성을 강화해 준다.

#### (2) 보편성(generality)

보편성은 일련의 대상, 사람, 혹은 이벤트를 구성하는 구체적인 항목을 의미한다. 예를 들어, 항공운송에 있어서는 항공기좌석, 승무원, 기내서비스 등이 이에 해당한다. 서비스를 보여줄 수 있는 물리적 대상은 존재하지만 서비스를 구성하는 보편적인 구성요소들을 경쟁항공사보다 차별화된 서비스임을 알리는 것이 어렵다. 보편성의 문제를 해결하기 위해 서비스기업은 자사의 웹사이트나 문서화된 서비스시스템, 서비스성과에 대한 통계, 성공적인 서비스의 에피소드 등을 통해 차별화된 서비스의 내용을 전달한다.

### (3) 경험의존성(experience)

서비스는 구매전에 탐색하거나 구매할 수 없다. 물리적 서비스속성은 사전에 확인될 수 있으나 무형의 서비스는 경험에 의존해야만 한다. 높은 신뢰를 전제로 하는 의료서비스 등의 경우, 고객은 반드시 서비스제공자를 신뢰해야만 서비스구매가 가능하다. 따라서 서비스기업은 서비스를 경험해 본 소비자의 추천, 우수한 서비스에 대한 평판, 자격요건 등의 정보를 제시함으로써 소비자들의 사전적 탐색을 돕는다.

### (4) 심리적 무형성(mental impalpability)

대부분의 서비스는 상당히 복잡하고 다차원적이며 고객이 느끼기에 새로운 것으로 제공된다. 따라서 서비스를 사용하는 것이 어떨지, 어떤 편익이 주어질지에 대해 고객은 명확히 판단할 수 없다. 서비스기업은 서비스를 경험하는 동안 발생되는 각 단계를 설명하거나 고객의 문제점에 대한 해결과정, 서비스에 대한 고객의 경험 등을 적극 활용한다.

다차원적인 서비스는 고객에게 새로운 심리적 경험을 제공한다.

## 2. 커뮤니케이션 채널

무형의 서비스상품에 대해 고객과 소통하기 위해서는 대상으로 하는 고객을 구체적으로 설정하고, 커뮤니케이션 수단과 방법을 모색해야 한다. 즉, 고객과의 효과적인 커뮤니케이션을 위해서는 다음과 같은 물음에 충실해야 한다.

- 소통해야 하는 표적고객은 누구인가?
- 고객에게 소통하고자 하는 내용은 무엇인가?
- 언제, 무엇을 통해 어떻게 소통할 것인가?

일반적으로 기업의 커뮤니케이션 채널은 크게 두 가지로 구분된다. 하나는 마케팅 채널로서 전통적인 대중매체나 인터넷, 서비스의 전달경로 등을 통해 회사내부의 메시지를 조직의 내 · 외부에 메시지를 전달하는 방법이다. 다른 하나는 조직외부에서 제공되는 메시지를 이용하는 방법으로서 서비스기업이 통제할 수 없는 커뮤니케이션 채널이다. 서비스기업의 커뮤니케이션 채널을 살펴보면 [그림 5-11]과 같다.

**그림 5-11** 서비스기업의 커뮤니케이션 채널

자료: Adrian Palmer, *Principle of Services Marketing*, 6th ed., MaGraw-Hill, 2011. p.450.

### (1) 전통적인 마케팅채널

#### ① 광 고

광고(advertisement)는 마케팅에서 가장 널리 이용되는 고객과의 커뮤니케이션 채널이다. 서비스에 대한 소비자의 인지를 형성하고 설득하며 상품을 기억하도록 하는 역할을 할 뿐 아니라 상품의 본질적 가치와 실제적 정보를 소비자에게 전달하여 기억하도록 한다. 기업의 입장에서는 길고 화려한 상업적 광고보다는 대중들에게 눈에 띄고 잠재적 고객들에게 메시지를 효과적으로 전달하기 위해 보다 창의적인 광고를 개발하고자 노력한다. 고객이 서비스에 대해 낮은 관심을 갖고 있는 경우, 서비스경험 그 자체와 감성적인 자극에 초점을 두어야 한다.

#### ② PR

PR(Public Relation)은 건전한 대중관계를 뜻한다. 사회적으로 관심을 끄는 기업활동의 공시, 특별행사의 개최, 공익을 위한 사회적 활동 등을 통해 기업에 대해 긍정적인 인상을 사회적으로 형성하는 모든 대외적 활동으로서 특정 상품의 판매를 촉진하기 위한 광고와는 구별된다. 널리 이용되는 PR기법으로는 특별이벤트를 통한 기업의 우호적인 공공성 확보, 기금활동, 지역사회행사의 참여와 지원, 보상프로그램, 공공적 성격의 단체나 국가적 행사의 후원 등과 같은 방법들이 대표적이다.

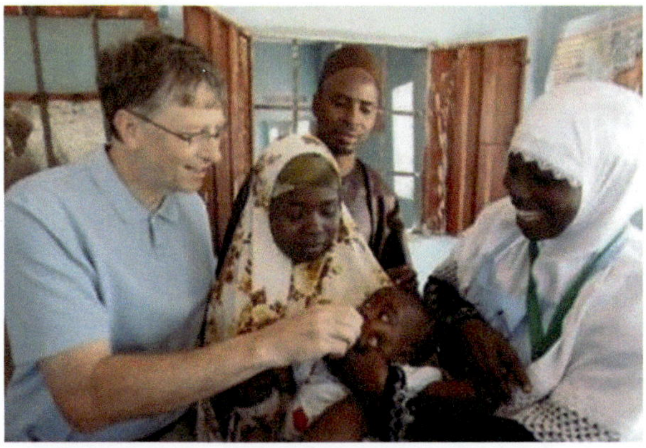

현대기업의 PR은 대중과 우호적인 사회적 관계를 형성하는 브랜드전략이다.

### ③ 직접마케팅

직접마케팅에는 DM이나 이메일, 문자메시지 등의 방법들이 널리 이용된다. 이들 채널들은 확보된 고객과 잠재적 고객에 대한 정보를 이용하여 보다 세분화된 고객들에게 개인적인 메시지로 소통할 수 있는 장점이 있다. 개인적인 커뮤니케이션을 통해 소비자의 관심을 자발적으로 유도할 수 있으며, 기업의 특정메시지에 흥미를 보이는 고객을 대상으로 서비스기업과 개인 간의 관계를 강화할 수 있다. 특히 웹사이트와 함께 이메일은 개인적 소통에 유용한 수단이다.

### ④ 판매촉진 및 전시회

판매촉진(promotion)은 인센티브를 수반한 고객커뮤니케이션에 포함된다. 판매촉진활동은 잠재적 고객들을 대상으로 구매를 하거나 구매량을 늘이거나 더 빈번한 구매가 이루어지도록 유도하는데 목적이 있다. 서비스기업은 이벤트행사, 샘플이나 쿠폰, 가격할인, 선물 등의 수단을 널리 활용하여 고객들의 구매행동을 유발한다. 판매촉진을 통해 확보된 고객은 상대적으로 재구매율이 낮다. 따라서 고객생애가치가 낮기 때문에 기업은 판매촉진의 활용에 신중할 필요가 있다. 전시회(trade show)는 홍보의 특정한 형태로서 기업고객을 대상으로 하는 마케팅에 효과적인 방법이다. 오늘날 많은 산업에서 전시회는 대중매체의 관심을 유발하고 기업고객은 다양한 최신정보를 한 곳에서 접할 수 있는 장점이 있다.

### ⑤ 인적판매

인적판매(personal selling)는 대인서비스를 이용하여 고객의 선호도를 높이고 구매를 유도하는 전통적인 마케팅기법이다. 주로 자사의 판매원이나 판매대리점, 유통전문회사 등을 이용하여 고객에게 전문적인 조언이나 교육, 상담 등을 제공함으로써 특정상품의 구매를 촉진하는 방법이다. 신규고객을 확보하기 위해서는 비용이 많이 소요되는 대면적인 판매보다는 전화를 활용하여 고객과 접하는 텔레마케팅방법이 널리 이용된다. 그러나 오늘날 텔레마케팅은 스팸성전화에 대한 차단으로 인해 잠재적 고객에게 전달되는 가능성이 크게 줄고 있다.

### (2) 인터넷

#### ① 기업의 웹사이트(website)

인터넷을 통한 광고는 합리적인 비용으로 전통적인 커뮤니케이션 채널을 보완하거나 대체할 수 있다. 서비스기업은 자사의 웹사이트나 온라인광고를 통해 다음과 같은 목적으로 고객과 소통할 수 있다.

- 소비자의 인식과 흥미의 유발
- 서비스정보의 제공과 상담
- 이메일과 채팅공간을 이용한 쌍방향 커뮤니케이션의 활성화
- 서비스판매 및 활용방법에 대한 설명
- 검색엔진을 통한 고객의 요구사항에 대한 정보의 제공

#### ② 인적 커뮤니케이션의 강화

대중매체를 통한 커뮤니케이션은 기업이 전달하고자 하는 메시지가 소비자집단 또는 잠재고객을 대상으로 일방적으로 전달된다. 이에 비해 인적 커뮤니케이션은 특정 개인을 대상으로 인적판매나 텔레마케팅의 방법 등으로 쌍방향 커뮤니케이션이 가능한 반면, 소비자의 거부감과 높은 비용이 부담이 된다. 오늘날 정보통신기술은 그 중간영역의 커뮤니케이션 채널을 확대하고 있다. 인터넷은 특정 서비스나 상황에 대한 정보의 제공뿐 아니라 이를 통해 고객과 상호작용하는 소프트웨어가 개발됨으로써 쌍방향 소통이 점차 늘어나고 있다.

### (3) 서비스 전달경로

서비스상품의 전달경로는 서비스기업으로 하여금 고객과의 직접적인 커뮤니케이션을 가능하게 할뿐 아니라 메시지의 전달효과가 상대적으로 높다. 메시지는 서비스판매점이나 현장직원, 셀프서비스와 같은 채널을 통해 전달된다.

#### ① 서비스판매점

안내문, 포스터, 표지판, 홍보책자, 비디오 등의 다양한 매체가 구비된 서비스 전달환경을 조성함으로써 서비스판매점의 물리적 환경은 고객에게 중요한 메시지를 전달한다. 건물의 인테리어와 디자인 등도 서비스기업의 포지셔닝을 알리고 강화하여 고객

이 긍정적인 서비스경험을 할 수 있도록 해준다.

② 고객서비스 현장직원

담당직원은 전화 혹은 이메일이나 직접적인 대면 등을 통해 고객과 접촉한다. 현장직원의 커뮤니케이션은 핵심 서비스를 수행할 뿐만 아니라 상품정보의 제공, 예약서비스와 결제, 문제의 해결 등 다양한 부가서비스를 수행한다. 서비스기업의 브랜드가치는 서비스기업에 대한 고객의 개인적인 경험을 통해 형성되기 때문에 현장직원의 역할은 고객만족과 커뮤니케이션에 매우 중요하다.

③ 셀프서비스 전달접점

ATM, 키오스크(KIOSK), 웹사이트 등은 모두 셀프서비스 전달접점에 해당된다. 인적 서비스없이 고객과 상호작용하는 서비스접점이기 때문에 명료한 표지판과 사용설명서, 불편사항의 처리 등에 대한 정보가 중요하다. 새로운 서비스상품의 소개, 교차판매 등의 정보를 제공하는데 채널로 유용하게 이용된다.

### (4) 조직외부의 커뮤니케이션 채널

서비스기업이나 상품에 대한 정보는 조직내부뿐 아니라 외부에서 형성되는 구전이나 블로그, 언론매체 등의 채널을 통해 간접적으로 고객에게 전달된다.

• 구전(口傳)

구전(word of mouth, WOM)은 고객의 서비스기대와 만족에 직접적인 영향을 미친다. 고객은 기업의 광고 등 촉진활동보다 서비스를 먼저 경험한 다른 소비자들의 추천을 더 믿는 경향이 있으며, 서비스구매의 불확실성이 높을수록 구전에 의존하게 된다. 흔히 구전의 중요성에 대해 '만족한 고객은 모두가 믿는 유일한 광고이다'라고 비유되기도 한다. 또한 구전은 이메일 외에도 채팅, 소셜미디어, 온라인 커뮤니티 등의 SNS에 의해 빠르게 확산되는 특성이 있다.

• 온라인 구전-블로그

블로그(blog)는 웹(web) 로그(log)의 줄임말로 1997년 미국에서 처음 등장하였다. 소비자들이 자신의 관심사에 따라 일기 · 칼럼 · 기사 등을 자유롭게 올릴 수 있는 일종의 1인 미디어로서 소비자 간의 자유로운 커뮤니케이션이 가능하다. 각 분야별로 전문가 수준의 정보가 생성되어 전파되며, 서비스의 경험이나 질문과 답변 등의 방식으로 서비스의 내용과 가치가 평가되기도 한다. 웹게시판, 개인홈페이지, 컴퓨터기능이 혼합되어 있고, 소프트웨어를 무료 또는 싼 가격에 구입할 수 있다. 인터넷 홈페이지 제작과 관련된 지식이 없어도 자신의 공간을 만들 수 있다는 장점이 있다.

- **트위터**

트위터(twitter)는 블로그와 홈페이지의 인터페이스 기능, 메신저 기능 등을 결합한 소셜네크워크서비스(SNS)로서 2006년부터 서비스가 시작되었다. 본래 twitter는 '지저귀다'의 뜻 그대로 재잘거리듯이 일상의 작은 얘기들을 짧게 올릴 수 있는 온라인 공간으로서 개인들이 의견, 생각, 경험을 서로 공유하기 위해 사용된다. 오늘날 서비스기업들은 다양한 방법으로 트위터를 활용하고 있는데, 주로 실시간으로 고객의 질문에 응대하거나 새로운 상품으로 소개하는 수단으로 이용한다.

다양한 외부의 소통채널은 기업이 생산하는 서비스가치의 전달자이다.

- **언론보도**

대중매체의 보도는 기업의 PR활동의 일환으로 이루어지거나 방송 · 출판 등의 독자적인 취재를 통해 이루어지기도 한다. 온라인매체의 비중이 늘어나고 있음에도 불구하고 일반 소비자를 대상으로 폭넓게 메시지를 전달하기 위해서는 전통적 언론매체의 보도가 여전히 중요한 커뮤니케이션 채널로 이용된다.

## 3. 고객만족 사례연구

서비스접점에서는 종종 미리 정해진 서비스절차나 관행으로 인해 고객의 감성을 해치는 경우가 있다. 이는 곧 고객만족의 실패나 고객의 불만으로 나타난다. 실증연구들에 따르면, 고객들은 서비스의 품질과 고객만족을 결정하는 중요한 요소로서 인상적인 마무리를 강조하고 있다.[11] 특히 경쟁이 치열한 서비스업계일수록 순조로운 서비스제공만으로는 충분하지 않다. 인상적인 마무리가 있어야 고객은 서비스경험을 긍정적으로 기억한다. 다음 사례들을 통해 서비스현장의 고객들은 어디에서 만족을 느끼는가를 생각해 보자.[12]

### (1) 항공서비스의 실패와 성공사례

항공사에서 잘 훈련된 미소짓는 직원들이 수하물접수대로 당신을 안내하거나 셀프체크인을 어떻게 하는지 친절하게 설명해 줌으로써 승객들은 유쾌하고 멋진 여행을 시작한다. 항공기에 탑승을 하면 승무원들은 탑승객을 따뜻한 인사로 맞이한다. 그러나 비행이 끝났을 때의 광경을 한번 상상해보면, 서비스의 성공과 실패가 사소한 데에서 결정됨을 알 수 있다. 일상적으로 이루어지는 서비스제공과정에는 별다른 차이가 없어 보이지만, 다음의 두 가지 상황에서 고객의 경험과 만족감을 달라진다. 고객의 입장에서 다음 사례들을 생각해 보자.

**• 사례 1. 시작과 끝이 다른 서비스**

'승객들은 허리를 곧추 세워서 앉아야 하며, 좌석탁자는 접어넣고, 아이팟은 끄고 안전벨트는 착용하라는 지시를 받는다. 착륙을 하면 목적지 도시에 온 것을 환영한다는 딱딱한 메시지가 흘러나온다. 승객들은 안전벨트를 해제하라는 램프가 채 꺼지기도 전에 서둘러 일어서고 싶어한다. 그들은 머리위의 수하물 선반아래에 엉거주춤 서서 이상한 자세로 몸을 꼬고 있고, 좌석손잡이는 엉덩이를 파고든다. 승객들이 줄지어 기내를 빠져나갈 때, 승무원은 250명 승객에게 로봇처럼 작별인사를 한다. 당신은 출입국심사를 위해 줄을 서고, 마침내는 언제 어디서 당신의 수하물이 나타날지 모르는 상태

11) Hansen, D. E. & Danaher, P. J., "Inconsistent Performance during the Service Encounter: What's a good start worth?," *Journal of Service Research*, Vol.1, Feb. 1999. pp.227-235.

12) 이하 내용은 Tony Cram, *The Finishing Touch*, Prentice-Hall, 2010, pp.124-148의 사례들을 재구성하였음.

서비스현장의 사소한 감정표출은 종종
서비스의 내용이나 절차보다 우선한다.

에서 수하물 찾는 곳에 혼자 서있는 당신을 발견한다. 당신이 걱정에 휩싸여 있는 동안에 행복한 웃음을 띤 승무원들은 자기들끼리 농담을 주고받으며 당신곁을 지나간다.'

• **사례 2. 인상적인 마무리 서비스**

'비행기가 게이트를 향해 굴러가고 있는 동안, 승무원이 승객들에게 좌석에 앉아서 도착시의 행동요령과 특별히 필요한 현지의 입국절차에 대한 간결하면서도 세심한 안내사항들에 귀를 기울여 달라고 한다. 화면에는 터미널과 수하물 찾는 곳의 전경이 나온다. 계속해서 환전에 대한 정보, 연계교통편 그리고 심지어는 날씨에 대한 정보도 나온다. 이 안내가 끝나면서 도어가 열리는 카운트다운이 시작된다. 승무원이 "수하물 찾는 곳에서 도움이 필요하시면 저희를 찾으세요"라고 말한다. 수하물 찾는 곳은 항공사가 마련한 화분들이 놓여있어서 밝고 상쾌하다. 승무원들이 거기에서 지상요원들을 소개한다. 음악이 흘러나온다. 당신은 칫솔을 살 수 있다. 화장실은 깨끗하다. 안내판에는 연계교통에 대한 정보가 있고 환전소에서는 그 지역화폐의 소액권과 동전을 판매한다.'

### (2) 실패한 서비스사례

서비스의 어려움에 대한 표현 가운데에는 '멋지게 하는 것이 중요한 게 아니라 망치지 않는 것이 중요하다.'는 말이 있다. 특히 미흡한 마무리는 고객의 서비스경험에 결정적으로 나쁜 결과를 가져오기도 한다. 제공자의 입장에서는 서비스의 모든 프로세스가 고객에게 좋은 경험이 되기를 원한다. 그러나 현실적으로 서비스과정에서 다음의 사례들과 같이 서비스제공에 실패하는 경우가 종종 발생한다.[13)]

- **사례** 1

웹디자이너들은 독특하면서도 인상적인 홈페이지를 만드는 것에 대해 자부심을 갖는다. 이 페이지는 모든 사람들이 체크를 하게되는 페이지다. 그 다음 페이지에 대해서는 시간을 좀 덜 들이고, 네비게이션 구조에서 더 아래로 내려갈수록 시간과 노력은 덜 들어간다. 수준이 떨어지고 에러가 나타난다. 그림과 삽화는 최신의 것들이 아니다. 이것이 바로 첫인상은 훌륭하지만 마무리는 미약하게 끝나는 웹사이트의 모습이다.

- **사례** 2

부에노스아이레스에 있는 쉐라톤 파크타워에서 손님들을 따뜻하게 맞이하는 모습은 교과서적이라고 할 수 있을 만큼 훌륭하다. 그러나 투숙의 말미에 가서는 얘기가 달라진다. 현관 짐꾼이 당신을 택시로 안내해 태워주고는 팁을 달라고 손을 내민다.

- **사례** 3

전자제품 대리점의 환경은 현대적이고 생동감 있으며 매력적이다. 최신의 상품들이 잘 진열되어 있다. 매장직원들은 상품정보에 대해 잘 알고 있다. 그러나 전시된 제품이 출고되어 나오는 데는 10여분이나 걸린다.

- **사례** 4

은행의 정면은 멋진 모습을 하고 있다. 조명과 분위기는 수준급이다. 은행직원은 당신이 자동차 구매에 대해 이야기하고 있는 동안 커피를 권한다. 자동차를 처음 사게 되는 당신은 기대가 크다. 모든 양식과 절차에 대한 설명이 끝나고 마지막으로 자동차 구매용대출을 받으려고 하는데 확인해보니 신용등급이 낮아서 대출이 되지 않는다는 것이다.

---

13) Cram, *Finishing Touch*, Prentice Hall, 2010, pp.177-181.

• **사례** 5

전문직 종사자들은 컨설팅 계약을 취급한다. 최초보고서는 솔직하고 새로운 시각에서 접근한다. 계약은 신속하고 효율적으로 진행된다. 도전적인 요소가 담긴 실행계획이 제시된다. 그러나 송장이 다른 주소지로 배달되고 예상치 못한 비용이 부과된다.

• **사례** 6

환자는 치료가 잘 되었다. 간호사는 가능한 한 기분이 좋도록 치료를 해주었다. 병실은 깨끗하고 밝으며, 인간존중과 사생활보호는 잘되었다. 의사는 모든 것을 명확하게 설명해 주었다. 의사가 퇴원확인서에 서명을 해주었다. 그런데 이 환자가 약국에서 약을 타는데 여섯 시간이나 걸렸다.

### (3) 성공적인 서비스사례

서비스 제공과정에서 고객에게 가장 기억되는 것은 마무리단계의 경험이다. 고객의 지각에 영향을 주는 것이 마지막 부분이기 때문이다. 거래의 맨 마지막 부분은 고객에게 그 경험을 긍정적으로 생각하게 만든다. 다음의 성공적인 사례들을 통해 고객이 왜 서비스경험을 다시하고 싶도록 만드는가를 생각해 보자.

• **사례** 1

멋진 마무리를 잘하는 카페 Jeera의 레스토랑 웨이터는 계산기를 내밀 때 초콜렛과 사탕과자 묶음을 같이 선사한다. 이런 식의 마무리는 팁을 받을 가능성을 다섯 배나 증가시킨다.

라이언에어의 기장들은 항공기가 착륙할 때 정시에 도착한 것을 알리는 팡파레를 울린다. 그리고 이 팡파레에는 착륙이후 그 공항에서 일어나는 모든 일은 이 항공사의 책임이 아니라는 것을 명백하게 공지하는 것이기도 하다.

• **사례** 2

음악, DVD, 게임매장인 JMV에서는 구입한 물건을 건네주기 전에 고객이 먼저 신용카드와 영수증을 갈무리할 시간을 준다. 이런 방식은 카드와 영수증과 물건을 동시에 내어주는 다른 매장과는 비교가 되는 것이다. 두 손으로 세 개의 물품을 처리하다 보면 그 세 개 중에서 어느 하나는 떨어뜨리게 되는 불편한 일이 일어나기 쉽기 때문이다.

• **사례** 3

미국에 있는 현대자동차 회사는 2009년 2월부터 새 차를 팔면 구매자가 차를 몰고 나갈 때 이후 12개월 안에 직장을 잃을 경우 새로 산 그 차를 갖고 오면 환불해 준다는 약속을 한다. 돈 걱정은 말고 새로 산 차를 즐기라는 배려이다.

• **사례** 4

퍼스트 그레이트 웨스턴(First Great Western, 영국의 열차회사)은 금요일 밤에 일등석 손님에게 와인을 무료로 제공하여 일주일 간의 쌓은 스트레스를 말끔히 씻어준다.

• **사례** 5

영국의 헤멜헴스테드(Hemel Hempstead) 병원의 사파리병동은 강렬한 마무리터치를 시행한다. 어느 환자는 습관적으로 터지는 코피를 치료하기 위해 외래환자로 수술을 받았다. 이틀뒤인 금요일 오후 5시가 막 지난 시간에 한 간호사가 전화를 해서 회복은 잘 되어가고 있는지를 체크하고 환자의 상태는 어떤지 물으면서, 문제가 발생하면 연락하라고 전화번호를 알려주었다.

• **사례** 6

영국의 샌드위치 전문점인 프레타망제의 샌드위치 서빙점원들은 서빙 마지막부분에서 세 가지 행동을 한다. 간단하지만 효과적인 이 행동들은 강렬한 마무리가 되게 만든다. 잔돈은 반드시 고객의 손에 직접 놓아주고, 다음으로 고객의 눈을 바라보며, 마지막으로 뭔가를 이야기 한다. 그 마지막 말은 '감사합니다!' 일수도 있고 '안녕히 가세

서비스 전달과정에서 고객에게 가장 기억되기 쉬운 것은 마무리단계에서 인지되는 강렬한 경험이다.

요!'일수도 있고, 오늘의 날씨나 뉴스에 관한 것일 수도 있고, 어떤 것이든 머리에 떠오르는 것일 수도 있다. 이 세 가지 행동으로 고객은 행복할 수 있다. 실제 고객들 중에는 그 점원에게 즉석에서 현금으로 보너스를 주는 고객도 있다.

- 손 : '잔돈을 고객의 손에 놓아주라'
- 눈 : '고객의 눈을 바라보라'
- 입 : '고객에게 작별인사를 할 때 뭔가를 이야기하라'

CHAPTER 06

# 고객불만과 서비스회복

서비스품질은 무형의 서비스에 대한 고객의 경험으로 평가된다. 학계에서는 신뢰성, 대응성, 보장성, 공감성, 유형성의 다섯 가지 요소들에 대한 고객의 기대와 고객의 경험 간의 차이를 통해 서비스의 품질을 설명한다. 고객의 기대가 지각된 경험에 못 미치게 되면, 고객은 불만족을 느끼고 지각된 경험이 고객의 기대 이상이면 만족감을 느낀다. 무형적인 상품특성의 속성으로 인해 서비스의 실패는 언제든지 발생한다. 따라서 서비스현장에서는 예상치 않은 고객의 불만을 신속히 해결해야 한다. 소비자의 심리와 구매행태를 이해하는 것이 중요한 이유다. 서비스기업은 서비스실패를 예상해 회복에 대한 교육훈련과 전략을 마련하고 있다. 본장에서는 서비스품질의 개념과 고객불만, 그리고 서비스회복을 각각 설명하고 성공적인 사례들을 소개한다.

**Keyword**: SERVQUAL모델, 반응성, 공감성, 현장서비스 실사, 불평행동, 고객의 불평비용, 공정성이론, 서비스회복, 심리적 회복, 서비스실패의 역설, 고객충성도 강화, 감정관리

# 제 1 절 서비스품질

## 1. 서비스품질의 이해

### (1) 서비스품질의 개념

서비스의 품질(service quality)이란 고객이 경험한 편익의 수준이다. 편익은 서비스 시장에서 고객의 주관적인 판단으로 결정된다. 이론적으로는 고객이 기대하는 요구수준과 실제로 경험을 통해 지각(知覺)된 수준 간의 차이(gap)로 결정된 서비스에 대한 전반적 판단을 서비스품질이라고 한다. 일반상품은 객관적인 기준에 따라 품질이 평가되는 반면, 서비스는 고객의 감성적 지각을 통해 품질이 결정된다. 넓은 의미의 서비스 품질은 서비스고유의 성질뿐 아니라 선호도나 기호 등 감각적 요소들을 포함하여 고객 욕구를 충족시키는 요소들로 구성된다. 고객의 기대가치와 지각된 사용가치가 일치할 때 고객만족이 실현된다. 고객의 기대가치가 사용가치보다 높거나 미달하게 되면, 각각 고객감동이나 고객의 불만으로 나타나게 된다.

### (2) 서비스품질의 특성

고객이 지각하는 편익의 정도에 의해 결정되는 서비스품질의 특성은 다음과 같다. 첫째, 서비스가 지니는 무형성과 추상성으로 인해 객관적인 판단이 어렵다. 따라서 고객은 간접적인 유형적 단서인 서비스접점의 물리적 환경이나 현장직원, 서비스시스템 등을 통해 종합적으로 품질수준을 판단한다. 둘째, 서비스품질은 결과뿐 아니라 프로세스에 대한 평가를 모두 반영한다. 즉, 서비스 제공과정의 경험이 품질의 중요한 결정

서비스품질은 고객이 경험한 편익의 수준이다.

요소가 된다. 셋째, 서비스에 대한 전체적인 평가를 통해 형성된 고객의 태도이다. 개별요소의 구체적 속성보다는 서비스패키지에 대한 전반적인 기대와 경험의 차이로 품질수준이 결정된다. 넷째, 서비스접점에서 고객과의 상호작용에 의해 서비스품질이 결정된다. 따라서 서비스접점의 물리적 환경과 현장직원의 업무역량은 중요한 품질요소이다.

## 2. 서비스품질의 측정

서비스의 품질은 무엇이고, 어떻게 측정되는가? 서비스학계에서 1980년대부터 활발히 다루어지고 있는 주제이다. 서비스에서 품질의 평가는 서비스 전달과정에서 나타난다. 즉, 고객이 서비스의 본질을 느끼게 되는 진실의 순간(Moment of Truth)이라고 불리는 고객접촉 순간에 서비스에 대하여 만족 혹은 불만족을 평가한다. 서비스 품질의 측정은 간단하지 않다. 왜냐하면 서비스품질은 객관적으로 측정할 수 있는 물리적 특성을 지닌 제품과는 다르게 심리적 특성을 포함한 무형적인 요인들에 의해 결정되기 때문이다. 서비스품질을 측정하는 방법으로는 SERVQUAL모형과 서비스현장 실사(實査)의 두 가지 방법이 대표적이다.

### (1) SERVQUAL모형

오늘날 서비스품질의 측정에 널리 이용되는 방법으로 서비스 품질평가모형(SERVQUAL Model)이 있다.[1)] 파라슈라만 등(A. Parasuraman, Valarie A, Zeithaml, and Leonard L. Berry, PZB)은 고객이 서비스품질을 측정하기 위해 이용하는 10개의 요인을 확인하고, 후속연구를 통해 이들 요인들을 유형성, 신뢰성, 보장성, 반응성, 공감성 등의 다섯 가지 차원으로 구분하여 SERVQUAL모형을 개발하였다.[2)] 모형의 기본원리는 각 차원별로 고객이 기대했던 서비스수준과 실제로 경험한 서비스수준 간의 차이(gap)를 통해 서비스의 품질을 평가한다. [그림 6-1]에서 보는 바와 같이, 기대된 서비스수준이란 고

---

1) SERVQUAL은 서비스품질의 의미인 Service Quality의 합성어로 이 모형을 흔히 '서브퀄모델'이라고도 한다.

2) A. Parasuraman, Valarie A, Zeithaml, and Leonard L. Berry, "A Conceptual Model of Service Quality and its Implications for Future Research," *Journal of Marketing* Vol.49, 1985, pp.41-50. Valarie A, Zeithaml, A. Parasuraman, and Leonard L. Berry, *Delivering Quality Service*, NY, The Free Press, 1990. SERVQUAL모형은 최초로 평가모형을 개발한 세 학자 이름의 이니셜을 따서 'PZB모형'이라고도 한다.

객이 서비스 구매시점에서 서비스에 대한 기대(expectation)를 나타내며, 경험한 서비스수준은 특정한 서비스에 대해 지각된 성과(performance)를 의미한다. 구체적으로는 서비스지식, 기업의 서비스정책, 서비스의 전달과 고객커뮤니케이션 등에 대해 고객의 기대와 서비스의 성과 간의 차이를 분석함으로써 서비스의 전반적인 품질수준을 측정하는 것이다.

**그림 6-1** SERVQUAL모형에 의한 서비스 품질측정

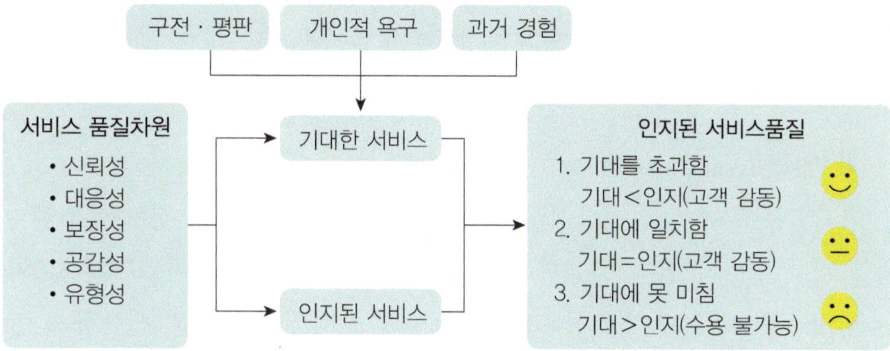


자료: Fitzsimmons, J. A., Fitzsimmons, M. J. & Sanjeev K. Bordoloi, *Service Management* 8th ed., McGraw-Hill, 2012, p.170.

SERVQUAL모델은 오늘날 서비스산업의 다양한 업종에서 서비스의 품질을 분석하는 방법으로 널리 이용된다. 이 평가모형을 구성하는 다섯 가지 서비스품질의 결정요인들은 다음과 같다.

### ① 유형성(tangibles)

고객의 눈을 통해 직접경험하는 서비스속성이다. 즉, 서비스접점에서 경험하는 서비스시설, 직접 대면하는 현장직원, 사업장의 분위기 등에 의해 평가되는 서비스의 수준이다. 고객은 서비스현장에서 기업이 제공하는 최신의 장비나 시설, 직원들의 용모, 서비스현장에 적합한 분위기 등을 경험함으로써 기대했던 서비스수준과 비교한다.

### ② 신뢰성(reliability)

구매당시에 약속된 서비스를 정확히 수행하는 정도를 말한다. 계획된 대로 정확한 시간에 원하는 서비스가 제공되는가? 문제가 있을 때 관심을 갖고 제대로 해결하는가?

서비스의 내용은 믿음직한가? 등과 같이 고객이 서비스기업과 상품에 대해 느끼는 신뢰감을 통해 평가되는 서비스의 품질요소이다.

**③ 보장성(assurance)**

보장성이란 서비스의 이행에 대한 보증의 정도를 뜻하며, 신용과 거래의 안전성, 서비스역량, 예의 등의 네 가지 요소로 결정된다. 서비스의 신용은 서비스기업에 대한 신뢰와 믿음을 의미하며, 거래의 안전성이란 서비스거래에 대해 불안함이 없이 고객이 보호받고 안전하다고 느끼는 정도를 말한다. 서비스역량은 서비스를 제공하는 과정에서 요구되는 전문성이나 정보 등에 대한 수준으로 평가된다. 예의는 현장직원의 정중함과 배려, 친절 등에 대해 고객이 느끼는 서비스수준을 말한다.

**④ 반응성(responsiveness)**

고객요구에 대해 신속하게 응대하고 서비스를 제공하는 정도를 말한다. 문제가 발생할 경우 얼마나 빨리 해결하는가? 현장직원은 항상 기꺼이 고객을 도와주고 즉각적인 서비스를 제공하는가? 등 고객의 요구나 문제해결을 위해 신속하게 반응하는 정도를 말한다.

**⑤ 공감성(empathy)**

고객에 대한 이해와 배려, 고객과의 소통의 능력 등을 말한다. 현장직원이 고객에게 개별적인 관심을 제공하는 정도, 고객의 소리를 경청하고 요구를 이해하려는 노력, 고객의 애로와 요구에 대해 진심으로 공감하고 소통하는 태도 등을 통해 고객은 서비스의 수준을 판단한다.

고객의 기대와 서비스의 경험 간에 차이는
서비스의 품질수준을 결정한다.

**표 6-1 서비스 품질평가를 위한 설문항목(항공사 예시)**

| 평가요소 | 평가항목 |
|---|---|
| 유형성 | 1. 최신의 항공기를 운영하고 있다. |
| | 2. 기내의 인테리어는 세련되고 쾌적하다. |
| | 3. 공항과 기내의 직원들은 옷차림과 용모가 단정하다. |
| | 4. 공항의 탑승수속 카운터의 직원과 시설은 편리하고 세련되었다. |
| 신뢰성 | 5. 항공기의 출발과 도착시간을 잘 지킨다. |
| | 6. 승객에게 문제가 있을 때, 관심을 갖고 적극적으로 해결해 준다. |
| | 7. 항공사에 대해 늘 믿음이 간다. |
| | 8. 항상 약속한 절차대로 체크인과 탑승, 운항을 이행한다. |
| | 9. 승객의 탑승기록을 잘 기록하고 관리하여 예약이 편리하다. |
| 반응성 | 10. 출발의 지연이나 연착 등 운항변경상황을 신속히 알려준다. |
| | 11. 객실승무원들은 기내에서 승객요구에 즉각적으로 응대한다. |
| | 12. 객실승무원들은 항상 기꺼이 승객을 도와준다. |
| | 13. 모든 현장직원들은 바쁠때에도 고객의 요구에 신속히 반응한다. |
| 보장성 | 14. 항공사의 평판과 명성을 확신한다. |
| | 15. 항공안전에 대해 문제가 없다고 믿는다. |
| | 16. 항공사의 모든 직원들은 정중하고 예의가 바르다. |
| | 17. 객실승무원들은 기내안전에 대해 전문지식을 갖추고 있다. |
| 공감성 | 18. 객실승무원들은 고객의 개인적 관심에 대해 진지하게 응대한다. |
| | 19. 운항시간과 탑승게이트는 승객의 편의를 충분히 반영하고 있다. |
| | 20. 공항의 직원과 객실승무원들은 고객의 편의를 세심히 배려한다. |
| | 21. 객실승무원들은 고객의 쾌적한 탑승을 위해 진심으로 행동한다. |
| | 22. 객실승무원들은 승객의 요구나 불편함을 잘 이해한다. |

주) 모든 평가항목은 다음과 같은 척도에 대해 고객이 설문형식에 응답토록 구성된다.
전혀 동의하지 않는다 보통이다 전적으로 동의한다
① ______ ② ______ ③ ______ ④ ______ ⑤ ______ ⑥ ______ ⑦ ______

SERVQUAL모델은 모두 22개의 평가항목에 대해 고객을 대상으로 설문조사를 통해 지각된 만족도수준을 측정한다. 고객들은 설문지문항에 대해 그들이 동의하는 정도와 동의하지 않는 정도를 차별화된 수준으로 응답함으로써 서비스품질의 요인들에 대한 모든 만족수준을 파악하는 것이다. 〈표 6-1〉은 가상의 항공사에 대한 서비스품질을 결정하는 설문항목들을 예시한 것이다.

한편, 정보통신기술의 발달은 서비스의 제공시스템을 크게 변화시키고 있다. 현장 직원이 웹사이트로 대체됨으로써 온라인접점(on-line encounter)이 늘어나고 있는 것이 가장 큰 이유다. 오늘날 서비스기업들은 고객을 반복적으로 유인할 수 있는 웹사이트를 경쟁적으로 개발하고 있으며, 온라인 서비스접점인 웹사이트에 대한 서비스품질의 향상에 관심을 기울이고 있다. 이를 위해 e-서비스품질(electronic service quality, E-S-QUAL)평가모형이 널리 이용되고 있다.[3] E-S-QUAL모형은 다음과 같이 네 가지 요소로 인터넷서비스의 품질을 평가한다.

- 효율성(efficiency) : 사이트의 접속과 검색의 용이성 및 속도
- 가용성(availability) : 언제든지 이용이 가능한 사이트의 정확한 기술적 기능
- 이행성(fulfillment) : 주문된 물품의 신속 · 정확한 납품 및 충분한 재고수준
- 보안성(privacy) : 신용카드 이용에 따른 안전성과 고객정보의 보호수준

온라인 서비스접점인 웹사이트에 대한 서비스품질은 서비스기업의 새로운 관리요소이다.

### (2) 현장서비스 실사

서비스의 품질을 측정하는 두 번째 방법은 직접 서비스가 제공되는 현장에서 고객을 대상으로 질의 · 응답을 통해 판단하는 실태조사이다.

#### ① 현장서비스 실사의 개념

서비스품질을 보다 직접적으로 측정하기 위해서는 서비스가 전달되는 현장을 방문

---

3) A. Parasuraman, Valarie A. Zeithaml, and Arvind Malhotra, "E-S-QUAL: A Multiple-Item Scale for Assessing Electronic Service Quality," *Journal of Service Research* 7, no.3(Feb. 2005), pp.213-33.

하여 실태를 조사하는 방법이 효과적이다. 서비스 전달과정에서 직접경험하고 눈으로 관찰한 수많은 서비스요소들이 서비스품질에 대한 고객의 생각에 영향을 미치기 때문이다. 따라서 서비스가 제공되는 환경에 대해 실사를 함으로써 서비스를 고객의 관점에서 체계적으로 그리고 적극적으로 평가할 수 있다.

현장서비스 실사(實査, walk-through audit)는 서비스경험을 고객의 관점에서 평가하는 방법이다. 고객들은 종종 경영자나 관리자들이 간과하는 부분을 알아챌 수 있기 때문에 고객의 관점에서 서비스가 계획에 따라 제대로 운영되고 있는지를 파악하는 것은 중요하다. 이와 유사한 방법으로 고객만족도 조사가 있다. 그러나 현장서비스 실사가 처음부터 끝까지 고객의 경험을 바탕으로 서비스의 모든 전달과정을 시스템으로 평가하는데 비해 고객만족도 조사는 서비스품질의 현재수준과 관련한 전체의 만족도를 평가하는 점에서 차이가 있다. 또한 고객만족도 조사는 서비스에 대한 고객의 태도, 의견, 인지도를 측정하는데 비해 현장서비스의 실사는 서비스 전달시스템의 각 단계별로 효과성에 대한 고객의 평가를 측정하는 측정한다는 점에 차이가 있다. 따라서 현장서비스 실사는 서비스의 운영과 프로세스에 관심을 두고 개선점을 찾기 위한 관리체계의 진단을 목적으로 하는 넓은 개념이다.

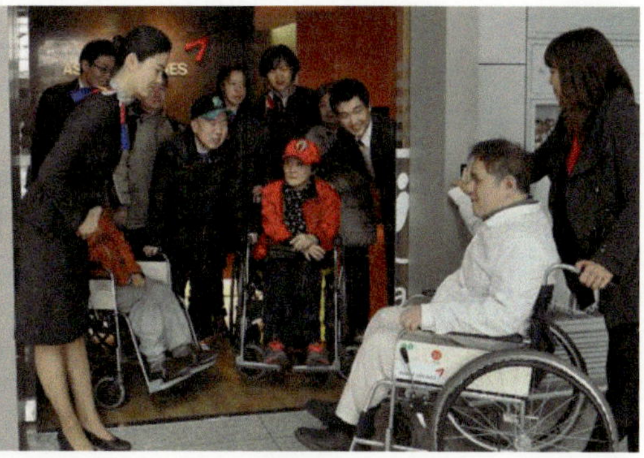

고객들은 종종 경영자나 관리자들이 간과하는 부분을 알아챌 수 있다.

**② 현장서비스 실사의 설문사례**

현장서비스 실사의 사례를 통해 서비스품질이 어떻게 측정되는가를 살펴보자.[4] 다

4) Fitzsimmons와 Maurer는 레스토랑을 대상으로 한 현장서비스의 실사방법을 개발한 바 있다. A. Fitzsimmons and G. B. Maurer, *Walk-through Audit to Improve Restaurant Performance*,(1991). Fitzsimmons, J. A., *ibid.*,

음의 사례는 레스토랑을 대상으로 실시하는 방법이다. 이 사례에서는 레스토랑에서의 식사경험에 관한 문항들로 구성되어 있다. 설문문항은 먼저 주차장에서 레스토랑 입구에 이르는 것에서 시작해 레스토랑 안으로 들어와 입구에서 인사를 받고, 테이블배정을 기다린 뒤 안내를 받고 음료와 식사를 주문하고, 음식을 받아 식사를 마친 다음 마지막으로 계산서를 받아 음식값을 지불할 때까지의 전체과정에 대한 질문들로 구성된다. 이 설문조사에 포함된 질문들은 서비스흐름에 따라 단계별 범주로 구성된다. 즉, 예약이 접수된 상태 → 직접 대면해서 제공받은 서비스사항 → 대기 → 식탁 및 장소의 세팅 → 실내분위기 → 제공된 음식의 모양새 → 계산서의 제시 → 판촉이나 묵시적인 판매권유 → 봉사료 요구 등이다. 따라서 이 방법은 고객이 서비스를 제공받는 과정에서의 총체적인 경험을 처음부터 끝까지 살펴볼 수 있다.

고객만족도를 평가의 일반적 도구로 이용되는 설문조사. 서비스평가는 전달과정에 대한 고객의 총체적인 경험에 기초한다.

이에 비해 고객만족도 조사는 간단한 항목에 대한 평가로 구성된다. 예를 들어, 레스토랑의 고객만족도를 조사하는 경우에 설문문항들은 서비스전달 프로세스의 다섯 가지 주요 부문(예약, 정보, 경험, 부대시설, 만족도)으로 구분된다. 각 부문에는 고객이 경험한 사항에 대한 질문들이 포함된다.

## 3. 항공운송서비스의 품질관리

항공운송서비스의 품질은 항공사가 스스로 목표로 정하는 목표품질, 국제기구나 정부기관이 항공운송의 목표와 정책에 따라 정하는 적합품질, 그리고 고객이 서비스상품

---

2012, p.176에서 재인용.

의 경험을 통해 평가하는 사용품질 등으로 나누어 볼 수 있다.[5] 앞서 설명한 서비스품질은 고객이 느끼는 사용품질에 해당한다. 여기에서는 항공사의 품질관리에 대해 살펴본다.

### (1) 품질수준과 품질비용

품질관리와 관련하여 발생하는 비용은 크게 목표로 정한 품질수준을 확보하기 위한 통제활동에 소요되는 품질비용과 품질수준을 확보하지 못함으로써 발생하는 실패비용으로 구분된다. 품질의 수준과 품질비용 간에는 상충관계가 있다. 엄격한 통제가 이루어지는 경우, 서비스의 품질수준은 향상되지만 그만큼 높은 품질비용이 수반된다. 반대로 품질에 통제활동을 줄이는 경우에는 품질비용은 줄어들지만 그만큼 품질수준이 낮아지고 실패비용이 발생할 가능성은 높아진다. 따라서 품질비용과 실패비용 간의 적절한 균형점에서 품질수준을 유지하는 것이 중요하다. 따라서 [그림 6-2]에서 보는 바와 같이 품질비용과 실패비용을 합한 총품질비용이 최소가 되는 점에서 적정수준의 허

**그림 6-2** 품질수준과 품질비용

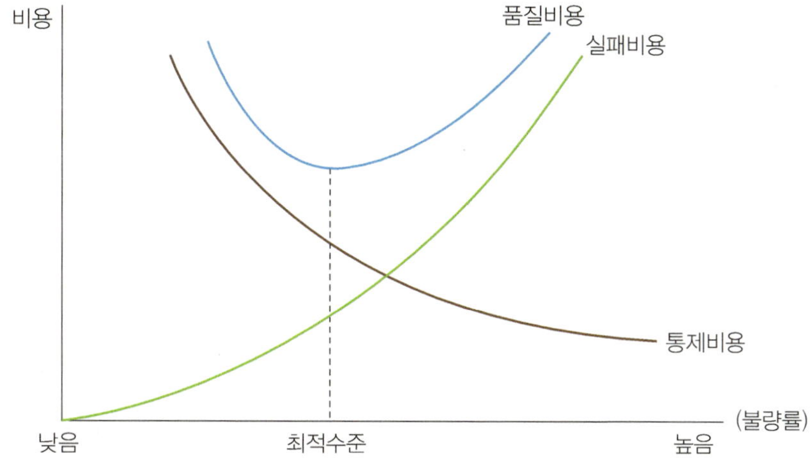


5) 목표품질(target quality)은 항공사가 경영의 목표로 정하는 품질수준을 말한다. 적합품질은 국제항공의 운송표준을 정하여 ICAO, IATA, FAA 등에서 규정이나 협정, 협약 등으로 정하는 항공안전, 운항절차 및 표준, 국제영업 등에 대한 기본요건이 해당된다. 사용품질이란 운송상품의 구매자가 평가하는 품질, 예를 들어, 여객이 특정 항공사의 항공편을 탑승한 후 주관적인 만족도 기준에 따라 평가하는 품질이다.

용불량률을 정해야 한다.[6)]

### ① 품질비용

품질비용이란 통제비용이라고도 하며, 서비스요소의 불량률을 최소화하는 활동과 관련된 비용이다. 품질비용은 예방비용과 평가비용으로 구분된다. 예방비용(prevention costs)은 불량품질의 발생을 미리 방지하기 위해 지불되는 비용으로 서비스계획, 교육훈련, 서비스자료의 수집과 분석 등에 소요되는 비용이다. 평가비용(appraisal costs)은 판매와 예약 · 발권, 항공기 운항과 정비 등 운송서비스의 모든 생산 · 소비과정에서 품질을 평가 · 관리하기 위해 소요되는 비용으로 안전운항을 위한 정비와 점검, 제반규정의 준수여부, 영업활동에 대한 각종 모니터링과 통계분석 등에 소요되는 비용이다.

### ② 실패비용

실패비용은 고객에게 제공되는 서비스품질이 일정수준에 미달하는 경우에 발생하는 비용으로 내적 실패비용과 외적 실패비용으로 나누어진다. 내적 실패비용은 상품이

**표 6-2** 운송서비스에 대한 품질비용

| 비용의 구분 | | 개 념 | 항공사의 해당 비용 |
|---|---|---|---|
| 품질비용 (quality cost) | 예방비용 | 불량서비스의 발생을 방지하기 위해 지불되는 비용 | ▪ 서비스계획 및 통제<br>▪ 교육훈련<br>▪ 서비스자료의 수집 · 분석 |
| | 평가비용 | 운송서비스의 품질을 평가 · 관리하기 위한 비용 | ▪ 판매와예약 · 발권점검<br>▪ 운항과 정비점검<br>▪ 품질관리자료의 수집<br>▪ 서비스평가활동 등 |
| 실패비용 (failure cost) | 내적 실패비용 | 고객에게 운송서비스를 전달하기 전에 부적합한 품질의 개선에 소요되는 비용 | ▪ 결함보완, 서비스취소<br>▪ 운항의 취소 및 지연<br>▪ 예약의 취소 등 |
| | 외적 실패비용 | 고객에게 운송서비스를 전달한 후에 부적합한 품질의 개선과 고객의 불만의 해소에 소요되는 비용 | ▪ 서비스불만에 의한 각종 클레임<br>▪ 위약금의 지급<br>▪ 고객의 이탈<br>▪ 기업브랜드 가치의 감소 등 |

6) 이를 흔히 허용품질수준(acceptable quality level : AQL)이라고 하는데, 이는 고객이 상품에 대한 만족도를 크게 줄이지 않으면서 허용할 수 있는 수준의 불량률을 의미한다.

판매되기전에 품질요건을 충족시키지 못함으로써 결함의 보완, 상품의 처분 등에 따른 비용으로 운항스케쥴의 취소 및 지연, 예약의 취소 등에 따른 비용이 포함된다. 한편 외적 실패비용은 상품이 판매된 뒤 발생하는 비용으로 서비스불만에 의한 고객의 불평과 위약금의 지급, 그리고 이로 인한 고객의 이탈비용 등이 포함된다.

### (2) 항공운송서비스의 품질요소

항공운송서비스의 품질을 결정하는 기본적인 세 가지 요소는 안전성, 정시성 및 고객서비스 등이다. 이 가운데 안전성과 정시성은 항공기운항과 관련한 비행안전과 정비, 운송네트워크 및 스케쥴 등의 운송활동에 의해 결정되며, 고객서비스는 탑승수속 및 안내 등 공항의 운송업무와 기내서비스, 예약 · 발권 등 영업서비스에 의해 결정된다.

#### ① 안전성(safety)

항공기의 안전운항과 관련된 품질이다. 안전운항은 기본적으로 무결점(zero defect)을 목표로 품질관리가 이루어진다. 운항계획과 운항을 위한 절차와 규정의 준수, 정비계획과 안전정비, 항공기 사고통계 등에 의해 확보된다.

#### ② 정시성(punctuality)

미리 정해놓은 운항스케쥴의 준수정도와 관련된 품질이다. 기상상태 및 항공기운항 스케쥴과 지상조업, 공항의 지원상황, 연결항공편 등에 의해 결정된다.

**그림 6-3** 항공운송의 품질요소

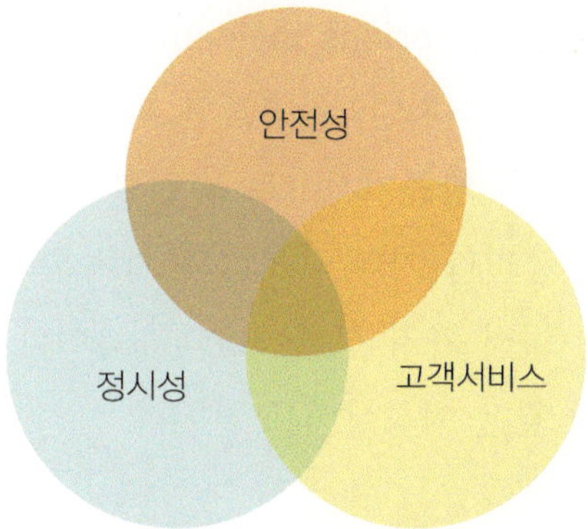

**③ 고객서비스(customer services)**

승객에게 제공되는 제반 서비스활동과 관련된 품질이다. 예약 · 발권 등의 마케팅활동, 공항서비스, 기내서비스 그리고 항공여행과 관련한 불편사항이나 불만사항, 각종 사고의 처리 등에 의해 결정된다. 고객이 느끼는 만족감에 의해 결정되기 때문에 특히 계량화가 어려운 주관적 품질이다.

### (3) 서비스 요소별 품질관리

서비스상품의 품질을 구성하는 요소별로 이를 관리 · 통제하는 방법은 다양하다. 대표적인 품질관리의 지표와 기법들을 간단히 살펴보자.

**① 안전성**

안전성(safety) 운송서비스의 1차적 품질요소이다. 안전성을 나타내는 대표적인 지표로는 항공기사고율이 있으며, 비행장애율 및 정비불량률 등과 같이 비정상적인(irregular) 운항을 나타내는 관리지표들도 함께 이용된다. 항공기사고율은 일정기간 동안 총 운항횟수 가운데 항공기사고가 발생한 비율로 나타낸다. 항공법에 따르면, 항공사고의 종류는 다음과 같이 세 가지로 구분된다.[7)]

- **항공기사고(accident)**

항공기의 추락, 공중 또는 지상에서의 충돌, 화재발생, 엔진이나 기체의 폭발 및 불시착 등과 같은 규모가 큰 이상사태에 의하여 탑승자나 제3자가 사망, 행방불명, 중상을 당하거나 기체 또는 지상시설 등이 크게 손상되는 경우에 해당된다.

- **항공기 준사고(準事故, serious incident)**

항공사고의 유형이 포함되지만, 치명적인 사고의 범주에는 속하지 않는 운항 중 발생하는 비정상적 사고로서 항공기사고로 발전할 수 있는 사건을 말한다. 항공기가 지상에서 활주중 다른 항공기나 기타 구조물과 가벼운 충돌을 하는 경우, 공중에서 사고의 발생가능성이 있는 여러 가지 상황(near miss)이나 기체시스템의 고장 등으로 긴급착륙을 하는 경우 등과 같은 이상상태를 말한다.

---

7) 항공안전법 제2조(정의) 및 제59조(보고의무), ICAO 시카고협약 부속서(Annex 13) 등의 규정.

• **항공안전장애(hindrance)**

운항준비상태 또는 운항 중에 발생한 항공기사고와 운항 중 사고보다는 경미한 수준의 이상상태를 말한다. 항공기의 근접, 조종사의 비행규칙 · 절차위반, 항행시설의 기능장애, 관제업무의 중단 등으로 안전운항에 지장을 초래한 사건이 해당된다.

**② 정시성(定時性)**

정시성이란 항공기운항이 정해진 스케쥴에 따라 얼마나 정확히 이루어지는가에 대한 규칙성의 정도를 말한다. 대표적인 지표로는 항공기의 스케쥴에 따른 정시운항율 외에도 결항률, 지연율, 회항율 및 경로변경 등이 있으며, 각각 총 운항횟수에 대한 발생회수의 비율로 측정한다.

- 결항(cancel) : 예정된 항공편의 운항이 이루어지지 못하는 상황을 나타낸다.
- 지연(delay) : 예정된 출발 · 도착시간에 대해 허용오차의 범위를 초과하여 운항이 이루어진 것을 말한다. 일반적인 허용오차는 국내선의 경우, 예정된 출발시간으로부터 30분, 장거리 · 국제노선의 경우, 예정된 출발시간으로부터 통상 60분의 범위가 각각 인정된다.
- 회항(return) : 처음 도착지 공항으로 되돌아가는 경우를 말한다.

**그림 6-4** 항공기 정시율 관리도표($p$-관리도의 예시)

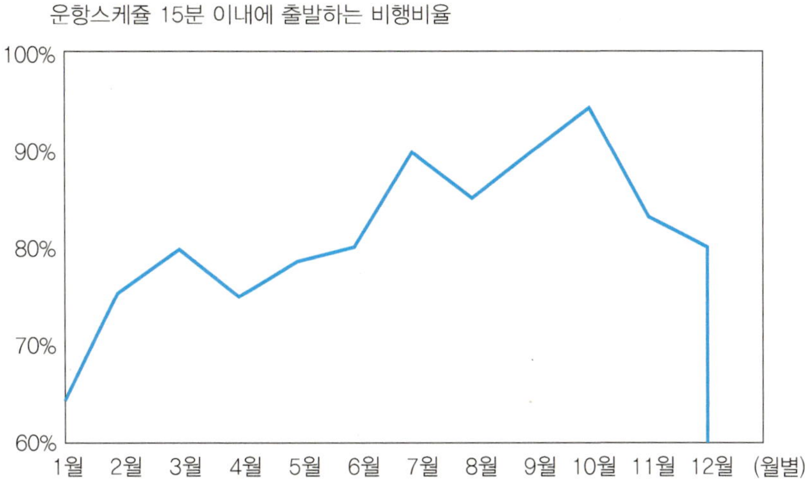

- 경로변경(divert) : 목적지 공항이 아닌 대체공항으로 변경하여 도착하는 경우를 말한다.

[그림 6-4]는 항공업계에서 운항의 정시성을 관리하는데 널리 이용되는 관리도표(control chart)를 나타낸 것이다. 월별 또는 주별로 스케쥴에 따라 운항하는 항공기의 출발지연시간 15분을 허용한도의 기준으로 백분율(%)로 항공기 운항율을 표시한다. 관리도표는 안정적인 운항서비스 품질을 확보하기 위해 이용된다.

#### ③ 고객서비스

고객서비스(customer services)는 항공권의 구매에서 탑승과 하기에 이르기까지 승객에게 제공되는 모든 서비스 전달과정으로 구성된다. 서비스품질을 결정하는 요소에는 SERVQUAL 모델을 통해 살펴본 바와 같이 다양한 요소들이 포함된다. 그러나 항공업계에서는 서비스품질의 관리를 위해 보다 구체적인 지표가 개발 · 운영되고 있다. 예약을 전담하는 콜센터의 전화상담은 걸려오는 전화에 대해 얼마나 신속하게 응답하는가? 또는 일정 시간동안 예약문의에 대해 어느 정도의 비율로 예약이 완료되는가? 등의 통계를 이용하여 서비스품질을 평가하고 통제한다. 예를 들어, 예약상담원에게 걸려오는 전화에 대한 상담에 대하여 20초동안 약 80% 이상의 상담이 마무리되는 것을 목표로 정하거나 1인당 1일 통화량 또는 걸려오는 전화에 대한 평균 10초 이내의 응답 등을 서비스품질의 목표로 정하기도 한다. 이밖에도 수하물처리에 대한 서비스품질의 목표로 전체수하물 가운데 도착지 공항에 제대로 전달되지 못하는 분실 및 지연 그리고 파손 등의 수하물사고율, 공항에서 최초의 수하물이 전달되기 시작하여 마지막 수하물이 승객에게 전달되는데 걸리는 시간 등의 통계자료를 이용하여 서비스품질을 평가하고 관리한다.

고객으로부터 전달되는 불만과 칭송에 대한 구체적인 내용도 서비스의 품질을 개선하고 강화하는데 자료로 이용된다. 〈표 6-3〉은 항공사들이 서비스의 품질을 분석하고 관리하는 데 널리 이용하고 있는 지표들을 나타낸 것이다. 각 지표의 비율은 백분율(%) 외에도 발생정도를 감안하여 편의상 1,000단위 또는 10만 단위 등을 기준으로 상대적인 발생빈도로 나타내는 것이 보통이다.

표 6-3 항공사의 대표적인 품질관리지표(例)

| 구 분 | 지 표 | 산 출 식 |
|---|---|---|
| 안전성<br>(safety) | ▪ 항공기 사고율<br>▪ 비행장애율(flight interruption rate)<br>▪ 이상보고서 작성률(pilot report rate)<br>▪ 비행중 엔진고장 발생률<br>▪ 엔진정비율(engine shop visit rate) | 항공기사고 발생건수/총운항건수<br>비행장애로 인한 회항건수/총항공편출발수<br>기장의 이상보고서 작성건수/총비행시간<br>연간 엔진고장 발생건수/연간 엔진사용시간<br>엔진결함 정비건수/엔진운용시간 |
| 정시성<br>(punctuality) | ▪ 항공기운항률<br>▪ 운항정시율<br>－운항지연율(delay)<br>－운항결항률(cancel)<br>－회항률(divert)<br>▪ 운항신뢰성 비율(dispatch reliability rate)<br>▪ 화물신뢰성 비율(cargo booking reliability) | 실제운항횟수/운항계획(스케쥴)횟수<br>예정시간(5분, 15분내) 운항횟수/총운항횟수<br>지연(5분, 15분 초과)횟수/총항공편 출발수<br>결항 발생건수/총항공편 출발수<br>회항 발생건수/총항공편 출발수<br>지연 및 결항 · 회항건수/총출발항공편수<br>실제화물탑재건수/화물예약건수 |
| 고객서비스<br>(customer services) | ▪ 고객불만율<br>▪ 고객칭송률<br>▪ 탑승거부(DB)율*<br>▪ 콜서비스 응답률<br>▪ 콜서비스 대기시간<br>▪ 수하물 분실률<br>▪ 수하물 지연율 | 불만사항 발생건수/승객 10만명<br>칭송사항 발생건수/승객 10만명<br>탑승거부 발생건수/승객 10만명<br>응답횟수/총고객전화횟수<br>전화통화를 위한 상담원 연결시간(초)<br>수하물분실 발생건수/승객 10만명<br>수하물지연 발생건수/승객 10만명 |

* 탑승거부율(denied boarding)은 항공사의 초과예약으로 인해 승객이 탑승하지 못하는 비율이다.
자료: 허희영, 「항공운송산업론(제3판)」, 북넷, 2018, p.261.

### (4) 품질관리사례 : 정시성 관리

항공사의 서비스품질을 결정하는 대표적인 요소 가운데 하나는 정시성이다. 정시성의 향상을 위해 항공업계에서는 1980년대부터 정시성 관리기법을 개발하여 활용하고 있다.[8] 항공기 출발지연의 원인을 활동요소별로 관리하는 이 기법은 항공기운항에 영향을 미치는 모든 요소들을 포함하여 실제 운항지연을 유발한 요인을 확인하고, 이를 집중적으로 관리함으로써 정시성을 향상시키는데 이용된다. 이 기법에 따르면, 지연에 영향을 미치는 요인들을 다음과 같이 8개 유형으로 구분하고, 각 유형별로 지연가능성

8) 항공기의 운항지연을 관리하기 위한 기법은 미국의 미드웨이 항공사에 의해 개발되었다. 1982년부터 정시출발의 장애가 되는 요인을 분석하기 위해 피시본차트(fishbone chart)로 알려진 전사적(全社的) 서비스 품질관리방식을 도입하였다. 이 방식은 운항지연의 원인을 활동단위별로 파악하여 정시운항의 장애요인을 집중적으로 관리한다.

이 있는 활동들을 시간대별로 나열하고 계획대비 실제 수행시간을 체크해 나간다.

- 고객도착 및 체크인의 지연, 초과수하물 등 고객에 의한 요인
- 기상, 공항의 항공교통량 등의 외부적 요인
- 항공기의 게이트 도착지연 등 항공기 탑승의 대기
- 공항수속 안내원, 운항 및 객실승무원의 도착지연 등
- 체크인 과정에서의 지연
- 기내식 음료의 탑재 및 급유 등의 지연
- 기내청소 등 후방지원업무의 지연
- 운항점검 및 출발안내 등 정보전달의 지연

정시성 관리를 위한 요인분석도는 출발지연의 원인을 [그림 6-5]와 같이 구체적인 요소들로 나타내는데, 생선뼈대의 모양을 따서 피시본차트(fishbone chart)라고도 한다.

요인분석도는 머리쪽에 위치한 출발지연의 문제점으로부터 시작하여 등뼈를 따라 뒤쪽으로 이동하면서 주요 원인들을 추적해 나가도록 구성되어 있다. 항공기의 출발을 지연시키는 일상적인 원인들은 크게 인적요인과 절차, 장비 및 자재, 기타요인 등의 범주로 분류된다. 그리고 각 범주마다 실무담당자들의 경험과 과거자료를 통해 출발지연의 원인들을 파악한다. 요인분석표를 개발한 미드웨이 항공사는 출발지연의 원인을 주요 공항별로 분석한 결과, 항공기의 정시출발을 저해하는 공통적인 요인들이 파악하였다. 당시 출발지연의 가장 큰 원인으로는 공항에 늦게 도착하는 승객의 처리문제였다. 즉, 출발에 임박하여 공항에 도착한 승객에 대하여 탑승수속 담당직원들이 이를 처리하는 과정에서 항공기의 출발을 지연하고 있었다. 이 외에도 항공기견인을 위한 대기시간, 연료주입을 위한 대기시간, 항공기의 중량 및 평형관리(Weight & Balance, W&B) 를 위한 준비시간 순으로 나타났다. 이들 네 가지 요인이 전체 출발지연의 약 90%를 점유하고 있었으며, 이들 활동에 대한 효과적인 통제를 통해 운항의 정시성을 크게 향상시킬 수 있었다. 특히 항공편마다 정시 출발원칙이 확립되자 공항에 늦게 도착하는 승객들의 수가 크게 줄어들었으며, 이밖에 항공기견인과 급유 등의 활동도 개선되었다.

**그림 6-5** 항공기지연에 대한 요인분석도(fishbone chart)

자료: D. Daryl Wickoff, "New Tools for Achieving Service Quality," *The Coenell HRA Quarterly*. 1984, p.87.

## 제2절 고객불만

현대사회에서 서비스에 대한 고객의 불평은 흔한 일이다. 항공사뿐 아니라 호텔, 레스토랑, 은행과 병원 등 모든 서비스부문에서 발생하는 고객의 불평은 담당자가 직접 경험하거나 입소문, 대중매체의 보도 등을 통해서도 일상적으로 접한다. 과연 서비스가 과거에 비해 나빠졌는가? 한편으로 보면 그렇지 않다고 볼 수 있다. 24시간 은행서비스 등과 같이 자동화되고 첨단화된 서비스가 등장해 과거에는 누리지 못하던 서비스를 향유하고 있기 때문이다. 그럼에도 불구하고 많은 사람들은 서비스가 악화되었다고 불평을 하게 된다. 본 절에서는 고객의 불평행동과 고객의 서비스 구매행태를 살펴보고, 성공적인 서비스회복이 어떻게 가능한가를 설명한다.

## 1. 고객의 불평행동

### (1) 서비스실패에 대한 고객의 반응

고객의 불평(complain)이란 '요구하다' 또는 '주장하다'의 의미에 어원(語源)을 두고 있다. 현실적으로는 서비스의 경험이 기대했던 수준에 미달하는 경우, 그리고 심리적 · 물질적 손실이 발생하는 경우에 이를 개선하거나 보상해 주기를 바라는 요구나 주장을 말한다. 서비스가 기대에 미치지 못하는 경우, 고객의 불만은 다음과 같이 공개적인 행동이나 개인적인 행동으로 표출하거나 또는 아무런 행동도 보이지 않은 경우가

**그림 6-6** 서비스실패에 대한 고객의 반응

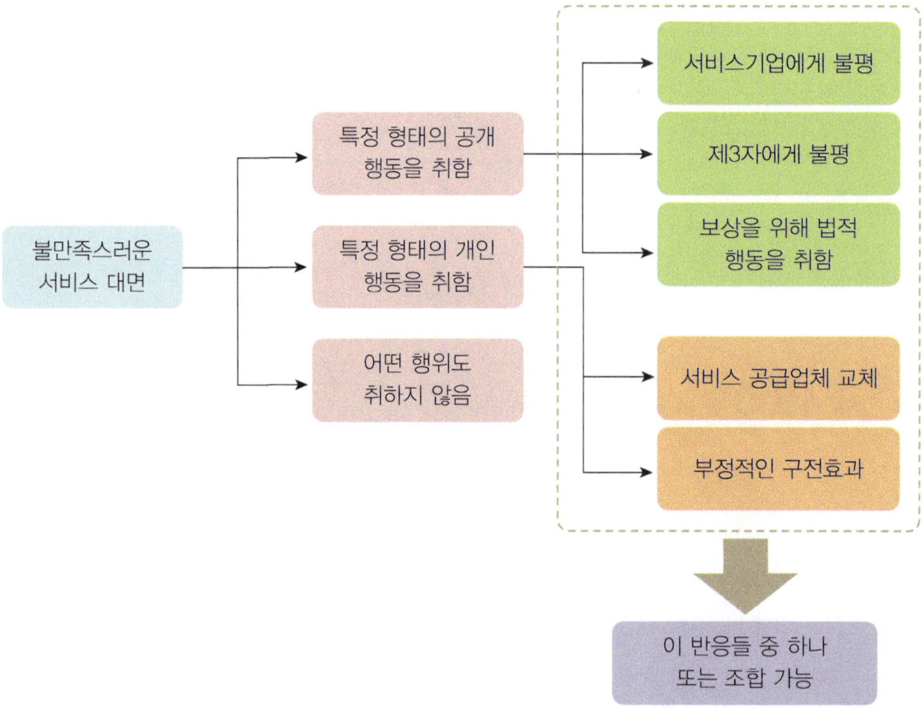


자료: Jochen Wirtz, Patrica Chew, Christopher Lovelock, *Essentials of Services Marketing*, 2nd ed., Pearson Education, 2013. p.394.

있다.

- 특정한 형태의 공개적인 행동을 취함 : 민사 또는 형사상의 소송을 취하거나 소비자단체 등을 통해 손해의 배상을 요구함
- 특정한 형태의 개인적인 행동을 취함 : 해당서비스의 구매를 포기하거나 서비스기업을 이탈하여 다른 곳으로 이동함
- 어떠한 행동도 취하지 않음 : 불만에 대해 공개적이거나 개인적인 표출을 하지 않음

이와 같은 고객의 다양한 불평행동은 하나 또는 복합적인 형태로 표출된다. 서비스실패로 인한 고객이탈은 해당고객에 의한 수익의 감소뿐 아니라 다른 고객에게 파급됨으로써 손실이 확대되기도 한다. 예를 들어, 고객의 불쾌한 서비스불만은 인터넷게시판의 게재, 블로그 등의 SNS를 통해 수많은 고객들에게 영향을 미칠 수 있다.

### (2) 고객은 왜 불평하는가?

서비스는 기본적으로 고객의 불만을 야기하지 않은 고객을 가정하여 계획되고 수행된다. 그러나 서비스기업은 항상 고객의 불만에 노출되어 있다. 어떠한 기업도 모든 고객을 완전하게 만족시킬 수는 없기 때문이다. 서비스실패에 대해 일부고객은 불평에 따르는 시간적 · 심리적 부담에도 불구하고 불만사항을 표출한다. 일반적으로 소비자행동에 대한 연구들에 따르면, 불평을 표출하는 심리적 요인으로는 다음의 네 가지가 있다.[9)]

#### ① 보상(compensation)의 획득

종종 고객은 서비스불만에 대한 환불, 보상의 요청 등과 같은 경제적 손실을 회복하거나 해당서비스를 다시 제공받기 위해 불평을 한다. 이때 경제적 손실의 회복과 서비스의 반복제공이 동시에 뒤따르기도 한다.

#### ② 분노(rage)의 표출

일부고객은 자존감을 회복하기 위해서나 자신의 분노와 좌절을 표출하기 위해서 불평을 한다. 서비스 전달과정이 지나치게 규격화되어 있거나 현장직원이 무례할 경우

---

9) Jochen Wirtz, Parica Chew, Christopher Lovelock, *Essentials of Services Marketing*, 2nd ed., Pearson Education, 2013. p.395.

고객의 자존심과 공정성 등의 감정을 자극할 수 있다.

**③ 서비스개선의 제시**

고객이 특정 서비스에 대해 전문적 지식이나 특별한 관심이 있는 경우, 서비스의 개선을 위해 자신의 불만사항을 제시한다. 이와 같은 불평은 서비스에 대한 피드백기능을 하는 긍정적인 효과가 있다.

**④ 다른 고객을 위한 배려**

일부고객은 다른 고객을 위해 자신의 불만을 제기한다. 그들은 다른 고객이 똑같은 문제를 경험하지 않기를 원하기 때문에 문제점을 전달하여 서비스가 개선되기를 원한다.

서비스기업은 예기치 않은 상황의 발생에 따라 항상 고객의 불만에 노출된다.

### (3) 서비스의 고도화와 고객만족도

산업의 발달에 따라 오늘날의 소비자들은 과거에 비해 경제적으로 풍요로운 삶을 영위한다. 그러나 현대인들은 더 많은 재화와 서비스를 향유하고 있음에도 불구하고 고객의 불만은 늘고 있다. 서비스산업이 고도화되고 서비스의 수준이 향상되고 있지만 품질에 대한 평가가 오히려 악화되는 경향이 나타나고 있다. 이와 같은 현상을 서비스역설(service paradox)이라고 한다. 이같은 역설은 서비스에 익숙해진 고객의 기대가 높아지는 만큼 감성적 만족이 뒤따르지 못하기 때문이다. 오늘날 서비스기업들은 효율성의 제고, 비용절감 등을 위해 노동집약적인 부분을 기계화 · 자동화로 대체하고, 제조업에 적용되어오던 계획, 조직, 훈련, 통제 및 관리 등의 기능을 서비스관리에 적극 활용하고 있다. 실제로 많은 서비스부문에서는 서비스의 효율화를 통해 성공을 거두고 있다. 패스트푸드의 프랜차이즈, 수퍼마켓, 자동판매기 등이 대표적인 경우에 해당된다. 그럼에도 불구하고 오늘날 서비스의 역설은 다음과 같은 요인들로 인해 빈번하게 발생한다.

- 표준화, 기계 및 시스템기술에 대한 높은 의존성
- 서비스의 동질화와 인간성의 상실
- 서비스기술의 복잡화
- 서비스기업의 이윤추구를 위한 효율성 강조

### (4) 불만족한 고객 중 어느 정도가 불평을 할까?

#### ① 고객의 불평비용

앞서 설명한 바와 같이, 불만족한 고객들이 모두 불평을 표출하는 것은 아니다. 불만의 표출은 고객의 입장에서도 비용이 드는 일이기 때문이다. 실증연구결과들에 따르면, 서비스실패를 경험한 고객 중에는 평균적으로 5~10% 고객만이 실제로 불평을 한다. 불만족한 나머지 고객들은 왜 불평을 하지 않을까? 불만족한 고객들은 대부분 불편사항의 신고양식에 기재하거나 이메일을 보내는데 시간을 낭비하고 싶어하지 않기 때문이다. 특히 불만사항이 어떤 노력을 기울일 만큼 중요하지 않다고 생각되면, 불평을 표출하지 않는다. 더구나 불평을 전달해도 자신의 문제에 대해 관심을 갖거나 문제해결에 적극적이지 않을 것으로 생각하는 경향이 있다. 또한 불평을 위한 소통채널을 알지 못하거나 불평에 대해 스스로 불쾌하게 느끼고 대면으로 인한 스트레스를 회피하고자 하는 경우에 이를 표출하지 않는다.

#### ② 표출된 불평의 의미

사우스웨스트항공(SWA)은 세계 최초의 저비용항공사로 성공신화를 이룩한 항공사이다. 다음의 사례를 통해 고객의 불평이 지니는 의미를 생각해 보자. SWA는 회사의 간행물인 *LOVE LINE*(1994)를 통해 고객의 불평이 지니는 부정적 효과에 대해 다음과 같이 설명하고 있다. "서비스에 대해 불평을 하는 1명의 승객이 있다면, 그 서비스에 대해 이미 25명의 침묵하는 승객이 있다. 침묵하는 승객들마다 평균 12명에게 불만을 전달하고, 침묵하는 승객들 중 10%는 20명 이상에게 전달한다." 따라서 1명의 불평고객은 곧 300명의 불만족한 예비고객들이 있음을 의미한다. 당시 이 항공사에 전달된

**표 6-4** 불평하는 승객 1명이 미치는 부정적 영향(SWA, *LOVE LINE*, 1994)

- 불평하는 1명의 승객 "서비스가 불만이다!" → 침묵하는 25명의 승객
- 침묵하는 25명의 승객 → 평균 12명에게 불만을 입소문으로 전달
  (약 10%는 20명 이상에게 전달)
- 불평하는 1명의 승객 → 총 300명의 불만족한 예비고객
- 연간 6만 명의 불평고객×25명 = 150만 명(불만족 고객)
- 150만 명×12명(입소문)= 1,800만 명(불만족 예비고객)

불평건수가 연간 6만건이 보고되었는데, 이는 150만 명의 불만고객이 존재하고, 불만족한 예비고객은 1,800만 명으로 늘어날 수 있음을 뜻한다. 이 보고서에 따르면, 불만고객들은 항공사의 서비스 회복노력 등에 의해 약 82~95%가 본래의 항공사로 복귀하는 것으로 확인되었다.

### (5) 서비스고객의 행동특성

넓은 의미에서 서비스는 흔히 사람과 사람 간에 일어나는 모든 행위로 이해되기도 한다. 따라서 서비스를 제공하는 주체의 관점에서 보면, 주변의 모든 사람들이 고객인 셈이다. 서비스의 가치는 고객의 감성적인 만족에 의해 결정된다. 따라서 성공적인 서비스를 위해서는 고객의 행동을 감성적인 차원에서 이해하는 것이 중요하다. 기업의 입장에서 보면 서비스를 인식하는 고객의 행동은 다음과 같은 특징을 지닌다.[10)]

#### ① 독선적 행동

고객은 독선적이고 자기중심적으로 서비스의 가치를 판단한다. 서비스를 제공받을 때 회사나 직원의 입장을 고려하기에 앞서 고객 자신의 이익과 편의에 따라 독선적으로 행동한다. 따라서 모든 서비스는 고객의 입장에서 이해되고 제공되는 것이 이상적이다. 예를 들어, 불평을 제기하는 고객에게 회사의 규정을 자세히 설명하는 태도는 회사의 입장을 우선하는 것이므로 불만을 처리하는데 효과적이지 않다.

#### ② 보호에 대한 기대욕구

고객은 모든 경우에 있어 우선적으로 보호받기를 원한다. 따라서 불만을 제기하는

---

10) 대한항공 인력개발센터, 항공운송기본과정, '서비스마인드' 참조.

고객에 대해 단순한 불만의 해결만으로는 충분하지 않다. 고객의 감성 혹은 정서까지 수용할 수 있는 태도로 응대해야만 다양한 고객의 욕구를 충족시킬 수 있다.

**③ 서비스선택의 유동성**

고객은 언제든지 변할 수 있다. 자신의 이익이나 편의를 위해 자신에게 유리한 서비스나 서비스기업을 선택할 수 있는 선택권을 행사한다. 따라서 서비스접점에서 최상의 서비스를 제공하는 것이 필수적이다.

**④ 서비스경험에 대한 망각**

고객은 자신이 경험하는 일상적인 서비스에 대해 만족하면서도 쉽게 망각한다. 특히 경쟁적인 서비스환경일수록 고객은 기억에 남을 만한 특별한 서비스경험만을 기억하는 경향이 있다. 따라서 서비스는 매뉴얼의 준수여부나 명시적인 성과보다는 고객의 감성에 초점이 놓여져야 한다.

**⑤ 실패한 서비스에 대한 소극적 표출**

경험적으로 서비스에 불만을 느낀 고객은 대부분 불평으로 감정을 표출하지 않는다. 극히 일부의 불평고객을 제외하고는 구전 등으로 불만을 전파하거나 다른 경쟁사로 이동한다. 따라서 서비스를 실행하기에 앞서 사전적으로 고객의 불만사항을 예방하는 것이 중요하다.

**⑥ 고객정보의 제공**

서비스기업은 고객의 불평이나 제언을 통해 충족시키지 못하는 고객의 욕구를 파악할 수 있으며, 서비스에 대한 개선과 관련하여 다양한 정보를 획득할 수 있다. 따라서 고객과 시장에 관해 유용한 정보를 담고 있는 고객의 불만사항을 적극적으로 활용해야 한다.

**⑦ 서비스약속에 대한 의심**

대부분의 고객은 경험을 통해 확인하기 전까지는 기업이 제시하는 서비스정보에 대해 의심을 한다. 서비스의 실체를 확인하기 어렵기 때문에 구매에 앞서 다양한 채널을 통해 불확실성을 해결하고자 한다. 따라서 서비스정보에 대한 신뢰도를 확보하기 위해서는 다양한 채널로 고객과 소통하는 노력이 필요하다.

성공적인 서비스를 위해서는 고객행동에 대한 감성적인 차원의 이해와 소통이 필요하다.

## 2. 고객불만의 원인

### (1) 공정성 이론

고객의 불만은 공정성 이론(equity theory)으로 설명된다. 공정성이라는 개념은 고객이 기업 간의 교환과정에서 서비스를 향유하기 위해 투자한 시간 · 금전 · 노력 등의 비용과 고객이 경험하는 편익이 균형을 이루어 공정함을 의미한다.[11] 만약 자신이 부담한 비용보다 편익이 적다고 지각하면, 고객은 서비스거래가 불공정하다고 느끼게 되고 불만으로 나타난다. 불만을 느끼는 고객은 자신이 공정하게 처리되기를 기대한다.

실증연구들에 따르면, 불만고객들은 자신이 공정하게 대우받지 못했을 뿐 아니라 충분한 보상을 받지도 못했다고 느끼는 경향이 있다. 이 경우 고객들의 반응은 즉각적이고 감성적이며, 지속적으로 불만을 나타난다. 고객은 다음과 같이 세 가지 측면에서 불만사항이 공정하게 처리되기를 기대한다.

#### ① 불만처리절차의 공정성(procedural justice)

서비스에 대한 불만을 공정하게 처리하기 위해서는 고객에게 적용되는 회사의 방침과 규정이 명확해야 한다. 고객은 기업이 서비스약속에 대해 공정한 절차를 적용하여 최선을 다하기를 기대한다.

---

11) 공정성 이론을 처음 개발한 사람은 애덤스(J. Stacy Adams)인데, 모든 조직의 내부구성원, 조직과 개인, 조직과 조직 간의 상호 교환과정에서 나타나는 조직행동을 설명하는 이론이다. 불공정한 차이(discrepancy)는 투입보다 산출이 클때도 생기지만 투입보다 산출이 적을때 불공정성이 더욱 크게 나타난다.

② **상호소통의 공정성**(interactional justice)

불만고객은 서비스기업과의 상호소통을 기대한다. 서비스를 회복하고자 하는 기업의 직원과 고객 간에 충분한 이해과정이 필요하다. 따라서 실패에 대한 솔직한 인정과 문제해결을 위한 노력에 대해 고객이 이해할 수 있도록 상호 간에 소통하는 것이 필요하다. 고객은 서비스회복의 노력이 진심이며 공정하고 정중하게 처리되기를 기대한다.

③ **결과의 공정성**(outcome justice)

서비스실패로 인해 야기되는 불편함과 손실에 대해 고객이 받게 되는 보상은 공정해야 한다. 보상의 대상은 서비스실패 자체에 대한 보상뿐 아니라 불만의 표출에 따르는 시간과 노력, 심리적 부담까지도 포함되기를 기대한다.

거래의 불공정에 대한 지각은
고객불만의 출발이 된다.

### (2) 항공서비스의 불만요인

항공기에 탑승하는 승객은 객실승무원에 대해 항상 친절하고 상냥할 것이라는 많은 기대를 갖는다. 항공사의 다른 지원부서직원이 같은 실수를 하더라도 크게 개의치 않을 수 있는 일이라 하더라도 객실승무원에게는 더 엄격한 서비스기준을 요구한다. 육체노동과 정신노동과 동시에 감정노동을 수행해야하는 객실승무원은 부적절한 정서가 스스로 통제할 수 없는 비이성적 감성에 의해 표정이나 태도로 나타나기도 한다. 오늘날 서비스접점에서 종종 나타나는 고객의 불만은 객실승무원의 태도, 표정, 말투에 의

**그림 6-7** 객실서비스의 불만접수현황

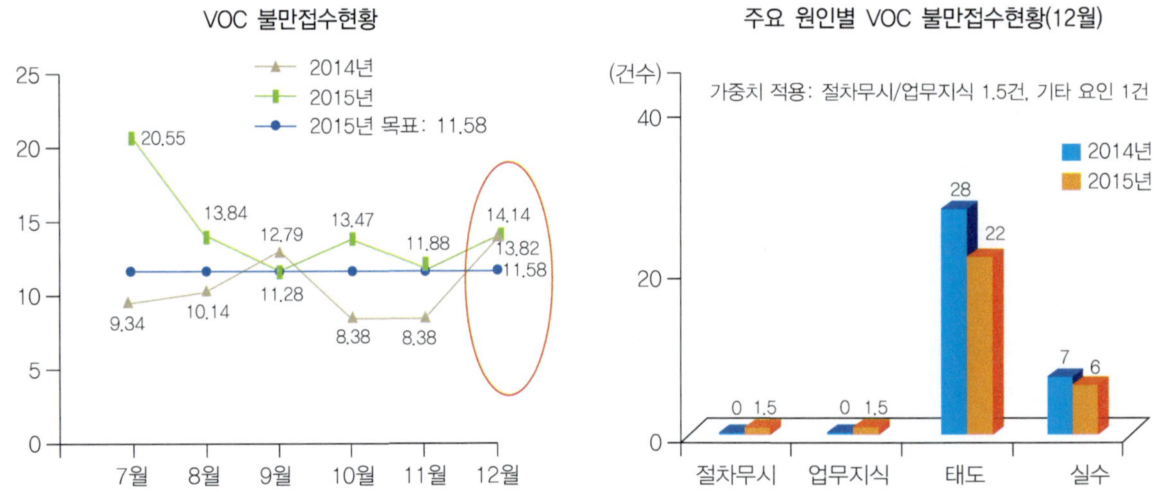


자료: 대한항공, 고객불만현황보고서(2016)

해 유발되기도 하는데, 대부분 탑승객의 기대치와 객실승무원의 감정조절 차이에 의해 발생하는 것이다.

[그림 6-7]에서 보는 바와 같이 승객이 불만을 느끼는 요인은 객실업무의 절차나 업무지식보다는 말투나 자세 등 객실승무원의 태도임을 나타내고 있다. 상냥한 이미지의 객실승무원이 차가운 태도나 얼굴에 미소를 짓지 않고 친절하지 않은 모습을 보일 때 소비자들은 가장 큰 불만을 느끼게 됨을 알 수 있다. 따라서 모든 항공사의 교육프로그램에는 다른 서비스업종과 차별화된 체계화되고 강도 높은 훈련과정이 포함된다.

## 제3절 서비스회복

"곧 시정해 드리겠습니다!"라는 말은 소비자들에게 언제나 듣기 좋은 말이다. 자신의 이름이 불리는 것을 듣는 것에 이어 두 번째로 가장 듣고 싶어하는 말로 알려져 있다. 문제점을 고친다는 것은 고객중심의 서비스관점에서 높이 평가받는 덕목이다. 여기에서는 서비스회복의 개념과 사례를 통해 서비스기업이 고객의 불만에 직면하여 서비스를 어떻게 회복하는가를 학습한다.

## 1. 서비스회복의 개념

### (1) 서비스회복의 의미

서비스회복(service recovery)은 서비스에 실패한 후에 문제를 해결하고 고객과의 우호적인 관계를 유지하기 위한 체계적인 노력이다. 즉, 고객으로부터 불만이 제기된 사항을 수정하거나 회복하기위해 기업이 취하는 일련의 활동이다. 고객은 서비스실패에 대한 서비스접점에서의 반응을 기억하고, 이 기억은 부정적 구전활동으로 이어진다. 경우에 따라서는 기업과의 관계를 끊고 다른 기업으로 이탈하기도 한다. 서비스에 대해 고객의 기대를 실패이전의 수준으로 되돌리는 방법에는 두 가지가 있다.

- 심리적 회복 : 사과나 공감을 통해 심리적으로 불만을 해소하는 심리적 노력
- 물질적 회복 : 심적 · 물적피해를 물질적으로 보상하는 유형적 노력

### (2) 서비스회복은 왜 중요한가?

기업이 서비스실패에 대해 고객이 감정표현을 전달할 수 있는 소통채널이 잘 마련되어 있거나 서비스접점에서 고객의 불만사항에 대해 신속하고 적절하게 대응하는 경우에는 오히려 고객의 충성도가 향상되기도 한다. 그리고 서비스의 품질을 향상시킬 수 있는 고객정보를 확보하고 서비스접점의 업무수행능력을 향상시키는 기회가 된다. 따라서 기업의 서비스 회복활동이 중요한 이유로는 첫째, 불만고객의 이탈과 서비스에 대한 부정적인 구전을 막고 본래의 충성도를 회복하는 서비스과정이라는 점을 들 수 있으며, 둘째, 서비스의 실패를 통해 확인된 서비스요소를 개선하고 효과적으로 관리할 수 있는 계기가 된다. 셋째, 서비스의 회복과정을 통해 고객과 소통함으로써 시장의 니즈와 욕구를 파악하는 기회가 된다.

불만사항에 대한 신속하고 적절한 대응은 종종 고객의 충성도를 강화하는 순기능이 있다.

### (3) 서비스회복에 대한 두 가지 견해

실패한 서비스는 가치가 회복될 수 있는가? 불만족을 경험하는 고객은 본래의 충성도가 악화될 수밖에 없는가? 서비스현장을 실증적으로 연구한 학계에는 서비스실패에 대해 다음과 같이 두 가지 상반된 견해를 제시하고 있다.

#### ① 최고의 고객만족은 무결점 서비스

서비스는 처음부터 끝까지 원활하게 수행되어야 한다. 하나의 실패는 모두를 잃는 것이다. 아무리 훌륭한 서비스회복이라 할지라도 무결점의 서비스에서 얻는 고객의 만족감과 비교될 수는 없다는 견해이다. 고객을 만족시키는 가장 좋은 방법은 일관성 있게 완전한 서비스를 제공하는 것이다. 서비스접점에서 고객이 경험하는 100번의 진실의 순간에서 99번을 만족시켰더라도 단한번 고객이 불만을 갖게 된다면 그 결과는 99가 아니라 0이 된다는 것이다. 서비스를 전달하는 과정에서 100개의 요소 가운데 한 가지가 불만이라면, 고객은 1개의 불만족스러운 사항만을 기억한다. 이를 흔히 100－1＝99가 아닌 100－1＝0이 되는 것으로 비유된다. 고객이 만족한 상태에서는 서비스에 대해 지불한 대가로 지각하는데 비해 불만족한 상태에서는 약속에 대한 불이행으로 지각하여 부정적 효과가 훨씬 더 확대되어 나타나기 때문이다. 서비스회복은 서비스실패에서 초래되는 손실을 최소화시키는 수단일뿐 고객에게 깊은 신뢰감을 심어주는 것은 아니라는 것이다.

#### ② 서비스회복에 의한 고객충성도 강화

비가 온 뒤에 땅은 더 굳어진다. 실패한 서비스가 성공적으로 회복된다면, 서비스실패로 불만에 가득찼던 고객을 오히려 충성스러운 고객으로 전환시킬 수 있다는 견해이다. 고객의 입장에서 보면, 서비스를 처음부터 순조롭게 제공받은 경우에 비해 서비스의 실패와 회복과정을 통해 서비스기업에 대해 더 좋은 인상을 갖게 되고, 결과적으로 높은 우호적 관계가 형성되어 좋은 평판을 형성하는데 도움이 된다. 기업의 입장에서는 성공적인 서비스회복을 통해 고객의 충성도를 강화하는 동시에 서비스의 개선점을 확인하는 계기가 된다. 긍정적 경험의 구전으로 잠재적 고객들에 대한 홍보효과도 기대할 수 있게 된다. 서비스의 실패를 성공적으로 만회함으로써 오히려 고객은 기업을 더 이해하게되고, 기업에 대한 충성도를 더 높여준다는 의미에서 이를 흔히 서비스실패의 역설(逆說, paradox)이라고 한다.

최근까지의 실증연구들은 두 가지 견해를 모두 비슷하게 지지하고 있다.[12] 서비스역설은 존재할 수도 있고 존재하지 않을 수도 있다. 그러나 모든 고객은 무결점의 서비스를 더 선호하고, 기업의 입장에서는 고객을 만족시키는 것이 경제적으로도 효과적이며, 고객을 유지하고 좋은 평판을 형성하는 가장 좋은 방법이라는 점에서는 모두 동의한다.

### (4) 서비스실패의 역설(逆說, paradox)

**• 서비스실패의 역설이란?**

서비스회복은 고객의 불만족을 해결하여 본래의 기대수준으로 회복하는 것을 의미한다. 그러나 성공적인 회복으로인해 불만이 해소되었을 경우, 고객은 오히려 서비스실패가 없었을 경우보다 더 높은 긍정적 감정을 지니게 되고 기업에 대한 충성도가 향상된다. 이와 같은 논리적 부조화 현상을 서비스실패의 역설이라고 한다.

**• 서비스회복과 고객의 충성도**

고객의 불만이 만족스럽게 해결되는 경우, 고객의 충성도는 이전보다 더 향상될 수 있다. 실증연구에 따르면, 서비스회복에 만족한 고객은 불만족한 상태의 고객보다 15배만큼 더 해당기업을 추천할 가능성이 있다. 고객이 불만족했거나 서비스과정에서 중요한 문제가 있었지만 불만을 제기하지 않는 경우, 그 기업의 상품을 재구매할 의사는

12) 1992년에서 2007년 사이에 이루어진 서비스실패의 역설에 관한 연구 15편 가운데 7편은 서비스실패의 역설의 타당성을 지지하였다. 다른 8편은 이를 부정하며, 고객을 만족시키는 가장 좋은 방법은 일관성있는 무결점 서비스를 제공하는 것이라고 결론지었다. Tony Cram, *The Finishing Touch*, Prentice Hall, 2010. p.132.

**그림 6-8 서비스회복의 패러독스**

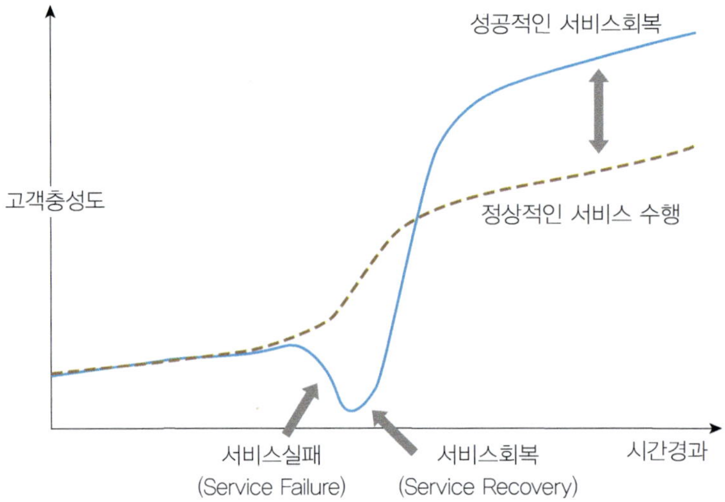


9%에 불과한데 비해 고객의 불만족에 대한 처리를 못하더라도 고객의 불평에 대해 경청하는 것만으로도 재구매율은 19%로 상승했다. 그리고 불만족이 서비스회복을 통해 고객만족으로 이어지는 경우, 고객의 유지율은 82%로 나타났다.[13] 불만고객이 이탈하는 경우, 기업은 해당고객과의 거래기회를 잃는 것보다 더 큰 손실을 입게 되며, 해당고객으로부터 기대되는 장기적인 고객가치도 모두 상실하게 된다. 부정적인 구전정보로 인해 다른 고객도 해당기업과 거래를 하지 않는 결과로 나타나기 때문이다. 따라서

불만고객의 관리는 비용보다는 고객의 미래가치로 인식하는 것이 중요하다.

13) Customer Care Measurement & Consulting(CCMC), 2007 *National Customer Rage Study*, Customer Care Alliance, 2007. Jochen Wirtz *et al.*, p.399에서 재인용.

불만고객의 관리는 서비스비용보다는 고객의 미래가치에 더 관심을 두어야 한다.

## 2. 불만족한 고객감정의 관리

### (1) 서비스실패와 고객의 감정

대부분의 고객들은 서비스가 잘못되었을 때 이에 대한 사후조치가 미흡했던 경험을 갖고 있다. 기업은 무결점의 서비스를 지향한다. 그러나 서비스는 본질적으로 무결점을 보장하는 것이 불가능한 독특한 활동이다. 서비스는 제공자와 고객이 함께 공동으로 생산함으로써 가치를 창출하는 속성이 있기 때문이다. 서비스의 가치는 경험에 의해 사후적으로 평가되고, 고객마다 주관적인 기준으로 가치를 지각하기 때문에 품질에 대한 불만족은 필연적으로 발생한다.

따라서 서비스실패는 불만족한 사항의 조치에 대한 실제내용보다는 조치에 대해 고객이 어떻게 감성적으로 지각하는가에 따라 서비스회복의 성패가 결정된다. 고객이 문제가 있다고 느끼거나 실망감을 갖게 되었다면, 현장직원은 이를 회복시켜야 할 시점에 당면하게 된다. 정상적인 절차에 따라 정확하게 서비스를 했다거나 불가피하게 문제가 발생했다는 것은 중요한 것이 아니다. 고객의 부주의나 비현실적인 기대 때문으로 설득해서도 안 된다. 서비스의 회복은 문제의 원인과 무관하게 적절한 조치를 통해 불만이 해소되도록 고객의 감정흐름을 잘 파악하고 관리하는 것이 중요하다.

불만의 내용보다는 고객이 어떻게 감성적으로 지각하는가에 따라 서비스회복의 성패가 결정된다.

## "감정의 공유, 감정을 다스리는 법"

감정에 휘둘리면 아무런 도움이 되지를 않는다. 흥분한 상태에서 무엇보다 중요한 것은 상대방에 대한 기대치를 낮추어야 한다는 사실이다. 그러면 상대방이 무례하거나 불공정한 태도를 보여도 쉽게 흥분되지 않는다. 반대로 상대방이 기대치를 뛰어넘는 모습을 보이면 상대적으로 기분이 좋아져서 협상이 훨씬 부드럽게 진행된다.

'복수는 냉정할 때 해야 제 맛.'

감정에 휘말릴때는 이 말을 기억하라. 상대방이 화났을 때 덩달아 화내는 것은 도움이 되지 않는다. 이성적이고 냉정함을 유지해야 조금이라도 더 이득을 취할 수 있다. 상대방의 감정에 휩쓸리지 마라. 분노의 표출은 자살행위와 같다.

한번은 법정밖에서 두 변호사가 다투는 모습을 보았다. 한 변호사가 다른 변호사에게 마구 고함을 질렀다. 그는 상대의 고함을 묵묵히 듣고만 있다가 짧게 한마디했다.

"고생하십니다."

상대방을 완전히 무력화시키는 똑똑한 대응이다. 누구나 노력하면 자신의 감정을 통제할 수 있지만 상대방의 감정에 대응하는 일은 쉽지 않다. 다음은 감정적인 사람을 상대하는 방법이다.

- 상대방이 감정적으로 변하는 순간을 포착하라
- 상대방의 감정과 인식을 이해하려고 노력하라
- 상대방의 감정가 목표의 근원을 파악하라
- 자신의 대화법이 상대방을 자극하는지 살펴라
- 사과와 양보, 공감을 통해 상대방의 감정에 호응하라
- 신뢰를 쌓기 위해 노력하라
- 자극적인 발언을 삼가라
- 제3자의 도움을 받아라
- 잘못된 사실이 있으면 즉시 바로 잡아라

상대가 감정적으로 변하는 순간, 대개는 진정하라고 말할수록 상대방은 더욱 흥분하기 마련이다. 진정하라는 말은 자칫 상대가 부당하게 화를 내고 있다는 뜻이 될 수 있다. 일단은 상대의 감정에 공감하고 흥분하는 이유를 이해하려고 노력하라. 이때 논리나 이성을 내세우는 것은 별로 도움이 되지 않는다.

> 여자들은 종종 남자친구에게 "문제를 해결해 달라는 게 아니야. 그냥 내 말을 들어달라고!" 하고 말한다. 자신의 감정에 호응해달라는 뜻이다. 칭찬, 어깨 두드리기, 경청 등 호응의 형태는 사람마다 다를 수 있다. 어떤 것이든 상대방의 감정을 이해하는 태도를 보여주는 행동이라면 좋다.
>
> [Stuart Diamond, "감정의 새로운 정의" *Getting More*(2010)]

### (2) 고객행동의 행동과학적 해석

서비스에 관한 실증연구들은 고객의 행동을 행동과학의 방법으로 접근하고 있다. 행동과학적 연구에 따르면, 고객은 그들의 경험을 매순간 모두 비디오로 찍듯이 모두 기억하는 것이 아니라 좋았던 순간과 나빴던 순간들만을 스냅사진과 같이 단편적으로 기억한다. 따라서 서비스경험에 대한 전반적인 평가는 각 순간들에 대한 경험의 강도와 시간흐름의 순서에 영향을 받는다. 바람직한 결과를 얻기 위해서는 서비스가 끝나는 시점에 도달하는 동안 긍정적인 '진실의 순간'에 대한 강렬한 기억을 많이 만드는 것이 중요하다. 따라서 서비스불만에 대한 회복과정에서 지각하는 고객의 경험은 해당 서비스를 통해 서비스기업이 긍정적인 기억으로 남도록 하는 중요한 요소가 된다.

### (3) 서비스회복을 위한 접근방법

불만고객들은 자신들의 피해에 상응하는 서비스제공자의 회복노력을 기대하는 심리가 있다. 기업의 입장에서는 서비스회복을 위한 체계적인 절차와 현장직원에 대한 재량권의 부여, 서비스접점에서 발생할 수 있는 다양한 상황에 지속적인 훈련이 필요하다. 불만고객에 대한 기업의 서비스회복 노력에는 두 가지 형태가 있다.

- **심리적 노력**(psychological efforts)

불만족한 고객에게 서비스실패 상황을 이해하고 개선하고자 하는 노력을 심리적으로 보여주는 것이다. 심리적 노력에는 감정이입과 진심을 담은 사죄 등이 필수적이다. 서비스 담당직원은 회복과정에서 이 두 가지 노력을 적절히 조합하여 신속하게 대처했을 때 효과적인 결과를 기대할 수 있다. 그러나 이 가운데 하나를 소홀히 하게 되면 오히려 역효과가 발생할 수 있다. 예를 들어, 감정이입이 없이 진심이 아닌 형식적인 사과를 하거나 규정만을 설명하게 되면 오히려 고객의 불만을 악화시킬 수 있다.

• **유형적 노력(tangible efforts)**

서비스실패 상황에 대한 공감과 사죄를 통해 고객에게 정중히 사과했다면, 그 다음 단계로는 여전히 불만을 갖고 있는 고객에게 대해 사은품이나 할인쿠폰제공, 무료서비스 이용권 등과 같은 유형적 보상의 제공을 검토해야 한다. 유형적 보상은 불만족고객에게 서비스실패로 인한 심적 · 물적피해에 대해 경제적 보상을 하는 것이다.

### (4) 불평고객의 감정관리

• **신속한 대응의 원칙**

"화난 사람은 위험하다." 이는 불평고객을 설명하는 매우 적절한 표현이다. 서비스에 불만족한 고객의 일부는 불평으로 감정을 표출한다. 서비스제공자의 입장에서 보면, 화가 난 고객은 서비스접점의 업무를 수행하는데 장애가 된다. 한편, 고객의 입장에서는 서비스의 실패가 사람을 짜증나게 한다. 고객중에는 자신들이 소홀하게 취급받고 있다거나 질 나쁜 서비스를 받고 있다거나 존중받지 못하고 있다고 느낄 때 불평을 하거나 때로는 분노를 표출한다. 화난 고객에게는 서비스에 대한 절차나 정보를 제공하는 것이 어렵다. 화난고객은 현장직원들을 당황하게 만들고, 고객들을 또 짜증나게 하거나 불안하게 만들며, 때로는 시설이나 비품을 파손하고 심지어는 서비스현장의 질서를 해칠 수도 있다. 따라서 불평하는 고객의 감정을 이해하고 그들을 신속히 진정시키는 것이 중요하다. 불평고객은 신속히 대응하고, 구체적인 문제의 해결에 착수해야 한다.

• **불평고객의 감정완화**

고객의 분노를 완화시키는 방법에는 여러 가지가 있지만, 간단할수록 가장 좋은 방법이다. 그러나 서비스접점에서 발생하는 다양한 유형의 불평에 대한 정해진 대응방법은 없다. 현장의 상황에 따라 현장직원은 고객의 불만에 신속하게 공감하여 감정을 완화시키는 것이 중요하다. 서비스 제공과정에서 언제든지 일어날 수 있는 다음의 사례들을 통해 불평고객의 감정에 어떻게 접근하고 해결되는가를 살펴보자.

**사례 1 불만에 대한 공감**

불평고객의 감정을 진정시키기 위해서는 고객과 문제의 상황에 대해 공감해야 한다. 문제상황의 해결과정은 고객의 말을 경청하는 것에서 시작된다. 고객의 불평은 현장직원의 인격과는 무관하다. 다음과 같은 예를 들어 보자. "뭐 이런 형편없는 회사가 있어요?"라는 표현은 담당직원의 인격에 대한 비난이 아니라 자신의 분노를 표출하는 것이다. 현장직원은 고객의 말을 가로막지 않으면서 경청한다. 그리고 화난고객이 또 다시 불만을 쏟기위해 잠시 숨을 돌리는 기회를 이용한다. "우리가 어떻게 해결해야 할지 한번 같이 보시죠." 또는 "제게 잠깐 시정할 수 있는 시간을 주셨으면 합니다." 등과 같은 긍정적인 말로 대응을 구체화한다. 화난고객의 불평에 직면해서 실패에 대한 논리적 설명이나 소극적인 대응은 오히려 상황을 더 악화시킬 수 있다. "뭔가 잘못된 것 같습니다. 바로 확인해 드리겠습니다."등과 같이 고객의 불평에 공감하는 긍정적 반응이 필요하다.

**사례 2 직접적 소통**

분노가 담긴 편지나 이메일에 대해서는 가능한 한 전화 등의 직접적인 방법으로 응답하는 것이 바람직하다. 화난고객에게는 직접적인 의사소통이 문서화된 의사소통보다 미안함과 공감을 전달하는데 더 적합하다. 편지나 이메일 등의 간접적 소통은 서비스의 문제점을 설명하고 시정을 약속할 수는 있지만 화난감정을 완화시키는 효과는 크지 않기 때문이다.

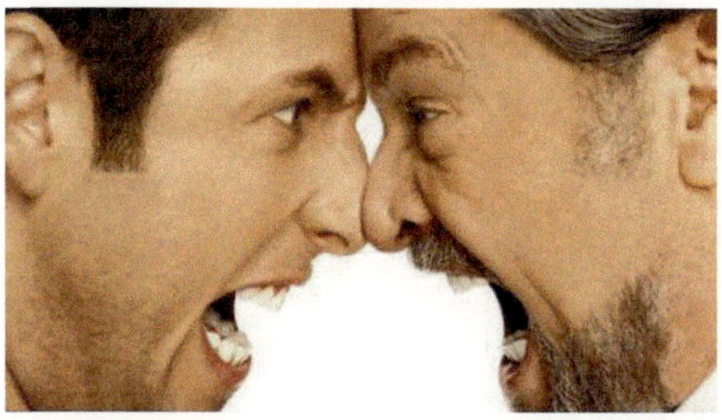

화난고객에게는 서비스에 대한 절차나 정보보다는 공감이 해결의 출발점이다.

**사례 3 분노의 조절**

고객이 직접 대면하지 않은 콜센터는 보다 빈번하게 분노의 표적이 된다. 특히 불평에대해 시정조치를 위한 응답을 받기 위해 오랜 시간을 기다리게 되는 경우, 상황은 더 악화될 수 있다. 만약 고객이 화난감정을 억제하지 못하고 지나친 험담이나 욕설 등을 하는 경우, 지나친 언행이 용납되지 않는다는 단호한 경고를 주는 것은 효과적인 응대방법이 된다. 예를 들어, '저는 위협이나 욕설이 사용될때는 전화를 계속하지 못하게 되어 있습니다. 방금전에 하신 말씀은 듣지 않은 것으로 하겠습니다. 그러나 만약 계속 그런식의 말씀을 하시면 저는 이 전화를 끝내야 합니다.'라는 방식으로 말할 수 있다.

**표 6-5 불평고객에 대한 효과적인 대응방법(Guide Line)**

1. **신속하게 행동하라**: 고객의 불평이 발생한다면, 현장에서 즉각적으로 대처하라. 서비스접점이 아닌 곳에서 불평이 생긴 경우라도 가능한 한, 24시간 이내에 신속히 대처해야 한다.
2. **고객의 감정을 파악하라**: 불평을 공감하는 것은 고객과 정서적 연대감을 형성하고, 불평고객과 본래의 관계를 다시 확인하는 것은 관계회복을 위한 시작단계이다.
3. **고객과 논쟁하지 마라**: 불평고객에 대한 대응의 첫 번째 목적은 문제의 해결방법을 찾는데 필요한 정보를 얻는 것이다. 고객이 잘못되었다는 것을 증명하려거나 논쟁하는 것은 바람직하지 않다.
4. **고객입장에서 문제를 이해하고 있음을 보여라**: 고객의 시각으로 상황을 보는 것은 그들이 무엇이 잘못된 것이라고 생각하는 것과 왜 그들이 화가 났는지 이해할 수 있는 최선의 방법이다. 현장직원은 문제의 상황을 성급히 판단하지 말아야 한다.
5. **사실을 확인하고 원인을 찾아라**: 서비스실패는 고객에 대한 오해, 제3자의 잘못된 행동의 결과일 수 있다. 직원의 실수인 경우라면, 즉시 사과하라. 고객의 분노가 완화될수록 보상에 대한 기대는 더 낮아진다. 마치 스스로 방어하려는 것처럼 행동하지 마라. 그러한 행동은 해당조직이 뭔가 감추거나, 상황에 대해 적극 해결할 의사가 없는 것처럼 보일 수 있다.
6. **고객이 유리하게 해석하라**: 고객의 불평이 항상 진실하지 않을 수 있다. 그러나 현장직원은 불평의 이유가 사실과 다르더라도 입증될 때까지는 정당한 불평으로 받아들여야 한다. 다만, 불평의 사유가 보험금이나 소송 등과 관련이 있을 경우, 추가적인 조사에 대비하여 서비스 전달과정에 대한 기록의 확인은 필요하다.
7. **앞으로 어떻게 문제해결을 할 것인지를 설명하라**: 서비스현장에서 해결되지않는 문제인 경우, 문제해결을 어떻게 할 것인지를 고객에게 설명하라. 이를 통해 고객은 문제가 앞으로 어떻게 해결될 것인가를 알 수 있게 된다.
8. **문제해결의 진행과정을 고객에게 알려라**: 모르는 상태로 있는 것을 좋아하는 사람은 없다. 불확실성은 사람이 걱정하고 스트레스를 받게하는 원인이다. 그러므로 어떻게 문제해결이 진해되고 있는지에 대한 정보를 확인할 수 있도록 해야한다.
9. **보상을 검토하라**: 고객이 지불한 만큼의 서비스편익을 경험하지 못했거나 지연 · 결항 · 목적지 공항의 변경 등으로 시간적 · 경제적 손실 또는 심각한 불편함을 느꼈다면, 금전적인 보상이나 기타방법의 보상이 필요하다. 보상은 서비스실패로 분노한 고객의 법적행동을 줄이는데 효과적인 방법이다.
10. **서비스실패 이전의 고객감정을 회복하라**: 서비스회복에서 가장 어려운 것 중 하나는 고객의 신뢰를 이전의 수준으로 되돌리는 일이다. 불평고객이 부정적인 경험으로 구전으로 파급하지 않도록 해야하며, 다시는 같은실수를 반복하지 않도록 조치가 취해진다는 사실을 고객이 알도록 해야한다. 성공적인 서비스회복 노력은 고객의 충성도와 긍정적인 구전효과를 창출할 수도 있다.
11. **시스템에 대한 자기점검을 통해 서비스를 향상시켜라**: 고객의 이탈이 있게되면, 우연에 의한 실수인지 시스템의 문제인지를 확인해야 한다. 고객이 제기하는 모든불평은 최대한 서비스시스템을 개선하는 정보로 활용할 필요가 있다. 서비스실패가 고객의 오해에서 비롯된 경우라도, 이는 곧 고객과의 커뮤니케이션이 원활하지 못했음을 의미한다.

자료: Jochen Wirtz, Parica Chew, Christopher Lovelock, *Essentials of Services Marketing*, 2nd ed., Pearson Education, 2013. p.406.

최초로 불만에 응대한 직원이 그 전화를 상사나 더 경험이 많은 직원에게 연결해 드리면 어떻겠느냐고 응대하는 경우, 고객이 분노가 완화될 수 있다. 확전을 각오하고 있는 고객의 입장에서 새로운 목소리를 듣는 것은 분노를 진정시키는 효과가 있다.

이상의 예에서 보는 바와 같이 고객의 분노가 일단 진정되면, 담당직원에게는 서비스회복을 시작할 수 있는 여건이 마련된 것이다. 서비스접점의 직원은 자신이 잘못하지 않았더라도 분노하여 모욕적인 행동을 하는 고객을 응대할 준비가 되어 있어야 한다. 불평고객의 감정을 관리하는데 가장 중요한 것은 고객이 기업의 문제점을 확인시켜주고, 불평고객과의 관계를 회복하여 미래의 서비스 만족도를 향상시키는 기회가 된다는 사실이다. 〈표 6-5〉는 서비스접점에서 불평고객을 효과적으로 대응하여 서비스를 회복하기 위한 지침을 예시한 것이다.[14)]

## 제4절 서비스회복의 지침과 성공사례

고객과 현장직원은 모두 서비스실패가 예상되지 못한 경우에는 적절하게 대처하기 어렵다. 그러나 서비스실패에 직면해서 서비스담당자가 예상치 못한 상황에 어떻게 대응할 것인가를 판단하는 것은 곧 서비스회복의 성패가 결정되는 순간이다. 서비스불만이나 곤란한 상황에 처했던 고객이 서비스접점에서 제공된 서비스회복을 경험함으로써 당초 서비스실패가 일어나지 않았을 경우에 비해 오히려 더 높은 만족감을 갖게 된다. 반면, 서비스접점에서 일상적인 서비스 프로세스가 원활하고 고객의 불평이 없다고 해서 고객이 만족한 것은 아니다. 항공사의 무사고 역시 고객의 만족을 의미하지는 않는다. 서비스현장에서 겪을 수 있는 다음의 사례들은 서비스회복의 의미와 함께 서비스의 보이지 않은 실패를 유형별로 정리한 것이다.

---

14) Jochen Wirtz, Parica Chew, Christopher Lovelock, "Guidelines for the Front-Line," *Essentials of Services Marketing*, 2nd ed., Pearson Education, 2013. p.399.

## 1. 효과적인 서비스회복의 지침

서비스는 언제든지 실패할 수 있기 때문에 회복은 매우 중요한 활동이다. 실패한 서비스는 어떻게 효과적으로 회복해야 하는가? 효과적인 서비스회복을 위한 세 가지 원칙은 다음과 같다.[15] [그림 6-9]는 효과적인 서비스회복 시스템의 구성요소를 나타낸 것이다.

**그림 6-9** 효과적인 서비스회복 시스템의 구성요소

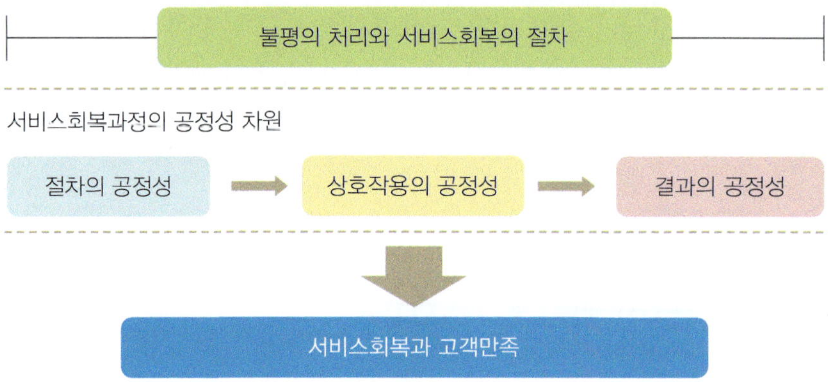


자료: Adapted from Stephen S. Tax and Stephen W. Brown, "Recovering and Learning from Service Failure," *Sloan Management Review* 49, no.1(Fall 1998), p.75–88.

### (1) 고객불평에 대한 피드백채널

서비스기업은 어떻게 불만족한 고객이 서비스실패에 대해 부담없이 불평하도록 할 것인가? 가장 좋은 방법은 불만족을 느끼는 고객들이 왜 불평을 안하는지를 파악하는 것이다. 〈표 6-6〉에서는 불평하지 않는 장애요인을 극복하기 위해 취할 수 있는 일반적인 방법들을 나타낸 것이다. 많은 기업들은 수신자부담의 전용전화의 운영, 웹사이트를 이용한 불만사항의 전달, 개별접점에서 고객이 쉽게 이용할 수 있는 고객의견카드의 제공 등과 같은 방법으로 불평을 수집하는 소통채널을 마련하고 있다.

---

15) Jochen Wirtz, Parica Chew, Christopher Lovelock, *Essentials of Services Marketing*, 2nd ed., Pearson Education, 2013. p.399–405.

**표 6-6 고객불평에 대한 장애를 줄이는 방법**

| 불만사항 전달의 장애요인 | 장애요인의 해소방법 |
|---|---|
| 불편함<br>▪ 정확한 불평전달수단을 찾기 어려움<br>▪ 불평에 따르는 추가적인 번거로움 | 피드백을 용이하게 함<br>▪ 고객과 소통하는 채널의 공지<br>▪ 편리한 불평접수채널의 운영 |
| 애매모호한 조치<br>▪ 불만사항의 조치에 대한 불확실성 | 불만사항의 조치에 대한 확실한 전달<br>▪ 서비스회복절차를 갖추고 고객에게 알림<br>▪ 피드백에 따른 개선점을 부각시킴 |
| 불쾌함<br>▪ 무시당하는 것에 대한 두려움<br>▪ 말다툼이나 당황스러운 상황 | 불평전달의 경험을 긍정적으로 만듬<br>▪ 고객의 불평전달에 감사<br>▪ 현장직원에 대한 교육훈련<br>▪ 익명성 허용 |

자료: Jochen Wirtz et. al., *ibid.*, p.400.

### (2) 서비스회복 시스템의 구축

서비스실패의 회복에는 적극성과 계획성, 그리고 분명한 가이드라인이 필요하다. 즉, 성공적인 서비스회복을 위해서는 다음과 같이 적극적인 서비스회복의 절차, 계획된 절차, 훈련된 서비스 회복절차, 그리고 권한위임에 의한 서비스 회복절차 등이 마련되어야 한다.

**• 적극적인 서비스회복**

서비스회복은 고객의 불평에 앞서 미리 준비되어 있고, 이에 대해 적극적이어야 한다. 현장직원은 고객이 불만족함을 나타내는 신호(signal)를 느낄 수 있어야 하고, 고객이 문제를 겪고 있는지를 확인하는 노력이 필요하다. 예를 들면, 웨이터는 식사를 반만 먹다 멈춘 고객에게 다음과 같이 물어볼 수 있을 것이다. "선생님, 혹시 문제가 있었나요?" 이에 대해 고객은 다음과 같이 대답할 수 있다. "괜찮아요. 전 별로 배고프지가 않네요." 또는 "이 스테이크는 완전히 익었네요. 난 반정도 익은 스테이크를 주문했는데." 두 번째 대답은 고객이 불만족한 상태에서 레스토랑에 다시는 오지 않는 결과를 가져올 수 있지만, 이 경우에 웨이터에게는 서비스회복의 기회가 여전히 남아있다.

**• 서비스회복 기술의 훈련**

고객과 현장직원은 서비스실패가 예상치 못한 경우에 발생하게 되면 적절하게 대응하기 어렵다. 따라서 일상적인 서비스실패와 정해진 회복절차에 대해 효과적인 교육훈련이 필요하다. 이는 서비스접점의 직원으로 하여금 확신과 기술을 습득하게 하여 근로의욕도 향상시킬 수 있다.

- **서비스회복을 위한 재량권**

현장직원에게는 불평고객을 만족시키기 위해 필요한 판단과 커뮤니케이션 기술을 활용할 수 있는 권한이 필요하다. 특히 기업이 미리 마련해 놓은 매뉴얼이나 가이드라인에서 벗어난 상황에서 담당자의 재량권은 더욱 필요하다. 현장직원은 문제를 즉각 해결하고 고객의 선의를 회복하기 위해 판단하고 회복비용을 지출할 수 있어야 한다. 권한을 위임받은 담당자는 비정상적인 상황에서 주인의식을 갖고 위임받은 권한에 따라 고객의 문제를 해결할 수 있어야 한다.

불평고객의 대응은 상황의 판단과 커뮤니케이션 기술을 활용하는 권한이 필요하다.

### (3) 적정한 보상수준의 결정

고객중심의 기업이 불평의 처리와 효과적인 서비스회복을 제도화하기 위한 방법으로 흔히 활용하는 것이 서비스보증(service guarantees)이다. 서비스보증은 서비스가 일정기준에 미달한 경우에 불평고객으로 하여금 손쉬운 교환, 환불, 할부 등의 한 가지 또는 그 이상의 보증을 받도록 해주는 것이다. 서비스보증은 고객의 입장에서 구매와 관련하여 위험을 줄여주는 효과가 있다. 따라서 서비스의 품질을 향상시키는 강력한 도구가 된다.[16] 서비스보증은 다음과 같은 기준에 따라 설계되고 제공되어야 한다.

16) 실증연구에 따르면, 불만족한 고객이 불평하기 이전에 서비스보증이 있다는 것을 모르고 있는 경우라도 회사가 그들의 불평을 진지하게 받아들이는 것과 서비스실패를 처리하기 위해 미리계획된 회복절차를 마련하고 있다는 것을 아는 것만으로도 해당기업에 대해 좋은 인상을 갖는다. Sara Bjorlin Lide and Per

- 약속에 대한 무조건적 보증 : 보증을 통해 약속이 되었다면, 그것은 조건이 없어야 하고 고객이 당연하게 생각토록 해야 한다.
- 이해하기 쉬운 보증 : 보증에서 얻을 수 있는 이익을 고객이 명확하게 이해할 수 있어야 한다.
- 고객에게 가치가 있는 보증 : 보증은 고객에게 중요한 것이어야 하고, 보상은 서비스실패를 보상하고도 남을 정도라야 한다.
- 요청이 용이한 보증 : 보증은 요청하기 쉬워야 한다. 보증을 요청하기 위해 많은 시간과 노력이 들지 않아야 한다.
- 보상받기 용이한 보증 : 서비스실패가 발생하면, 고객이 문제없이 쉽게 보증을 받을 수 있어야 한다.
- 확실한 보증 : 기업이 제공하는 보증을 고객이 믿을 수 있도록 해야 한다.

서비스보증은 구체적 기준에 따라 설계되고 제공되어야 한다.

## 2. 서비스회복의 성공사례

서비스회복은 일상적인 비즈니스 현장에서 주의를 끄는 기회가 되기도 한다. 정시에 도착하는 열차를 누가 눈여겨 볼 것이며, 예상하고 있던 전화나 배달을 누가 새롭게 느끼겠는가? 좋은 서비스를 제공한 것의 결과는 당연한 것을 받았다는 생각을 갖게 한다. 반면에 문제를 해결해 주기위해 엄청난 노력을 들인 것은 눈에 띄게 된다. 서비스의 실패는 다양한 원인으로 발생한다. 서비스제공자에 의해 발생하기도 하지만, 고객에 의해 발생하기도 하며, 불가항력적인 외부요인에 의해 발생하기도 한다. 다음의 사

Skalen, *The Effect of Service Guarantees on Service Recovery*(2003). Jochen Wirtz *et. al.*, p.405에서 재인용.

례에서는 다양한 원인에 의해 발생한 실제상황에서 서비스기업과 현장직원이 어떻게 서비스를 회복했는지를 소개한다. 그리고 일상적인 서비스접점에서 흔히 나타나는 서비스실패도 함께 살펴본다.

### (1) 서비스제공자에 의한 서비스실패

많은 경우에 서비스실패는 서비스계획의 미비나 서비스의 전달의 약속을 지키지 못하는 서비스기업에 의해 발생한다. 다음의 예를 통해 실패한 서비스가 어떻게 회복에 성공하였는지를 알 수 있다.

#### 사례 1 "일본 난바 우동가게의 서비스회복"

일본의 오사카에는 난바(難波, なんば)라는 상점 골목이 있다. 골목은 항상 깔끔하게 청소되어 있어 상점들이 고객을 대하는 서비스 자세를 풍경으로 보여준다. 어느날 한 노신가가 상점골목을 찾았다가 골목어귀에서 두평 남짓한 우동가게를 발견하고 들어갔다.

"우동 한 그릇 주십시오."

주문을 끝내고 기다리던 노신사의 눈에는 '고객을 언제나 왕처럼 모십니다!'라는 글귀가 보였다. 김이 모락모락 피어나는 우동 한 그릇을 놓고 몇 젓가락들던 노신사는 갑자기 젓가락을 놓고 일어나 짐을 챙겨 계산대로 갔다.

우동이 식지도 않았는데, 다 먹지도 않고 계산을 하려는 노신사를 보고 주인이 물었다.

"손님, 뭐 불편하신 게 있으신지요?"

"아니요, 급한 일이 생겼습니다."

계산을 끝낸 노신사가 나가자 주인은 손님이 앉았던 자리로 가 보았다.

'이런!'

숨을 헐떡거리며 뛰어간 우동집 주인은 손님을 불러 세웠다.

"손님! 정말 죄송하게 되었습니다."

주인은 허리를 90도로 굽혔다. 그리고 굽힌 자세로 계속 말을 이었다.

"손님, 우동에 머리카락이 빠진 것을 몰랐습니다. 어떻게 용서를 구해야 할지요."

주인이 계속 허리를 굽히고 있자 그 노신사는 젊은 주인의 어깨에 손을 얹으며 말했다.

"됐습니다. 이제 그만 고개를 드시지요."

“아, 아닙니다. 손님께 용서를 구한 다음에 허리를 펴도 괜찮습니다.”

주변에서 길을 가던 행인들은 마치 구경거리가 난 것처럼 모여들었다. 우동집 주인은 창피함이나 부끄러움도 없이 진심을 다해 고개를 숙이고 손님께 용서를 구했다.

“모두 용서했으니 이제 고개를 드시지요.”

그제야 우동집 주인은 고개를 들었다. 그리고 손님한테 받은 우동값을 건네주었다.

“돈은 됐습니다. 우동맛이 아주 좋다고 해서 한번 가본 것인데, 대신 우동을 다시 한 그릇 말아주시오.”

주인은 손님을 모시고 다시 돌아왔다.

“거 참 맛이 좋습니다.”

노신사가 평생 먹어본 우동맛 중에서 이 젊은 주인이 말아 준 우동은 정말 맛있었고, 특히 국물에서 느껴지는 깊은 맛과 향이 독특했다.

“주인의 꿈은 무엇입니까?”

우동을 다 먹은 노신사가 나가면서 물었다.

“제 꿈은 일본에서 제일 맛있는 우동을 파는 것입니다.”

노신사는 조금 놀란 표정으로 웃으며 말했다.

“그래요? 일본에서 제일 큰 우동집 사장이 되는 게 아니구요?”

“네.”

“그 꿈은 반드시 이루어질 겁니다.”

주인은 노신사를 정중하게 밖에까지 배웅했다. 진심어린 사과를 받으면서 노신사는 마음이 한결 편해져서 돌아갔다.

그리고 우동집 주인의 일상은 계속되고 있었다.

그러던 어느 날 한통의 편지가 주인앞으로 배달되었다.

“이번주말 점심에 회사직원들에게 우동을 한 그릇씩 돌릴 생각입니다. 직접 와서 조리해 줄 수 있는지요?”

주인은 곧바로 그 회사의 담당자에게 전화를 걸어 약속을 잡았다. 주말출장을 위해 주인은 정성들여 육수를 만들었고, 주말이 되자 그는 회사의 식당으로 식재료를 운반해 가서 우동을 말아주기 시작했다. 그런데 줄을 선 직원들 가운데 나타난 사람이 있었는데, 그는 얼마전에 식당을 다녀간 노신사였다. 노신사는 바로 일본최대의 요식업체 회장님이었던 것이다. 배식을 마치고 나자 회장은 우동집 주인을 자신의 사무실로 불렀다.

“역시, 오늘 우동맛은 최고였습니다. 그런데 말인데, 꿈이 일본 최고의 맛을 자랑하는 우동을 파는 것이라 했지요?”

“네.”

"그럼, 우리 회사의 우동 프랜차이즈 사업부를 맡아 보시지요."

조그만 우동집 주인으로서는 엄청난 기적이 아닐 수 없었다. 그후로 그는 노신사의 회사가 추진하는 프랜차이즈 사업부에서 회사의 지원아래 가장 맛있는 우동을 만드는 경영자가 되었다. 노신사가 그 젊은 주인을 선택한 이유는 정말로 손님을 왕처럼 생각하고 있다는 것을 진심으로 느낄 수 있었기 때문이었다. 훌륭한 서비스는 고객에게 진실어린 마음을 전달하는 것이라는 점을 그 노신사는 잘 알고 있었던 것이다.

그 일이 있은 후로 일본의 오사카에 있는 난마와 도톤보리([道頓堀, どうとんぼり)의 상점골목 상인들은 매일새벽마다 모여서 상점골목을 청소하고 있다. 한 명도 빠짐없이 거리청소에 나서는 상점주인들은 언제나 고객들에게 최고의 서비스를 하기 위해 서비스의 기본철학을 공표하고 이를 지키기 위해 노력하고 있다. 상인들은 스스로 다짐한 이 약속을 지키기 위해 서비스헌장을 만들어 스스로 점수를 채점도 한다. 비록 한 그릇의 우동이었지만, 젊은 주인이 보여준 겸손의 자세는 고객에게 감동을 주기에 충분했다.

- 긍정의 생각(김형수, 함께북스, 2015) 중에서 -

### 사례 2 "파손된 책의 불만해결이 가져온 홍보효과"

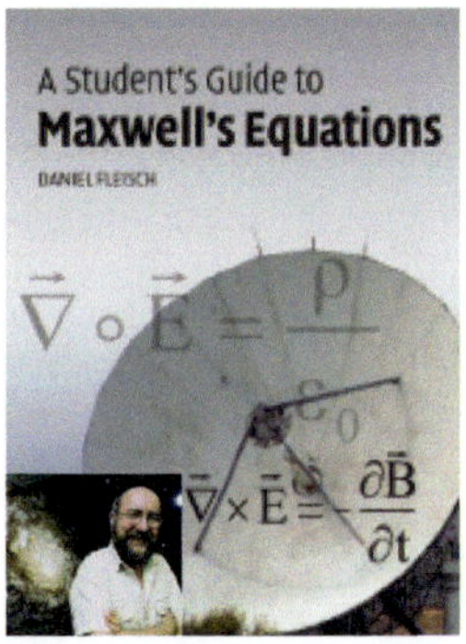


크리스마스 선물은 정시에 도착해야 했다.

캐나다에 거주하는 미첼 쿠하치에게는 아마존에서 발송하는 물리학 교과서 '맥스웰방정식 참고서(A Student's Guide to Maxwell's Equation)'가 들어 있는 소포를 받게 되는 것이 그에게는 좋은 소식이 아닐 수 없었다. 이 책은 전기자기학을 공부하는 그의 조카에게 줄 선물이었다. 아마존에서 보낸 소포가 도착한 것은 2008년 12월 24일이었다. 난감하게도 쿠하치가 그 책을 훑어보는 중에 1쪽에서 38쪽까지가 낙장이라는 것을 발견했다. 그는 즉각 아마존 웹사이트에 고객불만 댓글을 올리고 그 책에 대해 별 하나의 점수를 주었다. 이 책의 저자인 Daniel Fleish 교수는 이 댓글을 보고 생각한 단 한 가지 대응방법은 새책으로 교환해주는 것이라고 판단했다.

그러나 그날은 크리스마스 이브였다. 이 책을 즉각 배달해줄 수 있는 특송회사를 찾을 수가 없는 상황이었다. 그 약속을 지키기 위해 그 교수는 크리스마스 날 아침 6시 비행기를 타고 오하이오에서 오타와로 날아간 다음, 차를 렌트해 직접 운전하고는 미첼 쿠하치의 집으로 가서 새책으로 바꿔주었다. 별 하나의 점수를 주었던 댓글은 수정되었다.

"별 하나를 주었던 저의 평가는 이제 별 다섯 개로 변경됩니다. 그러나 이렇게 별 다섯 개로 변경하는 것이 많은 독자들에게 이 '만족한 결말'에 대한 오해를 불러일으킬 수도 있을 것입니다. 어느 겨울 궂은날 저자가 보여준 관심과 훌륭한 서비스는 감동적이었습니다." 수많은 사람들이 이 댓글을 읽었다. 아마존에서 이 책보다 더 많은 댓글과 평가를 받은 물리학 교과서는 별로없다.

### 사례 3 "너무 조금, 너무 늦게-JetBlue항공의 서비스회복"

미국 동부해안에서 지독한 눈보라가 치고 있었다.

뉴욕의 존F.케네디공항에서 JetBlue항공사 소속 비행기들의 기내에서 11시간 동안 수백 명의 승객이 갇혀 있었다. 이들 승객은 분노했다.

승객이 비행기에서 내리기 위한 어떠한 조치도 취해지지 않았다. 심지어 JetBlue항공은 6일 동안 1천편이 넘는 항공기운항을 취소하였고, 이로 인해 많은 승객이 오도가도 못하게 방치되었다. 2007년 2월의 이 사건으로 인해 가장 강력한 고객서비스가 되기 위해 JetBlue항공이 취했었던 많은 활동의 긍정적 효과가 사라져 버렸다. JetBlue항공은 원래 '비즈니스위크'가 발표하는 상위 25개 고객서비스 선도기업 4위에 선정될 예정이었으나 이 사건으로 인해 순위하락이 불가피하게 되었다.

예상치 않은 상황에서 과연 무슨 일이 벌어졌던 걸까?

어떠한 서비스 회복계획도 존재하지 않았다.

조종사도, 승무원도, 심지어 공항의 관리직원조차도 승객을 비행기에서 내리도록 할 권한이 없었다. 이들 승객에게 환불조치를 취하고 쿠폰을 제공하였으나 이러한 행위는 승객의 분노를 잠재우기에는 너무도 부족하였다. 당시 JetBlue항공사의 CEO인 데비드 니들맨(David Needleman)은 깊은 사과를 하면서 문제의 원인과 자신들의 서비스 회복노력에 대해 충분히 설명하기 위해 자신들의 데이터베이스에 근거하여 직접 이메일을 발송하였다. 심지어 그는 밤늦은 시간에 TV에 출연하여 돌발상황에서 승객들을 비행기에서 내릴 수 있도록 하는 대체계획을 수립하지 못했음을 시인하면서 사과하였다. 그러나 이러한 활동 외에도 JetBlue항공사는 자사의 훼손된 명성을 회복하기 위해 해야 할 많은 일들이 있었다.

JetBlue항공은 고객서비스에 대한 명성은 잠깐의 늦은 대응으로 인해 심각한 훼손을 입고 다시 회복했다. JetBlue항공사는 새로운 고객권리장전(Customer Bill of Rights)부터 시작하면서, 서두르지 않고 자신의 명성을 되찾고자 하였다. 이 권리장전에 의하면, 비행기

운항이 연기되는 상황에서 항공사는 고객에게 쿠폰을 제공하고나 환불해야 함을 명시하고 있다. 니들맨은 또한 자사의 승무원이 탑승한 위치파악을 용이하게 하기 위해 정보시스템을 교체하였고, 온라인 상에서 예약변경이 가능하도록 웹사이트를 업그레이드하였다. 필요한 경우 공항에 투입될 수 있도록 본사직원들을 교육시켰다.

이전에 서비스 선도기업이었던 JetBlue항공이 이전의 영광을 되찾을 수 있을지는 주목거리였다. 2011년 6월. J.D 파워에서 수행하는 고객만족조사에서 고객서비스 분야 최고의 점수를 받았다. J.D 파워그룹은 전 세계 수백만 명의 고객들을 대상으로 고객만족에 대한 설문조사를 진행한다. 이를 통해 마침내 고객들이 JetBlue항공사의 서비스실패를 용서하였고 우수한 서비스를 제공하기 위한 그들의 노력을 인정했음을 알 수 있었다.

- Tschohl, J. "Too Little, Too Late: Service Recovery Must Occur Immediately"
(Service Quality Institute, 2012)-

### (2) 고객의 실수에 의한 서비스실패

서비스실패는 종종 고객에 의해 발생하기도 있다. 그러나 예상치 못한 상황에 직면하여 당황하거나 실망한 고객에게 서비스절차와 책임의 소재를 설명할 수는 없다. 다음의 사례를 통해 예상치 못한 상황에서 서비스기업이 어떻게 서비스회복에 성공하고 고객의 충성도를 향상시켰는지를 살펴보자.

#### 사례 1 연착된 항공편, "서비스만족의 역설"

고객은 서비스에 언제 만족하는가?

승객은 일상적인 운항스케쥴이 지켜질 때 불만족을 느끼지 않는다. 흥미있는 예가 있다. 비행기가 연착될 것이라는 말을 들은 어느 승객이 실제로는 비행기가 정시에 도착했음에도 불구하고 그 항공사의 서비스에 대한 만족도 평가에서 하위점수를 준다.

반면에 비행기가 실제로 연착되었음에도 불구하고 갈아 탈 비행기를 잡을 수 있도록 신속하게 이동시켜 주는 항공사 직원의 보살핌과 관심을 받은 승객은 그 항공사에 대해 감사하게 여긴다. 그 승객은 그 항공사에 대해 높은 평점을 준다.

서비스실패에 오히려 고객이 만족하는 서비스의 역설이다. 항공사의 적절한 서비스회복노력이 가져다 주는 긍정적인 결과인 것이다.

### 사례 2 고객의 실수, 서비스실패의 역설

고객은 종종 서비스요구를 잘못 전달하거나 서비스의 내용을 제대로 이해하지 못하는 경우가 있다. 서비스상품은 무형성을 지니는 동시에 제공받는 시점에서 비로소 생산이 되고 소비가 된다. 이러한 특성으로 인해 서비스를 경험하는 단계에서는 늘 서비스실패가 발생할 수 있다. 실패한 서비스를 성공적으로 회복하는 경우, 오히려 고객의 만족도가 이전보다 나아질 수 있다. 아래의 그림은 서비스실패의 역설에 대한 사례이다.

서비스회복은 기업의 잘못에 의해 발생하지만 종종 고객의 실수에서도 비롯된다. 예를 들어, 승객이 인천공항에서 뒤늦이 나와서 리무진 셔틀버스를 탔을 때, 여권을 매표소바닥에 떨어뜨렸다. 그런데 공항매표소 직원이 여권을 나에게 돌려주었을 때 나는 말할 수 없이 감사했다. 그 여직원은 여권에 있는 승객의 사진을 자세히 살펴보고 있다가 승객이 공황상태에서 되돌아오는 것을 보고 바로 얼굴을 알아본 것이다. 문제가 발생했을 때 서비스 접점의 현장직원은 고객의 문제를 알아보고 곧바로 해결해 준다는 것이 존재의 이유가 된다. 그 승객은 그 경험을 통해 이렇게 말할 것이다. “그 공항은 믿어도 됩니다. 만약 일이 잘못되었다 하더라도 거기서는 언제든지 신속하게 문제를 해결해 줄 겁니다. 나는 인천공항이 최고라고 누구에게라도 말할 것입니다.”

### 사례 3 “공항에서 비자발급을 구원한 여행사 직원”

공항의 항공기 탑승은 늘 긴장감을 준다.

문제가 고객자신의 잘못으로 인해 발생했을 때 그 고객을 돕는 것은 훨씬 더 큰 명성을 얻을 수 있게 해 준다. 쿠바는 여행자의 입국비자요건이 매우 까다롭다. 한 가족이 쿠바행 비행기를 타기위해 히드로공항에서 탑승수속을 밟고 있었는데, 그들은 여행자카드를 갖고 있지 않았기 때문에 탑승이 거부되었다.

마침 그 사람들의 줄뒤에 서있던 사람이 맞춤형 여행사인 트레일 파인더스의 고객이었다.

그 사람은 트레일 파인더스가 켄싱텐여행센터에서 그에게 쿠바여행자 카드를 발급해 주었다고 하면서 그 전화번호를 알려주었다. 결과는 이렇다. 이 긴급한 전화를 받고 트레일 파인더스 비자팀직원 중 한 사람이 한 뭉치의 쿠바여행자 카드를 갖고 오토바이에 뛰어올라 히드로공항으로 달려가서 정시에 갖다 줌으로써 그 가족은 비행기를 탑승할 수 있었다.

위기상황에서 구조받은 그 가족은 감사하기 이를 데 없었다.

이런 극적인 스토리는 새로운 고객을 만들게 하고 또 그 회사를 널리 추천하게 만든다. 사람들은 훌륭한 서비스회복을 기억한다.

### (3) 외부적 요인에 의한 서비스실패

서비스실패는 전적으로 외부적인 요인에 의해 발생할 수도 있다. 다음의 예를 통해 예상치 못한 상황에서 기업이 어떻게 서비스회복에 성공하였는가를 살펴보자.

#### 사례 1 "US항공 1549편의 허드슨강 불시착 사고"

2009년 1월 15일.

시애틀의 타고마(Tacoma)행 US항공 1549편이 뉴욕 라구디아공항을 출발했다.

그런데 노스캐롤라이나 샬롯지역을 지나던 중 캐나다 거위떼를 만나 두 엔진이 모두 꺼졌다. 거위가 엔진속으로 빨려들어 가는 버드스트라크(bird strike)사고였다. 비행기는 허드슨강에 불시착하였다. 다행히 150명의 승객과 5명의 승무원 전원이 살아 남았다. 이 사고로 기장이었던 체슬리 설리 설렌버그(Chesley Sully Sullenberger)는 영웅이 되었다. 기장의 조종기술과 비상대처능력 덕분에 US항공사를 이용하던 승객 150명은 살아 남을 수 있었다.

그러나 여행가방과 지갑, 안경, 열쇠꾸러미 등을 모두 잃어 버리고 물에 흠뻑 젖은 신세가 되었다. 물에 젖은 휴대전화는 작동이 되지 않았고, 친척들은 근심걱정으로 어찌할바를 모르는 패닉상태에 빠졌다. US항공사는 이 상황을 어떻게 회복했는가? 아래에 그 비행기가 불시착한 직후 사고를 수습하기 위해 그 항공사가 취한 행동들이 나와있다.

- 고객서비스 센터에서는 800번 전화를 이용하여 걱정하고 있는 친척들에게 전화를 걸어 정보를 알렸다.
- 사고소식을 접하자마자 항공사는 본부에서 차출한 100명으로 구호팀을 편성하여 현장으로 급파했다.
- 회사의 재무관리 매니저인 스콧 스튜어트(Scott Stewart)는 직원들이 승객들을 위한 의약품, 세면도구, 개인적 물품을 구매할 수 있도록 승객용 플러스 신용카드의 긴급자금을 준비했다.
- 직원들은 허드슨 강에 휴대전화를 잃어버린 승객들을 위하여 요금이 선불된 휴대전화를 마련하였다.
- 보온복과 같은 마른 의복들을 준비하였다.
- 따뜻한 식사가 제공되었다.

- 특수임무팀을 구성하여 잃어버린 소지품을 대체해 주는 작업을 진행했다.
- 승객들에게 새로운 항공편과 24시간 문을 여는 뷔페가 있는 호텔방을 제공했다.
- 항공기이용을 원치않는 사람들에 대해서는 열차표나 렌터카를 예약해 주었다. 당연히 많은 승객들이 운전면허증을 잃어버렸기 때문에 US항공사의 고위직 임원이 렌트카회사인 허르츠(Herz)사의 사장에게 전화를 걸어 승객들이 면허증없이 차를 렌트할 수 있도록 해주었다.
- 승객들이 자신의 차와 집의 자물쇠를 열 수 있도록 하기 위해 열쇠공을 고용하여 열쇠를 잃어버린 승객들을 도울 수 있게 했다.

긴급한 요구가 처리된 직후에 US항공사는 승객들과 접촉을 계속 유지하였다. 여러 번에 걸친 서신을 통해 항공권비용을 환불하고, 분실한 소지품에 대한 보전금으로 일단 5,000달러를 지급했을 뿐만 아니라 이 금액 이상의 물건을 분실한 사람들에 대해서는 이의신청을 할 수 있도록 하였다. 더불어 회장겸 사장인 도우 파커(Doug Parker)는 모든 승객들에게 개인적으로 서신을 보내어 이용횟수가 가장 많은 승객에게 부여하는 '회장이 지정한 지위(Chairman's preferred status)'를 12개월동안 제공할 것을 약속했다. 이 지위에는 승객과 동반자에게 1등석에 여유가 있을 경우, 좌석을 제공하면서 좌석선택권을 주고 우선적으로 탑승수속을 할 수 있는 권리가 부여된다.

예상치 않은 사고로 서비스에는 실패하였지만 서비스회복은 성공하였다. 불시착 사고가 난 이후 6주 동안 1549항공편에 탔던 승객의 1/3 이상이 US항공을 다시 이용했다.

- *Business Week*(2009. 2. 19) 등 -
www.consumerist.com & www.usairways.com

## 사례 2 "화산폭발로 인한 톰슨항공사의 결항사태의 해결"

2010년 4월 14일 아일랜드 공항이 폐쇄되었다.

에이야프얄라요쿨(Eyjafjallajokull) 화산의 폭발때문이었다. 천재지변에 의한 사고였으니 당연히 여행사들의 책임이 아니었다. 그러나 그 화산재 구름으로 인해 유럽의 항공기들은 공항에 착륙할 수 없었고, 휴일여행객들은 그들의 여행계획에 차질이 빚어지게 되었다는 것을 알았다. 톰슨항공사(Thomson Holidays)는 1,400명의 승객을 마데이라에서 영국으로 운송할 수 없었다. 그래서 톰슨항공은 크루즈선 아일랜드 이스케이프(Island Escape)를 이용해 승객들을 팰머스로 항해할 수 있도록 하였다. 어느 회사건 여행 웹사이트에 올라오는 고객들의 평가는 일반적으로 부정적이고 별 다섯 개 반점에서 하나 내지 두 개 정도다. 그런데 성공적인 회복전략을 통해 톰슨은 화산재 비행금지에 따른 후속조치에서 별 다섯 개의 평가를 받아냈다. 예를 들면, 크루즈선 Celebration에 탑승했던 승객들은 다음과 같이 썼다.

> "셀레브레이션호의 선장과 승무원들에게 대해 우리는 이보다 더 나은 찬사를 찾을 수 없다. 그들은 너무나 훌륭했고, 톰슨의 사장은 신속하고도 단호하게 결정한 것 같다. 우리는 우리들만이 내팽개쳐져 우리 스스로가 자신을 방호해야 한다는 그런 생각을 한 번도 한 적이 없었다. 집으로 돌아온 이후 우리는 비행기가 도착하기를 기다리며 남아있던 사람들에게 기거할 곳을 찾고 그 비용을 마련하기위해 공포스러운 시간을 보냈다는 생생한 이야기를 들었다. 우리는 다음번 여행때도 꼭 톰슨사를 이용할 것이다. 여행사에 대한 불평은 아무렇게나 하지만, 여행사의 수준에 대한 평가는 어려운 문제를 어떻게 처리하는지를 보고 한다. 톰슨은 일류 여행사다."

[www.reviewcentre.com, 2010. 4. 27]

## 참고문헌

References


Adrian Palmer, *Principle of Services Marketing*, MaGraw-Hill, 6th ed., 2011.

A. Parasuraman, Valarie A. Zeithaml, and Arvind Malhotra, "E-S-QUAL: A Multiple-Item Scale for Assessing Electronic Service Quality," *Journal of Service Research*, Vol.7, 2005.

Arlie R. Hochschild, T*he Managed Heart: Commercialization of Human Feeling, Berkeley*, University of California Press. 1983.

Bruce Bodaken, Robert Fritz, *The Managerial Moment of Truth*, Free Press, 2006.

Charles H. Schwepker, Jr. and Michael D. Hartline, "Managing the Ethical Climate of Customer-Contact Service Employees." *Journal of Service Research 7*, no.4(May 2005).

Christopher Lovelock and Lauren Wright, *Service Marketing: People, Technology, Strategy*, 6th ed., Prentice-Hall, 2007.

Christopher H. Lovelock, "Classifying Services to Gain Strategic Marketing Insights," *Journal of Marketing*, Vol.47, 1983.

Griffin J., *Customer Loyalty: How to Earn It, how to Keep It*, Jossey Bass, 2002.

James A. Fritzmmons and Fritzmmons, M. J, *Service Management, Operations, styrategy, Information Technology*, 6th ed., McGraw Hill, 2008.

James A. Fritzmmons, Mona J. Fritzmmons, Sanjeev K. Bordoloi, *Service Management*, 8th ed., McGraw-Hill, 2014.

Jochen Wirtz, Patrica Chew, Christopher Lovelock, *Essentials of Services Marketing*, 2nd ed., Pearson, 2012.

Kano, Noriaki, "Attractive quality and must-be quality" *The Journal of the Japanese Society for Quality Control*, 1984.

Hansen, D. E. & Danaher, P. J., "Inconsistent Performance during the Service Encounter: What's a good start worth?," *Journal of Service Research*, Vol.1, Feb. 1999.

John G. Wensveen, *Air Transportation: A Management Perspectives*, 6th ed., Ashgate Publishing Co., 2008.

Karl Albrecht, Ron Zemke, *Service America!* Albrecht Publishing Co., 2003.

Lahsley, C., Morrison, A., Randell, S., "More than a Service Encounter? Insights into the emotions of hospitality through special meal occasions." *Journal of Hospitality and Tourism Management*, Vol.12, No.1, 2005.

Lyn Pont, *Hospitality Management*, Manners Press, LLC, 2015.

Nameghi Ehsaneh N.M, Ariffin Ahmad Azmi M, "The measurement scale for airline hospitality:

Cabin crew's performance perspective," *Journal of Air Transport Management*, Vol.30, 2013.
Philip Kotler, Gary Armstrong, *Principle of Marketing*, 12th Ed., Prentice Hall, 2008.
Robert W. Lucas, *Customer Service*, 6th ed., McGraw-Hill International Edition, 2015.
Stuart Diamond, *Getting More*, William Morris Endeavor Entertainment, LLC. 2010.
The Cornell School of Hotel Administration on Hospitality, *Cutting Edge Thinking and Practice*, John Wiley & Sons, Inc., 2011.
Tony Cram, *The Finishing Touch*, Prentice Hall, 2010.
Valerie A. Zeithaml, Roland T. Rust, and Katherine N. Lemon, "The Customer Pyramid: Creating and Serving Profitable Customers," *California Management Review*, Vol.43, No.4, 2001.
Valarie A. Zeithaml, Mary Jo Bitner, *Service Marketing*, 3rd ed., McGraw-Hill, 2003.
Valarie A, Zeithaml, A. Parasuraman, and Leonard L. Berry, *Delivering Quality Service*, The Free Press, 1990.

교육부, 인성지수 개발연구, 진한 M&B, 2014.
대한항공, 고객불만현황 2016.
대한항공, 객실안전/업무매뉴얼(*Cabin Safety/Operations Manual*)
대한항공 인력개발원, 항공여객 기본과정 입사교육 Ⅱ, 2015.
박찬임외 6인, "서비스 감정노동연구 보고서," 한국경제진흥원, 2013.
서비스경영연구회, 서비스경영(Service Management 역서), MaGraw-Hill Education Korea, 2014.
장정빈, 서비스 아메리카(역서), 물푸레, 2003.
한국노동사회연구원, "한국사회 감정노동실태와 개선방안연구보고서," 경제사회발전노사정위원회, 2014.

# PART III

# 항공운송서비스의 이해



항공사는 대표적인 서비스기업이다. 글로벌시장에서 다양한 국적의 고객에게 안전하고 쾌적한 운송서비스를 제공하기 위해서는 고도로 숙련된 감성과 전문성이 요구된다. 항공기의 객실은 시간적 · 공간적인 제약조건 하에서 집약된 인적 · 물적서비스가 이루어지는 서비스접점이기 때문이다. 객실승무원에게 높은 인적역량이 요구되는 이유가 여기에 있다. 본 편에서는 항공서비스에 대한 전반적인 내용을 소개한다. 항공운송산업의 개요와 항공사의 조직체계를 통해 항공서비스를 공부한다. 이어서 객실업무의 기본내용과 살펴보고, 항공운송의 기본요소들을 정리한다.

## PART Ⅰ 서비스의 이해



## PART Ⅱ 고객의 이해



## PART Ⅲ 항공운송서비스의 이해

CHAPTER 07

# 항공운송서비스

**제1절 항공운송업의 이해**

1. 항공운송업의 정의
2. 항공운송업의 유형
3. 항공운송시장의 구분

**제2절 항공운송의 환경**

1. 글로벌경쟁체제
2. 항공자유화정책
3. 글로벌제휴
4. 항공보안
5. 저비용항공사
6. 빅 데이터의 활용

**제3절 공항서비스**

1. 공항업무의 개요
2. 탑승수속
3. 출국장 안내
4. 탑승안내
5. 제한승객
6. 도착지 공항서비스

항공운송은 여객과 화물의 공간적 이동을 통해 가치를 창출하는 서비스이다. 일반산업과 마찬가지로 공급자와 수요자 간에 형성되는 시장에서 상품이 거래된다. 시장에서 유통되는 상품이 무형의 서비스이고, 공공성과 안전성에 대한 요구가 높아 상대적으로 엄격한 기술적 규제가 수반되는 점이 다르다. 본장에서는 항공운송업의 개념과 유형, 그리고 글로벌시장의 질서가 어떻게 형성되는가를 살펴보고, 공항에서 여객을 대상으로 운송서비스가 어떻게 제공되는가를 공부한다.

**Keyword**: 항공운송업, 항공기사용사업, 개인여객, 단체여객, 규제완화, 항공자유화, 하늘의 자유, 전략적 제휴, 항공보안, 보안검색, 운항절차, 운항준비, 여객운송업무, 의전업무, 탑승수속, 출 · 입국절차, 제한승객

# 제 1 절 항공운송업의 이해

항공사는 여객과 화물을 운송하는 서비스기업이다. 항공사가 판매하는 운송서비스는 항공기의 안전하고 신속 · 쾌적한 운항을 통해 고객에게 쾌적한 좌석을 제공함과 동시에 인적 · 물적서비스를 추가하여 상품의 가치를 창출한다. 본 절에서는 항공운송서비스의 전반적인 이해를 위해 항공운송업의 개념과 유형을 살펴보고, 운송서비스의 환경에 대한 기초적 지식을 학습한다.

## 1. 항공운송업의 정의

항공운송업이란 타인의 수요에 따라 항공기를 사용하여 유상으로 여객 또는 화물을 운송하는 사업이다.[1)] 이때 '타인의 수요에 응한다.'는 것은 타인의 운송요구를 충족시키는 행위를 말한다. 고객자신이나 소속된 조직을 위한 인적 · 물적대상의 항공운송은 이 범주에 포함되지 않는다. 그리고 '항공기를 사용하여'의 의미는 운송을 하는 자가 항공기의 관리권을 가지고 운송을 하는 경우로서, 항공기를 소유 또는 임차하여 항공기의 관리권을 가지고 있는 것을 뜻한다. '유상으로'라는 의미는 운송의 반대급부로서 운임을 받는 것을 말하며, '사업'이란 사업자가 운송계약의 당사자로서 여객이나 화물을 운송하는 것을 뜻한다.

## 2. 항공운송업의 유형

### (1) 항공운송의 일반적 분류

항공운송의 구체적 내용은 운송서비스를 분류하는 관점에 따라 몇 가지로 구분된다. 일반적으로 운송의 형태와 대상, 지역 등의 기준에 따라 다음과 같이 분류되는 사업일체를 의미한다.

---

1) 우리나라 항공사업법에서는 항공운송사업을 '타인의 수요에 부응하고 항공기를 사용하여 유상으로 여객, 화물, 우편물을 운송하는 사업'으로 정의하고 있다. 항공사업법 제2조 제9항.

- 운송형태에 의한 분류
  - 정기항공
  - 부정기항공
  - 항공기사용업
- 운송대상에 의한 분류
  - 여객운송
  - 화물운송
- 운송지역에 의한 분류
  - 국내운송
  - 국제운송

### (2) 국내 항공법상의 분류

우리나라의 경우, 항공운송사업은 항공사업법에서 정하는 바에 따라 운송형태를 기준으로 다음과 같이 항공운송사업, 항공기사용사업 및 기타 항공기이용사업 등의 세 가지 유형으로 구분된다.[2)]

#### 1) 항공운송사업

항공운송사업이란 타인의 수요에 맞추어 항공기를 사용하여 유상(有償)으로 여객이나 화물을 운송하는 사업을 말한다.

**① 국내항공**

국토교통부령으로 정하는 일정규모 이상의 항공기를 이용하여 다음 각 항목의 어느 하나에 해당하는 운항을 하는 항공운송사업을 말한다.

- 국내 정기편운항 : 국내공항과 국내공항 사이에 일정한 노선을 정하고 정기적인 운항계획에 따라 운항하는 항공기운항
- 국내 부정기편운항 : 국내에서 이루어지는 정기편운항 외의 항공기운항

**② 국제항공**

국토교통부령으로 정하는 일정규모 이상의 항공기를 이용하여 다음 각 항목의 어느

2) 항공사업법 제2조 제7항.

하나에 해당하는 운항을 하는 항공운송사업을 말한다.

- 국제 정기편운항 : 국내공항과 외국공항 사이 또는 외국공항과 외국공항 사이에 일정한 노선을 정하고 정기적인 운항계획에 따라 운항하는 항공기운항
- 국제 부정기편운항 : 국내공항과 외국공항 사이 또는 외국공항과 외국공항 사이에 이루어지는 정기편 외의 항공기운항

**③ 소형항공**

국내항공 및 국제항공 이외의 항공운송으로서 소형항공기에 의해 수행되는 항공운송 사업일체를 말한다. 여기에서 소형항공기란 좌석 10석 이상 50석 미만의 항공기를 뜻한다.

### 2) 항공기사용사업 등

고객의 요구에 따라 항공기를 사용하여 유상으로 여객이나 화물의 운송 이외의 업무를 수행하는 사업을 말한다.

항공기를 사용하는 사업으로는 항공기정비업, 항공기취급업, 항공기대여업, 초경량비행장치사용사업, 항공레저스포츠사업, 상업서류송달업, 화물운송총대리점업, 도심공항터미널업 등이 있다.

## 3. 항공운송시장의 구분

항공운송업은 운송하는 대상에 따라 여객시장과 화물시장으로 구분된다. 여객시장의 경우, 항공업계에서는 항공운송시장을 수요의 형태와 여행의 목적에 따라 다음과 같이 세부시장으로 구분하고 있다.

**① 수요형태에 의한 구분**

- **개인여객시장**

개인여객시장(individual markets)은 10명 미만의 고객으로 구성되는 여객시장이다. 이는 운임을 적용할 때 기준으로 삼는 분류방식이다. 개인고객에 정상적인 수준으로 적용되는 운임을 정상요금(normal fare)이라 한다. 개인여객시장은 주로 여행목적의 고객보다는 업무목적의 고객인 경우가 많으며, 업무목적의 고객들이 부담하는 요금은 개인

의 소비지출에 의존하기보다는 소속해있는 기업이나 단체에서 부담하는 경우가 많다.

**• 단체여객시장**

단체여객시장(group markets)은 10인 이상의 고객이 여행일정에 따라 최초 출발지에서부터 여행의 종료시까지 단체를 구성하여 여행하는 고객으로 이루어지는 시장이다. 대체로 단체여객에 적용되는 운임은 개인여객에 적용되는 운임보다 저렴하다. 운임이 상대적으로 저렴한 반면에 여행 일정상의 제약이 많으며, 업무목적의 개인여객시장과 달리 관광이나 휴식 등의 목적으로 여행이 이루어지는 시장이다.

**② 여행목적에 의한 구분**

항공여행의 목적에 따라 시장을 분류하는 것은 항공운임의 적용보다는 잠재적 시장의 수요자욕구를 분석하고 적절한 공급자측면의 마케팅목적의 성격이 강하다. 다음과 같이 업무여행자 시장과 관광여행자 시장으로 구분된다.

**• 업무여행자 시장(business travel market)**

업무수행목적의 출장이나 회의참가 등을 위한 여행자시장을 의미한다. 집단을 구성하기도 하지만 주로 개인승객의 형태로 이루어진다. 여행경비는 본인이 부담하는 경우보다는 소속된 기업이나 단체에서 부담하는 경우가 많다. 따라서 요금에 대한 수요의 탄력성은 상대적으로 낮은 반면 여행스케쥴의 편리함이나 쾌적성, 기내의 서비스수준 등에 비교적 민감하다. 비즈니스를 위해 빈번하게 항공을 이용하므로 흔히 상용고객(常用, frequent flyer)시장이라고도 한다. 고정적인 고객집단으로 분류되어 집중적인 로열티마케팅의 대상이 되는 시장이다.[3)]

**• 관광여행자 시장(tourist market)**

여가를 이용하여 관광이나 휴식 등의 목적으로 항공여행을 하는 고객으로 이루어지는 여행자시장이다. 대체로 단체여객의 형태로 이루어지며, 여행경비는 본인이 부담하는 경우가 대부분이다. 따라서 업무여행자 시장과는 달리 운항스케쥴이나 쾌적성, 서

---

3) 로열티마케팅이란 특정 항공사에 대한 충성도가 높은 고객을 대상으로 차별화된 서비스를 제공하는 마케팅전략이다. 주로 빈번한 항공편으로 이용으로 마일리지 정도가 높은 상용고객이나 VIP, CIP 등으로 구성되는 세분화시장에서 개인적 마케팅기법인 CRM(customer relationship management)을 통해 고객을 확보·유지하고 관리한다.

그림 7-1 항공운송시장의 분류

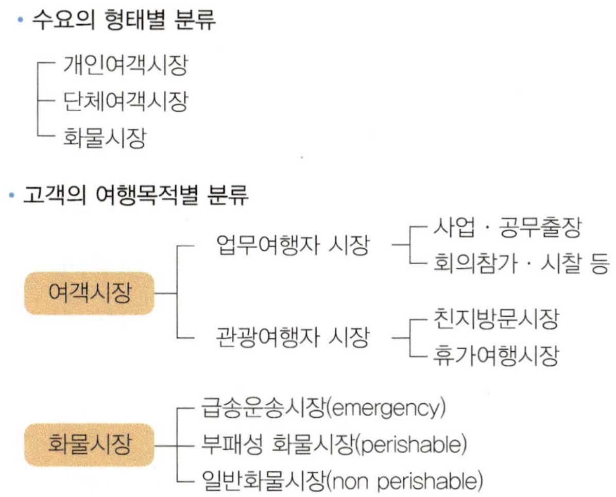


비스수준보다는 상대적으로 항공운임에 대해 민감하다. 관광여행자들은 저렴한 운임으로 여행하려는 경향이 강하기 때문에 실제로 구매를 결정하는 주체는 개인고객보다는 여행사의 단체여객인 경우가 많다. 관광여행자 시장은 여행목적에 따라 다시 친지방문시장과 휴가여행자 시장으로 나누어지며, 레저여행자 시장이라고도 한다. 저비용항공사(LCC)의 표적시장이다.

**③ 화물시장(air freight market)**

화물시장은 주로 긴급한 운송을 필요로 하는 화물을 대상으로 이루어지는 운송시장이다. 운임은 육상이나 해상운송보다 비싸지만 신속하고 안전하기 때문에 세계적으로 수요가 꾸준히 증가하고 있다. 이 시장에서 실질적인 항공사의 고객은 화물운송을 전문으로 대행하는 선적회사들로 구성된다. 운송화물의 성격에 따라 급송화물시장, 부패성화물시장, 그리고 일반화물시장 등으로 나누어진다.

# 제2절 항공운송의 환경

## 1. 글로벌경쟁체제

### (1) 규제완화의 확산

오늘날 세계 항공업계는 치열한 경쟁체제에 접어들어 있다. 1944년 시카고조약에 의해 마련된 국제협약의 틀은 세계 항공업계의 질서를 형성하고 있다. 그러나 국제항공에 새로운 조류를 낳은 역사적인 산업정책이 1978년 미국정부에 의해 규제완화법(Deregulation Act)으로 발효되었다. 규제완화법은 시장에 대한 정부의 규제를 철폐하고 항공운송시장에 시장경쟁체제를 도입하는 계기가 되었다. 항공운송시장의 경쟁체제는 빠르게 세계 각국으로 확산되었다. 현재 세계 항공업계는 항공운송에 대한 시장규제가 대부분 철폐되면서 본격적인 글로벌경쟁시대에 접어들어 있다.

### (2) 국제항공질서의 변화

세계무역기구(WTO)체제가 정착됨에 따라 국제항공의 새로운 변화는 제2차 세계대전 후 유지되어온 규제의 틀을 붕괴시키고, 오늘날 글로벌시장에 본격적인 경쟁질서를 정착시킴으로써 새로운 환경을 형성하였다. 이와 같은 새로운 변화는 각국의 영공개방을 내용으로 하는 항공자유화협정과 전략적 제휴의 확산, 그리고 인터넷을 이용한 글로벌마케팅과 저비용항공(LCC)의 시장확대 등으로 나타나고 있다. 그동안 국제항공의 질서는 미국과 유럽연합(EU) 등에 의해 주도되어 왔다. 그러나 2000년대 들어서면서 아시아 · 태평양지역의 항공시장이 빠르게 성장하고 중국의 항공시장이 확대되면서 세계시장의 성장세는 아시아지역으로 이동하였다. 오늘날에는 관광여행자를 주요고객으로 하는 저비용항공사(low cost carrier, LCC)가 크게 늘어나면서 저비용항공이 새로운 시장으로 정착되었다.

그림 7-2 세계 항공운송산업의 새로운 조류

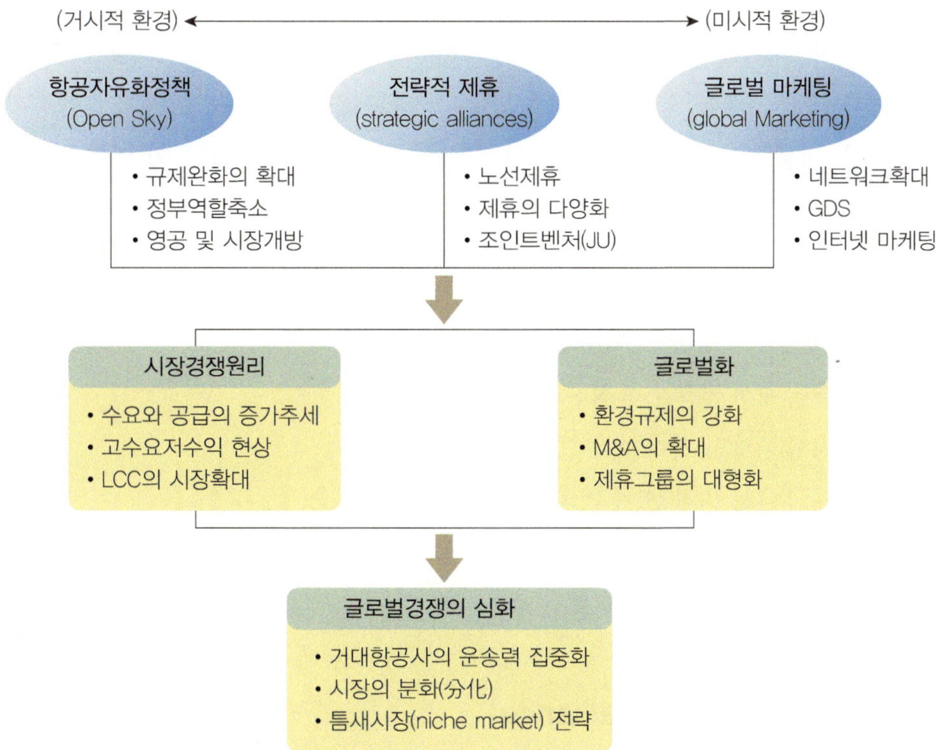


## 2. 항공자유화정책

### (1) 항공자유화의 확산

규제완화가 세계적으로 확대되면서 오늘날 세계항공업계에 나타난 변화로 각국의 항공자유화(Open Sky)정책을 들 수 있다. 세계 각국의 항공사들은 경쟁원리에 입각한 효율적 경영체제를 추구해 오고 있다. 특히 항공선진국들은 자국의 항공사들이 국내시장에서 경쟁하는 것보다는 시장기회가 많은 국제시장에서 경쟁할 수 있는 시장기회를 제공해 주고자 항공자유화정책을 점차 확대해 나가고 있다.

### (2) 항공자유화정책이란?

국제항공에 있어서 항공자유화란 협약을 통해 국가 간에 항공운송서비스의 공급을 늘이기 위해 운수권(traffic right)을 상호개방하는 것을 말한다. 이는 국제무역에서 관세철폐를 통해 상호시장을 개방하는 자유무역협정(FTA)에 비유되기도 한다. 협정을 맺은 당사국 간에 항공기의 운항횟수, 취항노선 등을 자유롭게 결정할 수 있도록 하는 것이 핵심내용이다. 양국 간의 상호이익을 전제로 체결되는 항공자유화정책에는 다음과 같은 내용들이 다루어지며, 협상과정을 통해 항공협정에는 이 가운데 일부 또는 전부가 포함된다.

- 취항가능한 항공사 수의 무제한 허용
- 노선에서의 운항횟수 및 공급규모의 무제한 허용
- 상대국에서 제3의 목적지로 운항허용
- 취항항공사의 자유로운 운임결정에 대한 허용
- 상대국에서 발생한 수익의 자유로운 본국 송금
- 공동운항기회의 확대
- 기타 자유로운 경쟁의 보장 등

## 3. 글로벌제휴(global alliance)

### (1) 제휴의 정의

제휴(alliance)란 경쟁관계에 있는 기업들끼리 특정한 사업이나 업무분야에 대해 협력관계를 맺는 것을 말한다. 항공사 간에는 항공기좌석, 마케팅활동 및 서비스시설을 상호보완적으로 공유할 목적으로 수행된다. 이밖에도 협력의 대상과 필요에 따라 다양한 형태로 제휴가 이루어진다. 오늘날에는 제휴의 범위가 확대되면서 항공기를 공동으로 운항하거나 한 항공사가 다른 항공사를 위해 필요로 하는 활동을 지원하는 내용으로 다양하게 형성된다.

### (2) 제휴의 내용

오늘날 세계 항공업계에는 거대한 제휴그룹이 형성되어 있다. 1997년 소규모의 스타얼라이언스가 처음으로 등장한 이후 시장지배력 강화를 위해 글로벌 제휴그룹으로 발전하였다. 제휴그룹들은 각 대륙이나 지역을 대표하는 항공사들이 모여 서로의 네트워크와 고객프로그램을 개발하고 공유하는 협력체제로 운영하고 있다. 대표적인 협력으로는 예약시스템의 공동사용, 운임책정 및 발권, 수하물자동연계, 운항스케쥴의 조정, 운항편명 공동사용, 마일리지 프로그램의 통합운용 등이다. 항공사입장에서는 비용절감과 고객서비스 향상을 위해 글로벌제휴에 참여한다.

### (3) 글로벌 제휴그룹

오늘날 세계적으로 국제항공사들 간에는 활발한 제휴가 형성되거나 기존의 제휴그룹의 재편이 끊임없이 진행되고 있다. 현재 세계시장에서 형성되어 있는 대표적인 글로벌 제휴그룹들은 다음과 같다.

- **스타얼라이언스(Star Alliance)**

1997년 설립된 세계최초의 글로벌 제휴그룹이다. 우리나라의 아시아나항공을 비롯하여 24개 항공사가 가입되어 있다. 광범위한 코드-세어링을 통해 총 192여개 국가의 약 1,330개 도시에 운송서비스를 제공하고 있다. FFPs의 상호연결, 공동체크-인 서비스, 지상조업 및 화물운송의 협력, 공동구매와 광고 등의 협력체계를 구축하고 있다. 스타얼라이언스는 특히 유나이티드항공, 타이항공, 싱가포르항공, 루프트한자와 같은 거대항공사들로 인해 유럽-아시아, 북미-아시아, 북미-유럽노선에 있어 다른 제휴에 비해 높은 시장점유율을 유지하고 있다.

- **원월드(Oneworld)**

브리티시항공(British Airways)과 아메리칸항공(American Airlines)이 주축이 되어 콴타스(Qantas)항공, 케세이퍼시픽(Capathy Pacific)항공과 함께 1998년에 원월드 제휴그룹을 창설하였다. 이후 많은 항공사가 가입하여 15개 항공사로 구성되어 있다. FFPs

**그림 7-3** 세계3대 글로벌 제휴그룹

의 연결, 공항라운지의 공동이용, 참여항공사 간의 신속한 연결서비스, 운임의 공동결정 등의 협력이 이루어지고 있다. 원월드는 영국항공의 대서양노선에 대한 높은 점유율과 세계 최대항공사인 아메리칸항공의 광범위한 미국내 거점공항과 중남미의 방대한 노선, 그리고 오세아니아 지역에서 절대적 위치를 확보하고 있는 콴타스항공 등이 가입해 있다.

- **스카이팀(SkyTeam)**

우리나라의 대한항공이 주도적으로 참여하고 있는 제휴그룹이다. 1999년 델타(Delta)항공이 당시까지 스위스항공(Swissair)과 싱가포르항공 등과 제휴를 형성하고 있던 글로벌 엑셀런스(Global Excellence Alliance)의 입지가 약화됨에 따라 에어프랑스(Air France)와의 새로운 제휴를 발표함으로써 토대가 형성되었다. 그후 멕시코의 아에로멕시코(AeroMexico)와 대한항공이 참여함으로써 2000년에 공식적으로 스카이팀이란 명칭으로 탄생되었다. 스타이팀은 특히 대한항공과 델타항공이 2002년 미국 교통부로부터 태평양노선에 대해 반독점면제를 승인받음으로써 공동마케팅과 운항스케쥴 조정, 수입 · 이윤배분, 항공운임조정 등이 가능해졌다. 현재 대한항공을 비롯하여 20여개 항공사가 가입하고 있다.

## 4. 항공보안(aviation security)

### (1) 항공보안의 개요

#### ① 항공보안이란?

항공보안은 항공기의 운항활동을 저해하는 범죄행위로부터 항공운송산업을 보호하기 위해 인적 · 물적자원을 동원해서 수행하는 모든 대책을 말한다. 항공보안은 항공기의 탑승객과 승무원, 지상조업수행자, 일반대중 그리고 항공시설 및 기타 자산을 항공범죄로 보호하는 것을 목적으로 한다.[4)]

#### ② 항공안전과 항공보안

항공안전이란 항공기운항과 관련하여 운항활동에 장해를 유발하는 각종 사고로부

4) ICAO Annex 17, Chapter 1, Definition: *A combination of measures and human and material resources intended to safeguard international civil aviation against acts of unlawful interference.*

터 인적 · 물적자산에 피해를 보호하기 위한 목적으로 수행되기 때문에 항공보안과 유사한 개념이다. 그러나 항공안전의 대상은 항공기의 운항사고(accidents)나 안전을 저해할 수 있는 사건 등을 유발하는 수많은 환경과 요인을 모두 포함한다. 즉, 항공안전의 대상은 의도적인 범죄행위에 의한 사고뿐 아니라 단순한 실수나 의도하지 않은 오류나 착오 등에 의한 사고모두를 대상으로 한다.

이에 비해 항공보안은 항공과 관련하여 발생하는 의도적인 범죄행위를 대상으로 하는 제반활동만을 의미한다. 항공보안은 범죄행위가 이루는 장소에 따라 기내보안과 공항보안으로 구분된다. 특히 기내와 공항에 대한 보안은 여객과 화물의 이동이 집중되기 때문에 항공보안의 주요대상이 된다.

### ③ 항공범죄의 개념과 특성

**• 항공범죄의 개념**

항공범죄는 항공운송의 안전과 보안, 정상운항에 장애를 주는 의도적인 불법행위를 말한다. 이때 항공안전에 장애를 일으킨 행위를 하지 않았더라도 불법적으로 폭발물이나 무기 등을 항공기에 탑재시키거나 범죄를 위해 이를 위장, 분해 등의 방법으로 기내에 반입하는 행위 그리고 협박 등에 의해 안전을 유발할 가능성이 있는 행위 등은 모두 항공범죄의 범위에 포함된다. ICAO에서는 항공범죄의 기본적인 유형은 〈표 7-1〉과 같이 여섯 가지로 분류하고 있다.[5)]

항공범죄 가운데 가장 흔히 발생하는 유형은 항공기의 공중납치(hijacking)에 의한 점유(seizure)이며, 주로 정치적 목적의 달성을 위한 테러행위에 의해 발생한다. 단, 기

**표 7-1 항공범죄의 유형**

| 유 형 | 내 용 |
|---|---|
| 점유(seizure) | 불법적인 통제권의 강탈행위 |
| 점유기도(attempted seizure) | 의도적으로 통제권을 강탈하기 위한 시도 |
| 파괴(sabotage) | 폭발물 등을 이용한 시설 · 설비 등의 파괴행위 |
| 비행중 공격(in-flight attack) | 운항 중 항공기에 대한 공격행위 |
| 시설공격(facility attack) | 항공관련 시설에 대한 공격행위 |
| 안전방해(attack against safety) | 항공안전을 저해하는 의도적 행위 |

5) ICAO *Annex* 17, Chapter 1, Definition: A combination of measures and human and material resources intended to safeguard international civil aviation against acts of unlawful interference.

내에서 흔히 알코올이나 약물에 의한 탑승객의 기내난동(unruly passenger)은 범죄의도가 없다고 볼 수 있으므로 여기서 말하는 항공범죄로 분류되지 않는다. 반면에 정상적인 정신상태에서 승무원의 지시에 불응하고 폭력을 행사하는 경우는 항공범죄의 유형 가운데 안전방해에 해당된다.

• **항공범죄의 특성**

오늘날 항공운송에서 심각한 문제로 부각되고 있는 정치적 목적을 갖는 항공테러 조직들은 테러지원국의 지원이나, 마약, 밀수 등에 의한 방대한 자금력을 바탕으로 집단행동에 의한 테러를 기도한다. 대부분 첨단기술을 테러에 응용하고, 충분한 훈련을 받은 후 정교한 방법으로 테러가 시도되기 때문에 보다 효과적인 대응을 필요로 한다. 특히 계획적인 테러행위는 국제적 관심집중, 공권력의 무력화, 정치적 효과의 극대화, 압력행사, 적대국가에 대한 위협, 상징적 목표물의 공격 등 다양한 목적에서 이루어진다. 개인적 항공범죄의 동기는 일반적 범죄이거나 석방요구, 망명요구, 정신질환에 의한 범행 등이 대부분이다.

### (2) 공항보안(airport security)

#### ① 공항보안의 개념

공항보안이란 공항 및 공항주변 지역에서 테러, 파괴, 절도, 파괴 및 항공안전을 저해하는 범죄행위에 대한 대책과 활동이다. 공항보안은 보안활동이 수행되는 지역에 따

의도적인 범죄에 대한 예방을 목적으로 하는 공항보안은 출입국관리업무(CIQ)와 함께 공항의 핵심적 기능이다.

라 크게 공항을 중심으로 한 보안검색(security check)과 공항지역 내의 중요시설에 대한 경비로 구분된다. 보안검색은 탑승객과 출 · 입국 수속 및 항공기의 지상이동지역을 출입하는 인원을 대상으로 신변검색과 수하물 및 탁송화물에 대한 검색을 통해 항공안전을 저해할 가능성을 판단한다. 한편, 공항경비는 국가의 보안목표로 지정된 중요시설이나 보안상 중요하다고 인정되는 시설 및 항공기 안전운항에 있어 필요한 시설물 등을 위험으로부터 보호하는 활동을 일컫는다.

**② 보안장비시스템**

일반적으로 국제공항에서 보안을 위해 공통적으로 필요로 하는 대표적인 장비와 시스템들은 다음과 같다.

**• 보안용 울타리**

이동지역을 비롯한 공항의 관리지역에 설치되는 보안용 울타리와 출입구의 인력은 보안시스템을 구성하는 가장 기본적인 요소이다.

**• 침입자 검색시스템 및 조명시설**

전자기계식과 전자경고시스템 등은 보안용 울타리를 넘어 불법적으로 건물 내 이동지역으로 침입하는 것을 검색하는 데 중요한 장비와 시스템들이다. 조명시설은 계류장과 기타 이동지역에서 항상 발생할 수 있는 불법행위들이 은폐되지 못하도록 하는 보안시설이다.

**• 금속탐지기**

여객이 소지하고 있거나 객실과 보안검색이 완료된 수하물에 들어 있는 무기류와 금속성 폭발장치를 검색하기위해 사용되는 장비이다. 금속탐지기에는 X-레이, 감마(gamma)분광 탐지기를 비롯하여 다양한 형태가 있다.

**• 폭발물 및 인화성 물질탐지기**

금속용기 등으로 인해 금속탐지기로 쉽게 확인되지 않는 폭발물과 인화성 물질을 전문적으로 추적할 수 있는 탐지기로 중성자를 이용한 NAE(netron active equipment)를 비롯한 다양한 형태가 있다.

• **사무실의 보안장비**

보안상의 기밀문서, 편람 및 계획서 등은 항상 체계적으로 보존되어야 한다. 이를 보존하기 위한 캐비넷 등의 시설과 보안장치가 구비되어 있다.

### (3) 기내보안(in-flight security)

#### ① 기내보안의 개념

항공기의 기내에는 항공안전과 보안에 관한 법률의 적용을 받는다. 따라서 탑승객은 기내보안에 관한 규정을 지켜야 하며, 객실승무원의 정당한 직무집행을 방해하거나 승무원과 탑승객의 운항안전이나 여행을 위협하는 일체의 행위를 기내업무에 대한 방해로 규정하고 있다.[6] 객실승무원은 항공기의 안전운항을 위해 기장과 협조하여 운항 중에 승객안전에 관한 임무를 수행해야 한다.

#### ② 기내보안의 주요 업무

운항시작 전에 객실승무원은 항공보안규정에 따라 보안장비에 대한 점검을 한다. 점검과정에서 발견되는 의심스러운 물건에 대해서는 즉각적으로 관계기관에 신고해야 한다. 운항후에는 기내의 잔류물품과 잔류승객여부를 확인하며, 항공기내 비인가자 출입을 통제한다. 기내식물품은 용기에 담겨 용기외부가 봉인되어 탑재됨을 원칙으로 한다. 객실승무원은 탑재용기 외부의 봉인상태를 점검하며 봉인상태에 이상이 있을 경우에는 기내식 탑재매니저를 호출하여 내용물을 재검사한다.

#### ③ 객실승무원의 보안의무

객실승무원은 타인을 대신해서 우편물이나 물품을 운반할 수 없다. 객실승무원은 항공기 주위 또는 기타 제한구역에서 인가된 신분증 미소지자나 의심스러운 행위를 하는 사람을 발견하면 신분증의 제시를 요구하여 비인가자의 항공기 탑승을 통제한다. 객실승무원은 공항에 계류 또는 운항 중인 항공기의 안전을 저해하거나 기내질서를 문란케하는 등 기내규율에 위반되는 행위에 대해 기장의 지휘를 받아 행위를 저지하기 위해 필요한 조치를 취할 수 있다. 항공기에는 무인위탁수하물의 탁송을 금지하고, 탑승수속을 하지않은 승객의 위탁수하물과 탑승수속 후 탑승하지 않은 승객의 수하물은 하기시키고 이를 기장에게 통보한다. 이밖에 항공안전과 보안을 위해 칼 등과 같은 무

6) 항공보안법 제4장(항공기 내의 보안).

기류나 골프채 등의 물품은 기내반입을 금지한다.

**④ 기타 보안사항 및 장비**

객실승무원은 휴대가방에 대한 보안, 공항지점과 숙소 등에 대해 비상연락망의 유지, 신분증의 패용, 항공기와 조종실 출입 등에 대한 제반규정을 준수하여야 한다. 기내보안을 위한 장비로는 전자충격기(air taser), 방폭매트, 방폭자켓, 포승줄 등의 비상·보안장비를 항상 사용가능한 상태로 비치하여야 한다.[7]

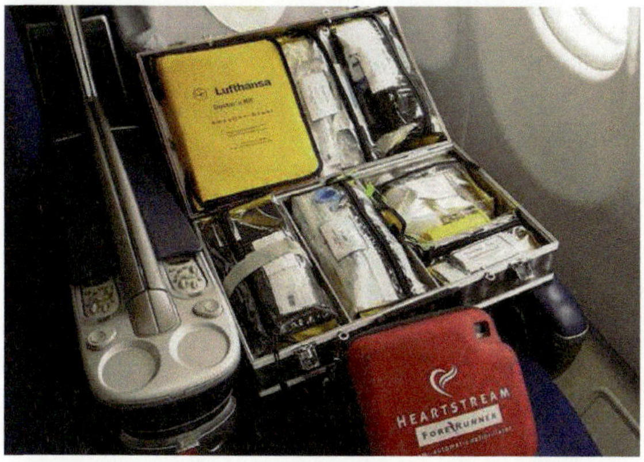


기내보안을 위한 비상·보안장비는 항상 사용가능한 상태로 비치되어 있어야 한다.

## 5. 저비용항공사(low cost carrier, LCC)

### (1) 저비용항공사의 개념

저비용항공사란 기존의 시장에서 형성되어 있는 운임에 비해 상대적으로 낮은 수준으로 운송서비스를 제공하는 항공사를 말한다. 흔히 저가항공사라고도 하는데, 낮은 운임의 좌석을 공급하기 때문에 저운임항공사가 정확한 표현이다.[8] 오늘날 편리한 운항스케줄보다는 낮은 운임을 선호하는 관광여행자 시장이 늘어남에 따라 저비용항공의 수요는 지속적으로 증가하고 있다. 2010년대 중반에 접어들면서 저비용항공은 여객규모에서 세계항공시장의 약 30%에 달하고 있다. 저비용항공은 낮은 운임을 실현하기

7) 항공보안법 제27조.

8) 저(低)운임 또는 저비용이란 본래 기존에 형성되어 있는 좌석가격수준에 비해 원가혁신을 통해 약 50~60% 수준 또는 그 이하로 책정하여 새로운 '가격파괴'전략으로 유럽의 이지제트(EasyJet), 라이언에어(Ryanair) 등에 의해 처음으로 도입된 수익모델이다.

세계적으로 LCC는 상대적으로 가격에 민감한 관광목적의 여행자들을 대상으로 시장이 빠르게 확대되고 있다.

위해 제한적인 서비스와 항공기의 높은 가동률, 단일기종의 항공기, 단순한 조직운영 등의 특징을 지닌다.

### (2) 저비용항공의 특징

#### ① 제한적인 서비스(service simplicity)

경쟁적인 시장에서 낮은 운임을 실현하기 위한 저비용항공사들의 공통점은 제한적인 서비스를 제공한다는 점이다. 제한적인 서비스란 무료로 제공되는 기내식음료의 부가적 서비스, 마일리지의 적용과 같은 상용고객 우대프로그램 등의 생략, 최소한의 공항서비스, 좌석배정의 생략, 단일의 좌석등급(mono class)과 단순한 운임체계 등을 말한다. 기내의 대부분 서비스는 유료(有料)로 제공되며, 이용실적에 대한 보상으로 제공되는 마일리지가 적용되지 않는 것, 무료수하물 허용량의 축소 등이 대표적이다.

#### ② 높은 항공기 가동률(high utilization)

저비용항공사의 또 다른 특징은 투자와 영업비용의 측면에서 가장 많은 비중을 차지하는 항공기에 대한 가동률을 극대화하는 것이다. 예를 들어, 안전운항이 법적으로 허용되는 범위내에서는 항공기의 가동률을 높이기 위해 항공기의 유휴시간을 가능한 줄이고 혼잡공항보다는 항공기운항이 적은 중 · 소형공항을 이용하며, 회항시간을 단축하는 스케쥴과 노선전략을 선호한다. 그러나 기재의 높은 가동률은 운항의 안전성과

**표 7-2 기존 항공사와 저비용항공사의 특징비교**

| 구 분 | 기존 네트워크항공사(FSC)* | 저비용항공사(LCC) |
|---|---|---|
| 서비스 | ▪ 다양한 기내의 부가서비스<br>▪ 좌석클래스의 다양화<br>▪ 고객에 대한 차별적 서비스 | ▪ 기내 부가서비스의 생략(no frills)<br>▪ 탑승수속의 생략(no check-in)<br>▪ 단일화된 좌석클래스(mono class) |
| 운 항 | ▪ 대형여객기 중심의 운항<br>▪ 국내외 허브공항 중심의 취항<br>▪ 다양한 네트워크 · 제휴노선망의 활용 | ▪ 원가절감을 위한 단일 기종의 항공기 운항<br>▪ 중 · 소형 지역공항 중심의 취항<br>▪ 지점간 노선(point to point)의 운항 |
| 수익성 | ▪ 브랜드 제고를 통한 수익확대<br>▪ 차별적 운임전략을 통한 수입관리<br>▪ 부대사업 등 수입의 다변화 | ▪ 항공기 가동률의 극대화<br>▪ 중 · 단거리 틈새시장의 수요창출<br>▪ 인터넷판매에 의한 유통비용절감 |
| 조 직 | ▪ 적정규모의 전통적 조직운영<br>▪ 다양한 서비스제공을 위한 교육훈련<br>▪ 다양한 제휴의 활용 | ▪ 조직의 단순화 · 슬림화<br>▪ 본사 중심의 집중적 마케팅조직<br>▪ 제휴의 배제 및 적극적인 아웃소싱 |
| 마케팅 | ▪ 노선별 · 좌석별 · 계절(시간)별 탄력적인 다양한 운임전략<br>▪ 다양한 욕구의 모든 고객집단을 대상<br>▪ CRS, 판매대리점, 직접 판매 등 다양한 유통채널의 활용 | ▪ 계절(시간)별 탄력적인 운임전략<br>▪ 가격탄력성이 높은 관광여행자집단을 대상<br>▪ 인터넷에 의한 직접 판매중심의 유통채널에 의존 |

* FSC(Full Service Carrier): 모든 서비스를 제공하는 전통적인 항공사를 지칭.

상충적인 관계에 있으므로 적절한 균형을 유지해야 한다.

**③ 낮은 단위생산비용(low unit cost)**

저렴한 가격으로 판매되는 좌석 또는 항공편의 단위당 운항원가를 최소화하기 위해 규모의 경제를 최대한 이용한다. 항공기의 노선배치와 유지관리, 운항승무원의 교육훈련과 스케쥴링 등의 효율화를 위해 보유기종을 단순화하거나 인건비 및 영업비의 절감을 위해 객실승무원의 기내업무를 확대하여 운영한다. 또한 유통비용의 절감을 위해 여행사 등의 판매대리점 대신 자사의 영업조직만을 통해 마케팅을 전담한다.

**④ 단순한 조직운영(scale ability)**

기존 시장의 진입이나 새로운 시장의 개척을 도모하는 저비용항공사로서는 탄력적이고 단순화된 조직의 운영을 통해 가격경쟁력을 확보한다. 좌석판매는 대부분의 경우, 인터넷만을 이용한 예약과 발권을 함으로써 마케팅비용을 줄이며, 정비유지와 지상조업 등도 외주에 의한 아웃소싱방식을 채택함으로써 운항과 마케팅 등 최소한의 단순화된 조직을 운영하는 것이 보통이다.

### (3) 저비용항공시장

저비용항공은 2000년대에 들어서면서 일부 저비용항공사들의 독특한 영업방식과 높은 경영성과가 업계의 주목을 받기 시작하였다. 이들 항공사들은 획기적인 운임전략을 통해 경쟁시장에서 과도한 경쟁을 회피하고 새로운 수요를 창출함으로써 시장진입에 성공하였다. 특히 차별화된 경영방식이 일부업계에서 새로운 수익모델로 인식됨에 따라 항공운송업계에서 시대적 조류를 형성하고 있다. 오늘날의 저비용항공시장을 지역별로 살펴보면 다음과 같다.

#### 1) 미주시장

미국에서는 일찍이 1970년대 초부터 중 · 소형항공기를 이용한 일부 저가항공사들이 등장하여 시장진입을 시도하였으나 대부분 실패하였다. 그러나 1971년 B737 여객기 3대로 운항을 시작한 사우스웨스트(Southwest)항공사는 기종의 단일화와 지방공항을 이용한 단순한 국내노선전략, 마케팅의 혁신 등을 통해 지속적인 시장확장에 성공을 거둠으로써 오늘날 세계 10위권 이내의 정기항공사로 성장하여 대표적인 저비용항공사로 자리잡고 있다. 2000년대 들어 A320을 단일기종으로하는 제트블루(JetBlue)항공사, 기존의 관광여행시장의 방어를 위해 델타(Delta)항공의 자회사로 설립된 송(Song)항공, 그리고 인디펜던스(Independence)항공, 메사에어(Mesa Air), 아메리칸트랜스에어(American TransAir), 아메리카웨스트(America West)항공, 프론티어(Frontier)항공, 스프리트(Spirit)항공, 캐나다에서 설립된 웨스트제트(Westjet) 등 약 20여개 항공사가 미주의 간선과 지선에서 저비용항공시장을 형성하고 있다.

#### 2) 유럽시장

유럽의 저비용항공은 1960년대부터 1980년대까지 성황을 누렸던 전세항공(charter)시장에서 출발하였다. 그러나 유럽시장의 통합과 규제완화추세에 따라 전세항공이 쇠퇴하고 저운임전략을 구사하는 항공사들이 시장을 대체하면서 저운임시장이 형성되기 시작하였다. 1985년에는 아일랜드를 거점으로 한 라이언에어(Ryanair)가 처음으로 설립되어 단거리 국제노선에서 점진적인 성공을 거두면서 대표적인 저비용항공사로 시장지위를 확보하였다. 그후 1990년대 중반 이지제트(EasyJet)와 드봉에어(Debonair)가 영국에서 설립되어 전유럽시장으로 대상으로 취항을 시작하였으며, 이어 버진익스프레스(Virgin Express)가 브뤼셀에서 설립되었다. 1990년대 후반부터는 독립적인 형태의 저비용항공사 외에도 기존 항공사의 자회사형태로 설립된 영국항공의 고우(Go)항공과 KLM의 버즈(Buzz)항공 등이 시장방어를 위해 저비용항공시장에 진출하였다. 오늘날 유럽에서는 60여개의 저비용항공사가 중단거리 노선에 취항하고 있다.

### 3) 대양주시장

새로운 형태의 저비용항공사가 미주시장과 유럽시장에서 자리를 잡으면서 2000년대들어 대양주국가들로 시장이 확산되기 시작하였다. 2001년 버진블루(Virgin Blue)항공이 호주의 국내선에 진출하는 것을 계기로 뉴질랜드에 자회사인 퍼시픽블루(Pacific Blue)를 설립하였으며, 국내시장의 방어를 위해 콴타스(Qantas)항공은 2004년 제트스타(Jet Star)를 자회사형태로 설립하였다.

### (4) 아시아시장

오늘날 아시아 · 태평양지역에서도 저비용항공시장이 확대되고 있다. 2001년 말레이시아에서 설립된 에어아시아(Air Asia)는 초기부터 국제노선에 진출하여 성공을 거둠으로써 아시아지역 최대의 저비용항공사로 부상하였다. 이에 앞서 일본에서는 1996년 미국의 사우스웨스트항공을 모델로 하는 스카이마크(SkyMark)항공과 홋카이도 국제항공(HIA; Air Do)이 설립되어 아시아지역에서 저운임항공시장의 가능성을 확인하였다. 아시아지역에서는 20여개의 저비용항공사가 국내 및 국제노선을 취항하고 있으며, 성장잠재력이 풍부한 중국시장에서도 저비용항공사가 등장하고 있다.

### (5) 우리나라의 저비용항공사

우리나라는 2005년 8월 한성항공(현재의 티웨이항공)이 프로펠러기인 ATR72를 도입, 청주/제주노선에 취항함으로써 저비용항공시대를 열었다. 이후 제주항공, 이스타항공 등이 연이어 설립되었다. 특히 2008년에는 대한항공계열의 진에어와 아시아나항공 계열의 에어부산이 저비용항공시장에 진입하였다. 현재 우리나라의 저비용항공사는 제주항공, 에어부산, 진에어, 이스타항공, 티웨이항공, 에어서울 등의 저비용항공사가 국내노선과 국제노선에 취항하고 있다. 국내항공시장이 포화상태에 달함에 따라 대부분의 저비용항공사들은 일본, 중국 및 동남아 등 중단거리 국제노선으로 시장을 확대하고 있다.

## 6. 빅 데이터의 활용(Big Data)

### (1) 빅 데이터의 개념

• **데이터의 진화**

데이터(data)란 우리 일상에서 늘 접하는 각종 자료를 말한다. 오늘날 정보기술의 진화에 따라 데이터앞에 '빅(big)'이라는 표현이 추가되면서 항공서비스에도 빅 데이터 시대가 열리고 있다. 빅 데이터는 '빅(big)+데이터(data)'식의 단순한 합성어만을 의미하지는 않는다. 데이터에 지식이 더해져야만 빅 데이터는 가치를 지나게 된다. SNS와 스마트폰의 보급은 사람 사이의 소통방식, 정보의 전달방식을 변화시키면서 소통과 정보전달의 흔적을 통해 수많은 데이터를 생성하고 있다. 빅 데이터는 사람처럼 생각하고 행동하지는 않지만 사람이 만들었던 수많은 데이터를 기반으로 사람과 유사한 결론을 유추하는데 이용된다.

• **데이터베이스(DB)와 빅 데이터**

빅 데이터는 기존의 데이터베이스(DB)와 무엇이 다른가? DB는 많은 데이터를 효과적으로 저장하기 위한 시스템이다. 승객에 대한 예약기록(PNR)을 데이터로 활용하는 것이 DB의 대표적인 예가 된다. 예를 들어, 고객이 항공권을 구매하는 경우 이 거래를 통해 여행구간과 이용날짜, 좌석등급, 운임지불조건 등의 데이터가 저장되어 고객의 요구조건과 구매행태를 판단하는 정보로 이용된다. 이때 보관되는 데이터의 형태가 제각각이라면 각각 기록방식과 포함된 정보가 다르므로 '언제, 어디서, 얼마에, 어떤 좌석을 어떤 조건으로'에 맞게 DB에 저장하는 것은 불가능하다.

이에 비해 빅 데이터는 고객이 항공권의 구매를 전후한 정보획득과정을 포함하여 항공서비스를 경험하고 평가하는 모든 과정에서 SNS와 스마트폰 등을 통해 지인들과 소통하는 모든 정형적 · 비정형적 기록까지도 원래상태의 영수증처럼 흔적(footprint)을 추적 · 인식하여 저장해 두고 필요할 때 언제든지 실시간으로 정보를 제공할 수 있는 거대한 데이터의 집합을 말한다.

### (2) 빅 데이터의 특징

정형화된 데이터베이스는 물론 정형화되지 않은 데이터를 포함하는 빅 데이터의 특징은 다음과 같이 데이터의 크기, 다양성, 속도 등 세 가지로 요약된다.

- **데이터의 크기(volume)**

통계에서는 표본의 크기가 클수록 추론의 정확도가 높다. 즉, 분석하는 데이터의 크기가 충분해야 의미 있는 추론이 가능하다. 데이터의 가치에 따라 차이는 있으나 일반적으로는 100테라바이트(terabyte, TB) 이상 크기의 데이터를 빅 데이터라고 한다. 1TB는 1,024기가 바이트(GB)로서 1바이트의 $10^{12}$배에 해당된다.

- **다양성(variety)**

빅 데이터에는 정형화된 데이터베이스뿐 아니라 웹서버에 기록된 사용자 데이터, 기기데이터, 비디오와 이미지 등의 비정형데이터 등 다양한 형태의 데이터가 모두 포함된다. 데이터의 다양성이 부족하면 한쪽에서 제공하는 일방적인 데이터를 반영할 확률이 높아지기 때문에 다양한 출처를 확보하는 것이 중요하다.

- **속도(velocity)**

빅 데이터는 가공되지 않은 원초적 데이터에서 가치를 창출한다. 데이터가 계속 변하는 환경에서 새로운 분석방법을 이용하여 새로운 가치를 부여하기 위해서는 데이터의 수집 · 가공 · 분석이 실시간 또는 일정주기에 맞춰 신속하게 처리되어야 한다. SNS는 고객의 소통채널로 끊임없이 새로운 데이터를 생성 · 소비하는 곳이기 때문에 과거가 아닌 현재의 실시간 데이터를 확보하는 원천이다.

### (3) 항공서비스의 적용분야

- **고객관리**

항공업계에서는 DB기술을 진화시킨 BI(Business Intelligence)기술이 이용되고 있다. 예를 들면, 수많은 고객 중에서 '최근 1년간 유럽을 3회 이상, 항공권가격을 150만 원 이상 구매한 고객들은?'이라는 물음에 대해 단 몇 초 이내에 검색하여 답하는 기술이다. 빅 데이터가 본격적으로 활용되면서 데이터가 실시간 서비스에 이용되기 시작했다. 예를 들어, 고객의 신용카드 사용기록, 블로그나 SNS에 올리는 여행사진, 각종 블로그의 여행경험, 여행포탈이나 SNS 등에 올렸던 댓글까지 모두 포함하여 개별고객의 정보를 검색할 수 있다. 고객이 경험하지 못한 서비스나 관광지까지도 검색하여 여행정보를 제공할 수 있다. 또한 현재는 정형화되지 못하여 활용이 불가능했던 사진이나 이미지 등의 비정형 데이터들도 마케팅과 고객서비스 개발을 위한 정보로 활용하고 있다.

• **상품개발**

개별고객에 대한 기록은 신규노선을 개발하는 경우 해당 구간을 탑승했던 고객들의 항공권 구매가격, 체류기간, 출발요일 등을 고려하여 새로운 상품의 표적고객의 설정부터 운임수준, 취항요일 등을 결정한다. 빅 데이터와 시스템기술을 활용하면, 상품의 개발과정에서 표적고객을 보다 정확히 식별할 수 있을 뿐 아니라 과거에 저렴한 운임으로 인해 직항편이 아닌 경유지를 거쳐 여행했던 고객까지 포함하여 보다 매력적인 운항스케줄 개발이 가능하다. 또한 각종 이미지, 동영상까지 포함하는 빅 데이터를 활용하여 여행상품을 다양하게 개발하고, 일반고객이나 온라인여행사, 판매유통시스템 등의 유료기내식과 음료, 부가서비스 등에 대한 판매요청에 대해서도 실시간으로 서비스를 제공할 수 있다.

• **데이터경영**

데이터경영이란 데이터분석에 기초하여 경영의 문제를 해결 · 개선하고, 결과의 검증을 통해 경영을 효율화하는 의사결정방식이다. 항공사는 탑승객 및 여행대리점판매 등에 대한 데이터를 실시간으로 축적하여 활용하고 있으며, 운항과 마케팅, 항공서비스 등의 핵심적 업무분야일수록 데이터분석의 역할은 중요하다. 빅 데이터의 활용은 전사적 자원관리(ERP), 고객관계관리(CRM), 서비스관리 등의 핵심적 업무를 보다 효율화할 수 있다. 빅 데이터의 유용성이 확인됨에 따라 항공업계에서는 축적된 데이터들을 보다 적극적으로 활용하는 방안을 모색하고 있으며, 마케팅, 재무 및 수입관리, 정비, 운항, 객실승무부문 등에서 전사적으로 빅 데이터의 활용을 확대하고 있다.

### (4) 빅 데이터의 활용 예시

모든 서비스기업은 고객의 요구에 신속히 응대하여 개인별로 원하는 서비스를 단계마다 중단되지 않고(seamless) 제공하는 것을 목표로 삼고 있다. 항공운송서비스는 여행자를 대상으로 비행 전(pre-flight), 비행 중(in-flight) 및 비행 후(post-flight)의 세 단계로 구분된다. 여행자는 각 단계마다 수많은 '진실의 순간(Moment of Truth)'을 경험하게 되는데, 신속하고 차별화된 서비스를 막힘없이 제공하기 위해서는 개별고객과 시장에 대한 빅 데이터가 필요하다. [그림 7-4]는 고객이 항공권구매를 위해 여행사와 웹사이트, SNS, 항공사의 콜센터 등에 문의를 하고 예약과 발권을 하는 여행의 시작부터 단계별로 고객이 필요로 하는 관련정보를 제공하고 또한 획득하는 서비스접점들을 나타내고 있다. 항공사는 서비스의 제공과정마다 통합된 고객정보에 이용한 고객의 경험관리를 통해 각 서비스의 수행단계마다 고객의 충성도를 강화할 수 있다. 항공사는 항공권의 예약 및 구매, 모바일체크인, 지인의 좌석배정(social seating), 탑승수속 및 탑승권출력, 모바일체크인, 관련제휴 상품소개, 기내 맞춤서비스, SNS를 통한 비행경험의 공유, 수하물적재 추적서비스, 맞춤형 프로모션제안 등을 통해 축적된 빅 데이터를 제공하고 이를 이용함으로써 고객과의 쌍방향소통을 강화할 수 있다. 또한 모바일 이용기록을 통해 제휴상품의 소개와 기내서비스의 개선, 맞춤형 촉진전략 등의 정보를 고객으로부터 획득할 수 있다. [그림 7-4]는 고객이 항공여행을 경험하는 단계별로 빅 데이터가 어떻게 활용되는가를 나타내고 있다.

고객이 서비스접점에서 경험하는 진실의 순간은 고객감동으로 구현되기도 하고, 반대로 불편한 경험이 되기도 한다. [그림 7-5]는 항공권의 구매결정과 여행준비, 공항이동과 체크인, 보안검색과 항공기탑승, 기내서비스 제공과 항공기 하기, 수하물수취와 목적지 공항의 출발에 이르는 과정에서 고객이 경험하게 되는 서비스접점의 핵심적인 활동요소들을 나타낸 것이다. 탑승객들은 항공여행의 모든 서비스과정의 경험을 다양한 채널에 흔적으로 남기게 되고 이는 항공사의 고객관리와 상품개발, 기업경영에서 가치 있는 데이터로 이용된다.

**그림 7-4** 빅 데이터를 이용한 승객의 경험관리 흐름도

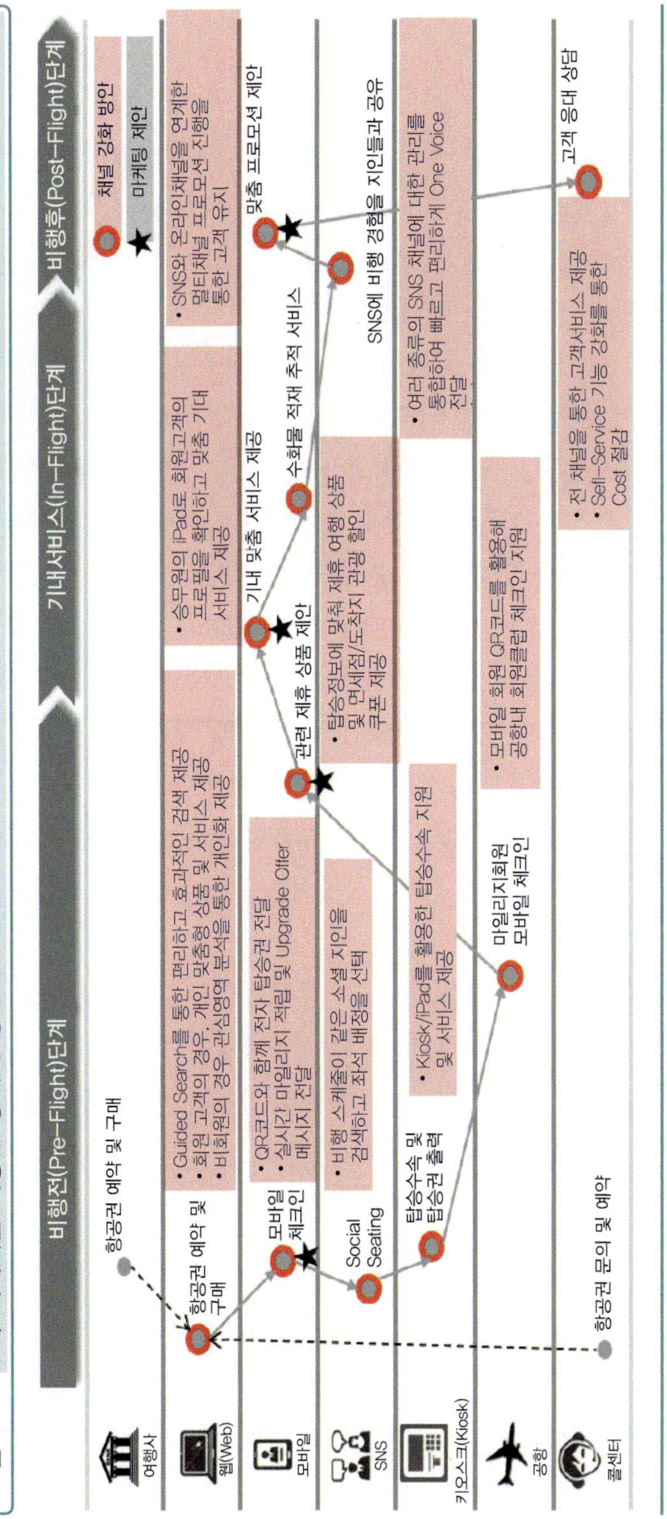


자료: Salesforce Korea(2019)

**그림 7-5** 여객이 경험하는 '진실의 순간들(Moment of Truth)'

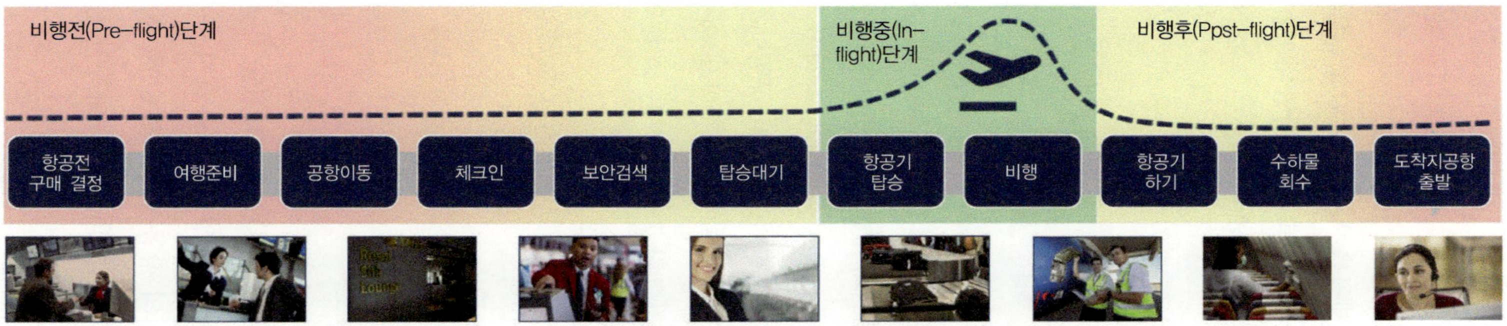


**These 'Moments of Truth' in the Passenger Experience can be potential 'Pain Points' or 'Delighters'**

- 목적지/출발공항
- 항공편 확인
- 운항스케줄
- 운임비교
- 좌석선택
- 직원응대
- 확약
- 여정(itinerary)

- 수하물(packing)
- 이동수단
- 이동시간
- 교통편
- 비행시간

- 도착시간
- 주차장
- 공항진입
- 안내표지
- 탑승수속
- 좌석배정
- 탑승전
- 백드롭
- 대기공간
- 특별요청사항
- 직원응대

- 보안검색대
- 대기시간
- 식 · 음료
- 라운지
- 목적지 정보
- 공항 대기좌석
- 오락 · 위락시설
- 정보제공상태
- 특별요청사항
- 직원응대
- 비상대응체제

- 객실서비스 요소
- 기내경험
- 서비스 수준
- 서비스 친숙도

- 도착시간
- 하기시간
- 휴대수하물
- 특별요청
- 보안상태
- 안내
- 직원응대

- 회수시간
- 혼잡도
- 사고수하물
- 수하물카드
- 세관

- 개인요청사항
- 이동교통편
- 안내
- 교통혼잡도
- 이동시간

## 제3절 공항서비스

항공운송서비스는 항공기의 탑승객에 대한 서비스제공을 목적으로 수행된다. 본절에서는 공항을 중심으로 탑승객을 대상으로 수행하는 탑승수속, 출국장안내, 탑승안내 그리고 도착지 공항에서 수행하는 승객의 하기안내와 위탁수하물의 인도 등의 업무를 단계별로 살펴보자.

### 1. 공항업무의 개요

#### (1) 공항업무의 의의

항공사의 공항업무는 여객이 안전하고 편안하게 여행을 할 수 있도록 하는 일련의 서비스활동으로 구성된다. 출발지 공항에서는 각 항공편의 운항시간표에 따라 사전준비활동을 수행하고 승객의 탑승관련 서류를 확인한다. 그리고 승객에게 좌석을 배정하고 수하물을 위탁받아 접수하며, 탑승을 위한 제반안내를 한다. 도착지 공항에서는 승객의 원활한 하기를 돕고 국제운송의 경우 입국심사와 수하물의 도착상황을 확인하고 지원한다. 이와 같은 일련의 공항의 여객운송서비스는 [그림 7-6]과 같은 흐름으로 수행된다.

#### (2) 여객운송업무의 구성

여객운송은 공항을 중심으로 여객에게 제공되는 일련의 업무들로 구성된다. 대표적인 업무는 다음과 같다.

**① 운송준비업무**

당일 항공편의 출발시간, 승객의 예약상태, 기종 및 클래스별 탑승좌석수, V.I.P. 등 귀빈승객, 환자, 비동반소아, 장애인, 기타 제한승객명단의 확인, 기타 특별지시사항 등을 파악한다. 그리고 원활한 탑승수속업무를 위한 장비의 작동상태와 탑승권 출·입국 신고서, 수하물의 이름표와 꼬리표 등 각종 운송서류양식 등의 비치상태확인 등의 준비업무를 한다.

**그림 7-6 출발지 공항업무의 흐름**

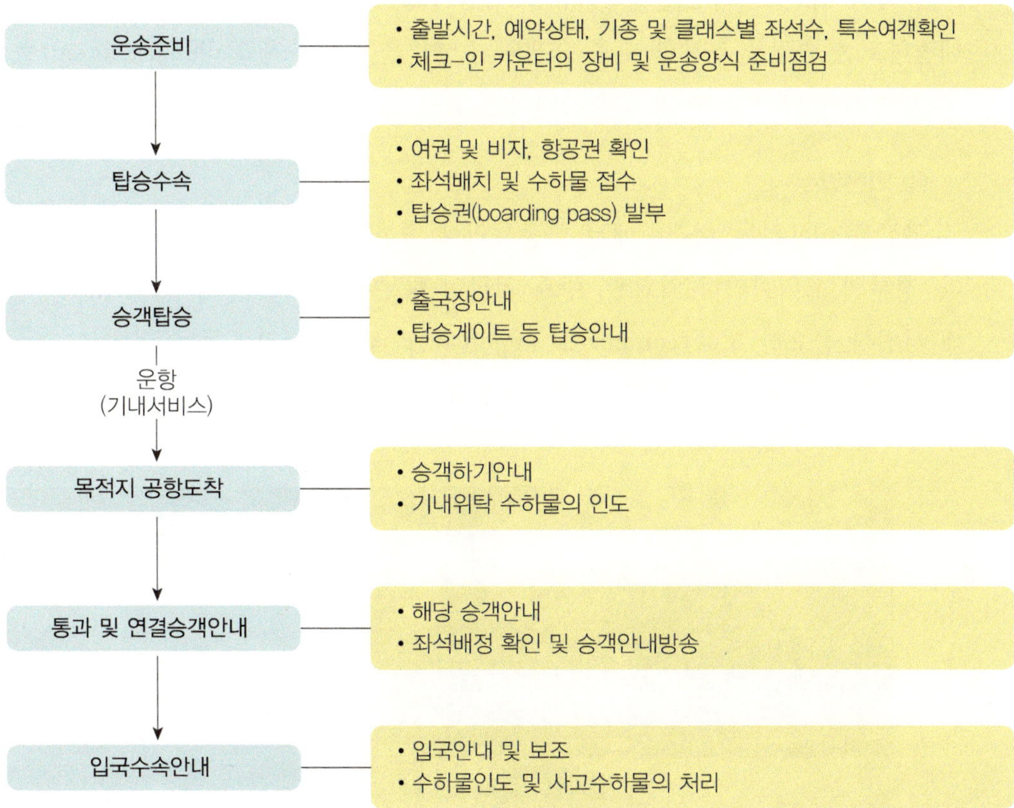


#### ② 출 · 입국 안내업무

항공여행과 관련한 제반사항에 대한 문의나 불편사항을 전담하는 일반안내, 출국장과 입국장의 안내업무 등으로 구성된다.

- 일반안내 : 항공여행에 관한 제반사항에 대한 안내업무
- 출국장 안내 : 출국과 관련된 C.I.Q.(세관, 출·입국심사, 검역) 절차에 대한 안내 및 보조업무, 통과여객에 대한 탑승수속 및 안내업무 등
- 입국장 안내 : 하기하는 승객에 대한 검역, 입국심사 및 세관검사 등과 관련한 안내업무, 출 · 입국관리를 위한 관계기관과의 협의 및 조치업무 등

### ③ 탑승수속업무

승객의 여권, 비자 등 여행서류를 점검하고 항공권을 확인하여 클래스별로 좌석을 배정하고 탑승권을 교부한 다음 승객의 수하물을 접수하여 꼬리표(claim tag)를 부착한 후, 항공기에 탑재할 수 있도록 준비하는 업무 등으로 구성된다.

### ④ 의전업무

공항을 이용하는 여객중에는 항공사의 특별한 예우를 필요로 하는 경우가 종종 있다. 정부의 고위관리나 외교관, 주요 외국인 방문객 등의 귀빈승객(V.I.P.)이나 항공사의 사업상 중요한 고객(commercial important person; C.I.P.) 등에 대해서는 국가적 이익이나 항공사와의 우호적인 관계를 형성하고 유지하기 위해 각별한 예우가 필요하다.

귀빈승객에 대한 의전은 국가적 이익이나 고객의 충성도 강화에 중요한 요소이다.

### ⑤ 수하물 사고처리

여객의 수하물 운송과정에서 발생하는 지연이나 분실 등의 문제가 발생하는 경우, 신속하게 원인을 규명하고 사고를 수습하는 업무를 말한다.[9)]

---

9) 수하물사고 등에 관한 구체적인 내용은 본서의 제3장 항공운송협약과 국제항공기구의 제2절 국내항공운송인의 책임과 운송약관을 참조.

### (3) 출 · 입국절차

공항에서 이루어지는 출 · 입국절차는 세관, 출 · 입국심사, 검역 및 보안검사 등의 기본절차를 공통적으로 거쳐야 한다. 출국여행자의 경우에는 탑승수속을 위한 별도의 과정을 밟게 되며 입국여행자의 경우에는 위탁한 수하물을 회수하는 과정이 추가된다. 출발지 공항에서 여객의 출국절차는 [그림 7-7]과 같다.

**그림 7-7** 출발공항 여객의 출국절차

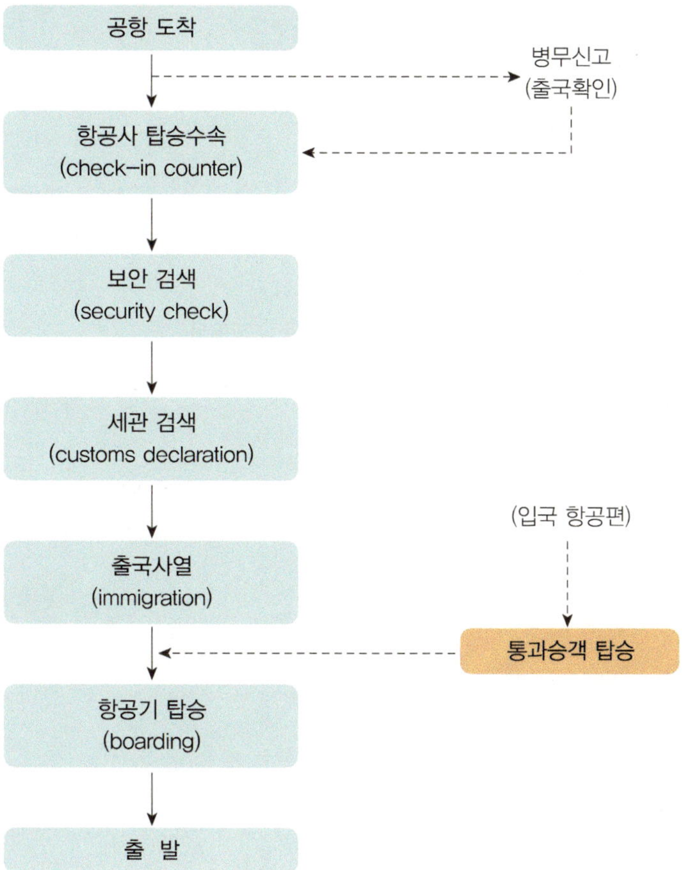


## 2. 탑승수속

탑승수속(check-in)은 여행자가 공항에 도착하여 출국을 준비하는데 가장 기본이

되는 절차이며, 공항업무의 출발점이다. 탑승수속을 담당하는 카운터의 업무는 항공권 소지여부의 확인 → 예약상태의 확인 → 항공권심사 → 좌석배정 → 수하물접수 → 수하물표부착 → 보안검색 → 탑승권 및 수하물표의 교부 등의 순으로 진행된다. [그림 7-8]은 탑승수속 업무의 흐름을 나타내고 있다. 인터넷에 의한 좌석구매가 늘어나면서 항공권의 확인이나 심사절차가 생략되는 대신 고객에게 발급된 영수증형태의 확인서

**그림 7-8** 탑승수속의 절차

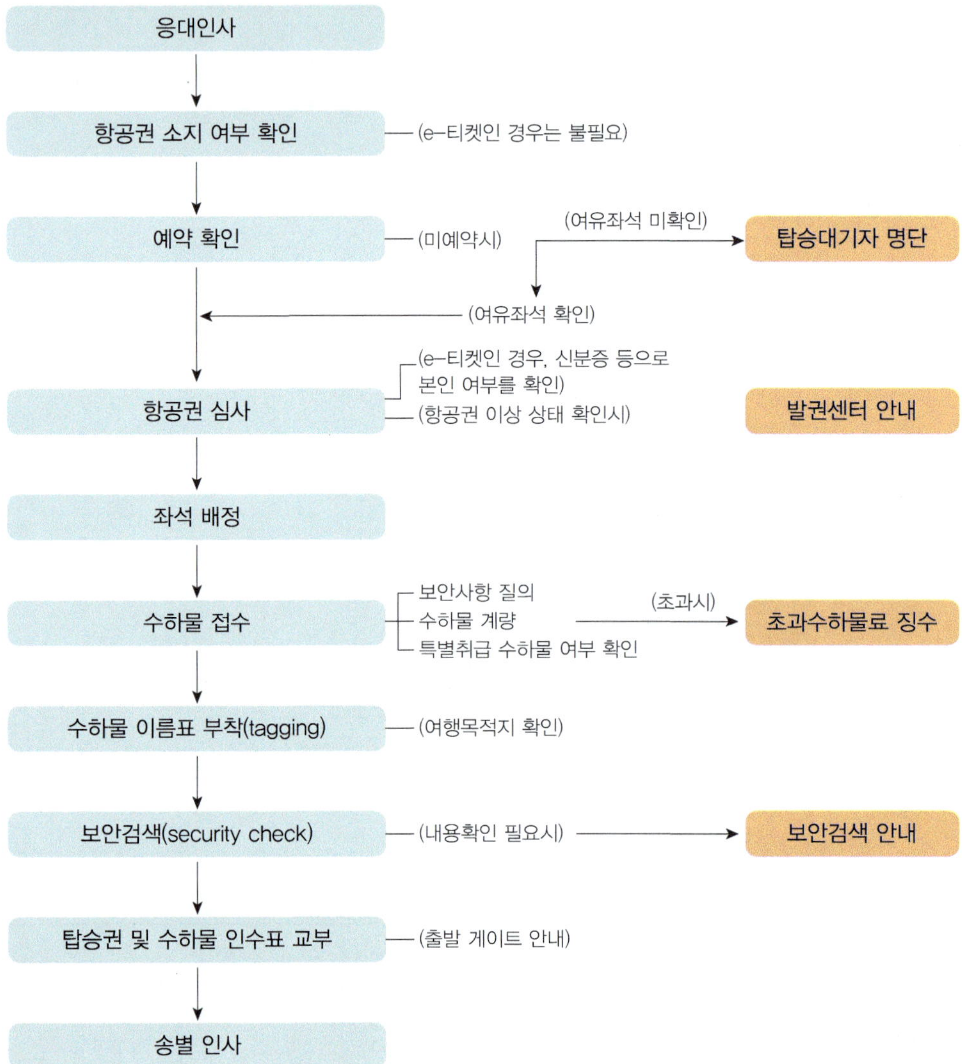

와 신분증으로 발권유무와 본인임을 확인하고 있다.

탑승수속의 기본업무는 여행구비서류의 확인, 항공권 또는 발권상태의 확인 및 좌석배정, 수하물접수 등이다. 이들 각 업무의 주요 내용은 다음과 같다.

### (1) 여행구비서류의 확인

- 여권의 유효기간 및 목적지 비자, 무비자통과승객(TWOV)조건[10] 등의 확인
- 체류허용기간
- 반출 및 반입물품 신고서
- 출입국 신고카드(E/D card)[11]
- 병무신고 대상자는 국외여행 허가증명서를 제출하고 이를 확인받아야 한다.

### (2) 항공권접수

고객이 소지한 항공권(ticket)을 접수하고 다음 사항을 확인한다. 인터넷 항공권의 경우에는 발권영수증, 여권 또는 신분증으로 본인임을 먼저 확인한다.

- 여권과 성명의 확인
- 타 항공편 이용에 대한 보증(endorsement), 중간기착지 등의 확인
- 특별요금 및 단체여객조건 등의 확인
- 분실 또는 도난 항공권여부의 확인

### (3) 좌석배정

- 사전좌석 예약여부의 확인
- 승객선호도와 요구사항을 고려한 좌석배정
- 상황에 따른 좌석승급(upgrade)조치
- 탑승권(boarding pass)의 발급

---

10) Transit Without Visa의 약자로서 본장의 제5절 출 · 입국관련 규정에서 설명됨.

11) 출국신고서(embarkation card)는 출발지 공항의 출국심사과정에서 제출하며, 입국신고서(disembarkation card)는 목적지 공항의 입항(入港)을 위해 심사과정에서 제출하는 서류이다. 예를 들어, 해외여행자의 경우 출발지와 여행목적지에서 각각 E/D카드를 따로 작성하여 제출한다.

### (4) 수하물접수(baggage check-in)

- 승객이름표(name label) 및 수하물 포장상태확인
- 무료수하물 허용량의 확인 및 초과수하물에 대한 요금징수
- 제한품목 및 세관신고 대상물품의 확인
- 수하물표 부착(tagging)
- X-레이 투시기 및 개봉검사 등을 이용한 보안검색

## 3. 출국장 안내

탑승수속이 끝나면, 다음단계로 보안검색 → 세관검사 → 출국심사 → 항공기탑승의 순서에 따라 여객의 출국이 진행되도록 안내서비스를 수행한다. 각 수속단계에서 이상이 발생하면 담당자는 신속하게 해당승객의 문제를 관련기관과 협의하여 조치함으로써 비행일정에 차질이 발생하지 않도록 해야 한다. 출국장에 입장하는 각 단계별 업무의 주요 내용은 다음과 같다.

### (1) 보안검색(security check)

- 여객 및 휴대수하물 검사
- 기내 휴대제한 품목검색
- 불법외환소지 여부검색

### (2) 세관신고(declaration)

- 휴대물품의 반출신고서 작성안내
- 재반출조건의 일시반입물품 신고서 확인[12] 등

### (3) 법무부 출국심사(immigration check)

- 출국자격심사
- 여행서류확인

---

12) 반출신고대상인 물품은 주로 반입시에 세관신고의 대상이 되는 귀금속, 보석류 등 고가의 물품이며, 여행 후 입국시에 과세의 대상에서 이미 신고되어 있는 물품은 제외된다.

법무부의 출 · 입국심사는 여행객의 입국과 출국자격에 대한 심사과정으로서 오늘날에는 IT와 생채인식기술이 이용된다.

- 체류기간 및 출국금지자 여부의 확인
- 출국신고서 접수
- 여권상의 출국확인(stamp)

## 4. 탑승안내

승객의 탑승안내는 탑승구 안내방송, 탑승권 확인 및 좌석안내, 탑승객 인원확인 및 비행관련서류의 객실인계 등의 업무로 구성된다. 탑승안내업무가 시작되는 탑승구(gate)는 탑승권과 탑승객의 본인여부를 확인하는 절차를 거쳐 승객을 기내로 안내하는 장소이다. 항공기탑승은 보통 출발 30분전에 시작되며, 항공편마다 지정된 탑승구를 이용한다. 항공사는 각 탑승구에서 승객의 원활한 탑승을 위해 다음과 같은 안내서비스를 제공한다.

### (1) 노약자 등에 대한 우선탑승

탑승을 위한 안내방송전에 비행전 브리핑을 통해 승객명단에서 파악된 노약자, 유아동반승객, 장애인 등을 우선적으로 탑승시킨다.

### (2) 탑승안내방송

탑승안내판의 점등과 탑승을 위한 안내방송을 실시한다. 환자나 노약자 등의 특수승객이 탑승한 후의 일반적 탑승순서는 대개 V.I.P. 및 C.I.P., 일등석이나 비즈니스 클래스의 승객의 탑승이 우선된다. 이어서 일반석 승객들의 탑승을 알리는 방송을 내보내는데, 이때 기내에서의 혼잡을 피하고 보다 효율적인 탑승을 위하여 항공기 후미구역의 좌석에 배정된 승객부터 탑승시키는 것을 원칙으로 하고 있다.

#### (3) 최종탑승 안내방송

탑승구에 대기중인 승객의 탑승이 완료된 후에도 탑승수속을 마치고 아직 항공기에 탑승하지 않은 미탑승승객을 위하여 탑승구에서는 최종적으로 탑승권유방송을 한다. 우리나라의 경우 발급된 탑승권의 숫자와 탑승한 승객의 수가 일치하지 않으면 항공기가 출발할 수 없으므로 마지막 승객이 탑승할 때까지 탑승을 독려하는 방송을 내보낸다.

#### (4) 탑승객의 확인 및 비행관련서류의 인계

이상과 같은 일상적 업무외에도 탑승구에서는 규정에 위반되는 과다 휴대수하물 소지승객에 대해서는 해당 수하물을 위탁수하물로 처리한 후 나중에 탑승시키는 조치를 취한다. 또한 가족 등 일행과 여행하는 승객들의 좌석이 분리되어 있을 경우 승객들간에 좌석을 재배치하는 업무도 수행하며 승객의 편의를 최대한 도모한다. 탑승이 완료되면 탑승구의 탑승안내 담당자는 객실승무원과 함께 탑승객 수를 확인하고 객실사무장에게 비행관련서류를 인계한다.

### 5. 제한승객

#### (1) 제한승객의 개념

제한승객(incapacitated passenger)이란 승객의 정신적 장애와 의학적인 비정상적 상태로 인해 일반승객과 달리 비행중이나 지상이동에 있어 개인적으로 별도의 배려나 도움을 필요로 하는 승객을 말한다. 제한승객이 탑승하는 경우에는 목적지와 경유지 공항에 해당사실을 사전에 통보하여 별도의 안전조치를 취해야 한다. 한편, 제한승객과 별도로 항공사는 안전운항을 위해 승객의 탑승을 거절할 수 있도록 규정하고 있다. 탑승거절승객은 다른 승객이나 승무원 및 안전운항에 위험을 초래할 가능성이 있다고 인정되는 경우나 전염병환자, 정신질환자, 탑승중에 병세가 악화되거나 위험이 가중될 가능성이 있는 경우, 생후 14일 미만의 신생아 등으로 규정하고 있다.

제한승객에 대한 별도의 도움이나 배려는 모든 서비스 제공과정에서 우선적으로 고려되는 핵심요소이다.

### (2) 제한승객의 유형

- **환자승객**(invalid passenger)

정신적, 신체적 질환 또는 지체부자유자로서 제3자의 도움없이 여행이 불가능한 여객으로서 일정한 조건이 충족되어야 탑승이 허용된다. 환자승객은 정상적인 좌석을 점유하는 환자와 간이침대를 이용하는 환자(stretched passenger)로 구분된다.

- **비동반소아**(unaccompanied minor; UM)

성인 동반자없이 항공여행을 하는 3개월 이상 12세미만의 유아(infant)나 소아(child)를 말한다. 보호자가 출발지 공항 및 도착지 공항에서 항공사와 인수 · 인계할 수 있도록 예약당시에 별도의 조치가 되어야 한다.

- **임산부**(pregnant woman)

임신 후 32주이상 경과된 임산부를 말하며, 출발 72시간 이내에 발부된 의사의 진단서와 면책사유서를 제출해야 한다.

- **시각장애인**(blind passenger)

정상인이 동반하는 경우와 동반인이 없는 경우로 구분된다. 특히 동반인이 없는 경우, 출발지와 도착지에 보호자가 있어야 하며 면책서약서를 별도로 제출해야 한다.

- **죄수**(prisoner)

죄수는 보통 호송하는 경찰관과 동승하게 되므로 관계기관과 사전에 긴밀한 협조체계를 유지한 후 탑승토록 한다.

## 6. 도착지 공항서비스

### (1) 도착지 공항서비스의 개요

목적지 공항에 도착하는 승객들은 검역, 법무부, 수하물인도, 세관검사대를 통과하게 된다. 이 과정에서 항공사 직원들은 승객들이 용이하게 입국할 수 있도록 지원한다. 승객의 입국준비를 위한 업무들은 다음과 같다. 첫째, 출발지 공항지점으로부터 고객서비스와 관련된 전문을 확인하여 필요한 조치를 취하고 항공기 도착에 필요한 서류를 준비한다. 둘째, 항공편이 예정된 시간에 도착하는지를 확인한다. 셋째, 입국신고서를 준비한다. 넷째, 항공기가 주기할 장소 및 탑승구를 확인하고 필요한 경우, 램프버스나 휠체어 등을 준비한다. 도착지 공항에서 여객의 입국절차는 [그림 7-9]와 같다.

**그림 7-9** 도착지 공항 여객의 입국절차

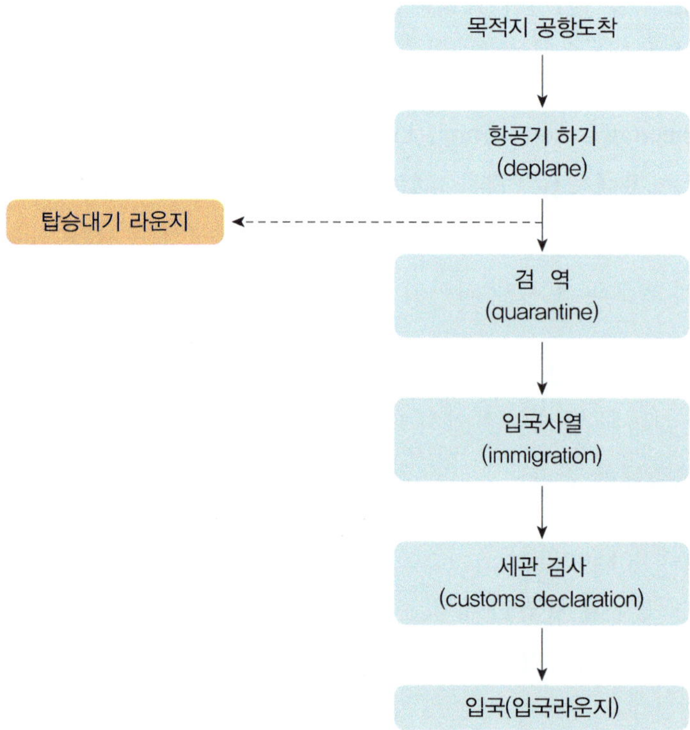

### (2) 승객의 하기안내

승객의 하기는 대개 다음과 같은 순서를 따른다.

① 긴급한 의료조치를 필요로 하는 승객
② 공무나 비즈니스 등을 수행하는 항공사의 귀빈(V.I.P., C.I.P.)
③ 일등석 승객
④ 비즈니스석 승객
⑤ 비동반소아 및 노약자
⑥ 제한승객
⑦ 일반승객
⑧ 간이침대로 이동하는 환자승객

### (3) 검역안내

승객은 목적지에 도착한 후 가장 먼저 검역절차를 거친다. 승객은 예방접종카드를 제시하거나 검역설문서를 제출해야 한다. 또한 승객의 휴대품 중에서 식물류, 과일류, 육류, 씨앗 등에 대한 식물검역과 애완동물 등에 대한 검역은 해당국가의 규정에 따른다.

### (4) 법무부 입국심사

내국인과 외국인으로 각각 구분된 심사대를 이용한다. 입국심사원에게 여권과 입국카드를 제시한다. 소지한 여권과 사증이 유효한지를 검토하여 입국제한(black list) 여부를 확인한다. 입국에 하자가 없는 승객들은 입국목적과 체류장소를 확인하고 체류기간을 결정한 후 입국도장(stamp)을 찍어준다. 마지막으로 출입국신고서를 확인하고 입국신고서 부분만 절취하여 수거한다. 입국부적격자로 판명될 경우에는 입국이 거절되는 경우도 있다.

### (5) 위탁수하물의 인도

승객의 입국사열이 이루어지는 동안 항공기 화물칸의 위탁수하물은 수하물인도 장소인 회전벨트로 이동된다. 승객은 자신의 수하물을 스스로 찾아 세관검사를 받는다.

이때, 수하물이 도착하지 않거나 파손된 경우 담당직원은 수하물 사고보고서를 작성하고 항공사의 규정과 절차에 따라 수하물을 추적하고, 발생하는 손해를 배상토록 조치한다.

### (6) 세관검사

세관검사대는 면세, 과세검사대로 구분되어 운용되고 있으며, 일반적으로 내국인과 외국인을 구분하여 각기 다른 검사대를 통과하기도 한다. 세관통과시 세관신고서와 여권을 제시하고 검사원의 지시에 따라 휴대품들을 보여주거나 혹은 그냥 통과하게 된다. 국가별로 면세범위가 다르며, 품목에 따라 통관수량에 제한을 받거나 또는 통관자체가 불허되는 경우가 있다. 국가에 따라서는 승객이 소지하는 외국환의 경우 특정한도를 정하여 이를 초과하는 경우 신고하도록 규정하기도 한다.

CHAPTER

# 08

# 항공사의 업무와 조직

항공운송은 서비스의 전달과정에서 안전한 운항과 쾌적한 서비스를 지향한다. 항공사는 이와 같은 고객의 욕구를 만족시킴으로써 수요를 창출 · 유지하고 이윤을 실현한다. 오늘날의 항공사는 전형적인 서비스조직이다. 본 장에서는 항공사의 운송서비스의 개념을 정리하고 항공사의 업무체계를 기능별로 나누어 학습한다. 제1절에서는 항공운송서비스의 본질과 특징을 설명한다. 그리고 제2절에서는 항공운송업의 구성과 기본업무를 살펴보고, 제3절에서는 항공사의 조직을 설명한다.

**Keyword**: 항공사조직, 항공운송업, 부대사업, 운항절차, 지상조업, 유효좌석마일(ASM), 유상여객마일(RPM), 판매경로, GDS, 예약업무, 예약기록(PNR), 발권업무, 운항통제, 항공교통관제, 운항본부, 정비본부, 마케팅본부, 객실본부, 객실서비스 조직

# 제1절 항공사의 운송서비스

## 1. 항공운송서비스의 흐름

항공사의 업무는 운송서비스가 생산 · 소비되는 항공기에 집중된다. 실제로 업무현장에서 수행되는 활동영역은 마케팅활동이 이루어지는 영업부문과 공항을 중심으로 여객과 화물의 이동을 관리하는 운송부문과 공항서비스부문, 항공기의 운항과 관련한 운항 · 객실부문, 그리고 항공기의 유지관리를 담당하는 정비유지 · 지상조업부문이 있다. 항공사의 각 부문별활동은 부서의 목표와 성격에 따라 명확히 구분되지만 운송시스템의 구성요소로서 유기적인 관계를 형성하고 있다.

공항에서 수행되는 항공사의 항공운송서비스를 부문별 구분하여 기본적인 업무를 정리하면 다음과 같다.

- 여객영업 : 좌석에 대한 예약과 발권서비스 수행
- 화물영업 : 화물운송을 위한 판매예약, 화물의 반입과 통관서비스의 수행
- 항공기정비 및 배치 : 항공기의 정비, 항공기의 탑승게이트 배치, 연료탑재
- 운항 · 객실 : 운항계획, 스케쥴통제, 운항자료작성, 승무원스케쥴의 관리
- 공항업무 : 탑승수속, 출 · 입국(C.I.Q) 및 여객탑승의 안내, 수하물처리, 기내서비스물품 및 기내식 음료탑재 등의 지상조업, 화물의 탑재 등
- 객실업무 : 비행 전, 비행 중, 비행 후 객실서비스의 단계별 수행

오늘날 정보통신의 발달은 기존의 항공운송업무체계에 큰 변화를 가져왔다. 예를 들어, 영업에 있어서 판매와 예약, 발권 등의 영업활동은 인터넷의 발달로 인해 판매 · 유통구조가 단순화되고 있으며, 항공사 간의 활발한 제휴로 인해 공항의 운송과 운항, 지상조업활동의 영역이 보다 상호 유기적인 관계로 변하고 있다. [그림 8-1]은 공항을 중심으로 이루어지는 항공사의 기본적인 활동영역을 구분하여 나타낸 것이다.

**그림 8-1** 항공사의 운송서비스 흐름

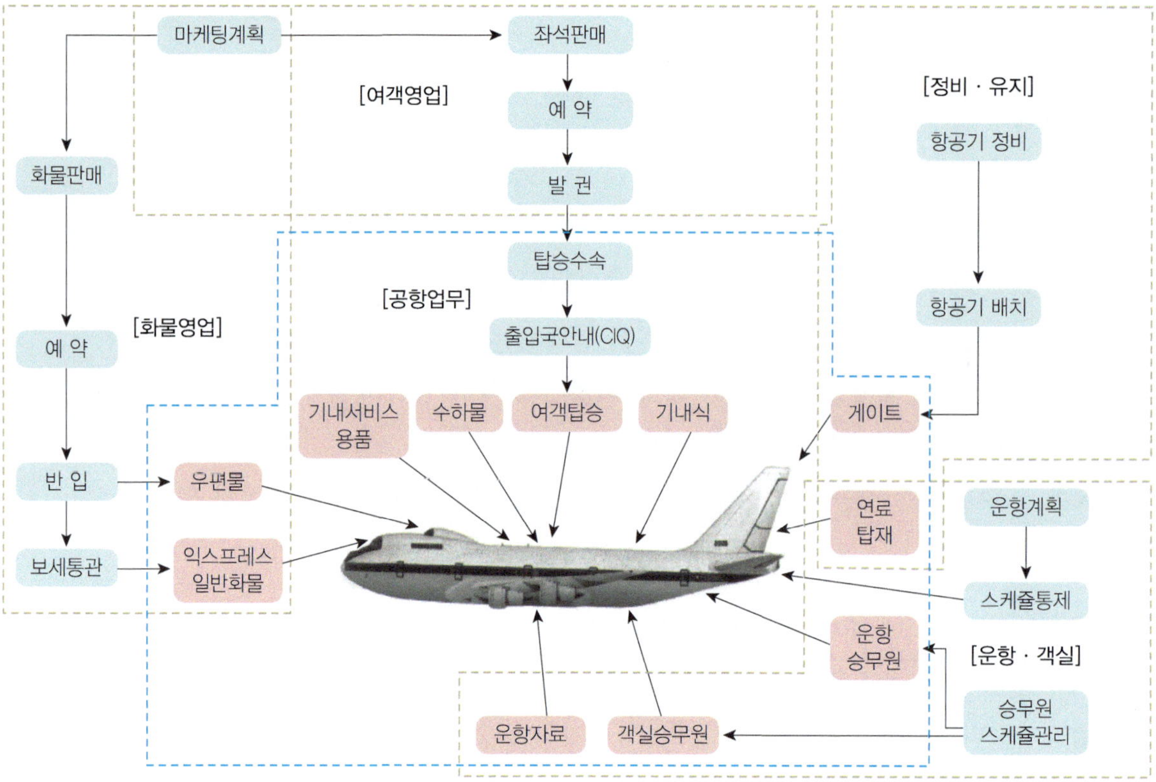


## 2. 항공사의 상품과 영업활동

### (1) 상품의 개념

항공사의 상품이란 여객이나 화물을 출발지로부터 도착지까지 공간적으로 이동시키는 운송서비스를 말한다. 소비자의 입장에서는 공간적 이동을 통해 효용을 제공받고 대가를 지불한다. 따라서 항공권(ticket)을 일반적인 유형의 상품과 마찬가지로 구매하여 운송서비스를 제공받는다.[1)]

1) 항공사의 생산 또는 공급규모는 유상으로 판매가능한 좌석수에 거리를 곱한 유효좌석 킬로미터 또는 마일(available seat kilometers/miles: *ASKs* 또는 *ASMs*)로 나타내며, 이는 흔히 여객을 운송할 수 있는 수용능력 또는 운송력(capacity)을 나타내는 지표로 이용된다. 그리고 판매가 이루어져 운송실적을 나타내는 지표로는 유상으로 판매된 좌석수에 거리를 곱한 유상여객 킬로미터 또는 마일(revenue passenger kilometers/miles: *RPKs* 또는 *RPMs*)이 이용된다.

### (2) 영업활동의 체계

**• 영업활동의 흐름**

항공사의 영업활동은 크게 판매, 예약, 발권 및 운송의 네 가지 기능으로 구분된다. 그러나 각각의 영업활동은 상호 독립적이 아니라, 각 기능과 활동내용이 서로 중복적이고 보완적인 관계를 지닌다. 예를 들면, 판매부서의 직원들은 잠재적 고객이나 여행사 등 중개기관을 대상으로 자사의 상품을 구매하도록 촉진하는 과정에서 운임의 종류와 특징을 설명해 주고, 직접 스케쥴을 작성하기도 한다. 특히 오늘날에는 인터넷의 보급에 따라 예약과 발권이 동시에 이루어지는 경향이 일반화되고 있다. 예를 들어, 항공사 콜센터(call center)의 직원은 단순히 승객의 예약을 담당하는 업무외에도 스스로 전화판매 등을 통해 직접판매활동을 수행한다. 항공사의 영업활동흐름의 유형을 정리해 보면 [그림 8-2]와 같이 각 영업활동이 인터넷의 이용에 따라 온라인거래로 간편화되고 있다.

**그림 8-2** 영업활동흐름의 유형

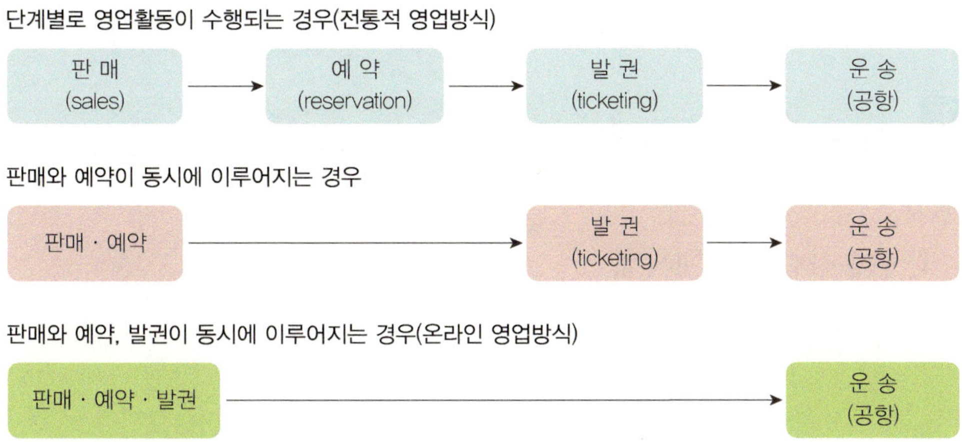


**• 항공사의 판매경로**

항공사의 판매경로는 직접판매경로와 간접판매경로로 구분된다. 판매 · 예약 · 발권 · 운송 등의 영업부서들은 각 부서의 기본적 업무뿐 아니라 상품의 판매활동에도 동시에 참여한다. 이때 항공사의 판매경로는 [그림 8-3]과 같이 구성된다. 이 가운데 항

**그림 8-3** 항공사의 판매경로

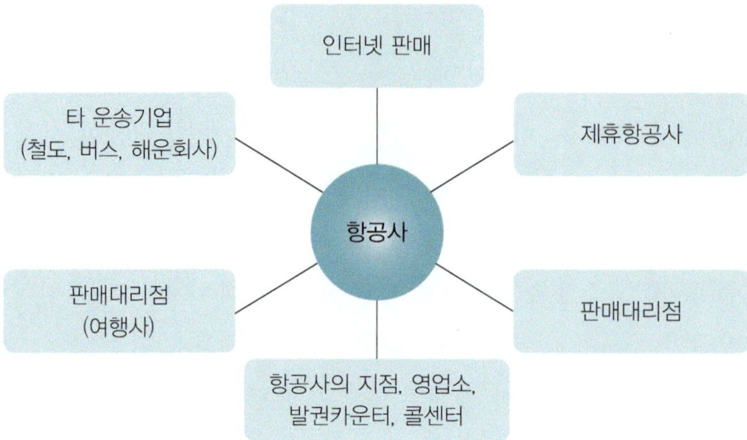


공사의 콜센터, 공항지점, 영업지점, 발권카운터 등을 통하여 이루어지는 판매를 직접판매라하고, 여행사나 대리점, GDS 등 자사 이외의 조직을 통하여 시행되는 판매를 간접판매라고 한다.

## 제2절 항공사의 업무체계

### 1. 운송사업과 부대사업

#### (1) 운송사업

항공사의 기본업무는 항공기를 이용한 운송사업이다. 앞서 살펴본 바와 같이 항공운송사업이란 타인의 수요에 따라 항공기를 사용하여 유상(有償)으로 여객 또는 화물을 운송하는 사업이다. 다양한 운송사업 가운데 여객을 대상으로 하는 국내 및 국제노선을 취항하는 운송사업의 수행주체는 항공사가 된다.

항공사의 기본사업은 고객의 요구에 응하여 유상으로 여객과 화물을 운송하는 운송서비스업이다.

### (2) 부대사업

부대사업이란 항공운송과 연관이 있는 사업을 말한다. 일반적으로 항공사는 수입의 다각화를 위해 기본적인 운송업에만 국한되지 않고 운송과 관련한 여러 가지 부대사업을 동시에 수행하는 경우가 많다. 부대사업에는 운송사업을 제외한 항공기취급업, 상업서류송달업 그리고 총대리점업, 도심공항터미널업 등이 있다. 특히 항공운송과 불가분의 관계를 맺고 있는 호텔사업, 여행업, 카렌트 등의 리스업, 면세품판매업, 각종 위락사업 등을 비롯한 관광산업 그리고 급유 등 지상조업과 보안서비스, 기내식사업, 금

**그림 8-4** 운송사업과 부대사업 항공운송사업

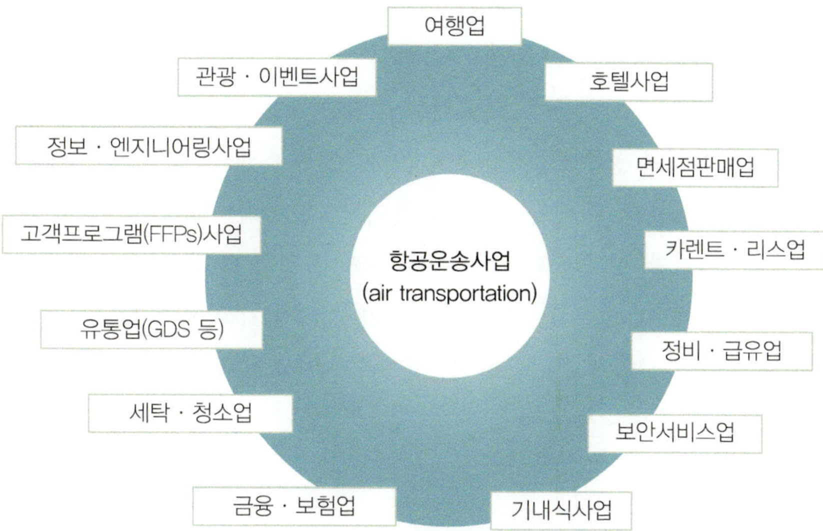

융 · 보험업, 세탁 · 청소업, GDS를 이용한 판매대행업, 고객에 대한 마일리지 프로그램(FFP)운영, 정보시스템 및 엔지니어링 관련업 등이 항공운송과 관련한 대표적인 부대사업들이다.

특히 항공은 관광을 구성하는 기본요소로서 관광산업을 형성하고 있는 숙박, 여행, 정보서비스, 면세점, 금융 등이 대표적인 부대사업에 해당된다.

부대사업은 항공운송업과 관련이 있는 수익모델을 개발하여 항공사의 수익기반을 확대하는 다각화전략이다.

## 2. 항공사의 기본업무

항공사의 기본업무는 여객을 대상으로 하는 운송서비스(transportation)와 환대서비스(hospitality)로 구성된다. 운송서비스는 여객의 안전한 공간적 이동과 관련한 업무를 말하며, 항공기의 운항, 정비 및 지상조업 등으로 구성되기 때문에 고객을 직접상대하지는 않는다. 한편, 고객을 직접대면하여 수행하는 대면서비스는 판매, 예약 및 발권, 공항업무, 객실업무 등으로 구성되며, 이들은 항공사업무의 핵심적 내용이 된다. [그림 8-5]는 항공사의 업무체계를 나타낸 것이다. 판매와 예약, 발권업무는 직접적인 영업활동을 의미하지만 여행자의 탑승수속 등과 관련한 공항의 운송업무와 기내에서 수행되는 객실업무 등도 상품의 생산과 소비가 이루어지는 현장이므로 거시적으로는 항공서비스를 구성하는 활동요소들이다. 항공운송업무의 주요 내용을 항공사의 업무영역별로 정리해보면 다음과 같다.

**그림 8-5** 항공사의 기본업무체계

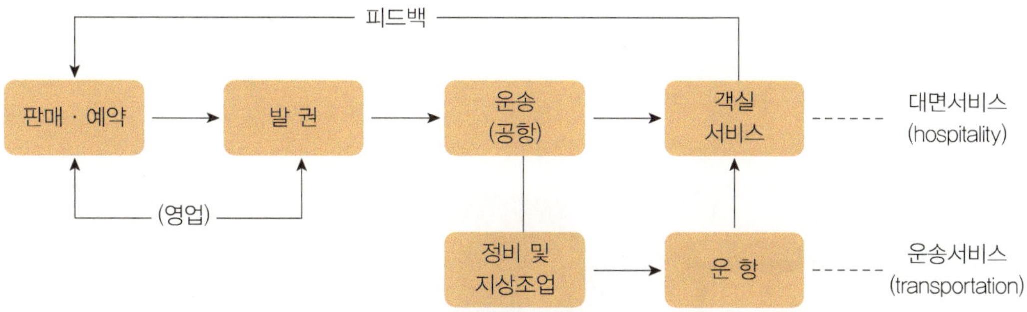


### (1) 예약업무(reservation)

예약은 흔히 항공기의 좌석에 대한 예약을 의미하지만 고객이 원하는 스케쥴에 따라 항공여행을 하는데 필요한 모든 부수적인 서비스 및 정보를 제공하는 역할을 포함한다. 즉, 예약서비스는 자사 항공기의 좌석을 판매하는 기능뿐 아니라 타 항공사의 좌석예약, 호텔과 관광예약, 카렌트 및 기타 교통편의 예약 등 부대서비스를 동시에 수행하며, 승객의 요구에 따라 기내식에 대한 특별음식의 예약이나 도착지에서의 안내서비스 그리고 특별한 주의가 필요한 승객에 대한 별도의 서비스를 예약하는 기능도 수행한다. 이와 같이 다양한 예약서비스는 좌석의 판매뿐 아니라 고객서비스를 강화하

**그림 8-6** 고객의 예약기록사항(PNR)

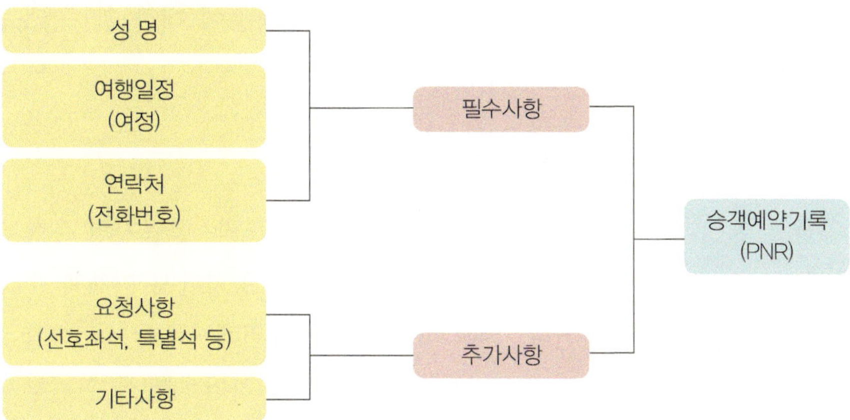

는 역할을 하며, 좌석의 재고를 효율적으로 관리함으로써 수익성의 극대화를 가능하게 한다. 또한 고객마다 예약과정을 통해 여행에 필요한 사항을 점검하는 부수적 기능도 수행한다. [그림 8-6]은 예약업무의 핵심이 되는 고객의 예약기록사항(passenger name record, PNR)을 나타낸 것이다.

예약과정에는 고객이 원하는 사항뿐 아니라 잠재적 욕구와 관련한 여행서비스와 정보를 제공하는 역할이 포함된다.

### (2) 발권업무(ticketing)

발권은 승객에게 항공권(航空券)을 발행하는 업무를 말한다. 발권업무는 이미 작성된 승객의 예약기록(PNR)과 공시된 요금에 기초하여 항공권을 발행하는 업무가 기본이지만 e-Ticket의 확산에 따라 예약과 동시에 발권까지 동시에 이루어지는 것이 보통이다. 오늘날 발권업무의 대부분은 여행사 등의 판매대리점이나 온라인상의 인터넷을 이용하여 수행되고 있다. 따라서 기계적으로 이루어지는 항공권의 발급업무보다는 웹사이트상이나 판매대리점 등의 요구에 따라 여행상품에 대한 관련정보들을 제공하고 최근의 운임체계를 설명하는 업무가 대부분이다.

### (3) 운송업무(passenger traffic service)

공항은 예정된 스케쥴에 따른 여행자의 출발과 도착, 항공기의 운항 그리고 고객서비스가 종합적으로 제공되는 현장이다. 운송업무는 공항에서 여객과 수하물 등을 다루는 포괄적인 업무로 구성된다. 특히 항공기운항을 위해서는 운송, 객실, 정비, 운항 등 여러 종류의 업무가 동시에 종합적으로 진행되어야 하기 때문에 관련부서 간의 긴밀한 협조가 매우 중요하다. 대표적인 운송업무로는 여객에 대한 탑승수속을 비롯하여 탑승

공항업무는 승객대상의 모든 단위활동들이 동시에 진행되어야 하기 때문에 관련부서 간의 유기적인 협조가 중요하다.

안내와 하기안내, 도심공항터미널 서비스연결 항공편 승객을 위한 탑승수속, 공항라운지 서비스, 수하물의 처리 등이다.

### (4) 객실승무업무(cabin service)

객실업무는 기내에서 승객에게 제공되는 모든 인적 · 물적서비스로서 좁은 의미의 항공서비스를 의미한다. 인적서비스란 승객이 객실내에서 필요로 하는 각종 시설물과 서비스물품을 이용하여 객실승무원의 편의를 제공하는 업무를 말하며, 물적서비스란 장착된 설비와 비치된 물품을 이용하여 승객들이 보다 안전하고 쾌적하게 여행할 수 있도록 제공되는 서비스를 말한다. 객실서비스의 절차는 일정한 패턴에 따라 표준화되어 있다. 다만 기종이나 노선, 운항시간 등에 따라 내용이 다소 다르지만 일반적으로 공통된 절차에 따라 서비스가 제공되므로 근본적인 차이는 없다.

객실서비스는 일정한 패턴에 따라 표준화된 절차에 따라 수행된다.

### (5) 운항, 정비 및 지상조업

항공기의 운항은 기상 등 외부환경의 영향을 크게 받기 때문에 정시성이나 쾌적성뿐 아니라 안전성을 확보하는 것이 다른 교통수단에 비해 어렵다. 운항시스템은 항공로, 항행지원시설, 관제 및 기상, 공항 등 공공기관이 관리하는 운항지원시스템과 항공기, 승무원, 운항관리사 등 항공사가 직접관리하는 운항시스템의 두 가지로 구분된다.

항공안전과 관련한 운항 및 정비 등의 업무는 항공기의 운용기준과 의무장비, 긴급장비, 항공일지 등의 항공기의 구비요건, 승무원자격요건과 교육 · 훈련, 근무관리상의 요건 및 승무원 편성 등 운항승무원의 관리, 비행장과 비행방식, 비행계획과 연료탑재, 비행의 확인과 감시 및 운항통제 등으로 구성되는 운항관리 및 통제 등의 분야로 나누어진다. 항공기의 운항절차를 단계별로 나타내면 [그림 8-7]과 같다.

정비는 안전하고 신속하며 쾌적한 운항을 위하여 항공기 기체를 최적의 상태로 유

**그림 8-7** 항공기 운항의 단계

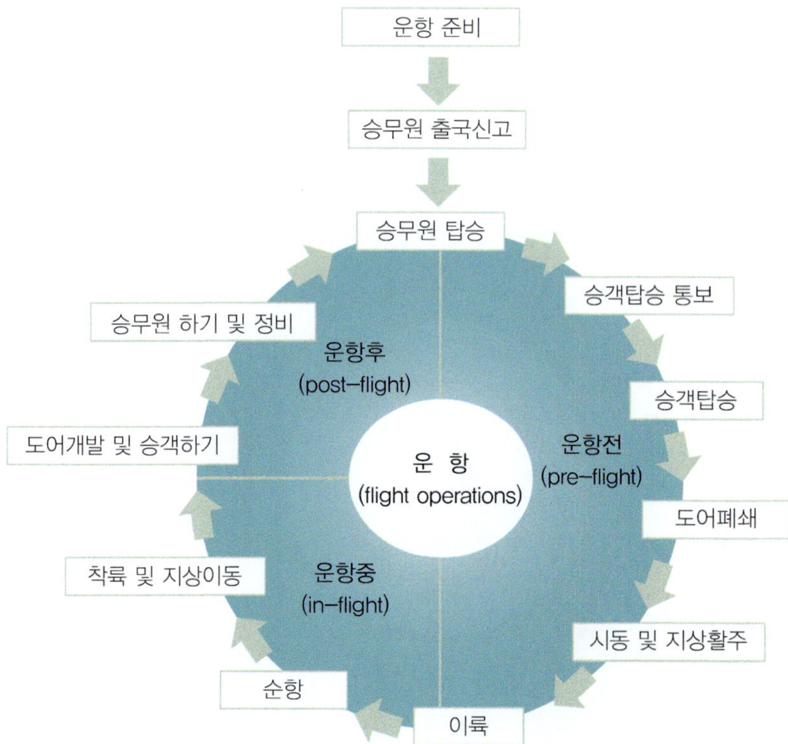

지하고 향상시키기 위한 일련의 활동들로 구성된다. 지상조업은 기내식음료 및 서비스 물품 등의 조달활동인 케터링(catering), 기내청소와 급유 등 승객의 안전과 쾌적성을 확보하기 위한 일련의 업무들로 구성된다.

항공교통은 기상 등 외부환경의 영향으로 다른 교통수단에 비해 안전성의 확보가 어렵고 중요하다.

## 제 3 절 항공사의 조직

### 1. 항공사의 조직구조

항공사의 조직은 단순히 운송을 위한 수단으로서의 역할뿐만 아니라 각 활동의 내용과 범위를 정하고 상호 유기적 관계를 통해 조직의 목표를 달성한다. 조직화란 기본적으로 경영활동을 통해 경쟁력을 갖추고 이익을 창출하며, 시장지위를 확보 · 유지하는 공동목표를 달성하기 위해 서비스의 각 요소들을 통합할 수 있는 구조적 틀을 제공한다.

조직의 구조는 항공사마다 상품의 내용과 시장여건 등에 따라 다양하게 운영된다. [그림 8-8]은 항공사의 일반적인 조직도의 예를 나타낸 것이다.[2)] 항공사의 라인(line) 조직은 목표달성을 위해 서비스를 직접수행하며 이에 따르는 권한과 책임을 지니는 부서들로서 항공기의 운항, 정비, 여객 및 화물영업 등의 조직으로 구성된다. 한편, 스탭(staff)조직은 라인조직을 보좌하여 목표를 달성하도록 지원하는 기능을 담당하는 부

2) John G. Wensveen, *Air Transportation: A Management Perspectives*, 6th ed., Ashgate Publishing Co., 2008, pp. 217의 〈Figure 7-4〉를 참조.

**그림 8-8** 항공사의 일반적 조직도(例)

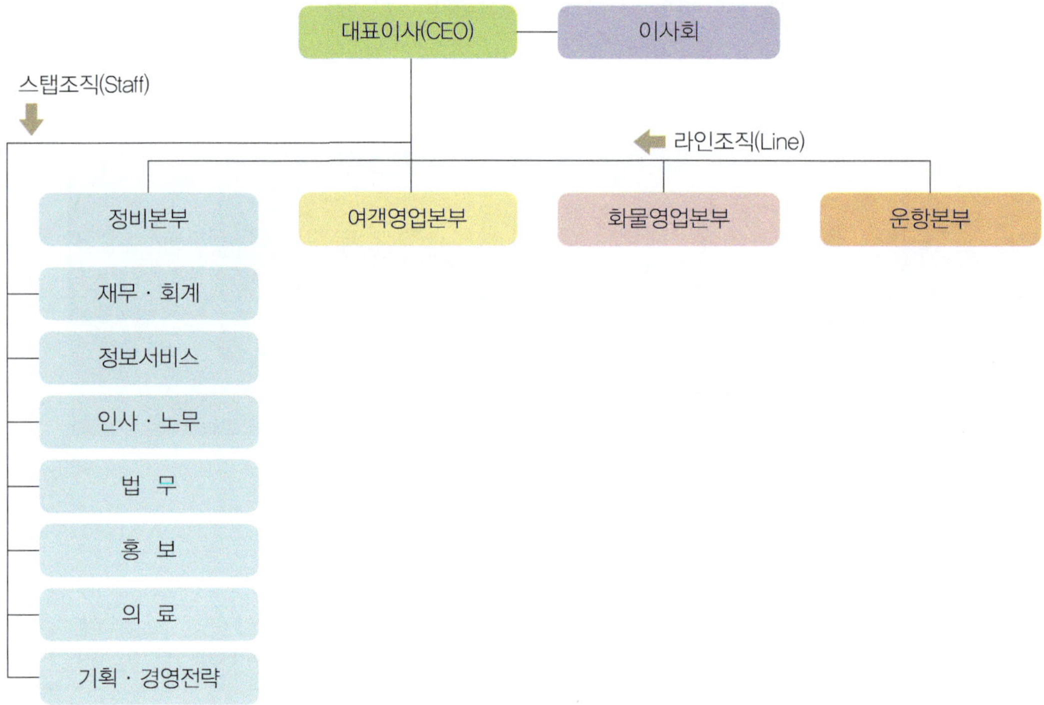


서들로서 재무 · 회계, 정보서비스, 인사 · 노무, 법무, 의료, 홍보 등의 조직들이 포함된다.

## 2. 기능별 조직

항공사의 기본조직은 기능별로 항공기의 운항 및 정비, 마케팅, 객실서비스 등의 업무와 직접적인 관계가 있는 라인조직의 부서들로 구성된다. 여기에서는 사업본부별로 수행하는 주요업무를 소개한다.

### (1) 운항본부

운항본부는 항공기가 안전하고, 효율적으로 운항할 수 있도록 모든 정책과 절차 및 기술 등에 관한 활동을 수행하는 조직이다. 운항부서의 기본적 기능은 다음과 같다. 첫째, 운항통제 및 안전관리기능이다. 이는 항공기의 출발에서 착륙까지 항공교통의 흐름이 안전하고 경제적으로 원활히 이루어지도록 하는 역할을 맡는다. 둘째, 운항절차 및 훈련기능이다. 보유하고 있는 항공기와 관련이 있는 운항정책이나 절차 및 기술 등을 교육하고 개발하는 역할을 한다. 셋째, 운항기능이다. 안전운항을 위해 요구되는 기준에 맞도록 조종사에 대한 훈련프로그램을 개발하고 운영한다. 넷째, 승무원에 대한 스케줄링 기능이다. 각 운항편마다 효율적으로 인력의 배치가 이루어질 수 있도록 운항승무원들의 일정을 편성하고 관리하는 역할을 맡는다. 운항부문의 업무를 단위부서별로 나누어 살펴보자.

#### ① 운항통제

항공기를 안전하고 효율적으로 운용하기 위해 대부분의 항공사는 시스템의 개념을 도입하고 있다. 항공기의 이동을 포함한 운항활동에 대한 관리는 SOC의 중앙통제시스템에 의해 수행된다. 이 통제시스템은 운항관리사로 구성된 운항통제부서에 의해 운영되는데, 여기에서 지상과 공중의 항공기 이동에 대하여 지속적인 운항통제업무가 수행된다. 운항관리의 목적은 현재상태에서 항공기의 운항이 안전하고, 효율적이며 원활한 흐름으로 이루어지도록 하는 데 있다.

운항통제는 항공운송시스템의 원활한 작동을 담당하는 중추신경에 해당한다.

#### ② 운 항

운항책임자(flight managers)는 해당지역의 운항과 관련된 활동에 대해 관리책임을 지며, 그 내용을 해당지역의 책임자에게 보고한다. 이들은 운항중인 조종사업무의 감독, 비행전 점검과 여러 운항조건의 파악 및 운항승무원에 대한 지원과 조언업무를 맡는다. 조종사는 운항책임자에게 보고하며, 기장(captain)은 항공기에 대한 권한과 책임

기장은 운항중인 항공기에 대한 권한과 책임을 진다.

을 진다. 기장의 명령권은 운항이 허가되는 순간부터 유효하며, 기장은 이륙에 앞서 적재된 총중량과 중량배분, 연료의 탑재량 등이 기준과 일치하는지를 최종적으로 결정한다. 부조종사는 비행중 기장의 지시에 따라 활동이 정해진다.

### ③ 항공교통관제 및 시스템통제

항공교통관제(air traffic control: ATC)활동은 지상을 이동하는 항공기에 대한 지상관제, 이륙과 착륙을 지시하는 비행장관제, 그리고 이륙 후 도착지 공항에 근접할때까지의 전체항로에 대한 항로관제 등으로 이루어진다. 공항으로부터 일정거리를 벗어나는 지점부터 시작되는 항로관제는 항로관제센터에 의해 운항구간에 대해 이루어진다. 장거리노선의 경우, 항공기가 목적지에 도착하기까지 경유하는 각 국가나 지역별 항로관제센터 간에는 관제권에 대한 권한과 책임에 대해 위임이 이루어진다. ATC 기능은 정부의 항공교통전담기관에 의해 수행된다.

항공기의 이동에 따라 지역별로 분할된 관제권에 대해 권한과 책임이 위임된다.

### ④ 기상정보

기상은 항공기운항에 직접적인 영향을 주는 요소이다. 기상에 관한 업무는 한 곳에 집중되는 기상정보를 다루는 전문가들에 의해 수행된다. 운항에 이용되는 기상정보는 일반기상정보에 비해 구체적인 내용으로 구성된다. 특정목적지까지 이동하는 시간대별로 개별노선의 기상상태를 파악해야 하기 때문에 중앙기상청의 자료외에도 위성과 레이더, 해외공항의 기상자료, 그리고 이동항공기로부터 끊임없이 전달되는 기상자료들이 모두 이용된다. 기상은 통제가 불가능한 외적요소이기 때문에 대부분의 경우, 항공기가 최종목적지에 안전하게 도착할 수 없는 기상조건으로 판단되면, 운항을 법적으로 금지시키고 있다.

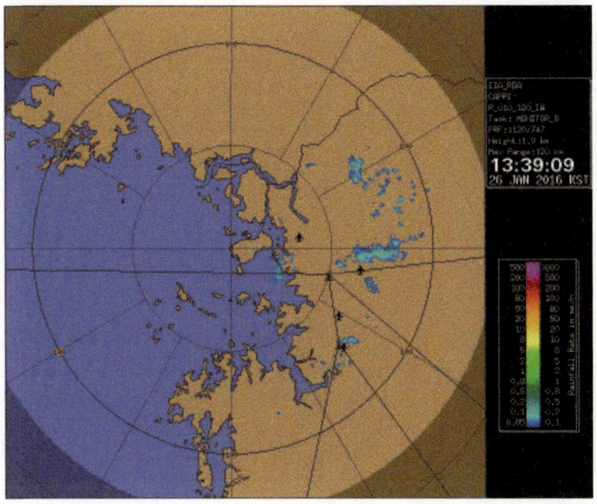


항로상의 풍향과 풍속, 대기의 온도는 연료 소모량에 영향을 미치는 요소이다.

### ⑤ 운항훈련

운항훈련(flight training)부서는 운항절차와 조종훈련을 담당한다. 교육훈련의 내용은 기초훈련과정에서부터 기종의 전환, 재교육, 정기순환교육 및 숙지훈련 등 운항승무원을 대상으로 한 일련의 교육훈련 프로그램으로 이루어진다. 일반적으로 운항훈련부서는 세 과정으로 구분된다. 즉, 시청각자료를 이용한 지상교육, 비행시뮬레이션 교육, 비행기를 이용한 운항훈련 등이다.

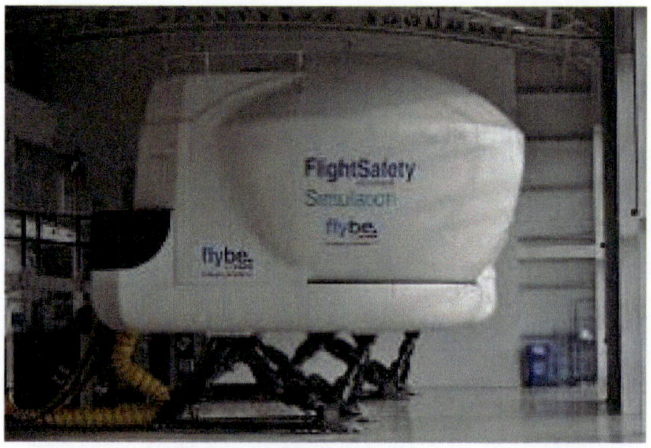


운항훈련은 운항절차와 조종능력의 향상을 지향한다.

#### ⑥ 운항절차 및 기준

운항에 대한 절차 및 기준을 담당하는 부서는 운항승무원들에 대한 업무의 수행능력을 점검하는 역할을 한다. 여기에서는 현장의 조종사들에 대한 업무능력을 측정하여 등급의 상향조정이나 기종의 전환 등에 필요한 자료를 제공하고, 운항훈련부서에서 이루어지는 운항 및 시뮬레이션 훈련의 성과를 측정하고 감독한다.

### (2) 정비본부

#### ① 정비의 개념

정비(engineering and maintenance)는 항공기의 운송력을 서비스가 가능하고 안전한 상태로 유지하는 활동이다. 이때 안전한 상태란 회사가 정해놓은 기준뿐만 아니라 FAA와같은 규제당국이 정해놓은 안전기준이 충족된 것을 뜻한다. 그리고 판매가능한 상태란 경쟁항공사에 비해 뒤지지 않는 쾌적성과 신속성을 갖추고 고객을 만족시킬 수 있

정비의 목표는 항공기를 최적의 운항상태로 유지하는데 있다.

는 운항할 수 있는 상태를 말한다. 정비활동은 수많은 엔지니어링 기술이 복합된 시스템에 의해 수행된다.

**② 정비의 유형**

항공기는 감항성을 확보하고 유지할 수 있도록 FAA의 정비규정을 준수하도록 국제적으로 권고하고 있다. 오늘날 널리 이용되는 제트여객기에 대한 정비활동은 정비의 대상에 따라 크게 기체, 엔진 및 보기(components)로 구분되고, 정비의 시점과 목적에 따라 기체나 엔진에 대한 점검 등과 같은 정기정비, 기체구조의 피로나 부식의 발생에 따른 부정기정비, 그리고 객실개조나 외장 등을 위한 외관보수, 객실과 화물칸의 전환이나 주요 구조물교체 등을 위한 개조 등 네 가지로 구분된다.

### (3) 마케팅본부

마케팅업무를 담당하는 부서는 운항 및 정비부서와 함께 항공사의 기본적인 라인조직을 구성한다. 경영관리의 권한은 흔히 마케팅 또는 서비스담당 부사장이나 본부장의 책임하에 놓이며, 경영관리자는 조직의 일상적인 관리활동에서부터 마케팅정책에 이르기까지 주요 의사결정을 담당한다. 담당부서장을 중심으로 광고, 마케팅서비스, 서비스기획, 영업기획, 판매 및 서비스, 기내식 서비스 등의 하부조직으로 구성된다.

항공마케팅은 안전하고 쾌적한 브랜드 이미지 구축에서 시작된다.

**• 광 고**

광고부서는 회사의 광고대행기관과 긴밀한 업무체계를 구축하고 광고의 메시지나 문안, 전달매체 및 광고시기 등에 대한 전문적인 자료를 제공한다. 광고와 판매촉진활동과 관련한 회사전체의 예산편성에 직접 참여하지는 않으나 일반적으로 지출예산의 규모에 상당한 영향을 미친다.

• **마케팅서비스**

마케팅활동의 주체가 되는 부서로서 항공사의 상품을 설계하고 시장기회를 결정하며, 시장조사 및 수요예측, 가격결정, 스케쥴계획 등을 담당한다. 이 가운데 시장조사 및 수요예측부서는 마케팅활동에 필요한 자료를 수집, 기록 및 정리, 분석하는 역할을 맡는다. 스케쥴계획부서는 일정기간 동안 고객에 대한 운송서비스의 제공일정을 계획하는 역할을 담당한다.

• **서비스기획**

시장조사와 수요예측의 결과 경제성이 확인된 잠재적 시장에 대해 기내와 지상에서의 서비스를 개발하는 역할을 수행한다. 예약과 발권업무에서부터 기내서비스에 이르기까지 고객에게 제공되는 서비스를 설계하고 계획한다. 기내서비스의 경우, 노선별, 좌석별 기내식의 종류와 제공일정, 모든 메뉴 등에 대한 서비스계획을 수립한다.

• **영업기획**

상품과 서비스를 소비자에게 전달되도록 하는 방법을 주로 계획하는 활동을 담당한다. 일반적으로 시장조사와 수요예측, 결정된 판매가격과 스케쥴, 시장별로 계획된 서비스 등의 분석을 통해 일단 표적시장이 각각 결정되면, 이들 시장에 대한 접근방법을 모색하는 일은 영업기획부서가 담당하게 된다. 영업기획부서는 영업활동을 계획하기 위해 지역별 영업본부와 서비스부서 등과 긴밀한 협력체계를 유지한다.

• **판매 및 서비스**

스텝부문에서 수립된 계획에 따라 판매활동과 서비스활동을 직접수행하는 부서이다. 영업관리부서는 항공운송업의 시작과 함께 항공사의 가장 기본이되는 활동을 담당하고 있다. 특히 새로운 조직개발을 통한 영업의 효율화, 특히 소비자에 대한 인식과 식별, 서비스상품의 구매동기, 동기유발을 위한 방법론 등 소비자행동에 대한 연구가 활발히 이루어졌다. 기획부문에서는 변화하는 환경요인과 소비자의 구매행위를 파악하여 판매활동을 지원한다.[3)]

3) 계획과 영업기능을 분리하는 이유는 업무현장에서 두 가지 업무를 동시에 효과적으로 수행하는 것이 어렵

• **기내식 서비스**

기내식 서비스는 대형항공사의 경우 중요한 사업가운데 하나다. 예를 들면, 허브공항의 조리시설은 대부분 대규모로 운영되며, 자사의 승객뿐만 아니라 계약에 의해 다른 항공사의 기내식을 제공하기도 한다.

기내식사업은 종종 항공사의 독립적인 사업단위의 수익모델이 되기도 한다.

## (4) 객실승무본부

항공법에서 규정하고 있는 객실승무원이란 항공기에 탑승하여 비상시 승객을 탈출시키는 등 안전업무를 수행하는 승무원을 말한다.[4] 객실승무본부는 기내서비스를 개발 · 수행을 총괄하는 서비스접점관리의 핵심부서이다.

### ① 객실업무의 성격

객실서비스(cabin service)는 서비스접점인 기내에서 탑승객들에게 제공되는 모든 물적 · 인적서비스를 의미한다. 기내에서 제공하는 서비스업무를 포함하여 승객이 탑승하기 이전부터 기내의 시설물을 점검하고 운항 중 필요한 비품과 서비스물품을 주문하여 조달하는 업무와 비행전의 브리핑, 승객의 탑승안내 그리고 목적지 도착후의 입국서류작성, 연결항공편에 대한 안내, 승객의 하기안내 그리고 항공편의 결항 · 지연에 따른 승객의 안내업무 등을 모두 일컫는다. 특히 서비스주체인 객실승무원이 기내에서

---

기 때문이다. 실제로 화물운송담당이건 예약담당이건 또는 카운터의 발권담당이건 영업부서의 현장실무자는 거의 일상적으로 어려운 상황이나 문제들에 직면하게 되는데, 이들 문제를 파악해서 대안을 모색할 만큼 여유를 갖지 못하는 것이 보통이다.

4) 항공안전법 제76조 및 항공안전법 시행규칙 제128조.

수행하는 인적서비스는 대부분 승객개인을 상대로 직접적인 인적거래의 형태로 제공되는 환대(hospitality)서비스의 속성을 지닌다.[5)]

### ② 고객에 대한 환대(hospitality)서비스

객실승무원이 승객을 환대하는 능력은 곧 서비스의 품질과 항공사의 서비스경쟁력을 결정한다. 객실은 고객이 가장 많은 시간동안 서비스를 경험하는 서비스접점이다. 환대능력은 서비스기업의 경쟁력을 결정하는 기본적인 요소이다. 환대서비스에 대한 학문적 연구는 1990년대 중반부터 시작되었다.[6)] 환대서비스는 고객개인에 대해 진심을 담은 정중함으로 고객과 소통하고 공감하는 서비스제공자의 의도를 전제로 한다. 즉, 고객에게 기억에 남는 서비스의 경험을 제공하고 즐겁게 하는 것이 강조될 때 비로소 상업적인 서비스로서의 환대(歡待, hospitality)가 성립된다.[7)] 승객을 대상으로 하는 항공사의 객실서비스는 기내에서 승객들에게 정신적으로 편안한 서비스를 제공하기 위해 유쾌하고 개인적으로 공감할 수 있는 서비스를 제공하는 행동적 관점에서의 환대를 의미한다.

### ③ 객실업무의 정의

객실업무는 항공기의 탑승객을 대상으로 객실과 승객의 안전을 확보하고, 비행단계별로 승객에게 서비스를 제공하며, 운항정보를 공유하고 관리하는 업무일체를 의미한다.

- 객실안전의 확보
- 기내서비스의 제공

---

5) 앞서 설명한 바와 같이 서비스는 상품으로서 거래되는 방식에 따라 몇 가지 유형으로 나누어진다. 이 가운데 오늘날과 같이 기계적 서비스의 비중이 증가할수록 대인접촉(face to face)에 의한 서비스는 그만큼 고도로 숙련된 인적서비스로 인식된다. Tom Powers, *Introduction to Hospitality Industry*, 8th ed., John Wiley & Sons, 2011, p.593.

6) 환대서비스에 대한 최초의 이론적 연구는 1995년 King, C의 논문 "What is Hospitality?"(*International Journal of Hospitality Management*, Vol.14, No.3 pp.219-234)에서 다루어졌다.

7) Morrison 등은 환대서비스에 대하여 다음과 같이 정의하고 있다. "Hospitality requires the guest to feel that the host is being hospitable through feelings of generosity, a desire to please and genuine regard for the guest as an individual." Lahsley, C., Morrison, A., Randell, S., "More than a Service Encounter? Insights into the emotions of hospitality through special meal occasions." *Journal of Hospitality and Tourism Management*, Vol.12, No.1, 2005, pp.80-92.

• 객실승무의 관리

객실승무원은 항공기비상시 또는 비상탈출이 요구되는 경우에 항공기에 비치된 비상장비 또는 구급용구를 이용하여 필요한 조치를 취할 수 있는 지식과 능력을 갖추고 있어야 하며, 기내에서 승객의 쾌적성을 확보하는 역할도 담당한다.

**④ 객실서비스 조직**

대부분의 객실서비스 조직은 기능별로 객실승무업무의 기획, 객실훈련 및 객실승원 등의 부서로 구분되어 운영된다. [그림 8-9]는 항공사의 객실서비스 조직을 예로 나타낸 것이다.

**그림 8-9** 객실서비스 조직(예시)

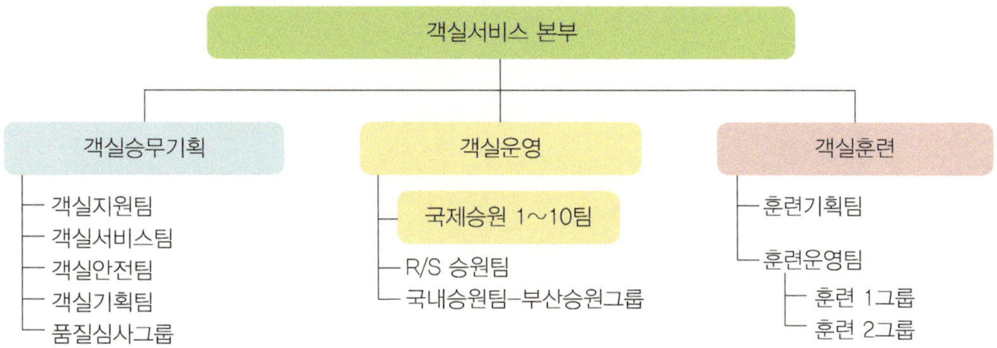

CHAPTER

# 09

# 객실업무(Ⅰ)

객실은 서비스의 생산과 소비가 동시에 이루어지는 서비스접점이다. 객실은 승객의 여정 가운데 가장 많은 시간을 보내는 공간이다. 객실업무는 고객의 경험을 통해 서비스의 가치와 품질을 결정한다. 따라서 다른 업무에 비해 객실업무는 상대적으로 높은 수준의 서비스가 요구되며, 특히 인적서비스가 강조된다. 본장에서는 객실서비스의 의의와 구성체계를 살펴보고, 객실과 객실승무원의 구성과 요건을 각각 설명한다. 제10장에서는 객실업무를 식음료서비스, 기내판매서비스, 위락 · 통신서비스 및 비상업무를 나누어 기본내용들을 설명한다.

**Keyword**: 환대서비스, 객실서비스, 서비스만족도, 기본매너, 좌석등급(seat class), 객실구분(zone), 객실승무원, 객실승무원의 근무, 탑승전 업무, 비행중 업무, 비행후 업무

## 제1절 객실업무의 의의와 구성

항공기의 객실은 서비스상품의 품질을 결정하는 서비스접점이다. 승객에게 다양한 진실의 순간이 집약되어 전개되고, 객실에서의 경험들은 항공사의 서비스경쟁력을 결정한다. 객실은 고도화된 인적 · 물적서비스가 다양한 고객을 상대로 제공되는 현장이다. 객실업무는 가장 세련되고 축약된 서비스의 진수로 손꼽힌다. 항공서비스교육에 대한 직무능력표준(NCS)의 대부분이 객실에 집중되어 있는 이유도 여기에 있다. 본 절에서는 객실승무원의 기본요건, 객실서비스의 기본내용과 업무의 흐름 등을 설명한다.

### 1. 객실승무원의 기본요건

객실승무원에 의해 수행되는 업무는 승객으로 하여금 정신적 · 육체적으로 유쾌함과 편안함을 느낄 수 있도록 제공되는 행동적 측면의 환대에 해당한다. 기억에 남을 좋은 경험을 제공하는 최선의 서비스방법과 그 품질을 평가하는 기준은 고객의 개인적 속성이나 과거의 경험, 현재 속해 있는 사회 · 문화의 특성 등에 달라진다. 환대서비스의 관점에서 객실업무는 다음과 같이 네 가지 기본요소들을 갖추어야 한다.[1)]

객실업무는 유쾌함과 편안함을 제공하는
행동적 측면의 환대에 해당한다.

---

1) 네 가지 품질요소는 아시아지역의 탑승객을 대상으로 서비스품질을 평가한 실증연구의 결과에 따른 것으로서 일반적인 서비스품질(SERVQUAL)모형과는 구별된다. 따라서 이들 품질요소는 지역적 · 문화적 차이에 따라 달라질 수 있다. Ehsaneh N.M. Nameghi, Ahmad Azmi M. Ariffin, "The measurement scale for airline hospitality: Cabin Crew's performance perspective." *Journal of Air Transport Management*, Vol.30, 2013, pp.1-9.

### (1) 정중함(courtesy)

고객에 대한 정중함은 서비스의 수준을 결정하는 가장 중요한 요소이다. 정중함에는 고객에 대한 예의와 온정(warmth)이 동반되는데, 고객과 대면하는 현장직원의 정중함은 서비스기업 전체의 서비스품질을 결정한다.[2] 항공서비스 측면에서 정중함의 대표적인 표현과 행동은 다음과 같다.

- 예의와 존경심을 갖추고 승객과 공손하게 대화한다.
- 시선을 승객의 시선과 맞추고 대화한다.
- 승객의 요청에 신속하게 응대한다.
- 기내의 승객에 대해 항상 주의를 기울인다.

### (2) 고객존중(appreciation)

고객서비스에서 두 번째로 중요한 요소는 고객에 대한 존중이다. 존중이란 감사와 감동, 고객에 대한 경의 등을 포함하여 총체적으로 존경의 마음을 표현하는 것이다. 환대를 통해 고객으로 하여금 스스로 존중받고 있다고 느끼도록 하는 것을 의미한다. 서비스제공자의 입장에서는 항공사를 이용해 준데 대한 감사와 감동을 표현하는 것이다. 객실승무원은 승객에게 탑승인사를 통해 항공사 이용에 대한 감사의 뜻을 전하며, 작별인사를 통해 고마움과 함께 앞으로도 항공사를 이용해 주기를 바라는 마음을 전달하는 것이 중요하다. 항공서비스 측면에서 고객에 대한 존중의 대표적인 표현과 행동은 다음과 같다.

- 항공기 탑승에 대해 진심어린 감사의 표현을 한다.
- 승객의 탑승에 대해 따뜻한 환영의 인사를 한다.
- 다음 기회에도 다시 탑승해 줄것을 소망하는 작별인사를 한다.
- 도착지 공항에서는 언제든지 지상직원의 도움이 가능함을 알려준다.

---

2) 정중함은 SERVQUAL 모델의 다섯 가지 요소 가운데 하나인 보장성(assurance) 요소, 즉 고객에 대한 믿음을 보장하는 능력으로서 직원의 전문성과 정중함으로 정의된다. Nickson, D., Warhurst, C., Dutton E., "The importance of attitude and appearance in the service encounter in retail and hospitality."*Managing Service Quality*, Vol.15, No.2, 2005, pp.195-208. Ehsaneh N.M. Nameghi, Ahmad Azmi M. Ariffin(2013), *ibid.*에서 재인용.

### (3) 사회성(socializing)

사회성이란 사회나 환경에 적응하는 개인의 소질이나 능력, 대인관계의 원만성을 나타내는 인간적 특성이다. 환대서비스에서 사회성은 고객과 서비스제공자가 공동체 안에 존재하고 있음을 느끼도록 공감대를 형성하는 능력이다. 객실승무원의 사회성은 기내에서 승객으로 하여금 항공여행을 함께 하는 항공편의 구성원으로서 편안함을 느낄 수 있는 심리적 상태를 만들어 주는 것이다. 항공서비스의 수행과정에서 객실승무원이 고객과 형성하는 대표적인 행동들은 다음과 같다.

- 승객의 표정으로부터 판단하여 어떤 도움이 필요한지를 먼저 묻는다.
- 승객의 요청에 응할때에는 가벼운 대화를 함께 나눈다.
- 승객과 대면하는 시간을 가능한 한 많이 갖는다.
- 기내식은 승객이 불편없이 즐길 수 있도록 주의를 기울인다.

### (4) 쾌적성 제공(comfort)

쾌적성은 유형적 요소로서 서비스시설이나 절차 등에 의해 결정된다. 그러나 항공서비스에서는 고객이 비행중에 육체적 · 심리적으로 편안함을 느끼는 상태를 의미한다. 객실승무원은 고객이 편안하게 휴식을 취하거나 잠을 잘 수 있도록 노력하고 있음을 보여주는 것이 중요하다. 승객이 지각하는 서비스의 진정한 편안함은 고객만족과 항공사에 대한 충성도를 높여 준다. 쾌적성은 고품격의 기내서비스를 지향하는 항공사일수록 서비스품질을 결정하는 핵심요소이다. 항공서비스 측면에서 쾌적성을 극대화하기 제공하기 위한 서비스들은 다음과 같다.

- 승객이 앉는 좌석들의 상태가 최적인지를 확인한다.
- 기내의 온도와 습도가 최적의 상태로 유지되도록 한다.
- 승객의 휴식이나 수면상태가 최적으로 유지되도록 주의를 기울인다.

## 2. 객실업무의 구성과 관리

### (1) 객실업무의 구성

항공사의 운송서비스는 여행자가 서비스상품을 소비하는 객실을 중심으로 이루어진다. 객실업무는 승무원이 정해진 스케쥴에 따라 정해진 장소에 출근하여 브리핑을 시작하는 것으로 시작하여 승객의 탑승과 항공기이륙 그리고 목적지 공항의 착륙과 승객의 하기(下機)관련 서류의 인계 등에 이르는 일련의 과정으로 이루어진다. [그림 9-1]은 객실업무의 주요 내용들을 운항서비스의 흐름에 따라 나타낸 것이다.

**그림 9-1** 객실업무의 흐름

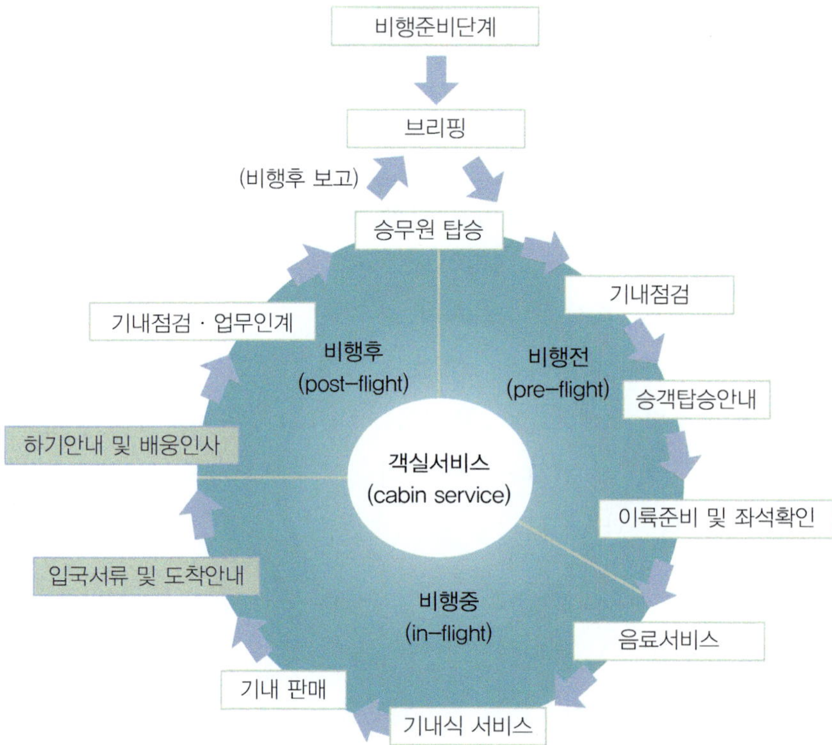


객실승무원에 의해 수행되는 객실업무의 주요 내용을 구분해 보면 다음과 같이 구성된다.

**① 안전의 확보**

승객의 탑승전, 비행 중 및 착륙후 안전 및 보안의 점검, 응급환자의 발생에 대한 파악 및 보고, 응급환자에 대한 초기대응과 후속상황의 기록 · 관리 등의 업무를 말한다.

**② 기내서비스의 제공**

승객의 탑승전 단계부터 비행 중, 착륙전 및 착륙후 단계에 이르는 동안 승객을 대상으로 제공하는 인적 · 물적서비스를 말한다. 기내서비스 용품 및 설비 등의 점검, 승객의 탑승권확인 및 좌석의 안내, 탑승환영 안내방송과 목적지도착 안내방송, 기내식 및 오락물의 제공, 기내판매, 특수고객의 지원, 입국서류의 제공, 승객의 하기(下機) 후 기내설비의 점검 등의 기내서비스를 의미한다.

항공서비스는 고객이 서비스상품을 최종적으로 소비하는 객실을 중심으로 이루어진다.

**③ 객실승무관리**

객실승무관리는 운항승무원과 운항 및 객실의 정보를 공유하고, 기내서비스에 대한 책임을 지며, 불만승객에 대한 해결을 수행하고, 승객의 출발 · 도착에 대한 서류의 작성 · 보고하며, 객실전반을 관리하는 업무 등으로 구성된다.

〈표 9-1〉은 국가직무능력표준(NCS)에서 규정하고 있는 항공서비스의 직무내용을 세 가지 업무영역으로 구분하여 나타낸 것이다.[3)]

---

3) 국가직무능력표준(NCS)에 따르면, 항공서비스는 여행서비스 분야로 분류되며, 세부적으로는 직무유형(skill type)을 '항공객실서비스'로 구분하고 있다.

**표 9-1 항공객실 서비스의 구성(NCS기준)**

| 업무구분 | 업무단위 | 업무내용 |
|---|---|---|
| 객실 · 안전관리 | 일상안전관리 | ▪ 승객탑승 전 안전 · 보안점검<br>▪ 이 · 착륙 전 안전 · 보안관리<br>▪ 비행 중 안전 · 보안관리<br>▪ 착륙 후 안전 · 보안점검 · 관리 |
| | 응급환자 대처 | ▪ 응급상황 파악 및 보고<br>▪ 응급환자 초기대응<br>▪ 응급환자 후속관리 |
| 객실서비스 | 승객 탑승 전 준비 | ▪ 기내서비스용품 점검<br>▪ 서비스설비 및 기물점검<br>▪ 특별서비스 요청사항점검 |
| | 승객탑승 · 이륙준비 | ▪ 탑승대기 및 탑승권 재확인<br>▪ 좌석안내 및 특수고객지원<br>▪ 수하물 정리지원<br>▪ 탑승환영 안내방송 |
| | 비행 중 서비스 | ▪ 기내음료 · 기내식 제공<br>▪ 기내오락물 제공<br>▪ 면세품판매<br>▪ 객실상태점검 |
| | 착륙 전 서비스 | ▪ 입국서류 배포 및 작성지원<br>▪ 기내용품 회수 및 재고확인<br>▪ 목적지 도착 안내방송 |
| | 착륙 후 서비스 | ▪ 도착 안내방송<br>▪ 승객 하기 · 특수고객지원 |
| | 승객 하기 후 관리 | ▪ 유실물 · 기내설비 점검<br>▪ 기내용품 인수 · 인계 |
| 객실승무관리 | 객실승무관리 | ▪ 객실승무원별 근무배정<br>▪ 운항 · 객실 간 정보공유<br>▪ 불만고객 대응<br>▪ 출발 · 도착 서류작성 및 관리<br>▪ 객실서비스 관리 |

자료: '항공객실 서비스', 국가직무능력표준(NCS)

### (2) 객실서비스의 관리책임

객실에서 수행되는 업무에 대한 권한과 책임은 객실사무장(chief purser 또는 cabin supervisor)이 맡는다. 객실서비스와 직접적으로 관련이 있는 개별업무들의 관리책임은 다음과 같다.

#### ① 운항업무의 관리책임

항공기의 안전운항과 관련한 사항은 기장에게 관리의 책임이 있다.

#### ② 객실업무의 관리책임

안전운항과 무관한 기내서비스, 기내판매 등 객실내에서 이루어지는 서비스업무에 대해서는 객실사무장에게 관리의 책임이 있다.

#### ③ 해외체류 객실승무원의 지휘책임

일시적으로 해외에 체류하는 객실승무원에 대한 지휘와 관리책임은 해당항공편의 객실사무장에게 귀속된다.

#### ④ 승객의 탑승관련 책임

승객에 대한 탑승책임은 사무장에게 귀속된다. 그러나 환자나 임산부 등의 지체부자유자, 만취한 승객이나 정신이상자 등에 대한 탑승여부의 최종결정은 해당공항의 지점장(airport manager)이 결정하며 이에 대한 책임도 진다. 그리고 이러한 특별승객이 다수승객의 안전운항을 현저히 저해할 수 있다고 판단되는 경우에는 기장과 객실사무장이 의논하여 공항지점장에게 적절한 조치를 취하도록 조언하여야 한다.

### "세계항공업계의 서비스 품질평가 : The world's Best Airlines"

세계항공업계에도 오스카상이 있다. 서비스품질에 대한 항공사의 순위발표는 항공업계뿐 아니라 여행자들의 관심을 끌기 때문이다. 현재 가장 권위있는 평가기관은 1989년 설립된 영국의 스카이트랙스(SKYTRAX)이다. 이 기관은 2000년부터 세계 각국의 항공사와 공항에 대한 서비스품질을 평가하고 있다. 항공기탑승을 경험한 승객들이 자유롭게 서비스의 내용에 대해 인터넷으로 설문에 참여하기 때문에 매년 세계의 항공사들이 서비스평가의 대상이 된다.

2019년 6월 18일 프랑스 파리에어쇼에서 발표한 세계 최고항공사로 카타르항공이 1위를 차지했다. 이어서 싱가포르항공, 전일본공수(ANA), 캐세이퍼시픽, 에미레이트항공, 에바항공, 하이난항공, 콴타스, 루프트한자, 타이항공이 10위권에 이름을 올렸다. 부문별로는 일등석은 싱가포르항공, 일등석 라운지는 스위스항공, 비즈니스석은 카타르항공, 비즈니스석 라운지는 유나이티드항공, 프리미엄 일반석은 버진애틀랜틱, 일반석은 일본항공이 각각 최고 항공사로 선정됐다. 기내식 부문에서 일등석은 에어프랑스, 비즈니스석 ANA, 프리미엄 일반석 오스트리아항공, 일반석은 에바항공이 1위를 차지했다. 편의용품은 에어프랑스(일등석)와 하이난항공(비즈니스석)이 최고의 평가를 받았다. 승무원은 싱가포르항공, 기내 엔터테인먼트는 에미레이트항공, 청결은 에바항공이 각각 최고 항공사로 선정됐다. 최고 LCC는 에어아시아, 가장 향상된 항공사는 필리핀항공이었다. 세계 최고 제휴그룹으로는 스타얼라이언스가 차지했다. 국내 항공사 중에서는 아시아나항공이 세계 최고항공사 순위에서 28위, 대한항공이 35위를 기록했다. 지난해와 비교해 아시아나는 4계단, 대한항공은 2계단 떨어졌다. 부문별로는 아시아나항공이 청결(5위), 공항서비스(9위) 부문에서 10위권에 들었다. 스카이트랙스는 전년도 9월부터 올해 5월까지 전 세계 300개 이상의 항공사를 이용한 탑승객 2,165만명이 참여했다.

## 제2절 객실과 객실승무원

객실은 운송서비스 상품이 계획되고 판매되는 장소이다. 동일한 기종의 항공기라 하더라도 객실의 클래스와 좌석배치가 항공사마다 다양한 이유는 노선과 지역, 거리를 고려한 고객만족을 목적으로 하기 때문이다. 객실승무원은 객실의 안전을 확보하고 쾌적한 서비스를 구현하는 접점에서 고객이 경험하는 서비스가치를 극대화하는 역할을 수행한다. 본 절에서는 객실의 구조를 설명하고, 객실승무원의 기본업무를 소개한다.

### 1. 객 실

객실은 조종석(cockpit), 화물칸(cargo space)과 함께 기본적인 탑재공간으로서 항공기의 가장 많은 공간을 차지한다. 제트여객기의 등장이후 항공기술의 발전으로 항공기의 대형화와 첨단화가 지속적으로 이루어짐에 따라 객실의 구조도 끊임없이 개선되고 있다. 객실의 구조는 기종에 따라 다소의 차이는 있으나 승객이 안전하고 쾌적하게 여행하는데 필요한 기본적인 요건을 충족시키도록 설계된다. 객실을 구성하는 공통적인 요소들은 다음과 같다.

#### (1) 좌 석

**① 좌석등급(seat class)**

좌석은 서비스등급에 따라 전통적으로 일등석(first class: F), 비즈니스석(business class: C), 일반석(economy class: Y) 등으로 구분된다.[4)] 좌석등급의 구성은 항공사의 서비스전략이나 운항거리, 취항노선의 경쟁상태, 경기의 변동 등에 따라 변경되기도 한다. 여행수요가 변하게 되는 경우, 등급별로 좌석의 구성을 조정하여 운영할 수 있다. 예를 들어, 경기침체나 유가상승 등에 따라 항공여행수요의 감소가 예상되는 상황에서는 상대적으로 비싼 운임의 일등석과 비즈니스석의 규모를 줄이는 대신 일반석의 구성

4) 좌석의 등급은 기종과 노선에 따라 구분하는 내용에 차이가 있다. 비즈니스석은 본래 출장목적의 비즈니스 여행자들을 위한 배려에서 출발하였는데, 일반관광목적의 여행자들에 비해 상대적으로 높은 수준의 운임을 지불하고 고급의 서비스를 제공받는다는 의미에서 별도의 brand나 명칭을 부여하며 'prestige class'라고도 한다.

비를 늘이는 좌석배치가 효과적이다. 오늘날에는 비즈니스석의 고급화로 인해 일등석의 비중이 줄어들고 있으며, 일반석과 비즈니석의 중간의 서비스등급에 해당되는 프리미엄 이코노미석(premium economy)이 개발되어 운영되고 있다. 이와 같은 새로운 좌석등급은 비즈니스클래스에 비해 낮은 비용으로 일반석보다는 쾌적한 좌석서비스를 원하는 승객이 점차 늘어남에 따라 등장하여 좋은 반응을 얻고 있다. 객실승무원의 전용좌석(jump seat)은 각 비상구의 옆에 위치한다.

미국과 유럽에서 새롭게 등장한 프레미엄 이코노미석은 중간등급의 서비스를 원하는 승객의 요구에 적극 대응한 결과이다.

### ② 객실구분(zone)

객실은 승객에 대한 효과적인 서비스제공, 항공기의 무게평형관리나 기체구조 등을 고려하여 각각 구역별로 나누어 관리한다. 예를 들어, A380-800의 경우 객실을 1층 객실(main deck)과 상층에 위치한 2층 객실(upper deck)로 나누어 각각 구역(zone)을 구분한다. [그림 9-2]는 국적항공사의 객실구분을 예로 나타낸 것이다. 총 407개의 좌석(upper deck: 94/main deck: 313)으로 이루어진 이 객실은 3개의 클래스로 구역이 나뉘어 있다. main deck 맨앞 12자리는 퍼스트클래스(First Class)전용으로 12개의 코스모스윗트(Cosmo Suites)가 배치되어 있으며, 나머지 301개의 좌석은 이코노미클래스가 세 구역으로 구분되어 있다. upper deck은 94개의 비즈니스 클래스좌석으로 구성되어 있다.

**그림 9-2** 항공기의 객실구분(zone, 예시)

(KE A380-800 Upper Deck)

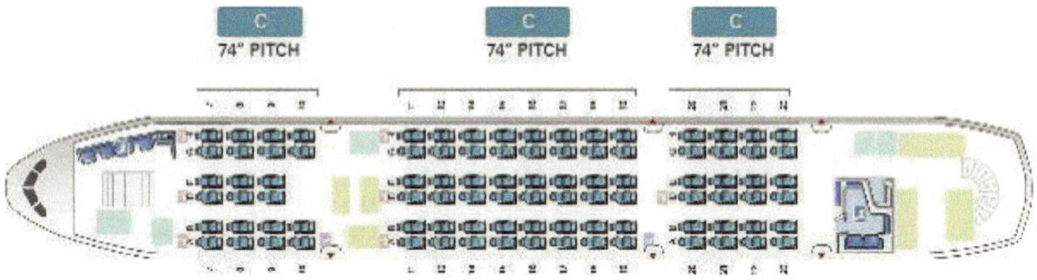


(KE A380-800 Main Deck)

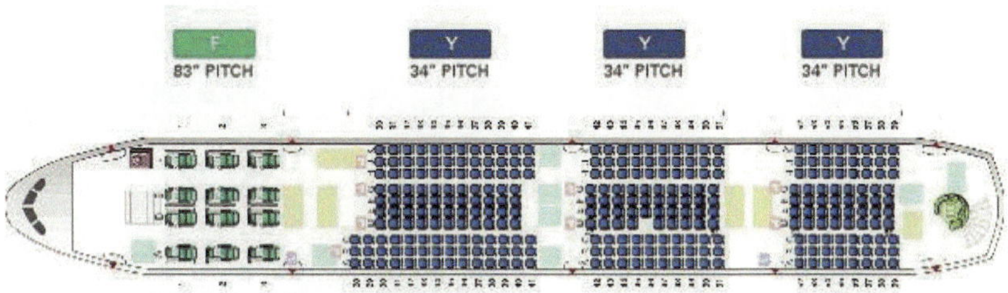


### (2) 주방(galley)

운항 중 승객에게 제공하는 서비스품목을 저장하거나 준비하는 장소이며, 품목은 주로 기내식, 음료 및 주류 등으로 구성된다. B747-400의 경우 주객실에 4개, upper deck에 1개씩 위치하고 있다. 주방에는 오븐(oven), 커피메이커(coffee maker) 등의 간단한 조리시설이 갖추어져 있는 경우와 없는 경우가가 있는데, 전자를 Wet Galley, 후자를 Dry Galley라고 한다.

갤리(galley)는 기내식음료와 관련서비스 물품이 집약되는 공간이다.

### (3) 선반(overhead bin)

승객이 기내에서 휴대하는 가벼운 짐과 베개, 담요 등 서비스용품을 넣을 수 있는 공간으로서 객실의 좌우 및 중앙의 천정에 설치되어 있다. 승무원이 필요시 손쉽게 꺼내 사용할 수 있는 메거폰(megaphone) 등의 비상장비도 함께 보관한다.

선반은 휴대수하물과 서비스용품이 저장되는 기내의 필수공간이다.

### (4) 화장실(lavatory)

이용이 편리하도록 객실내에 고르게 배치되어 있다. B747-400의 경우 주객실(main deck)에 12개의 화장실이 있으며, B zone의 앞쪽에 3개, B zone의 뒤쪽에 각 1개, C zone과 D zone 사이에 4개 그리고 E zone 뒤에 4개가 각각 위치해 있다. upper deck에는 앞뒤에 각 1개씩 설치되어 있다.

### (5) 산소마스크(oxygen mask)

운항 중 기내에 감압현상이 발생하는 비상시에 신속히 이용할 수 있도록 자동적으로 내려오도록 장착되어 있다. 승객은 마스크를 당겨 사용할 수 있으며, 승객좌석 상단선반, 그리고 화장실과 Galley천정에 장착되어 있다. 자동적으로 내려오지 않을때는 핀을 이용해서 좌석상단의 홈을 눌러 내려오도록 한 후 사용할 수 있도록 되어 있다.

산소마스크는 기내의 감압현상에 대비하여 신속히 이용할 수 있어야 한다

### (6) 도어(door)

여객기의 출입문(비상구, exit door)은 승객의 탑승/하기용도와 수하물의 탑재/하기용도의 두 가지가 있다. B747-400의 경우 승객용 출입문은 주객실(main deck)의 좌측(L)과 우측(R)에 각각 5개, upper deck에 좌우 1개씩 있으며, 수하물 및 화물용 도어는 화물칸(lower deck)에 별도로 3개가 있다. 승객탑승시에는 주로 왼쪽 첫 번째(L1)와 두 번째(L2) 출입문이 사용되며, 각 도어에는 비상탈출을 위한 슬라이드(slide/raft)가 장착되어 있다. [그림 9-3]은 A330의 비상도어를 나타낸 것이다.

**그림 9-3** 항공기의 비상구(A330, exit door)

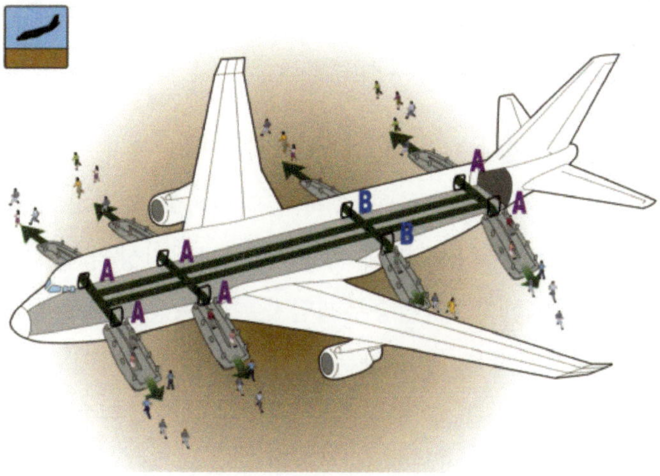

### (7) 영화상영 및 비디오/오디오장치

대부분의 대형기종 여객기에는 개인용 모니터(AVOD)가 마련되어 있다. 중·장거리노선에서는 영화를 볼 수 있다. 개인용 모니터는 주문형오디오 비디오시스템으로 대부분의 일등석, 비즈니스석과 일반석에 장착되어 있어 원하는 시간에 다양한 오락프로그램을 즐길 수 있다. 좌석별로 장착되어 있는 개인용 모니터(AVOD)에는 영화, 뉴스, 다큐멘터리, 게임 등의 프로그램이 갖추어져 있다. 또한 개인용 모니터(AVOD)나 공용스크린을 통해 항공기의 항로상 현재위치와 비행고도 및 속도, 외기온도, 목적지 공항까지의 잔여시간 등을 나타내는 AIRSHOW를 상영할 수 있다.

개인용 모니터는 위락뿐 아니라 비행정보 제공을 비롯한 다양한 목적의 필수장비에 해당된다.

## 2. 객실승무원

### (1) 객실승무원의 역할과 구성

#### ① 객실승무원의 역할

객실승무원은 기내에 탑승하여 승객이 안전하고 쾌적하게 여행을 할 수 있도록 서비스를 수행하며, 안전운항을 위해 운항승무원 및 지상의 관련부서와 긴밀한 협조체계를 유지하는 역할을 한다. 객실승무책임자는 교육훈련과 업무지식, 축적된 경험을 통해 고객중심의 의사결정을 해야 하는 회사의 현장관리자의 역할을 수행한다. 객실승무책임자에게는 비행전 학습, 객실 및 합동브리핑, 여객운송부문, 기내에서 얻은 정보를 바탕으로 고객지향적인 관점에서 서비스의 방침을 정하고, 팀구성원들의 서비스역량을 관리함으로써 객실서비스가 지향하는 목표를 달성할 수 있는 판단능력과 리더십이 요구된다.

② 객실승무원의 명칭과 직급

• 객실승무원의 명칭

객실승무원은 스튜어드(steward)와 스튜어디스(stewardess)를 모두 일컫는 전문직업의 명칭이다. 객실승무원이 처음 등장한 1930년대 초기에는 여성승무원들은 에어호스티스(air hostess) 또는 에어걸(air girl)이라고 불리었다. 이후 객실업무가 보편화되면서 해상운송에서 선실의 서비스를 담당하던 스튜어드(steward)에서 비롯된 스튜어디스로 명칭이 확대되어 현재에 이르고 있다. 한편, 1980년대 이후 미국을 중심으로 용어와 표현에 있어서 인종과 종교, 성차별 같은 편견을 없애기 위한 사회적 운동에 따라 스튜어디스라는 명칭은 운항승무원(flight attendant), 객실승무원(cabin crew), 기내승무원(floor attendant) 등으로 불리게 되었다. 객실승무원에 대한 명칭은 항공사마다 다소 차이가 있으나 스튜어드, 스튜어디스라는 용어와 동의어로 불리고 있다. 오늘날 항공기 승무원의 명칭은 역할을 기준으로 객실업무를 담당하는 객실승무원(cabin crew)과 조종업무를 담당하는 운항승무원(cockpit crew)으로 구분된다.

• 객실승무원의 직급

객실승무원은 승객에게 안전하고 쾌적한 운송서비스를 제공하기 위하여 객실에 탑승하여 근무하는 승무원이다. 객실서비스의 총지휘와 책임은 객실사무장으로 근무하는 수석, 선임사무장 또는 사무장에게 귀속되며, 직책에 따라 각각 역할이 달라진다. 국내 항공사에서 현재 운영하고 있는 객실승무원의 직급체계를 예로 들면 다음과 같다.

- 수석사무장(chief purser)
- 선임사무장(senior purser)
- 사무장(purser)
- 부사무장(assistant purser)
- 승무원(steward, stewardess)
- 수습승무원(trainee)

객실승무원은 주로 팀단위로 운영되는데, 팀의 규모는 기종, 좌석등급(class)의 운영 및 노선의 특성에 따라 다소 차이가 있으며, 항공사와 국가에 따라서도 탑승인원의 규

객실승무원은 현장관리자인 사무장을 중심으로 팀단위로 운영된다.

모에 차이가 있다.[5)]

### ③ 비행안전과 객실승무원의 역할

객실승무원의 가장 중요한 역할은 평상시 비행 중 승객의 안전을 저해하는 요소를 제거하고 예방하는 일과 승객에 대한 기내서비스의 제공이다. 객실승무원의 역할이 가장 강조되는 상황은 사고가 발생하는 경우이다. 특히 생존사고(survival accident)에서 승무원의 신속하고 적절한 대응능력은 승객의 생명과 직결되기 때문에 그 역할이 중요하다.[6)]

비행안전과 관련한 객실승무원의 업무는 일상안전업무와 비상안전업무로 구분된다. 일상 안전업무는 비상사태의 발생을 방지하고 대비하기 위해 절차와 규정에 따라 통상적으로 수행하는 안전업무를 말한다. 비행전 점검(pre-flight check), 휴대수하물 통제관리(carry-on baggage handling), 승객좌석벨트점검(seatbelt check), 이 · 착륙점검 등의 기본업무로 구성된다. 비상안전업무는 비정상적인 운항상태에서 승객의 안전을 위해 조치해야하는 일련의 업무를 말하며, 기내화재, 기체요동, 객실감압 등에 대한 대응업무와 비상탈출업무 등으로 구성된다.

---

5) 예를 들어, 국내항공사들이 B747-400기종에서 운영하고 있는 객실승무원의 규모는 객실사무장(cabin supervisor)을 포함하여 약 18명 내외의 객실승무원으로 구성된다. 사무장급 이상의 책임승무원을 'purser'라고 하는데, 이는 선박의 객실관리자가 재무와 인사권을 위해 지참하는 지갑(purser)에서 유래되었다.

6) 항공기에는 조종사외에 국토교통부장관이 정하는 바에 의하여 비행의 안전에 필요한 항공종사자를 탑승시키도록 법적으로 의무화하여 승객의 안전을 강화하고 있다. 항공안전법 시행규칙 제218조(승무원 등의 탑승 등)

### (2) 객실승무원의 요건과 근무기준

#### ① 객실승무원의 기본자세

객실승무원은 기내안전의 확보와 서비스를 수행하는 직업적 윤리의식을 갖추어야 한다. 고객과 가장 많은 시간을 대면하기 때문에 항공사의 브랜드를 대표한다. 또한 대인능력, 교양과 인격, 업무지식 등 개인의 내적 · 외적능력을 구현함으로써 승객으로 하여금 항공여행의 경험과 항공사에 대한 긍정적 이미지를 형성하는데 기여한다. 따라서 객실승무원에게 요구되는 기본적인 자세로는 직업적 윤리의식, 항공사 브랜드가치의 구현, 문화적 이해와 교양의 구비 등으로 요약된다.

**• 직업적 윤리의식**

객실승무원은 승객안전의 확보와 쾌적한 서비스제공의 수행자로서 직업적 윤리의식을 갖추고 있어야 한다. 항공안전의 확보를 위해 전문적 지식을 갖추고 응급상황에 신속히 대처할 수 있어야 하며, 승객의 쾌적한 탑승을 위한 기내서비스를 수행할 수 있는 감성과 태도가 요구된다.

**• 항공사의 브랜드이미지**

객실승무원은 항공업무 담당자들 가운데 여행자와 접하는 시간이 가장 많으므로 여행자는 기내에서 제공받는 서비스를 통해 항공사와 소속국가에 대한 이미지를 형성한다. 또한 글로벌여행시장에서 수행하는 업무의 특성으로 인해 여행자뿐 아니라 일반사람들에게 쉽게 깊은 인상을 주므로 사회적으로도 주목의 대상이 된다.

**• 교양과 다양한 문화적 이해**

객실승무원에게는 업무지식뿐 아니라 다양한 상식과 교양의 실천이 요구된다. 업무의 수행과정에서 다양한 분야와 여러 계층의 고객과 접해야 하므로 다방면에 걸쳐 정확하고 풍부한 상식과 교양 그리고 업무지식을 구비하고 여러 가지 상황에 대처해야 한다. 또한 다양한 국적의 승객을 접해야 하므로 각국의 관습과 풍속, 사회적 규범, 생활양식 등을 충분히 학습하여 승객이 항공사와 우호적 관계를 형성하는 역할을 수행해야 한다.

### ② 객실승무원의 인성(人性)

개인의 특성을 형성하는 인성은 서비스접점에서 대면적 서비스를 수행하는데 적합하도록 학습되고 개발되어야 한다. 바람직한 인성의 형성을 위해서는 자신의 내면을 스스로 강화하는 노력이 필요하다. 내면적인 노력은 서비스현장에서 조직구성원과 협력하고 고객과 소통하는데 필요한 성품과 역량을 향상시킨다. 특히 긍정적인 사고와 언어는 객실승무원의 업무수행에 가장 요구되는 덕목이다. 언어는 개인적 사고(思考)의 틀을 결정하기 때문에 인성을 강화하기 위해 우선적으로 필요한 것은 언어를 바꾸어 나가는 것이다. 서울대 최인철 교수는 저서 '프레임(2007)'에서 사고의 틀을 바꾸기 위해서는 긍정적인 언어로 말하는 것이 무엇보다도 중요함을 역설하고 있다.[7] 일상적인 언어는 서비스업무의 역량을 강화시킬뿐 아니라 넓게는 개인의 가치관과 인생을 바꾸는 힘이 있기 때문이다.

> "1932년 180명의 젊은 여성들이 미국에서 수녀로 첫발을 내디뎠다. 그 감격적인 순간에 그들에게 자신의 삶을 소개하는 간증문을 쓰도록 했다. 180명의 수녀들이 쓴 간증문은 70여 년이 지난후에 심리학자들의 손에 넘겨졌고, 연구자들은 간증문에 쓰인 단어와 문장을 분석하여 각 간증문에 얼마나 긍정적인 정서가 표현되어 있는지를 측정했다. 어떤 수녀들은 '매우 행복한' 또는 '정말 기쁜'과 같은 단어들을 사용했지만, 또 다른 수녀들은 자신이 얼마나 행복하고 기쁜지를 잘 표현하지 않았다. 그런데 놀라운 사실은 긍정적인 단어를 많이 사용한 상위 25%의 수녀들 가운데 90%가 넘는 수녀들은 85세까지 장수하고 있었지만, 긍정적인 단어를 적게 사용한 하위 25%의 수녀들 중에서는 겨우 34%만이 생존해 있었다는 점이다."

일상적인 단어속에 우리가 얼마나 오래 살 수 있는지에 대한 정보까지 담겨 있는 것이다. 특히 감사, 감동, 기쁨, 만족 등의 단어들은 특히 감정노동의 강도가 심한 서비스의 현장일수록 넘쳐나도록 만들 필요가 있다. 이와 반대로 "다먹고 살자고 하는 거 아니겠어?" 또는 "좋은 게 좋은 거 아니겠어?"라는 표현이나 '대충, 아무거나' 등의 단어들은 빨리 잊을수록 좋다. 최 교수는 누군가 이런 체념적인 말을 던졌을 때, 우리마음속에서 얼마나 순식간에 탁월함에 대한 추구가 사라지는가를 경험해본 사람이라면 이런 표현들이 갖고 있는 무서운 전염성의 위력을 공감할 것이라고 밝히고 있다. 이와 같

---

7) 최인철, 심리학의 지혜, 프레임, 21세기북스, 2007, pp.193-194.

은 사례는 일상적으로 구사하는 언어가 고도의 서비스를 수행하는 객실승무원의 바람직한 인성의 형성뿐 아니라 개인의 인생에도 지대한 영향을 미친다는 점을 시사한다.

### ③ 객실승무원의 교육훈련

객실승무원이 수행하는 업무는 대인 서비스업무와 승객에 대한 안전업무로 구분된다. 따라서 다른 업무종사자에 비해 내용과 강도면에서 차별화된 교육훈련이 요구된다. 객실승무원은 신입전문훈련 및 직급 또는 근무연한에 따라 소정의 교육과정을 이수해야 한다. 특히 항공기비상시 필요한 조치를 취할 수 있는 지식과 능력을 갖추어야 하며, 이를 습득 · 유지하기 위하여 항공사별로 운항규정의 객실승무원 안전훈련심사 규칙에 명시된 소정의 교육을 이수하고 심사에 합격해야 한다. 이하에서는 국내항공사들이 현재 운영하고 있는 교육훈련체계를 중심으로 살펴보자.[8)]

#### • 신입사원교육훈련

항공사에 따라 다소 차이는 있으나 예절 · 직무 · 의식 · 안전 · 외국어 · 방송 등 각 분야별로 교육의 내용이 구성되며, 다음과 같이 몇 단계로 진행된다. 교육의 단계는 먼저 전반기 교육을 통해 국내선 과정의 객실업무를 학습하며, 국내노선의 업무현장에서 약 1개월 정도의 실습교육(on the job training: OJT)을 받고 후반기교육을 통해 국제선

객실승무원은 비상시 필요한 조치를 취할 수 있는 지식과 능력을 갖추어야 한다.

---

8) 국내항공사들의 교육훈련체계는 기본적으로 두 가지 기준에 따라 국제적인 표준을 적용하고 있다. 서비스 부문에 대해서는 국제적인 제휴그룹(예를 들면, 대한항공은 SkyTeam, 아시아나항공은 Star Alliance그룹)의 표준화된 기준에 따라 내용을 구성하고 있으며, 안전부문에 대해서는 국제항공기구(ICAO)가 권고하는 기준에 따라 국토해양부가 정하는 규정을 충족시키도록 교육내용을 각 항공사가 구성한다. 여기에서는 대한항공(주)의 객실승무원 교육과정을 인용하였다.

과정의 객실업무를 교육받는다.

• **보수교육**

객실승무원의 보수교육은 정규교육과 비정규교육 그리고 법정교육으로 구분된다. 정규교육은 직급에 따라 단계적으로 이루어지는데, 승격에 따라 수행하게 되는 새로운 업무에 대한 내용을 교육한다. 국내항공사의 정규교육은 [그림 9-4]와 같이 직급별로 실시하고 있다.

한편 개별적으로 이루어지는 비정규교육은 승격자교육, 방송교육, 외국어교육 및 기타 특별보수교육 등으로 나누어 실시된다. 법정교육은 정기안전훈련으로 국토교통부의 「항공운항기술기준」에 명시된 기준에 따라 연 1회 실시하고 교육요건을 충족하게 되면 안전자격증을 갱신받는다.

**그림 9-4** 객실승무원의 정규보수교육체계(例)

| | |
|---|---|
| F/C 서비스 교육 | 상위 클래스(First Class)의 객실서비스 업무 |
| ↓ | |
| F/C 리더십 교육 | 상위 클래스(First Class) 담당승무원의 리더십 |
| ↓ | |
| T/S 과정 | 선임승무원(team senior)교육 |
| ↓ | |
| T/A 과정 | 부사무장(team assistant)교육 |
| ↓ | |
| 팀장 과정 | 팀장(team leader)의 리더십 · 직무교육 |

#### ④ 객실승무원의 근무

• **객실승무원의 근무규정**

객실승무원의 근무에 대한 사항은 객실업무의 효율적 수행을 위해 항공사마다 「객실승무원 근무규정」으로 명시하고 있다. 근무규정에서는 객실승무원의 근무, 휴식 및 휴일, 편승(deadhead flight), 대기(stand-by)로 나누어 각각 근무의 기준을 정하고 있다.

• **근무의 구성**

객실승무원의 근무란 브리핑, 승무, 편승, 지상근무, 공항대기 및 교육훈련 등으로 구성된다. 근무할당표에는 승무, 편승, 공항대기, 지상근무, 휴일 및 휴가, 자택대기, 교육 등이 포함된다.[9] 승무는 객실승무원이 기내에서 정상적으로 수행하는 업무들로 구성된다. 한편, 편승은 객실승무원이 다음 승무를 위해 또는 승무를 마치고 할당된 업무 없이 공항과 공항 간을 자사 또는 타사의 항공편으로 이동하는 것을 말한다. 대기는 모든 정기 · 부정기 항공편에서 결원이 발생하는 경우에 대비하여 지정된 장소에서 대기하는 것을 말하며, 공항내의 지정장소에서 대기하는 공항대기(airport stand-by)와 거주지에서 대기하는 자택대기(home stand-by)로 구분된다.

## 3. 객실승무원의 주요 업무

객실승무원의 업무는 항공기의 출발예정시간 전부터 시작되어 목적지 공항에 착륙되는 시점까지 제공되는 일련의 서비스활동으로 이루어진다. 객실승무원의 업무는 항공사별로 업무기준에 명시한 기본지침과 제반규정에 따라 수행된다. 업무기준은 크게 안전, 팀웍, 고객응대, 서비스, 용모 및 복장 등 5개 분야로 구성된다.[10]

**그림 9-5** 객실승무원의 업무기준분야

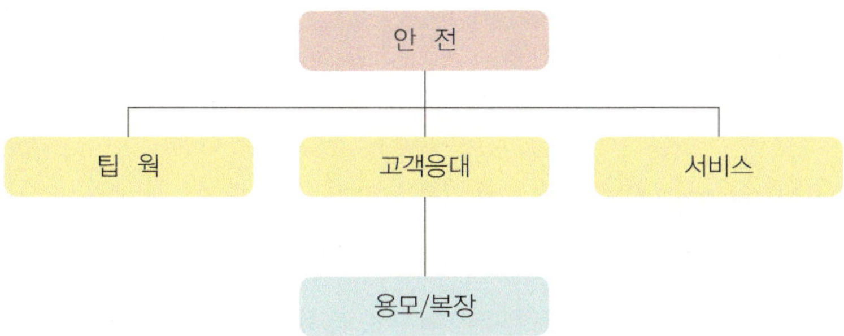


9) 객실서비스의 핵심이 되는 비행근무시간의 산정기준은 해당편의 브리핑시작 시각부터 도착지 공항에서 램프도착(ramp-in) 후 30분까지이며, 이 시간에는 공항대기시간, 휴게시간 등을 포함하되 호텔에서의 휴식시간은 제외한다. 또한 최종 목적지 공항도착시 편승일 경우에는 도착 후 30분의 시간은 비행근무시간의 산정에서 제외된다.

10) 근무시간의 구성은 항공사마다 근무규정에 따라 다소 차이가 있다. 예를 들어, 국내항공사의 경우 객실안전매뉴얼(Cabin Safety Manual)로 업무기준을 규정하고 있다.

여기에서는 국제선을 대상으로 객실승무원의 업무를 각각 비행 전, 비행 중 그리고 비행 후의 업무절차로 나누어 설명한다.

### (1) 비행전 업무

**• 비행전 학습**

객실승무원은 비행근무를 위해 다음 사항을 확인하고 준비한다.

- 출근전 확인사항
- 비행필수 휴대품[11)]
- 여행용품
- 용모체크(appearance check)[12)]
- 비행스케쥴

**• 사전학습내용**

- 기종/좌석등급(class)
- 항공기장비/시스템
- 비상사태처리절차
- 출입문(비상구, exit door)작동법
- 객실설비
- 기내서비스 절차
- 목적지 정보(시차, 면세기준, 입국서류, 보세품처리 등)

**• 브리핑(briefing)**

승무원은 항공기 출발예정시간 전에 각각 브리핑장소에 참석(show up)해야 한다.[13)] 객실승무원은 객실사무장으로부터 객실브리핑을 받고 운항승무원과의 합동브리핑에

---

11) 여권, 비자, 직원신분증(ID Card), 객실안전업무규정집, 기내방송문(방송담당자), 앞치마, 서비스코트(남성), 기내화(여성) 등을 말한다.

12) appearance check는 승무원이 객실브리핑을 시작하기 전 당직팀장(여승무원인 경우 duty senior)에게 용모와 복장에 대한 점검을 받는 것을 말한다.

13) '쇼업(show up)'이란 승무원이 할당된 근무를 위해 지정된 장소에 비치된 근무자 명단(show up list)에 서명하는 것을 말하며, 이때 승무원은 비행근무를 위한 용모 · 복장을 완전히 갖춘 상태라야 한다.

참석한다. 운항승무원은 합동브리핑에 앞서 운항관리사로부터 운항브리핑을 받는다. 합동브리핑에서는 비행에 적용되는 법규 및 규정 등에 따라 해당 항공편이 안전하게 운항할 수 있는지를 확인한다. 이를 위해 다음과 같은 내용들을 점검한다.

- 보안고려사항 및 계획된 비행시간, 순항고도, 항로
- 여객 및 화물에 대한 정보
- 사용비행장의 시설
- 운항지역별 운용법규 및 최신비행정보
- 연료, 이륙중량 등의 비행계획
- 항로 및 목적지의 기상
- 해당 비행시 필요한 승객에 대한 브리핑
- 화물상황
- 조종실출입절차
- 안전고려사항
- 비상절차
- 기장과 객실승무원 간의 협조사항
- 비행 중 기장에게 통보되어야 할 각종 비정상적(irregular) 사항 등

객실승무원은 객실사무장으로부터 객실브리핑을 받고 운항승무원과의 합동브리핑에 참석한다.

- **항공기 탑승 및 비행전 점검(pre-flight check)**

객실승무원은 항공기에 탑승하여 각자 근무를 배정받은 담당구역에서 비행전 점검을 실시하고 그 결과를 객실사무장에게 보고 한다. 이 가운데 승객의 안전과 주요 점검

사항은 다음과 같다.[14)]

- 응급조치장비
- 화재진압장비
- 안전장비
- 비상탈출 및 착수장비
- GALLEY 장비
- LAVATORY 장비
- MONITOR/SCREEN
- 커뮤니케이션시스템
- 객실조명시스템
- 객실설비 등

- **승객탑승(passenger boarding)의 안내**

기내의 점검이 완료되면 객실사무장은 기장에게 보고하고 지상에서 승객의 탑승업무를 담당하는 지상담당직원에게 '객실준비완료'를 통보하며, 승무원에게도 승객탑승 시작을 알린다. 승객의 탑승이 시작되면 각자 정해진 위치에서 승객에게 환영인사를 하며 좌석의 확인과 수하물의 정리를 돕는다. 그리고 신문, 잡지 등의 독서물을 제공한다. 승객의 탑승은 다음과 같은 순서에 따라 이루어지도록 안내한다.

- 간이침대로 이동하는 승객(stretcher)과 의료진, 가족
- 비동반소아(uncompanied minor: UM), 제한승객[15)]
- 노약자, 유아동반승객
- VIP, CIP[16)]
- 일등석(FR/CL) 승객
- 이등석(PR/CL) 승객
- 일반석(EY/CL) 승객

---

14) 대한항공(주)「*Cabin Operarions Manual*, 항공기 장비/시스템 비행전 점검 list」참조.

15) 제한승객(incapaciated passenger)이란 환자, 만 12세 미만의 보호자 비동반소아(uncompanied minor), 임산부, 맹인, 죄수 등 탑승에 제한요소를 지닌 승객을 말한다.

16) VIP: Very Important Passenger, CIP: Commercially Important Passenger.

단, VIP, CIP를 포함한 일등석 및 우대석승객은 stretcher, UM, 제한승객의 탑승이후에는 원하는 대로 탑승하도록 한다.

• **출입문 닫음**(exit door close)

승객의 탑승이 완료되면 지상직원으로부터 승무원명단(general declaration: GD), 승객명단(passenger manifest: PM), 탑재화물목록(cargo manifest: CM)등의 비행서류와 승객용입국서류 등을 수령하고 승객명단과 탑승자 수를 확인한 후, 기장에게 보고한 다음 출입문을 닫는다.

• **슬라이드 모드변경**(safety check)

항공기가 지상이동을 시작하기 전 객실사무장은 PA로 Safety Check을 승무원에게 지시하여 슬라이드 모드(slide mode)를 변경한다. 이때 객실승무원은 기내의 안전상태에 이상없음을 확인하고 객실승무책임자에게 알린다.

• **안내방송과 이륙준비**

방송담당승무원은 탑승환영(welcome)방송을 실시하며, 비상사태에 대비한 응급조치요령을 승무원의 시범(safety demonstration)을 통해 보여주거나 모니터를 통해 안내한다. 시범과 점검이 끝나면 이륙에 앞서 최종적으로 승객의 좌석벨트착용상태를 확인하고, 기내시설물의 고정상태, 화장실내부 등을 살피고 지정되어 있는 승무원석(jump seat)에 앉는다.

### (2) 비행중 업무

항공기가 이륙하여 일정한 고도에 이르게 되면 각 좌석벨트 표시등(Fasten Seat-belt Sign)이 꺼지게 되는데 이때부터 다음과 같은 객실서비스를 제공하기 시작한다.

• **타월**(towel service)

타월은 refreshing towel과 hot towel 두 가지 형태가 있다. hot towel의 경우 식사를 하기 전에 적절히 오븐에 덥혀서 제공하며, refeshing towel은 상온에서 용기(basket)에 담아 제공한다.

• **음료수(beverage service)**

타월을 회수한 후 식욕촉진을 위한 음료(aperitif)로 주류 및 soft drink를 제공한다. 이때 칵테일을 원하는 승객에게는 즉석에서 만들어 서비스해야 하므로 승무원은 여러 종류의 칵테일제조법을 숙지하고 있어야 한다.

• **기내식(meal service)**

음료서비스 후 기내식을 제공한다. 음식의 종류는 탑승객의 문화적 배경과 선호도를 적절히 고려하여 노선별로 결정한다. 기내식 서비스와 관련한 서비스들은 전형적인 양식의 풀코스(full course)절차에 따라 제공한다. 즉, aperitif → appetizer → soup → salad → main dish → dessert → hot beverage & liquor의 순으로 관련서비스가 제공된다.

• **승객취침과 영화상영**

취침하는 승객을 위하여 기내조명(cabin light)을 조절하고, 승객이 모포나 베개 등을 사용할 수 있도록 협조한다. 국제선운항노선의 경우, 영화상영은 개인용모니터(AVOD)를 통해 상영된다. 개인용모니터가 장착되어 있지 않은 항공기의 경우, 비행시간 5시간 이상인 노선에서는 영화를 상영하기도 한다. 기내상영물의 운영과 관리는 주로 객실부사무장이 담당하며, 상영물은 일정한 기간을 정해 주기적으로 교체하여 제공한다.

• **기내판매**

대부분의 국제노선에서는 승객들의 편의를 위해 면세품을 판매하고 있다. 담배, 주류, 화장품, 향수, 악세사리, 볼펜 등 세계적인 유명상품을 판매하는 데, 비행시간이 짧은 단거리노선의 경우 그 내용을 간소화하거나 생략할 수 있다.

• **입국서류배포와 작성안내**

식사서비스가 끝나게 되면 객실을 정리한 후 승객이 목적지 공항에서 입국수속을 할 때 제출하게 될 서류, 즉 입국신고카드와 세관신고서 등을 배포하고 작성을 돕는다.

• **기타 승객의 요구에 의한 서비스**

객실승무원은 비행 중 언제든지 호출버튼에 응대하여 승객이 겪는 불편사항이나 서비스향상에 도움이 될 수 있는 업무를 수행해야 한다. 특히 승객 개개인의 상황에 맞게 응대하여 쾌적한 여행을 할 수 있도록 돕는 서비스로는 승객의 요구에 대한 신속한 해결, 객실의 온도, 조명, 소음, 청결, 화장실점검과 음료제공 등이 있으며, 수시로 객실을 순회하여 불편사항을 제거한다.[17] 담당구역의 순회후에는 승객의 가시권에서 대기하며 승객의 상태를 관찰한다.

### (3) 비행후 업무

**• 안내방송 및 하기안내**

항공기가 목적지 공항에 착륙하면 방송담당승무원이 도착안내(farewell)방송을 한다. 항공기가 하기를 위한 램프의 위치까지 이동하는 동안 승객들이 착석상태를 안전하게 유지하도록 안내하며, 승객으로부터 맡아두었던 수하물 등을 인계한다. 램프위치에서 항공기가 완전히 정지하면 기내조명을 조절하고 객실사무장의 지시에 따라 슬라이드의 장착상태(slide mode)를 변경하여 도어를 열고 승객의 안전한 하기를 돕는다. 승객의 하기는 응급환자, VIP · CIP, 일등석, 비즈니스석, 비동반소아, 일반석, 제한승객, 간이침대로 이동하는 승객 순으로 안내한다.

**• 서류인계**

출발공항의 지상업무 담당자로부터 인수한 여객 및 화물운송관련서류, 비행 중 작성한 서류(flight coupon, security removed items) 등의 관련서류(ship pouch)[18]를 도착공항의 지상운송책임자에게 인계한다.

**• 기내점검 및 도착후 업무**

승객의 하기가 완료된 담당구역별로 승객의 유실물유무를 점검하고, 시설물의 상태를 확인한다. 이때 객실사무장은 최종적으로 기내를 순시하여 이상유무를 확인한다. 도착지가 해외공항인 경우 부족한 서비스물품의 주문목록을 작성하며, 본사에 도착후에는 각종 서류와 기내판매대금을 반납하고 근무변경통보 유무를 확인하며, 객실사무

17) 정해진 서비스가 종료된 후에도 객실승무원은 담당구역을 정기적으로 순회하여 객실의 안전을 유지하고, 쾌적성을 배려하며 승객의 욕구를 충족시켜야 한다. 약 15분 간격으로 순회하기 때문에 이를 '15 Min. Cabin Walk-around'라고도 한다.

18) ship pouch: 항공기출발전에 객실사무장이 지상직원으로부터 전달받는 여객 및 화물운송관련 서류와 flight coupon 등을 말한다.

장은 도착보고를 한다.

이상과 같이 객실승무원이 수행하는 일련의 서비스업무는 보다 구체적으로 각 항공사의 승무근무규정에서 정하고 있는 체크리스트(service checklist)로 요약해 볼 수 있다.

**표 9-2 객실서비스 체크리스트(例)**

| 상시(常時) |
|---|
| □최신 서비스매뉴얼 및 공지사항숙지<br>□비행 전 학습실시<br>□서비스 매뉴얼에 명시된 규정 및 지침이행<br>□비행에 필요한 서류소지<br>□승무원 필수 휴대품소지 |
| **승객탑승 전** |
| □비행준비<br>□객실브리핑 참석<br>□승무원 짐정리<br>□합동브리핑 참석<br>□비상/보안 장비점검<br>□객실 커뮤니케이션 시스템 점검(interphone system)<br>□MONITOR/SCREEN 상태 점검<br>□비행서류 내용물 확인<br>□객실관리시스템 점검<br>□통제장치(passenger control unit) 점검<br>□객실설비 점검<br>□반입품목(catering items) 점검<br>□주방(galley)준비<br>□신문, 잡지준비<br>□화장실 점검<br>□음료(welcome drink)준비<br>□객실 청소상태 점검<br>□GIVEAWAY/ BABY BASSINET 탑재확인<br>□HANGER 준비<br>□SEAT POCKET ITEMS준비<br>□기내음악(boarding music)작동 |

| 승객탑승/이륙 |
|---|
| □어피어런스 체크(유니폼, 용모의 점검)<br>□환영인사<br>□좌석안내<br>□휴대수하물 보관상태확인<br>□신문, 잡지제공<br>□음료(welcome drink) 제공(상위클래스)<br>□타월(hot towel) 제공(일등석)<br>□기내방송 실시(welcome)<br>□기내 안전 DEMO(Safety Demonstration)상영 또는 실연<br>□안전관련 업무수행<br>□이륙준비 상태확인<br>□좌석(jump seat)착석<br>□ '30 Second Review' 실시 |
| 비행 중 |
| □기내방송실시<br>□서비스브리핑실시<br>□좌석배치표(seat chart)작성<br>□중요 및 특별승객의 관찰 · 보호(care)<br>□비디오 상영<br>□화장실 점검<br>□헤드폰 제공<br>□메뉴북(menu book) 제공<br>□음료제공<br>□식사제공<br>□음료수(hot beverage)제공<br>□탑승기념품(giveaway)제공<br>□객실 청결유지(cabin cleaning)<br>□승객 입국서류배포<br>□기내판매<br>□승객 취침(crew rest 실시/간식서비스 실시)<br>□15 Min Walk Around 실시<br>□독서물제공<br>□서비스 품목제공<br>□쾌적성 배려<br>□승객 개별요구의 응대(personal touch)<br>□특별한 도움이 필요한 승객서비스<br>□도착 전 음료제공 |

| 착륙 전 |
|---|
| □안전관련 업무수행<br>□방송실시<br>□도착안내<br>□승객 입국서류 재확인<br>□코트(coat)와 보관품 반환<br>□잡지 회수, 보관<br>□베개, 모포정리<br>□비디오테잎 보관<br>□이어폰 헤드폰 회수 및 보관<br>□서비스용품 정리<br>□입국서류 작성확인 |
| **도착 후** |
| □기내방송 실시<br>□도착음악(boarding music)작동<br>□지상직원에게 필요 서류인계<br>□승객 하기안내 및 작별인사(farewell)<br>□특별한 도움이 필요한 승객에게 도움제공<br>□기내점검<br>□지상 직원과의 인수 · 인계<br>□도착보고 |

주: '30 Second Review'란 현재 상태에서 발생 가능한 비상상태를 스스로 가상하고 자신이 취할 행동을 약 30초 동안 정리(review)하는 것을 말한다. 승무원은 사고발생률이 가장 높은 이 · 착륙시점에서 만약의 사태에 대비하도록 체크리스트로 규정하고 있다.

CHAPTER

# 10

# 객실업무(Ⅱ)

객실은 서비스의 생산과 소비가 동시에 이루어지는 서비스접점으로서 고객의 여정 가운데 가장 많은 시간을 보내는 공간이다. 객실업무는 고객의 경험을 통해 서비스의 가치와 품질을 경정하는 핵심활동이다. 본장에서는 제9장에 이어 객실업무를 식 · 음료업무, 기내판매서비스, 위락 · 통신서비스 및 비상업무 등으로 나누어 소개한다.

**Keyword**: 식음료서비스, 기내식, 기내음료, 기내판매, 객실관리시스템(CMS), 비상업무, 경로변경, 보상서비스

## 제 1 절 식음료서비스

항공기에 탑승하거나 항공사를 선택하는 고객은 좌석과 운항스케쥴만을 생각하지 않는다. 오히려 기내에서 제공받는 서비스를 먼저 떠올린다. 식사를 위해 레스토랑을 찾는 고객이 대화의 분위기를 생각하는 것과 마찬가지이다. 무료한 기내에서 제공받는 식 · 음료서비스는 승객에게 즐거움이 된다. 식음료서비스가 항공사의 서비스상품을 구성하는 중요한 요소로 인식되는 이유가 여기에 있다. 본절에서는 항공서비스의 주요 구성요소 가운데 하나인 식음료서비스가 어떻게 구성되고 제공되는지를 설명한다.[1)]

### 1. 식음료서비스의 개요

식음료서비스는 크게 음료(beverage)서비스와 식사(meal)서비스로 구성된다. 이들 서비스는 승객이 기내에 탑승하여 머무는 동안 정해진 순서에 따라 제공되지만, 승객의 요구에 따라 개별적으로 제공되기도 한다. 또한 좌석등급(class)에 따라 서비스의 내용에 차이가 있으며, 동일한 클래스내의 승객에 대해서는 차별없이 제공된다.

식음료서비스는 객실승무원의 업무 가운데 가장 많은 시간과 노동이 요구되며, 고객의 만족도를 결정하는 중요한 요소이다. 오늘날 항공사는 경쟁력을 확보하기 위해 식음료서비스에 대해 차별화된 컨셉과 제공매뉴얼을 개발하고 서비스를 강화하고 있다. 이를 위해 대부분의 항공사들은 원활한 식음료서비스 수행을 위해 주문, 제공 및 회수 등에 대하여 표준화된 절차를 정해놓고 있다.

현재 국적항공사에서 정하고 있는 일반적인 식음료서비스의 매뉴얼에서 규정하고 있는 내용을 식음료의 주문, 제공 및 회수업무 등의 단계로 각각 구분하여 정리하면, 〈표 10-1〉과 같다.[2)]

---

1) 본절에서 설명하는 식음료서비스는 일반적인 정기항공사(full service carrier)에서 제공되는 기내서비스를 말한다. 저비용항공사(LCC)의 경우, 저운임을 실현하기 위해 식음료서비스는 대부분 승객의 주문에 따라 유상으로 제공된다.

2) 대한항공(주), *Flight Duty Manual*, 'Service Standard'

## 기내식의 역사

### 1919년에 첫 등장한 기내식

비행기를 타고 해외로 떠날때의 즐거움은 여러 가지가 있습니다. 그 중 가장 처음으로 만나는 즐거움은 아마 기내식일 수도 있을 것입니다. 현재 대한항공과 아시아나항공 등 국내 대형항공사는 모든 국제선에서 기내식을 제공하고 있습니다. 세계에서 기내식이 처음 등장한 것은 1919년입니다. 영국 핸들리 페이지 트랜스포트가 영국 런던과 프랑스 파리구간에 샌드위치와 과일, 초콜릿을 3실링에 판매했는데 이것이 최초의 기내식으로 알려져 있습니다. 이어 아메리칸 에어라인이 1930년대 최초로 엔진의 열을 이용한 가열장치를 탑재, 따뜻하게 조리된 기내식을 처음으로 제공했고 1945년에는 아메리칸 에어라인의 의뢰로 메리어트가 정형화된 조리법을 공유하고 동일 수준의 기내식을 안정적으로 공급할 수 있는 전문 케이터링 회사를 설립했습니다.

1960년대에는 비용절감을 위해 기존의 도자기, 유리컵을 사용하던 식기를 사용 후 폐기할 수 있는 플라스틱 식기를 활용하는 항공사가 등장했고 1970년대에는 좌석등급에 따라 기내식도 차별화가 이뤄졌습니다. 현재 퍼스트클래스와 비즈니스클래스, 이코노미클래스에 서로 다른 기내식이 제공되는 시스템이 1970년대에 만들어진 것입니다. 2001년 발생했던 가슴 아픈 9 · 11테러 이후에는 많은 항공사가 안전을 이유로 기내식기를 플라스틱으로 교체했지만 환경파괴문제가 불거지며 다시 금속식기를 사용하는 항공사도 많습니다. 2003년에는 대형항공사 중에서 아메리카 웨스트항공이 처음으로 기내식을 유료로 판매하며 승객들에게 선택권을 부여했고 2013년에는 에어발틱 에어라인을 시초로 기존 정해진 메뉴가 아닌 개개인이 원하는 기내식을 주문하는 시스템이 구축됐습니다.

### 식사 때 배경음악 틀어주기도

2014년에는 각 항공사들이 승객들의 만족도를 높이기 위해 다양한 노력을 기울이고 있습니다. 브리티시 에어라인은 기내식 메뉴에 맞는 음악을 제공하고 있으며 에티하드 항공은 기내식을 승무원이 아닌 식음료 전문가가 서빙하도록 하고 있습니다. 우리나라의 대한항공은 기내식으로 비빔밥을 최초로 개발해 1998년 IFCA(International Flight Catering Association)로부터 업계 최고권위의 '머큐리상'을 수상하기도 한 바 있습니다.

파이낸셜뉴스 2016. 1. 10

**표 10-1 국적항공사의 식음료서비스 표준(예시)**

(1) 식음료주문

- 승무원은 식음료서비스 시 승객에게 친절한 조정자(coordinator)로서 승객의 요청에 의한 수동적인 태도가 아니라 승객의 기호와 취향에 맞도록 적극적으로 권유한다.
- 승객에게 차별없이 정중하게 응대한다.
- 당일 제공되는 메뉴, 음료의 내용을 숙지하고 승객의 기호를 파악하도록 노력하여 승객의 취향에 맞는 적극적인 추천을 한다.
- 추천 시 가급적 외래어나 전문용어 사용은 피하며 승객에게 맞추어 이해하기 쉽도록 설명한다.
- 주문시에는 항상 메모지나 주문서(order chart)를 지참하여 즉시 주문내용을 받아 정확히 적는다.
- 주문을 받을때는 승객의 좌석번호와 이름을 표기하여 정확하게 제공한다.
- 준비시간이 오래걸리는 식음료를 주문받을 때는 반드시 소요시간을 알려준다.
- 주문이 끝나면 주문내용을 복창하여 확인하고 감사의 표시인 미소로 표정인사 후 물러난다.

(2) 식음료제공

- 창가안쪽 승객부터 승객에게 먼저 주문받고 먼저 제공한다.
- 남녀승객이 같이 앉아있는 경우는 여자 승객에게 먼저 주문받고 먼저 제공한다.
- 어린이 동반승객의 경우 어린이 승객에게 먼저 주문받고 먼저 제공한다.
- 노인승객이 같이 앉아 있을 경우에는 노인승객에게 먼저 주문받고 먼저 제공한다.
- 식음료를 제공하기 전에 먼저 승객의 테이블을 펴드린다. 창가의 승객에게는 양해를 구해 승객이 직접 테이블을 펴도록 권유한다.
- 승객과 마주보아 왼쪽승객에게는 왼손으로, 오른쪽 승객에게는 오른손으로 제공하되, 뜨겁거나 무거운 것을 제공할 때는 편한 손으로 제공해도 무방하다.
- 모든 서비스품목은 카트서비스(cart service)를 제외하고는 쟁반(tray)에 준비하여 제공한다.
- 모든 서비스품목은 가능한 뒷면이 보이지 않도록 하며 승객에게 전달할 때에도 허리 중앙에 위치하여 허리 밑으로 떨어뜨리지 않도록 하며 가급적 양손으로 든다.
- 음식쟁반(meal tray)은 포갠상태로 제공하지 않는다.
- 식사목록표(entree)는 승객 앞, 안쪽으로 놓이도록 제공한다.
- 쟁반 또는 접시가 절대로 승객의 머리위를 스쳐 지나가서는 안 된다.
- 로고가 새겨져 있는 접시, 그릇, 글라스 등은 로고가 승객의 정면방향으로 놓이도록 한다.
- 음식을 담는 부분에 손이 닿지않도록 한다.
- 상위클래스에서 코스별로 접시에 담아진 음식을 제공할 때에는 승객앞으로 한발자국 다가가서 테이블 끝에서 손가락 한마디 가량 안쪽으로 놓는다.
- 승객이 서비스물품을 떨어뜨렸을 때에는 먼저 해당되는 서비스물품을 제공하고 떨어진 물품은 타월이나 냅킨(paper napkin)을 사용하여 집어 올려 치운다.
- 위생상 글라스나 컵을 승객에게 건널 때에는 잔의 하단쪽을 손끝으로 안정되게 잡는다.
- 음료는 승객 오른쪽에 놓아 제공한다.
- 일반석의 경우 모든 음료제공시에는 식사쟁반(meal tray)위에 제공할 때를 제외하고 칵테일냅킨을 추가로 제공한다.
- 어린이 승객 및 신체장애 승객에게 음료를 제공할 때는 컵의 1/2~2/3만 채워 제공하고 잠시 후 더 제공하겠다는 안내를 한 다음 잠시 후 같은 양으로 보충(refill)한다.
- 잔에 ice cube를 넣을 때는 ice cube를 먼저 넣고 음료를 그 위에 따른다.
- 뜨거운 음료는 제공직전에 준비하여 제공한다.
- 식음료를 제공할 때에는 "주문하신 ○○입니다. 맛있게 드십시오."라고 승객이 주문한 내용에 대해 확인토록 한다.

**(3) 식음료회수**

- 회수는 제공한 순서(flow)와 동일한 순서로 회수하는 것을 원칙으로 하되 승객이 요구할 때는 먼저 회수하며 식사가 일찍끝난 승객에게는 승객의 의향을 물어 먼저 회수한다.
- 식음료 회수시에는 손으로 서비스품목을 가리키며 "맛있게 드셨습니까? 치워도 되겠습니까?"라고 승객에게 취식에 대한 만족도를 확인하고 회수여부를 물어본 뒤 회수한다.
- 통로측 승객에게 회수하며 창측 승객이 먼저 끝난 경우엔 통로측 승객에게 양해를 구하고 회수한다.
- 카트(meal cart)를 이용한 식사쟁반 회수 시 카트안쪽 상단부분부터 집어넣는다.
- 식사쟁반회수 시 접시는 한번에 한 개씩 회수하며 포개어 회수하지 않는다.
- 회수 시 쟁반의 방향은 통로와 평행이 되도록 잡고, 접시를 통로쪽에 위치해 회수한다.
- 쟁반의 회수 시 회수품목은 몸의 가까운 쪽부터 놓는다. 이때 무거운 것이나 부피가 큰 것은 접시안쪽으로 놓는 것이 안전하다.
- 코스별 접시(plate) 회수 시 접시(plate)를 포갤 때에는 5개 이상 포개지 않도록 한다.
- 코스별 회수시 접시류(china ware)와 스푼 · 나이프류(cutlery)는 구분하여 회수하며 포개어 소음 및 미끌림 현상 등이 발생되지 않도록 정리 및 회수한다.
- 음식카트를 이용하여 회수할 경우에는 카트상단에 타월(cotton table 또는 hand paper towel)을 준비하여, 깨끗하지 않은 승객 테이블은 준비된 타월로 닦는다.

**(4) 상위클래스 주문서의 기입**

- 승객탑승 시 객실사무장으로부터 특별주문(S.H.R)을 인수받아 주문서에 개별승객의 좌석번호, 성함, 품목 등을 기입한다.
- 상위클래스에서는 개별주문(INDIVI ORDER)을 한 경우에는 주문서를 이용하여 주문을 받고 주문서에 약어로 주문받은 내용을 기입한다.
- 주문내용을 승객앞에서 메모하고 읽어서 재확인한다.

주1: 주문서는 비행 전 준비하여 비행중에 항상 지참한다.
주2: S.H.R.(special handling request): 탑승 승객에 관한 좌석번호, 성명, 체크-인시 특이사항, 상용고객, 특별승객-VIP, CIP, UM, 환자, 단체, 무비자 통과승객(TWOV), 특별식주문(special meal order) 승객-에 대한 정보 등이 기재된 서류.
주3: 개별주문(individual order)은 탑재되는 모든 종류의 음료제공이 가능함을 의미한다.

## 2. 기내음료

### (1) 기내음료(beverage)의 개념

기내음료(機內飮料)란 식사전, 식사중 그리고 식사후에 제공되는 음료로서 주류 및 비주류음료를 모두 지칭한다. 음료는 기내식과 잘 조화되어야 하고 승객의 입맛을 돋우는 동시에 청량감을 주어야 한다. 기내음료는 종류도 다양하여 일반 음료수를 비롯해 다류(茶類), 과일주스류, 발효음료수, 증류주(酒) 등으로 분류된다. 항공사의 객실업무 담당부서에서는 항상 고객의 다양한 요구를 충족시키기 위해 기내식과 함께 조화되는 음료를 개발하고 있다.

### (2) 음료서비스의 절차

대부분의 항공사는 노선별, 항공편 별로 다양한 종류의 비알코올 음료와 알코올 음료를 제공한다. 음료서비스는 기내식제공시점을 기준으로 식전에 제공하고 식사중에는 식사의 내용에 따라 와인이나 기타 음료를 제공하며, 식사후에는 커피와 차 종류를 제공한다. 비행 중 승객의 요구에 의해 음료의 제공이 가능하지만, 알코올 음료의 경우 만취승객이 발생하지 않도록 유의해야 하며, 음료를 오픈하여 준비할 때에는 각 zone의 승객 수 및 승객의 성향을 고려하여 품목별로 적정량을 준비해야 한다. 구체적인 서비스기준에 대해서는 항공사마다 별도로 서비스매뉴얼로 정해놓고 있다. 다음은 기내음료를 알코올 음료와 비알코올 음료로 나누어 어떠한 종류의 서비스가 국제노선에서 보편적으로 제공되고 있는지를 살펴보자.

### (3) 알코올 음료(alcoholic beverage)

#### ① 서비스시점에 따른 분류

- 식전(食前) 주류 : 샴페인, 와인, 맥주, 칵테일 등
- 식사 중 주류 : 와인, 맥주 등
- 식후(食後) 주류 : 위스키, 브랜디, 리큐어(liqueur), 포트와인(port wine)[3] 등

#### ② 제조방법에 따른 분류

- 양조주 : 와인, 샴페인, 맥주, 청주 등

음료서비스는 비알코올 음료와 알코올 음료로 구분된다.

3) 포트와인은 'Portugal wine'에서 유래된 주정강화(와인의 발효단계에서 브랜드를 첨가)된 단 맛의 적포도주를 말한다.

- 증류주 : 위스키, 진(gin), 보드카, 브랜디 등
- 혼성주 : 각종 리큐어(liqueur)

### (4) 비알코올 음료(non-alcoholic beverage)

각종 주스류 및 콜라, 탄산음료 등 청량음료와 차(茶) 종류가 음료서비스로 제공되는데, 냉음료(cold type)와 온음료(hot type)로 구분된다. 전자에는 생수(mineral water), 주스, 우유 그리고 각종 캔음료 등이 있으며, 후자에는 커피와 홍차, 녹차(green tea) 등이 대표적이다. 기내에서 일반적으로 제공되는 알코올 음료의 종류를 정리하면 〈표 10-2〉와 같다.

**표 10-2 기내 알코올 음료의 종류**

| (1) 위스키(Whisky) |
|---|
| 옥수수, 호밀, 보리 등의 곡물을 발효시켜 주류한 것을 오크(oak)통 속에서 숙성시켜 만든 것이다. 위스키는 제조방법에 따라 크게 스카치(Scotch), 캐나디언(Canadian), 아메리칸(Burbon), 아이리쉬(Irish) 등으로 구분된다. |
| (2) 진(Gin) |
| 보리, 호밀, 귀리, 옥수수 등의 곡물을 원료로 하고, 맥아(麥芽)를 당화하여 발효시킨 다음, 노간주나무 열매(Juniper Berry)를 넣어 증류시킨 술로서 칵테일의 기본재료로 많이 이용된다. |
| (3) 보드카(Vodka) |
| 러시아의 농촌에서 탄생한 술로서 감자, 옥수수, 귀리, 호밀 등 곡물을 발효시킨 다음 증류하여 만들어진다. 증류 후에는 자작나무 숯으로 여과하기 때문에 냄새가 없는 것이 특징이며, 무색·무취의 특징을 지닌다. |
| (4) 럼(Rum) |
| 사탕수수를 짠 즙에서 사탕의 성분을 분리하고 나머지 당밀을 이용하여 만든 증류주이다. 사탕수수가 풍부한 남미의 카리브해(海) 지역에서 만들어진다. |
| (5) 리큐어(Liqueur) |
| 중세의 연금술사들이 증류주를 만드는 기법을 터득한 다음에 여기에 약초, 향초, 과일, 커피, 코코아 등을 넣어 향을 가미한 술이다. 독한 술로 당분이 높아 주로 소화를 촉진하는 식후주로 이용된다. |
| (6) 와인(Wine) |
| 과일을 발효시켜 만든 술을 의미하지만, 일반적으로 포도를 발효시켜 만든다. 포도를 으깨어 그 껍질에 내포되어 있는 천연효모에 의해 자연 발효시킨 후 오크통에 담아 숙성시킨다. 와인은 색깔에 따라 화이트와인과 레드와인으로 구분되며, 당도에 따라 당도가 적은 드라이와인(dry wine)과 당도가 많은 스위트와인(sweet wine)으로 나누어진다. 또한 와인은 생산지역에 따라서도 Bordeaux, Burgundy, Champagne 등으로 구분된다. |
| (7) 브랜디(Brandy) |
| 와인을 증류하여 오크통 속에서 숙성시킨 술이다. 생산된 지역에 따라 여러 가지 명칭으로 불리우는데, 프랑스 꼬냑 지방 |

에서 생산된 브랜디는 'Cognac'이라고 하며, 아르마냑 지방에서 생산된 브랜디는 'Armagnac'이라고 한다. 꼬냑의 품질을 표시하는 방법에는 숙성시킨 햇수를 별표로 붙이는 경우와 문자로 표시하는 방법이 있다. 별표시 ☆는 세 개부터 다섯 개로 많을수록 품질이 고급임을 뜻하며, 문자는 V(very), S(superior), O(old), P(pale), X(extra)를 뜻한다. 예를 들면, V.S.O.P.(20~25년), X.O(30~50년) 등으로 나타낸다.

(8) 칵테일(Cocktail)

칵테일은 한 가지 술에 다른 종류의 술을 섞기도 하고, 혹은 과일즙이나 탄산음료 등을 혼합하여 만드는 혼합주이다. 주원료가 되는 술을 베이스(base)라고 하며, 과일즙 혹은 탄산음료를 믹서(mixer)라고 한다. 베이스로는 위스키나 브랜디, 진, 보드카 등이 널리 사용된다. 칵테일을 잔에 담은 후 미관과 맛, 향기 등의 조화를 위해 장식(garnish)을 별도로 한다. 장식으로는 올리브, 체리, 레몬, 오렌지 등이 사용된다.

## 3. 기내식

### (1) 기내식(in-flight meal)의 개요

기내식(機內食)은 일반적으로 서양식을 근간으로 하지만 노선에 따라서는 승객의 식생활을 고려하여 각국의 특색있는 요리를 추가하기도 하며, 종교 및 건강상태 등에 따라 특별식(特別食)을 제공하기도 한다.[4] 기본적으로 기내식은 승객의 다양한 욕구에 따라 해당지역에서 보편적으로 선호되는 음식으로 구성된다. 우리나라 국적항공사의 경우, 서양식과 노선의 특성을 살린 한식, 일본식, 중국식 등을 주로 기내식으로 제공하고 있다. 메뉴(entree)의 선택폭은 승객의 선호도를 고려하여 상위 클래스는 3~4가지로 하고, 일반석은 2~3 종류로 하는 경우가 보통이다.

### (2) 기내식의 구성과 제공

기내식의 종류는 기종, 노선에 따라 다르며 또한 다양한 메뉴의 제공과 서비스의 향상을 위해 보통 3~4개월을 주기로 메뉴를 교체・작성한다. 일반적으로 일등석은 기내식을 코스(course)별로 제공하고 비즈니스석에서는 세미코스(semi-course) 방식으로 제공하며, 일반석에서는 표준화된(pre-set tray) 방식으로 식사를 제공한다. 기내식은 더운 음식(hot meal)과 찬음식(cold meal)으로 구분되며, 비행시간과 시간대에 따라 〈표 10-3〉와 같이 구분하여 제공하는 것이 보통이다.

---

4) 특별식(special meal)은 승객의 건강, 종교 등의 사유 또는 축하를 위해 탑재되는 음식으로서 승객예약시 주문에 의해 탑재되며, 이 내용은 S.H.R.(special handling request)상에 기록되므로 객실사무장은 출발 전 탑재여부를 확인해야 한다.

기내식은 승객의 다양한 욕구에 따라 해당 지역에서 선호되는 음식으로 구성된다.

**표 10-3 기내식의 서비스횟수와 시간대(예시)**

| (1) 기내식 서비스횟수 | |
|---|---|
| (비행시간) | (서비스횟수) |
| ▪ 6시간 미만 | 1회 |
| ▪ 6시간~13시간 | 2회 |
| ▪ 13시간 이상 | 3회 |
| **(2) 기내식 제공시간대** | |
| (시간대) | (식사) |
| ▪ 05:00~09:00 | 조식(breakfast) |
| ▪ 09:00~11:00 | 이른 점심(brunch) |
| ▪ 11:00~14:00 | 점심(lunch) |
| ▪ 18:00~22:00 | 석식(dinner) |
| ▪ 22:00~01:00 | 야식(supper) |
| ▪ 기타시간 | 가벼운 식사 또는 스낵 |

## 제2절 기내판매서비스

기내판매는 항공기 탑승객들에게 해외여행에 필요한 신변용품에 대하여 관세를 면제해 주는 취지로 운용되고 있다. 오늘날 국제노선에 취항하는 항공사들 대부분은 순항시간을 이용하여 승객들에게 면세물품을 판매하고 있다. 고객의 입장에서는 기내에

기내판매는 국제여행객의 입장에서는 면세품을 편리하게 구매하는 기회가 된다.

서 원하는 물품을 구매하는 기회가 되는 한편, 항공사로서는 부대수입을 창출하는 객실업무가 된다. 본절에서는 기내판매의 의의와 방법 등을 설명한다.

## 1. 기내판매의 의의

### (1) 기내판매란?

국제노선에 취항하는 항공기의 기내는 승객들이 관세를 부담하지 않고 면세품을 구매할 수 있는 보세(保稅)구역에 해당된다.[5] 기내판매(機內販賣, in-flight sales)는 항공사의 영업수입과 고객의 구매욕구충족의 목적을 동시에 달성하기 위하여 실시하는 객실업무에 해당된다. 따라서 기내판매는 수입의 극대화를 위해 판매만을 중시하거나 또는 승객서비스만을 강조하여 회사의 수익성을 소홀히 하지 않도록 적절히 균형을 유지해야 한다. 즉, 두 가지 상반된 목표를 적절히 충족시키는 범위내에서 조화를 이루는 것이 중요하다.

### (2) 기내판매의 특성

기내판매는 일반관광상품의 판매에 비해 면세품만을 대상으로 하기 때문에 품질면에서 국제적으로 인정되는 상품을 상대적으로 저렴한 가격에 판매한다는 특성이 있다. 그러나 일반면세점에 비해 판매서비스에 있어서 다음과 같은 제약을 받는다.

5) 보세구역은 지정보세구역 · 특허보세구역 및 종합보세구역으로 구분되며, 특허보세구역에는 보세판매장이 포함된다. 관세법 제196조(보세판매장) 및 제154조(보세구역의 종류) 참조.

① **시간적 제약**

기내판매는 객실서비스의 일부과정으로 수행되기 때문에 일정한 시간내에서 서비스가 제공된다. 예를 들어, 한-일노선의 경우, 2시간 내외의 비행시간을 이용하여 모든 기내서비스가 이루어지므로 기내판매에 할당되는 시간은 약 20분 전후에 불과하다.

② **공간적 제약**

항공기의 탑재허용량의 범위 가운데 기내판매에 할당되는 공간만을 이용하여 상품을 탑재해야 하므로 일반면세점과 같이 충분한 품목을 구비하는 것이 불가능하다.

③ **법률적 제약**

기내판매는 관세법의 범위내에서 품목과 가격이 결정되므로 항공사의 판매활동에는 많은 제약이 뒤따른다.

## 2. 기내판매의 방법과 품목

### (1) 기내판매의 방법

기내판매는 각 노선별, 클래스별로 지정된 판매방식에 따라 두 가지 방법, 즉 카트(cart)판매와 주문판매방식으로 수행한다. 판매의 시작시점은 해당 항공편의 서비스절차에 따라 진행하며, 판매시작 전 안내방송 또는 안내비디오를 상영한다. 기내판매는 기내의 카트에 탑재된 전 품목을 균등히 전시(display)하거나 상품목록을 통해 승객의 구매선택을 돕는다. 기내의 카트운영대수는 기종에 따라 일정한 기준을 두고 있지만, 객실사무장은 승객수에 따라 그 규모를 신축적으로 조정할 수 있다. 한편, 주문판매는 담당승무원이 각 좌석클래스별, 구역(zone)별로 승객의 주문을 개별적으로 접수하여 판매하는 방식이며, 일등석과 비즈니스석은 첫 번째 식사서비스 직전 또는 물품확보가 가능한 시점에 시작하며, 일반석은 각 항공편별로 설정된 서비스절차에 따라 시작한다.

### (2) 기내판매의 품목

항공사가 관세당국으로부터 판매허가를 취득한 주류(酒類), 담배, 향수, 화장품, 악세사리, 아동용품, 선물류(類) 등으로 구성되며, 노선에 따라서는 기내의 탑재공간을 고려하여 품목을 제한하기도 한다. 대부분의 항공사들은 기내판매품의 판촉과 승객의 편의를 위하여 전화, 팩스, 인터넷, 귀국전 사전예약주문제도 등 다양한 판매방식을 통해 다양한 품목의 판매서비스를 제공하고 있다.

## 3. 판매 및 환불

### (1) 대금수수

기내판매에서 대금수수(授受)로 이용되는 화폐와 카드는 항공사가 지정하는 세계 주요 화폐 및 여행자수표(traveler's check), 신용카드 등이다. 대금과 거스름 돈의 수수는 신속하고 정확해야 하며, 계산착오, 판매지연 등으로 승객의 불만이 없도록 특별한 주의가 필요하다.

### (2) 환　불

불량품, 파손품, 훼손품, 중고품, 기타 사유로 인해 승객이 물품의 반품을 원하거나 다른 품목으로 교환을 원하는 경우, 해당 항공사의 기내구입품에 한하여 교환 · 환불한다. 반품으로 인한 환불역시 해당품목이 기내에서 판매되었을 경우에만 가능하며, 그 외의 경우는 본사의 기내판매담당 관리부서로 안내한다.

# 제3절 위락 · 통신서비스

기내에도 칵테일과 스낵을 즐길 수 있는 바(bar)가 등장했다. 비록 일등석과 비스니스석에 한정된 최신형 여객기 A380의 경우에 해당하지만 탑승객의 니즈를 개발하여 여행의 무료함을 줄이기 위한 노력이 기내서비스를 끊임없이 진화시키고 있다. 여기에서는 보편화된 객실위락시스템과 통신서비스를 간단히 소개한다.

## 1. 객실위락시스템(In-flight Entertainment system)

### (1) IFE시스템의 의의

IFE시스템은 객실에 구비된 설비를 종합적으로 관리·통제하는 객실설비관리시스템을 말한다. 오늘날 서비스경쟁의 시대에서 고객의 욕구가 다양해짐에 따라 이를 충족시키고 경쟁력을 확보하기 위해 보다 진보된 형태의 객실관리시스템을 갖춘 항공기가 보급되고 있으며, 많은 항공사들은 기존 항공기의 설비를 개조하여 보다 발전된 IFE시스템을 구축하고 있다. 승객을 위한 위락시설물을 포함한 객실설비의 개선에 따라 승객에게 다양한 서비스를 제공하고, 동시에 기내설비를 객실승무원이 효과적으로 통제할 수 있도록 하는 것이 이 시스템의 목적이다.

### (2) IFE시스템의 구성

IFE시스템은 비행 중 승객의 취침, 독서, 음악, 영화, 통신 등을 돕기 위해 기내에 구비된 편의시설일체로 구성된다. 모든 편의시설의 이용은 기능이 통합된 조절장치에 의해 가능하도록 자동화되어 있으며, IFE시스템을 통해 비디오로 제공되는 서비스로는 안전비디오상영(safety demonstration), 일반영화상영, 기내판매상영이 있으며, 개인용 비디오(audio video on demand: AVOD)상영 등도 포함된다. 한편, 에어쇼(airshow)서비스는 사전에 운항하는 노선의 비행자료를 입력하여 이동하는 중에 목적지, 비행시간, 현재의 위치 및 비행고도, 속도, 외기온도, 목적지까지의 잔여시간 등 비행과 관련한 정보를 스크린이나 개인용 비디오상영으로 승객에게 제공하는 것을 말한다.

모든 편의시설의 이용은 기능이 통합된 조절장치에 의해 자동화되어 있다.

### 2. 기내통신서비스

최신기종의 항공기(A330, B777, B747-400, B-787 및 A380 등)이거나 상위클래스의 좌석에는 승객이 좌석용 위성전화를 통해 여행중에 지상에 있는 상대방과 통신이 가능한 통신장비가 구비되어 있다. 위성전화는 대부분 좌석의 상단에 장착되어 있으며, 정해진 매뉴얼에 따라 지상의 상대방과 직접 통화가 가능하도록 장비가 구비되어 있다. 최근에는 통신 및 데이터의 이용이 가능한 휴대용기기, 즉 태블릿 PC나 스마트폰과 같은 통신기기 등의 비행 중 사용이 허용되었다. 그러나 휴대용 전자기기의 사용을 위해서는 항법 및 통신시스템의 전자파 영향여부에 대한 평가가 선행되어야 한다.

## 제4절 비상업무

항공기 운항에 있어서 비정상적인(irregular) 상황이란 난기류(turbulence)의 발생에서부터 급격한 감압, 기내화재, 승객의 기내난동, 항공기의 비상착륙과 비상탈출에 이르기까지 예기치 않은 다양한 상황을 일컫는다. 본 절에서는 비상업무의 개념과 객실업무에서 흔히 발생하는 유형의 비상업무를 소개한다.

### 1. 비상업무의 개념

비행 중 긴급환자의 발생, 기내 출산, 승객의 사망, 비상착륙, 비행경로의 변경 등 정상적인 비행으로부터 벗어난 불규칙한 상황에 대비한 승무원의 업무를 말한다. 이와 같은 비정상적 상황에서 발생하는 객실승무원의 업무에 대해서는 항공사마다 별도의 처리기준을 정해 놓고 있다. 여기에서는 국내항공사들이 정하고 있는 각 비상시별 업무의 처리기준(irregularity service)을 간단히 살펴보자.[6)]

6) 대한항공(주), *Flight Duty Manual*, Irregularity 처리기준.

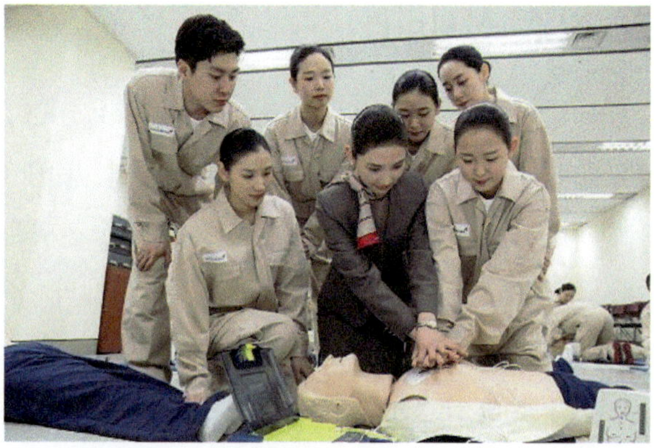

환자의 발생시 경위 및 조치사항을 기록하여 비행 후 보고서로 제출된다.

## 2. 긴급환자의 발생

비행 중 긴급환자의 발생 또는 승객의 부상 등으로 인해 인접한 공항에 비상착륙할 경우 승무원의 조치사항은 다음과 같다.

### (1) 해당 항공사의 지점이 있는 경우(on-line station)

객실사무장은 기장에게 다음 사항을 알려 도착지 공항의 지점장에게 연락토록 한다.

- 비행편수 및 일자
- 해당승객의 인적사항 : 성명, 국적, 생년월일, 성별, 주소 또는 연락처, 의무적 증상, 탑승 전 사전통보여부 등

또한 환자의 발생경위 및 조치사항을 기록해 두며, 의사나 간호사의 진단, 치료 또는 간호를 받았을 경우에는 진단서 또는 소견서를 받아두고 의사나 간호사의 인적사항을 기록해 두며, 비행종료 후 상황에 대한 보고서(cabin report)를 작성하여 제출한다.

### (2) 해당 항공사의 지점이 없는 경우(off-line station)

기장의 지시에 따라 지상조업사(社) 책임자의 협조하에 환자를 이송한다. 그리고 비행 중 환자발생의 구체적인 상황을 지상조업책임자 및 공항책임자에게 설명하며, 환자의 계속여행 가능여부를 의사와의 협의하에 신속히 판단한다. 환자의 여행이 불가능한 경우, 기장의 지시에 따라 객실사무장 또는 객실부사무장이 잔류하여 지상조업사의

협조하에 환자승객 및 휴대수하물을 관리한다. 그리고 객실사무장은 비행종료 후 상황에 대한 보고서를 작성하여 제출한다.

## 3. 기내출산

비행 중 기내출산으로 인해 인접한 공항에 비상착륙할 경우 승무원의 조치사항은 다음과 같다.

### (1) 해당 항공사의 지점이 있는 경우(on-line station)

객실사무장은 기장에게 다음 사항을 알려 도착지 공항의 지점장에게 연락토록 한다.

- 비행편수 및 일자
- 산모 및 보호자의 인적사항(성명, 국적, 주소), 출산시간, 출산지점의 항공기비행위치, 신생아의 성별, 의사의 인적사항 등

도착 후 위의 사항을 서면으로 작성하여 기장 및 객실승무원의 서명을 받아 공항지점장과 객실사무장이 각각 보관토록 한다. 객실사무장은 비행종료 후 상황에 대한 보고서를 작성하여 제출한다.

### (2) 해당 항공사의 지점이 없는 경우(off-line station)

객실사무장은 기내출산시의 구체적인 상황을 서면으로 작성하여 기장 및 객실승무원의 서명을 받아 공항의 지상조업사와 객실사무장이 각각 보관한다. 기장의 지시에 따라 객실사무장 또는 객실부사무장이 잔류하여 지상조업사의 협조하에 산모승객 및 휴대수하물을 관리한다. 그리고 지상조업사의 협조하에 산모승객의 후송을 위한 입국수속(긴급상륙허가, 세관검사)을 대행한다. 객실사무장은 비행종료 후 상황에 대한 보고서를 작성하여 제출한다.

## 4. 승객사망

비행 중 사망자 발생으로 인접한 공항에 비상착륙할 경우, 승무원의 조치사항은 다음과 같다.

### (1) 해당 항공사의 지점이 있는 경우(on-line station)

비행 중 사망자가 발생하면 객실사무장은 즉시 기장에게 통보한다. 그리고 승객사망시의 사항을 구체적으로 기록하여 착륙 후 공항지점장에게 전달한다.

- 사망자 인적사항(성명, 생년월일, 성별, 주소, 출발지/목적지)
- 탑승 전 사전통보된 환자였는지의 확인
- 의사 또는 간호사, 승무원의 조치사항
- 비행 중 사망에 관련된 중요한 기타 환경여건
- 동반여행자 또는 보조의료원의 동반여부

경찰의 조사관계로 항공기출발이 지연될 경우 객실사무장은 잔류하여 조사서작성에 협조한다.

### (2) 해당 항공사의 지점이 없는 경우(off-line station)

착륙 후 승객사망시의 구체적인 사항을 지상조업사에 전달하고 입국수속의 대행 및 사망승객의 처리를 위한 제반조치를 협의한다. 그리고 기장의 지시에 따라 객실사무장 또는 부사무장이 잔류하여 지상조업사와 공항당국의 협조하에 사망승객을 관리한다. 이때, 잔류하는 객실(부)사무장이 처리해야 할 업무절차는 다음과 같다.

- 사망승객의 주재공관에 통보
- 관련부서와 공항에의 전문조치
- 사망승객의 유품처리 등

비행종료 후 객실사무장은 해당상황에 대한 보고서를 작성하여 제출해야 한다.

## 5. 비상시의 지상서비스

환자발생, 기내출산, 승객사망 등의 상황으로 인해 비상착륙 후 재출발시점까지의 업무절차 및 승객들에 대한 서비스내용은 다음과 같다.

### (1) 해당 항공사의 지점이 있는 경우(on-line station)

착륙 後 객실사무장은 기장과 공항지점장과의 협의를 거쳐 승객의 하기여부를 결정하고 규정에 의한 서비스를 실시한다.

### (2) 해당 항공사의 지점이 없는 경우(off-line station)

해외지점에서의 비상사태발생시 서비스규정에 의한 서비스실시를 위해 지상조업사의 책임자에게 협조 및 조치를 의뢰한다. 본사와 계약이 체결되어 있지 않은 공항조업사인 경우, 객실사무장은 제공된 조업서비스의 내용을 확인한 후 필요관련서류에 서명하고, 본사의 담당부서를 해당 조업회사에 알려준다.

## 6. 경로의 변경(diversion)

기상악화, 공항의 폐쇄 등으로 인해 목적지 공항이 아닌 대체공항으로 도착지를 변경하는 경우의 업무처리절차는 다음과 같으며, 승객의 불안감이나 동요를 사전에 예방하기 위해 최선의 조치를 취해야 한다.

### (1) 착륙 전 조치사항

기장으로부터 도착공항의 대체를 연락받은 후 객실사무장은 승무원에게 대체공항 및 기타 준비사항을 통보하고 방송을 통해 승객에게 알린다. 객실사무장은 「비정상운항편 취급절차」 및 관련규정과 절차, 공항규정 등 제반사항을 숙지하여 이를 승무원들에 주지시키며, 대체공항착륙에 필요한 관련서류를 확인한다.

### (2) 착륙 후 조치사항

해당항공사의 지점이 있는 경우, 공항지점장의 주관하에 승객서비스가 이루어지므로 객실승무원의 별도조치는 수반되지 않는다. 승객이 기내에 대기하는 경우 안내방송과 음료를 제공하며, 가능한 한 목적지 공항의 운항제한사항의 해제와 관련한 기내방송을 실시한다. 한편, 지상조업사의 라운지에서 대기해야 하는 경우, 지상조업사에 라운지 확보여부를 확인하고 하기에 대한 안내방송을 실시한다. 램프버스로 이동시에는 첫 출발버스에 승무원이 동승하여 승객을 안내하며, 기내의 수하물은 모두 휴대하고 하기하도록 안내한다. 재탑승시 승객수를 철저히 파악한다. 그리고 호텔에서 대기(hotel layover)해야 하는 경우, 지상조업사를 통한 입국수속에 적극 협조해야 한다.

## 7. 보상서비스

보상서비스란 운항스케쥴의 연결이나 운항의 차질로 인해 승객이 장시간 대기하는 비정상적인 상황이 발생하는 경우에 항공사가 제공하는 부대서비스를 말한다. 예를 들어, 여러 구간을 연계하여 여객을 운송하는 경우에 자사나 연계항공사 간의 항공편을 연결하기 위해 어느 지점이나 공항에서 장시간 대기하는 상황이 발생하게 된다. 이때, 여객이 지상에서 대기하는 동안 식사나 숙박 등의 편의시설의 이용, 지상이동 등을 해당 항공사가 책임지게 된다. 이러한 보상차원의 서비스는 승객에 대한 피해보상으로 제공하는 의무적 보상과 승객의 편의를 위해 항공사가 자발적으로 제공하는 임의적 보상서비스로 구분된다.

### (1) 의무적 보상서비스(obligatory service)

항공사의 과실로 인해 승객이 신체적 · 정신적, 경제적인 피해를 입는 경우에 해당 고객에게 의무적으로 보상하는 서비스를 말한다. 의무적 보상은 법적책임에 따르게 되며, 항공권 판매단계에서 고객과 항공사 간의 계약내용을 명시한 운송약관으로 정해진다. 의무적 보상서비스가 적용되는 대표적인 경우는 다음과 같다.

- 항공편의 운항지연이나 연계항공편 연결이 되지 못한 경우
- 항공편의 운항취소
- 예약초과(overbooking)로 인하여 탑승하지 못한 경우(denied boarding, DB)
- 항공권의 발권착오
- 기타 목적지에 예정대로 도착하지 못한 경우 등

항공사는 위와 같은 경우에 가장 빠른시간내에 승객을 목적지로 운송하기 위해 가능한 다른 항공편으로 예약을 변경해 주어야 한다. 동시에 변경된 항공편을 승객이 이용하기 전까지 승객의 숙박, 식사, 지상교통 및 관련 편의시설을 제공해야 한다. 한편, 천재지변이나 전쟁, 반란, 데모 등 사회적 소요, 정부의 명령이나 비상사태, 타 항공사

의 파업 등으로 인해 야기된 상황에 대해서는 항공사가 보상의무를 지지 않는다.

### (2) 임의적 보상서비스(complimentary service)

대부분의 대기상황이 중간기착지에서 발생하고 이에 따르는 비용을 해당 항공사가 부담하기 때문에 STPC(stop-over on company account)라고도 한다. 이 서비스는 항공사가 자사 또는 연계항공편에 연결되는 승객에게 중간체류지에서 숙식비 등을 무료로 제공하는 것인데, 오늘날에는 고객불만의 회복을 위해 제공하고 있다. 주로 호텔숙박, 식음료의 무료제공, 지상교통편의 제공, 공항시설의 무료이용, 탑승쿠폰의 제공 등의 서비스가 제공된다. STPC에 대한 절차와 내용은 각 항공사마다 여객운송판매규정과 표준업무절차에 규정되어 있어 각 상황에 따라 탄력적으로 적용하고 있다. 이하에서는 국적항공사들이 운항의 지연, 경로변경, 탑승대기 등 빈번하게 발생하는 비정상적인 상황에서 제공하는 자발적 보상서비스의 내용을 설명한다.

### (3) 항공사의 임의적 보상서비스

임의적인 보상서비스는 대부분 고객과 약속된 운항의 정시성이 지켜지지 않는 경우(delay)이거나 경로의 변경(diversion)이나 결항(cancel) 등이 발생하는 경우, 항공사가 자발적으로 고객편의를 위해 제공한다. 비정상운항에 대하여 항공사들은 서비스기준 및 절차를 규정으로 정하고 있다. 대표적인 비정상적 상황에 대한 서비스절차는 다음과 같다.

**① 항공기 탑승대기**

- 안개 등 기상악화의 사유로 청사가 혼잡한 경우, 정시성 및 승객서비스의 제고를 위하여 항공기에 탑승하여 대기할 수 있다.
- 탑승 후 대기시간은 출발예정시각(지연된 시각)으로부터 30분이내로 조정, 최대한 1시간을 넘지않도록 한다.
- 기내탑승대기 중 승객안내 및 서비스는 객실승무원이 실시하며, 승객탑승 후 30분까지는 탑재된 독서물(신문 등)을 사용하고 30분을 초과하는 경우에는 음료수를 지상에서 기내로 반입하여 고객에게 제공한다.

### ② 경로변경(diversion)시의 기내안내

- 항공기출발 후 경로변경시 기장과 객실사무장은 목적지기상과 대체경로의 내용, 교체공항에 대한 안내방송을 실시한다.
- 변경된 목적지공항의 지점장은 사무장으로부터 기내에서의 여객정황 및 제반상황을 청취한 후 상황에 따라 항공기 재(再)운항, 육로수송 등 결정사항을 기내에 안내한다.

### ③ 지연(delay)시의 기내안내

- 탑승개시 후 지연확정시 기장 및 사무장은 공항지점장과 협의하여 승객의 기내 체류 또는 하기여부를 결정한다.
- 원칙적으로 지연시간 1시간 이내는 기내대기, 1시간 이상은 승객의 하기 및 출발라운지에서 대기한다.
- 지점에서는 사무장의 동의하에 기내안내방송을 실시한다.

### ④ 보상서비스 기준

임의적 보상은 비정상적인 상황과 발생의 원인이 매우 다양하기 때문에 국 · 내외적으로 명확하게 표준이 마련되어 있지 않다. 승객의 편의, 고객불만의 회복과 유지 등의 목적으로 항공사마다 기준을 정하여 운영하고 있다. 가장 흔하게 발생하는 운항지연에 대해 국적항공사들이 제공하는 보상서비스의 기준을 예로 들면 〈표 10-4〉와 같다.

**표 10-4** 비정상운항시의 보상서비스 기준(예시)

| 지연시간 | 보상서비스 항목(service items) |
|---|---|
| 1시간~3시간 | 음료 또는 스낵 |
| 3시간~6시간 | 음료 및 식사, 지상 교통편, 시외전화 |
| 6시간 이상 | 숙식, 지상 교통편, 시외전화 |

### ⑤ 심야도착시 승객서비스

대중교통운행이 중단되는 시간대 이후에 지연도착하는 탑승객에 한하여 공항에서 시외버스(고속버스)터미널 및 시내중심지까지 지상교통편을 제공한다.

CHAPTER 11

# 항공운송의 구성요소

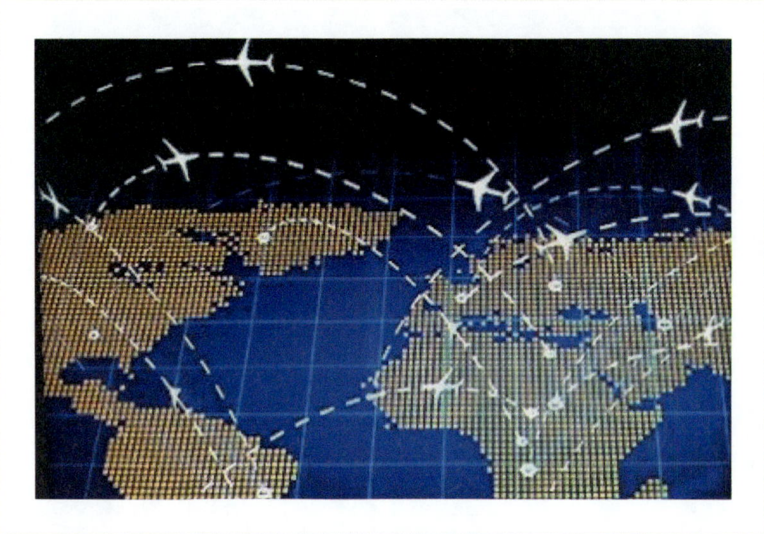

항공은 오늘날 보편적인 교통수단으로서 신속성과 안전성에 경제성이 더해지면서 시장이 지속적으로 확대되고 있다. 항공운송을 가능하게 하는 기본요소는 공항과 항로, 항공기와 항공종사자 등이다. 항공운송서비스가 원활하게 작동하기 위해서는 공공부문과 민간부문에서 모두 안전운항을 지원하는 지원체계를 잘 갖추어야 한다. 항공운송의 구성요소들을 거시적으로 살펴보하는 것은 항공서비스를 시스템의 일부로 이해하는데 도움이 된다. 본장에서는 항공운송의 기본요소와 지원체계를 설명한다.

**Keyword**: 공항터미널, 민간항공기, 감항증명, 보잉항공기, 에어버스항공기, 지상조업, 램프서비스, 항공로, 항공종사자, 공역, 항공교통업무, 정비유지, 운항통제, 출 · 입국절차(C.I.Q)

# 제1절 공 항

## 1. 공항의 개념

### (1) 공항의 정의

공항(airport)은 항공운송의 중심이다. 따라서 항공기의 이 · 착륙, 여객의 탑승 및 하기, 화물의 집적과 상 · 하역 등이 집중적으로 이루어지는 항공교통의 핵심인프라에 해당한다. 공항은 항공기운항에 필요한 각종 시설과 장비는 물론 공항주변의 공역도 비행하는 데 지장이 없어야 한다. 비행장(aerodrome)이란 항공기의 이륙과 착륙을 위하여 사용되는 육지 또는 수면을 모두 지칭한다.[1] 이에 비해 공항은 활주로, 계류장 등 항공기의 이동지역과 여객청사, 화물청사, 공항 내 각종 건물, 도로, 주차장 등을 갖추고 비행을 위한 공역이 확보되어 있는 상태의 비행장을 말한다.[2]

### (2) 공항의 기본적 기능

공항의 기본적 기능은 다음과 같이 항공기의 안전하고 원활한 운항을 지원하기 위한 운항지원, 공항시설의 관리 및 운영, 안전 · 보안업무 등을 수행하는 것이다.[3]

#### ① 운항지원

항무계획, 운항안전, 계류장 운영 및 관제 등의 운항관리업무, 운항정보 및 통신시설운영 등의 정보통신업무, 계기착륙, 관제통신 등의 항행지원업무 등 항공기 이 · 착륙을 위한 운항지원과 주기장 배정 및 이동지역관리업무 등으로 구성된다.

---

1) 공항시설법 제2조(정의).

2) 우리나라 공항시설법에서는, '공항이라 함은 공항시설을 갖춘 공공용 비행장으로서 국토교통부장관이 그 명칭, 위치 및 구역을 지정 · 고시한 것을 말한다.'고 규정하고 있다. 공항시설법 제2조 제3항.

3) 넓은 의미의 공항기능은 대부분 국가기관 또는 공기업이 담당하는데, 공사(公社)의 형태로 운영되는 우리나라의 경우, 공항의 건설과 운영뿐 아니라 주변지역의 개발사업, 공항시설의 관리 · 운영사업, 공항개발사업으로서 대통령령으로 정하는 사업, 육상 · 해상교통 등 복합교통시설의 설치 및 운영사업, 항공사업법에 의한 소음대책사업으로서 대통령령으로 정하는 사업, 기타 공항 및 비공항사업 등이 모두 포함된다.

**② 시설관리 및 운영**

공항건설과 유지관리, 항행 및 공항터미널 시설의 운영, 수하물 등의 운송설비, 통신전자 및 전산시설 등의 운영, 지상조업시설의 관리, 공항상주기관 및 업체의 선정, 공항시설 사용료의 결정 등의 기능으로 구성된다.

**③ 안전 · 보안**

안전과 보안활동은 여객 및 화물의 보안검색 및 공항경비, 보안시설의 운영, 소방 및 비상상황에 대비한 상황관리 및 비상계획업무 등으로 구성된다.

### (3) 공항의 구역

공항시설이라 함은 항공기의 이 · 착륙 및 여객 · 화물의 운송을 위한 시설과 그 부대시설(附帶施設) 및 지원시설로서 국토교통부장관이 지정한 시설을 말한다.[4] 일반적으로 공항시설은 항공기의 이동여부에 따라 구역별로 다음과 같이 항공기이동지역인 에어사이드(air side)와 비운항업무지역인 랜드사이드(land side)로 구분된다.

공항은 항공기의 이동여부에 따라 에어사이드와 랜드사이드로 구분된다.

**• 에어사이드(air side)**

항공기운항과 직접 관련있는 기술적 업무기능이 수행되는 지역이다. 활주로, 유도로, 계류장 등 항공기이동지역 전체가 여기에 속한다. 흔히 운항업무구역이라고 한다. 특히 항공기에 대한 관제업무가 이루어지기 때문에 일반인의 출입이 엄격히 통제되며,

4) 공항시설이라 함은 항공기의 이 · 착륙 및 여객 · 화물의 운송을 위한 시설과 그 부대시설(附帶施設) 및 지원시설로서 국토교통부장관이 지정한 시설을 말한다. 공항시설법 제2조 제7항.

정비, 급유 등을 위한 지상조업시설과 램프장비, 항공관제시설 등이 있다.

- **랜드사이드(land side)**

공항터미널을 중심으로 하는 공항의 일반관리업무, 항공사의 운송서비스, 출·입국 심사(C.I.Q) 등의 업무가 수행되는 지역이다. 탑승수속을 위한 항공사의 업무시설, 정부시설, 여객터미널과 화물터미널, 접근교통시설, 이용객의 편의시설, 부대시설 등이 위치한다.

## 2. 공항의 기본시설

공항의 기능을 유지하기 위하여 필요한 시설을 공항의 기본시설로는 활주로, 유도로, 주기장 및 항행안전시설 등이 있다.

### (1) 활주로(runway)

항공기가 이륙과 착륙을 할 때, 가속과 감속을 위해 필요한 지상활주용 노면으로서 항공교통의 가장 기본이 되는 공항시설이다. 활주로는 이를 이용하는 항공기의 이륙거리, 가속정지거리 및 착륙거리 등 항공기의 이·착륙성능에 따라 결정된다. 활주로의 수와 길이는 공항의 수용능력을 결정한다. 일반적으로 활주로는 이용하는 항공기의 이·착륙성능과 중량, 공항주변의 풍향, 활주로 이용빈도 등을 종합적으로 고려하여 규모와 강도 등이 설계된다.

### (2) 유도로(taxiway) 및 주기장(apron)

항공기가 활주로와 주기장, 정비지역 등을 이동하는 데 이용되는 지상의 통로를 유도로라고 한다. 주기장은 여객의 탑승과 하기, 화물의 상·하역, 급유 및 정비, 케터링 등을 위해 항공기가 일시적으로 주기하는 장소이다.

### (3) 항행안전시설

항공기가 안전하고 원활하게 운항할 수 있도록 이를 통제하고 비행중이나 이·착륙과정에서 항공기를 유도하는 시설일체를 항행안전시설이라고 한다. 공항의 항행안전시설은 전파를 이용하는 무선시설과 육안으로 안전을 지원하는 등화시설로 구성된다.

## 3. 공항터미널

공항터미널은 항공여행이 시작되고 끝나는 공항의 중심시설이다. 여객의 출·입국에 편의를 제공하기 위해 항공사, 공항당국, 정부의 관련기관 등의 공항업무를 위한 시설이 구비되어 있다.

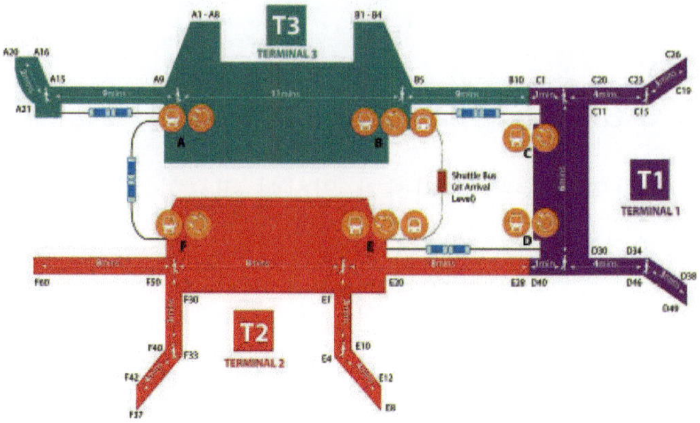


공항터미널에는 항공사, 공항운영기관, 정부기관 등의 업무를 위한 기본시설이 구비되어 있다.

### (1) 여객터미널

원활한 항공여행을 위해 여객터미널이 갖추어야 할 공항시설은 크게 항공사의 시설, 정부관련기관의 시설, 공항당국의 관리시설 등으로 구분된다. 오늘날 여객터미널은 업무의 효율화를 위해 운영주체마다 자동화시설을 확대하고 있다. 각 운영주체별 기본시설은 다음과 같다.

#### ① 항공사의 시설

- 예약·발권시설
- 탑승수속(check-in)시설
- 수하물처리(baggage handling)시설
- 화물처리(cargo handling)시설
- 라운지시설

**② 정부관련기관의 시설(C.I.Q시설)**

- 출 · 입국(immigration)관리시설
- 세관(customs)시설
- 검역(quarantine)시설
- 기상시설
- 우편물, 보안경비, 병무 및, 정보 · 수사, 관광진흥 등의 시설

**③ 공항당국의 여객서비스 시설**

공항이용객의 편의를 위해 공항운영당국이 직 · 간접적으로 운영하는 서비스시설로서 다음과 같은 것들이 있다.

- 운항안내 표지판 및 공항안내 카운터
- 대기시설 및 휴게시설
- 면세점 등 편의시설, 환전을 위한 금융기관
- 수하물보관소 및 인터넷 등 통신서비스시설
- 셔틀버스운행 및 주차시설
- 응급의료시설 등

### (2) 화물터미널

화물터미널은 공항에 인접하여 항공화물이 집중되고 처리되는 항공물류의 중심지이다. 국제항공운송이 이루어지는 화물터미널에는 정부관련기관의 세관시설 및 동 · 식물의 검역시설, 항공사의 수출 · 입화물, 통과화물의 취급을 위한 세관시설, 항공화물회사 및 화물운송대리점의 화물취급시설 등이 기본적으로 갖추어져 있다.

## 4. 지상조업

### (1) 지상조업(ground handling services)의 정의

지상조업은 항공기의 출발지, 경유지, 목적지 공항에서 필요로 하는 관련업무를 말하며, 포괄적으로는 공항에서 수행되는 승객의 탑승수속, 수하물취급, 화물의 접수와 보관, 인도, 탑재 및 하기, 항공기의 청소와 연료보급, 정비 그리고 운항관리와 이에 수

공항터미널에는 여객 및 화물의 운송을 지원하는 지상조업용 시설과 장비가 갖추어져 있어야 한다.

반되는 제반서류업무 등에 모두 포함된다. 공항터미널에는 여객 및 화물을 위한 기본 시설외에 항공운송을 지원하는 시설과 장비를 갖추어야 한다.[5)]

### (2) 지상조업의 종류

- **항공기유도 및 견인업**(marshalling & towing)

항공기가 착륙하여 다음 비행을 위해 이륙하기까지 지상에서의 항공기이동과 관련하여 램프(ramp)에서 수행되는 업무로 구성된다.

- **수하물 및 화물의 상역 · 하역업**(baggage & cargo loading/unloading)

수하물과 화물을 출발지에서 위탁받아 집적 · 분류하여 탑재하고, 목적지에서 이를 다시 분류하여 여객과 수하인에게 인도하기까지의 이루어지는 업무를 말한다.

- **객실청소**(cabin cleaning)

기내좌석의 청소, 기내용품의 탑재 및 하기, 교환, 항공기의 전반적인 청결상태유지 등과 관련한 업무를 모두 포함하는 활동이다.

- **항공기 외부청소**(aircraft exterior cleaning)

항공기의 외부세척과 광택의 유지, 제빙(除氷)과 방빙(防氷) 등과 관련한 업무를

---

5) 지상조업의 개념에 대해서는 관련법과 공항실무 간에 다소 차이가 있을 수 있다. 항공사업법에 따르면, 지상조업은 항공기취급업의 일종으로서 공항 또는 비행장에서 항공기의 정비 · 급유 · 하역 및 기타 지상조업을 하는 사업으로 정의되며, 항공기정비업, 항공기급유업, 항공기하역업, 지상조업사업 등으로 구분하여 각각 별도로 정하고 있다. 항공사업법 제2조 제19항 및 시행규칙 제5조.

말한다.

• **기내식사업**(catering)

도착하는 항공기로부터 기내물품을 하기하고, 기내의 식 · 음료서비스를 위한 물품, 잡지 등의 간행물, 홍보 및 기타 서비스물품을 기내로 공급하는 업무를 말한다.

• **항공기급유업**(aircraft refueling)

항공유(油)를 각 정유사의 저유소(貯油所)로부터 수송하여 일정시간 저장탱크에 침전시킨 다음 정상적인 품질상태로 급유시설을 이용하여 항공기에 공급하는 서비스를 말한다.

• **화물운송업**(cargo handling)

항공화물에 대한 접수와 지상운송, 집적과 분류, 보관 등과 관련한 운송업 및 창고업 그리고 수출 · 입화물의 통관과 보관을 대행하는 사업 등을 말한다.

• **기타 지상조업사업**

이밖에도 공항이나 비행장의 수요에 따라 승객의 하기와 환승, 탑승수속카운터, 장애인 승객의 탑승안내와 보호, 냉방 및 난방, 기내 화장실의 관리와 방역, 공항의 보안 및 경비, 식수의 공급, 특수장비의 운용 등과 관련한 사업들이 모두 포함된다.

## 제2절 항공로

### 1. 항공로의 정의 및 구성

#### (1) 항공로의 정의

항공로(airway)란 항공기가 비행하도록 정한 공역(空域)상의 통로이다. 흔히 항로(航路)라고도 한다. 항공로는 국가가 항공기의 항행을 위해 안전성이 공인된 통로이며, 항공기운항에 적합하도록 무선항행안전시설의 전파 등을 이용하여 설정하는 공간이다. 우리나라 항공안전법의 정의에 따르면, 항공로란 국토교통부장관이 항공기의 항

항공로는 무선항행 안전시설의 전파 등을 이용하여 설정하는 공간이다.

행에 적합하다고 지정한 지구의 표면상에 표시된 공간의 길을 말한다.[6)]

### (2) 항공로의 구성

항공로는 눈에 보이지 않지만 지상의 도로와 유사한 점이 많다. 항공로마다 고유한 명칭이 있고, 양방향통행을 위한 고도분리, 지상의 고속도로에 해당하는 고고도 항로, 일반도로에 해당하는 저고도항로로 구분된다. 이를 이용하기 위해서는 고속도로의 통행료와 마찬가지로 영공통과료를 지불해야 한다. 시간대에 따라 교통량이 분산되거나 집중되며, 도로포장과 교량건설 대신 항행안전시설을 설치해야 하는 것 등은 지상도로와 유사하다. 항공로는 공항과 공항 사이에 200마일 간격으로 설치되어 있는 선과 일정한 폭 그리고 일정한 높이를 가지고 있는 사각형의 상자모양을 한 터널처럼 구성된다.

## 2. 항공로의 종류

### (1) 항공로의 설정

국제적으로 통용되는 항공로는 국제항공기구(ICAO)에서 지역별로 지정하고 있다. 국제민간항공협약 부속서에서는 항공로를 설정하는 기준을 명시하고 있다.[7)] 항공로의 설정은 항공교통업무(air traffic services; ATS)의 원활한 수행을 위해 좌표 등을 이용하여 항공기의 운항통로를 명확히 구분하려는데 목적이 있다.

---

6) 항공안전법 제2조 제13항.

7) 국제민간항공협약(Chicago Convention) 부속서(*Annex* 11).

### (2) 항공로의 종류

항공로는 국제적으로 정해진 고유의 이름이 부여된다. 이같은 명칭은 주로 알파벳과 아라비아 숫자로 구성되는데, 첫 자는 알파벳 한 글자를 쓰고 그 다음에 십단위나 백단위의 아라비아 숫자를 붙인다. 국내선 항공로는 H, J, V, W에 아라비아 1~999까지의 숫자를 덧붙여 국토교통부장관이 항공로의 명칭을 부여한다. 국가에서 필요로 하는 항공로의 명칭은 ICAO의 지역사무소에 협의하여 설정한다.

### (3) 우리나라의 항공로 현황

우리나라는 항공기의 항행에 적합하도록 전파 등을 이용하여 정해놓고 있다. 항공로의 운영은 국토교통부 항공교통관제소가 맡고 있다. 우리나라에는 현재 총 28개의 항공로가 이용되고 있으며, 각각 국제항로 12개, 국내항로 16개로 구성되어 있다.

**그림 11-1** 우리나라의 항공로 현황

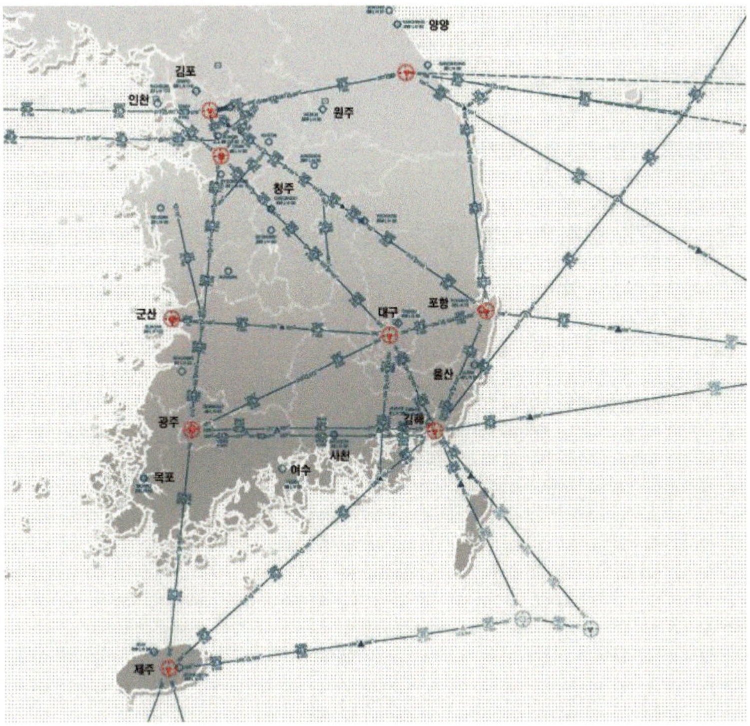

# 제3절 항공기

## 1. 항공기의 정의

항공기(aircraft)라 함은 공기의 반작용에 의해 공중을 부양하는 기기(器機)를 모두 일컫는다. 따라서 항공기의 범위에는 비행기, 비행선, 활공기, 헬리콥터 등의 회전익 항공기, 초경량항공장치 및 무인비행장치 등이 모두 포함된다. 우리나라의 항공안전법에 따르면, 항공기는 민간항공에 사용하는 비행기, 비행선, 활공기, 회전익항공기 기타 대통령령이 정하는 것으로서 항공에 사용할 수 있는 기기로 정의하고 있다.[8] 한편, 항공기와 유사한 개념으로 널리 불리는 비행기(aeroplane)는 항공기의 범주에 포함되는 동력으로 비행하는 항공기만을 의미한다.[9]

## 2. 항공기의 분류

항공기를 분류하는 기준을 어디에 두느냐에 따라 항공기의 유형은 다음과 같이 다양하게 분류된다.

### (1) 경항공기와 중항공기

항공기는 크게 정적인 상태에서 부력을 이용하는 경항공기(lighter-than-air aircraft)와 동적인 양력을 이용하는 중항공기(heavier-than-air aircraft)로 구분된다. 경항공기에는 비행선(airship)이나 기구(balloon) 등이 포함된다. 중항공기는 동력을 이용하는 비행기 등의 고정익항공기와 헬리콥터 등의 회전익항공기 그리고 무동력의 연(kite)이나 활공기(glider) 등이 포함된다. [그림 11-2]는 국제민간항공 협약부속서 7에 의한 항공기의 분류체계를 나타낸 것이다.

---

8) 항공안전법 제2조 제1항(정의).

9) 미국연방항공법(FAR)에서는 비행기의 범위를 날개에 공기의 역학적인 반작용으로 대기중에 부양되는 공기보다 무거운 고정익의 동력항공기라고 정의하는데 비해 항공기는 공중에 부양하기 위해 고안되었거나 사용되는 장치라고 그 범위를 폭넓게 규정하고 있다. 따라서 항공기의 범주에는 비행기가 그 일부로 포함된다.

**그림 11-2 경항공기와 중항공기의 분류(ICAO의 분류체계)**

### (2) 국내 항공안전법의 분류체계

우리나라의 항공안전법에서는 항공기의 범주를 항공기, 경량항공기, 초경량비행장치로 나누어 구분하고 있다. 항공안전법과 대통령령으로 정하고 있는 항공기의 분류체계를 정리하면 [그림 11-3]과 같다.

그림에서 보는 바와 같이 항공기의 범주에는 비행기, 비행선, 활공기 그리고 대통령령(令)으로 정하는 것이 포함된다.[10] 특히 대통령령시행령 제9조에서는 자체중량 · 연료용량 등이 국토교통부령(令)이 정하는 범위를 초과하는 동력비행장치나 지구대기권 내외를 비행할 수 있는 항공우주선을 항공기로 규정하고 있다.[11] 이는 우리나라 우주산업(space industry)의 발달에 따라 과학위성, 통신 · 방송위성 등 인공위성(satellite)이 항공기의 범주에 포함되고 있음을 의미한다.[12] 한편, 경량항공기란 항공기 외에 비행

10) 항공안전법 제2조(정의).

11) 항공안전법시행령 제2조.

12) 인공위성에는 개발목적에 따라 과학위성, 통신 · 방송위성 외에도 기술개발위성, 기상위성, 지구관측위성, 측지위성, 항행위성 등으로 나누어지며, 군사목적을 위한 정찰위성, 핵실험감시위성, 통신위성 등 다양한 종류가 있다.

**그림 11-3** 국내항공법의 항공기분류체계

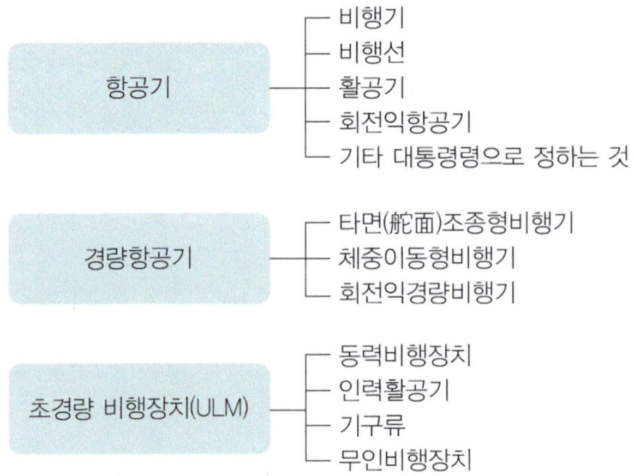


할 수 있는 것으로서 국토교통부령으로 정하는 타면(舵面)조종형비행기, 체중이동형비행기 및 회전익경량항공기 등을 말한다. 이외에 초경량비행장치(ultra-light machine; ULM)는 항공기와 경량항공기 외에 비행할 수 있는 장치로서 국토교통부령으로 정하는 동력비행장치, 인력활공기, 기구류 및 무인비행장치 등을 말한다.[13)]

### (3) 용도별 분류체계

항공기는 용도에 따라 크게 민간용항공기와 군용항공기로 나누어진다. 군용항공기는 각 기능에 맞도록 설계 · 제작된 항공기로서 폭격기(bomber, B), 전투기(fighter, F), 정찰기(reconnaissance, R), 초계기(patrol, P), 수송기(cargo, C) 등으로 구분된다. 민간용항공기는 항공운송을 위해 이용되는 운송용항공기와 일반항공(general aviation)에서 이용되는 다양한 형태의 항공기로 구분된다. 운송용항공기는 다시 운송목적에 따라 여객기와 화물전용기 그리고 여객 · 화물겸용의 콤비항공기 등으로 나누어진다. 오늘날에는 제트기종과 터보프롭기종[14)]의 항공기가 널리 이용된다. 커뮤터(commuter)항공기

13) 항공안전법 시행규칙 제301조.

14) 터보프롭엔진(turboprop engine)은 가스터빈의 대부분 출력을 축동력으로 빼낸 다음, 감속기어를 거쳐 프로펠러를 구동하여 추진력을 얻는 동시에 분사추진력도 일부 얻을 수 있는 기관이다. 프로펠러에 의해 약 75~90%의 추진력을 얻고 나머지 10~25%의 추진력은 분사에 의해 얻으므로 터보프롭 기종은 프로펠러와 제트엔진이 결합된 형태의 항공기라고 할 수 있다.

**그림 11-4 용도별 항공기의 분류**

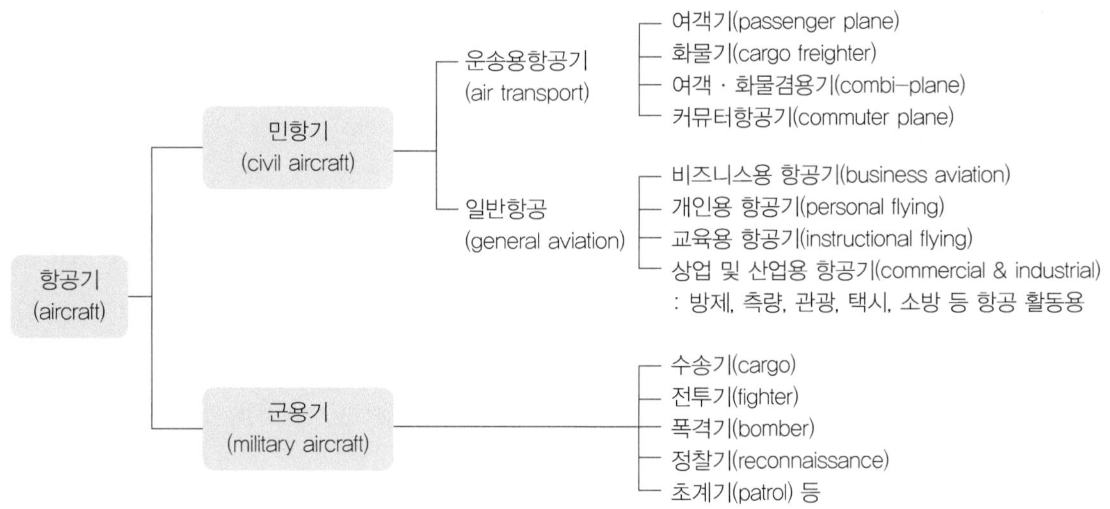


는 주로 100인승 전후의 중형항공기로서 단거리노선에서 널리 이용되는 운송용항공기이다.[15] 한편, 일반항공(general aviation)에 이용되는 항공기는 주로 10인승 이내의 소형항공기로 구성된다.

### (4) 민 · 군 항공기의 구분

항공기는 수요자에 따라 군용기와 민간항공기로 구분되며, 군용기의 경우는 운용

**표 11-1 항공기의 용도에 따른 분류와 표기**

| 군용항공기 | 민간항공기 |
|---|---|
| ▪ 수송기(carrier, C)<br>▪ 전투기(fighter, F)<br>▪ 훈련기(trainer, T)<br>▪ 폭격기(bomber, B)<br>▪ 정찰기(patroller, P)<br>▪ 헬리콥터(helicopter, H) 등 | ▪ 운송용항공기(commercial)<br>▪ 자가용항공기(private airplane)<br>▪ 일반항공(general aviation)[16]<br>▪ 비즈니스항공기(business aviation)<br>▪ 헬리콥터(helicopter) |

15) 우리나라의 항공사업법에서는 커뮤터항공(commuter air transport)을 부정기운송업으로 정하고 있다. 항공사업법시행규칙 제3조. 부정기운송업에 이용되는 커뮤터항공기는 50인승 미만으로 탑승규모를 규정하고 있어 외국의 커뮤터항공기와 다소 차이가 있다.

목적을 이니셜의 표기로 구분하고 있다.

## 3. 항공기의 등록 및 성능평가

### (1) 항공기의 등록

항공기는 법적절차에 따라 등록이 이루어진 국가의 국적을 보유하도록 국제적으로 규정하고 있다.[17] ICAO의 회원국에 있어 항공기의 등록 또는 등록의 변경은 해당국가의 법률과 규칙에 의하여 시행하도록 규정하고 있어 항공기등록을 의무화하고 있다. 동시에 두개 국가 이상에서 유효한 등록을 못하도록 항공기의 이중등록을 금지하고 있다.[18] 국적기(國籍機)란 항공기가 등록되어 있는 해당 국가소속의 항공기를 말한다.

### (2) 항공기의 성능평가

항공기의 성능을 평가하기 위한 제도로는 감항증명, 형식증명, 품질보증체제인증, 항공기 및 장비품의 수리개조검사, 예비품증명, 소음적합증명 등의 제도가 있다.[19]

## 4. 민간항공기

### (1) 민간항공기의 표기

오늘날 민간항공에서는 제트여객기가 널리 이용된다. 항공기의 명칭은 제작회사 이름의 첫 글자로 나타내며, 기본모델이 확장됨에 따라 동일기종 내에서도 여러 종류의 항공기가 시리즈(family)로 개발되고 있다. 예를 들어, 보잉사의 항공기는 B7X7, 에어버스사의 항공기는 A3X0 등으로 각각 명칭이 정해진다. 한편, 이들 회사의 항공기 외에도 보잉사에 합병되기 전 미국의 맥도넬 더글라스(McDonnell Douglas)사가 제작한 MD기종, 네덜란드 항공사인 포커(Fokker)사가 제작한 F기종 등이 일부국가의 중단거리노선에서 운항되고 있다.

---

16) 일반항공(genaral aviation)이란 소형항공기에 의해 이루어지는 운송사업 이외의 항공을 모두 포함한다. 따라서 자가용항공과 업무목적의 비즈니스항공을 포함하는 경우가 많다.

17) 국제민간항공(ICAO)조약 제17조.

18) 국제민간항공(ICAO)조약 제19조.

19) 항공안전법 제2장(항공기 등록) 각 조.

### (2) 민간항공기의 주요 제작회사

세계항공기 제작업계에서 완제기를 생산 · 공급하는 제작사들을 기종별로 다양하게 참여하고 있다. 대형여객기 부문에서는 미국의 보잉사와 유럽의 에어버스그룹이 세계시장을 양분하고 있다. 중형기와 소형기, 헬리콥터부문에서는 세계적으로 많은 제작사가 참여하고 있다.

#### ① 대형여객기부문

**• 보잉항공사(The Boeing Company)**

세계최대의 민간항공기 제작사인 동시에 군용기, 헬기, 전자 및 방위시스템, 미사일 및 위성발사체, 정보시스템을 개발 · 생산하여, 150개국 이상에 제품을 공급한다. 매출규모를 기준으로 미국최대의 수출기업이다. 주요 사업으로는 민간여객기 7X7시리즈의 개발 · 생산, 군용플랫폼과 방위시스템, 전투기체계종합, 솔루션개발, 이동플랫폼의 광대역접속망, 고객용 재무솔루션 등의 광범위한 서비스를 개발 · 판매하고 있다. 미국 시카고에 본사를 두고 있으며, 최대의 완제기조립공장인 시애틀 등 미국과 65개국에 현지법인과 사무소를 운영하고 있다. 민항기부문의 주력제품은 B737, B747, B767,

**그림 11-5** 보잉항공사의 B7X7 여객기시리즈

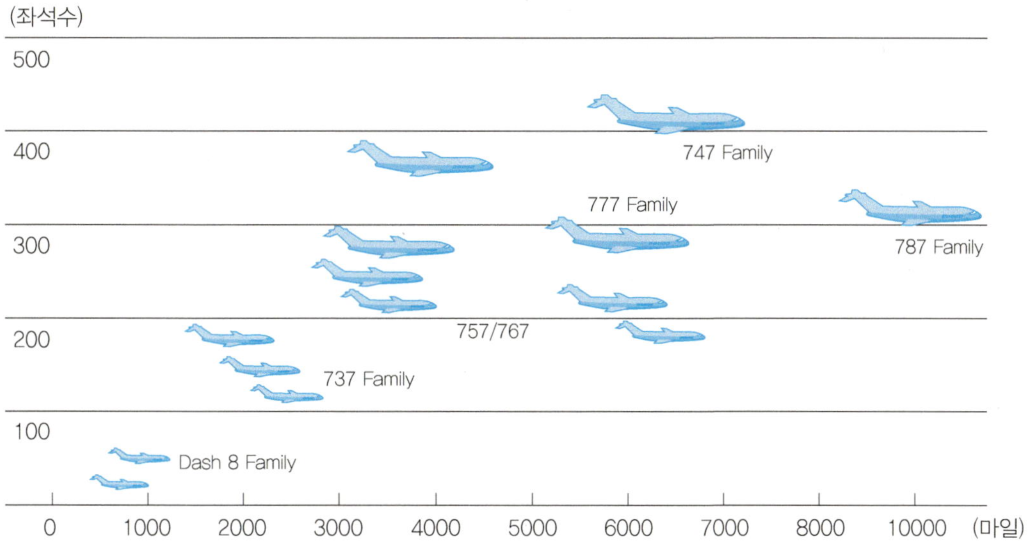

B777, B787시리즈다.

• **에어버스그룹(Airbus Group SE)**

에어버스그룹은 1970년 설립당시에는 프랑스의 아에로스페샬사와 독일의 에어버스의 공동출자로 설립되었으나 1976년 영국의 참여로 프랑스의 아에로스페샬사와 프랑스의 에로스페이스가 각각 37.9%, 영국의 브리티시에로스페이스사가 20%, 스페인의 CASA가 4.2%의 지분으로 참여하였다. 대형여객기 A300시리즈 개발에 연이어 성공하면서 2000년 프랑스의 아에로스페샬-마트라, 프랑스의 다쏘(Dassault), 프랑스의 아에로스페샬, 스페인의 CASA가 통합하여 EADS(European Aerospace & Defense, Space)로 확대되었으며 최근 회사명을 다시 에어버스그룹으로 변경하였다. 본사는 프랑스의 툴루즈와 독일의 함부르크 두 곳에 위치하고 있다. A320 시리즈는 에어버스의 기종 가운데 가장 많이 판매된 중 · 단거리용 여객기이다. 1990년대에는 A330, A340시리즈를 개발하였으며, 2000년대 들어서 초대형여객기 A380을 개발하였다.

**그림 11-6** 에어버스그룹의 A3X0 여객기시리즈

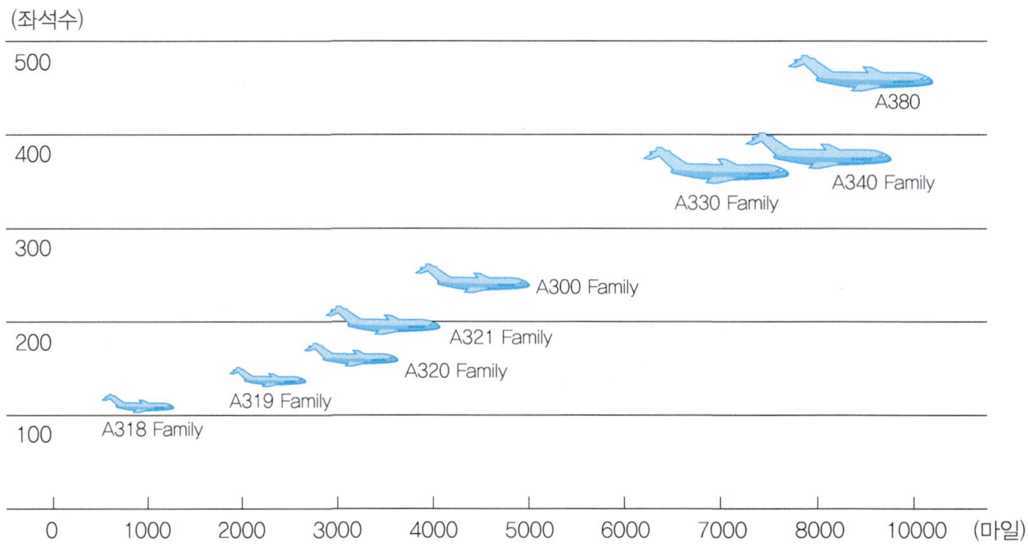

### ② 중형기부문

• **봄바르디어사(Bombardier)**

캐나다를 대표하는 항공기제작사로서 1942년 설립되었다. 현재 민간항공기 분야에서 에어버스사와 보잉사에 이에 세계 3위의 기업이다. 브라질의 엠브레어사(Embarer)와 함께 중소형 민간기부문의 세계시장을 주도하고 있다. 1986년 국영기업이었던 캐나다에어(Canadair)의 정부보유지분과 영국의 쇼트브라더스사(Short Brothers) 동시에 인수하였으며, 1990년에는 미국의 비즈니스 항공기제작사인 리어제트(Learjet)를 인수함으로써 현재는 캐나다유일의 완제기제작사로 자리잡고 있다. Learjet60, Challenger604, 리저널제트기 CRJ시리즈 등의 개발에 성공하였으며, 50~70인승급의 중형기를 집중적으로 개발 · 생산하고 있다. 헬기의 개발 · 제작도 병행하고 있다. 최근에는 저비용항공시장(LCC)이 확대됨에 따라 보잉사의 B737, 에어버스사의 A318기종과 경쟁을 목표로 100인승을 전후한 CS100, CS300 등의 중형제트기(Regional Jet)인 CS시리즈 개발에 성공하였다.

봄바르디어르사의 대표기종
CS100, CS300

• **엠브레어사(Embraer, ERJ)**

1969년 브라질 정부산하의 국영기업인 엠프레사(Empresa Brasileira de Aeronáutica S.A)를 모체로 창립된 중소형항공기 제작사이다. 본사를 브라질 상파울루에 두고 있는 브라질 최대의 수출기업이다. 2000년대에 들어 소형제트기를 집중적으로 개발하고 있다. 캐나다의 봄바르디어(Bombardier), 프랑스의 ATR 등과 함께 중소형기의 개발 · 제작에서 과점시장을 형성하고 있다. 소형기부문에서는 EMB시리즈, 중형기부문에서는

엠브레어사의 대표기종
E170, E175, E190

비즈니스 제트기종인 ERJ시리즈를 출시하고 있다. 2000년대 중반부터 중형제트기종인 E170. E175, E190, E195시리즈를 생산하고 있으며, 최근 저비용항공시장(LCC)을 목표로 연료 효율성이 향상된 70~130석급의 2세대 소형제트기 파생형모델인 E175-E2, 190-E2 및 E195-E2 등을 개발하였다. 이들 신형제트기들은 봄바르디어사의 CS시리즈 기종들과 함께 보잉사와 에어버스사의 중형기시장에서 경쟁하고 있다.

- **걸프스트림(Gulfstream)**

1978년 기존의 그루먼(Grumman Aircraft)사와 경비행기제작사인 아메리칸항공(American Aviation)사의 합병을 통해 설립되었다. 현재 세계 최대의 비즈니스제트기 생산업체로서 미국 서베너에 본사가 있다. 미국방위산업체 제너럴 다이내믹스사가 소유·운영하고 있으며, 소형제트여객기 G-시리즈를 통해 다양한 고급기종을 개발·생산하고 있다. G-650은 민간제트기 가운데 가장 빠른 최신형의 비즈니스제트기이다.

비즈니스전용기로 이용되는 최대속도 마하 0.925의 걸프스트림 최신기종 G-650ER

• ATR

1981년 에어버스그룹과 이탈리아의 알레니아 아에르마치사Alenia Aermacchi)가 공동으로 설립하였다. 프랑스의 에어프랑스(Air France)의 자회사로 프랑스의 툴르즈에 본사를 두고 있다. 터보프롭의 중형제트기(regional jet)를 개발 · 생산하고 있다. 주요 기종으로는 70석급의 ATR 72와 50석급의 ATR 42기종이 있다.

• **미쓰비시중공업**(Mitsubishi)

미쓰비시그룹의 3대 주력기업 중 하나로 중형제트기(regional jet) 시장진입을 목표로 독자모델의 소형제트기를 개발하였다. 일본최초의 상용제트여객기인 MRJ (Mitsubishi Regional Jet, MRJ)시리즈는 78인승 MRJ 70과 92인승 MRJ 90이다.

• **중국상용항공기**(Commercial Aircraft Corporation of China, COMAC)

중국을 대표하는 중형기제작회사로 2008년 설립되었다. 본사는 상하이에 두고 있으며, 국내간선의 취항과 해외시장진출을 위해 70~90석의 ARJ-21와 170석급의 제트여객기 C-919를 개발하였다.

**③ 소형기부문**

• **세스나**(Cessna)

1927년 설립된 미국의 경비행기 제작사로 비치크래프트, 파이퍼에어크래프트와 함께 경비행기시장의 세계 3대 제작사 가운데 하나다. 4석급부터 10석급까지 단발프롭기와 쌍발프롭기, 군용 및 민간용의 소형제트기를 개발하고 있다. CESSNA시리즈는 현재 세계적으로 가장 많이 생산된 경비행기다.

• **사이러스**(Cirrus)

1984년 설립된 미국의 경비행기 제작사로 세스나에 이어 현재 세계 2위의 시장지위를 확보하고 있으며, 피스톤식 소형기분야에서는 세계 1위의 제작사다. 프로펠러기 4-5인승의 SR20, SR22, SR22T가 대표적인 모델이다. 2015년에는 4-7석급의 소형제트기(VLJ)를 개발하였다.

• **원에비에이션**(One Aviation)

2015년 이클립스항공(Eclipse Aviation)과 케스트럴사(Kestrel Aircraft)를 합병하여

새로 설립된 소형기제작사다. 본사는 멕시코 엘버커키(Albuquerque)에 두고 있다. 8인승의 터보프롭 THE KESTREL, 6석급의 소형제트기 The Eclipse 550과 60석급의 The Eclipse 500이 주요제품이다.

• **다쏘항공(Dassault Aviation)**

1929년 설립되어 군용기와 비즈니스제트기를 개발 · 생산하는 프랑스의 제작회사이다. 모기업인 다쏘그룹의 계열사인 다쏘항공은 민 · 군용기의 설계 · 관리용 소프트웨어 개발을 주요사업으로 하고 있다. 소형제트기 외에도 군용기인 미라주시리즈와 스텔스무인기 등을 개발하고 있다. 세계 80여개국에 사무소를 두고 있으며, 제트여객기인 팰콘(Falcon)이 주력기종이다. 팰콘시리즈는 비즈니스항공 외에도 해상감시와 정찰, 구조용으로도 이용된다.

전용기로 이용되는 다쏘항공의 최신형 비즈니스제트기 Falcon2000

• **비치크래프트(Beechcraft)**

1932년 Beech부부에 의해 설립되어 소형기를 개발 · 생산하고 있는 미국의 3대 경비행기제작사 가운데 하나이다. 본사는 미국 위치타에 위치하고 있으며, 최초 개발기인 Model-17 Staggerwing은 제2차 세계대전에서 사용된 바 있다. 19석급의 터보프롭기 1900이 대표기종이다.

• **파이퍼 에어크래프트(Piper)**

1920년대에 설립된 테일러항공(Taylor Aircraft)을 흡수하여 1937년 설립되었다. 에WT파이퍼가 이어 Piper Aircraft Corporation 을 설립했다. 미국의 3대 경비행기제작사

가운데 하나이다. 특히 20석급 경비행기시장에서 선도적 지위를 구축하고 있다. 1948년 우리나라 공군은 최초로 L-4 연락기를 파이퍼사로부터 도입한 바 있다.

• **혼다**(Honda Aircraft)

1986년 자동차 제작사인 혼다그룹의 출자로 설립되었다. 2000년 미국 노스캐롤라이나에서 7인승급의 소형제트기 Honda Zet F3모델의 생산을 시작하였으며, 파이퍼사(Piper)와 마케팅제휴를 맺고 소형기시장에 본격적으로 진입하였다.

• **피아지오**(Piaggio)

1920년 설립된 피아지오항공(Piaggio Aero Industries)은 세계에서 가장 오래된 제작사 가운데 하나로 설계 · 제조뿐 아니라 엔진 및 부품, 엔진MRO를 함께 하고 있다. 본사를 이탈리아 제노아에 두고 있으며, 10인승급의 터보프롭 기종인 P180이 대표적인 제품이다.

**④ 헬리콥터부문**

• **벨헬리콥터**(Bell Helicopter)

1935년에 설립된 미국의 헬리콥터제작사로 텍스트론(Textron)그룹의 자회사다. UH-1이 이 대표적인 기종이며 UH시리즈는 군수용 뿐만 아니라 민간용으로도 널리 판매되었다. 후속기종인 UH-1, AH-1시리즈 등이 미국과 각국에서 운용되고 있다. 오늘날 가변회전익(tilt rotor) 분야에서 선도적 지위에 있다. 최근 보잉과 공동으로 V-22를 개발하였으며, 유럽의 아우구스타와 공동으로 민간용 틸트로터기인 BA609, 무인기(UAV) 가변회전익기인 이글아이(Eagle Eye)도 개발하였다. 본사는 미국 텍사스주의 허스트에 있다.

• **시코르스키**(Sikorsky)

1925년 러시아계 미국인인 이고르 시코르스키가 1925년에 설립하였으며, 본사는 미국 코네티컷주의 스트랫퍼드에 위치하고 있다. 최근 록히드마틴사에 인수되었으며, 헬리콥터와 터보프롭 항공기를 생산하고 있다. 주요 사업은 헬리콥터개발 · 제작이며, 대표적 모델은 베트남전쟁시 벨사의 UH-1의 문제점을 해결하기 위해 개발된 다목적 전술수송기 UH-60 블랙호크이다. 최근 S-76, S-92, 터보프롭기인 M28의 개발에 성공하였다.

**• 에어버스헬리콥터(구유로콥터, Eurocopter)**

1992년 프랑스의 에어로스페시알과 프랑스의 다쏘(Dassault)의 합병으로 설립되었다. 다국적 헬리콥터제작사로서 본사를 프랑스 마르세유에 두고 있는 세계 제1의 헬기제작사다. 몇 차례의 합병을 거쳐 2001년 EADS의 자회사가 되었으며, 2014년 에어버스헬리콥터(Airbus Helicopters)로 명칭이 변경되었다. 중소형헬기와 20인승급의 대형헬기 등 다양한 모델을 개발 · 제작하고 있다. 우리나라는 수리온헬기개발을 위해 유로콥터와 기술도입계약을 맺은바 있다.

에어버스헬리콥터(구유로콥터)의 최신형 다목적 실용헬기 C-145. 에어버스헬리콥터는 세계시장의 약40%를 점유하고 있는 세계최대의 헬리콥터제작사이다.

**• 아구스타 웨스트랜드(Agusta Westland)**

1981년 설립되었으며 미국의 필라델피아에 본사를 두고 있다. 이탈리아 최대의 헬리콥터제작사로서, 유럽의 유로콥터사와 함께 세계의 군수용 및 민간용 헬기시장을 선도하고 있다. 합병전에는 이탈리아의 아구스타사(Agusta S.p.A)와 영국의 웨스트랜드사(Westland)는 각각 1907년과 1915년에 설립된 헬기 및 항공기술전문기업이었다. 최근에는 가변회전익기인 AW609를 개발하였다.

# 제4절 항공종사자

## 1. 항공종사자의 정의

항공종사자란 항공업무와 관련하여 일정한 자격요건을 갖춘 전문가를 말한다. 우리나라의 항공안전법에서는 항공업무에 종사하고자 하는 경우에 국토교통부령이 정하는 바에 따라 정해진 항공종사자 자격증명을 취득하도록 규정하여 이를 의무화하고 있다.[20] 관련규정에 따르면, 항공종사자 자격증명을 받기 위해서는 종류별로 면허 및 한정에 관한 정의와 일반규칙, 신체검사규정 등에 대한 요건을 충족해야 한다. 국제적으로는 표준화된 자격요건을 갖추도록 권고하고 있다. 세계항공업계에서 널리 적용되고 있는 국제적 표준은 국제민간항공기구(ICAO) 및 미국연방항공국(FAA)의 연방항공규칙(Federal Aviation Regulation, FAR) 등에서 제공하고 있다.[21]

항공안전을 위해 국제적으로 항공종사자 자격증명제도가 의무화되어 있다.

## 2. 항공종사자의 종류 및 자격제도

### (1) 항공종사자의 종류

우리나라 항공안전법에서 정하고 있는 항공종사자의 종류는 다음과 같다.

20) 항공안전법 제34조 및 제35조.

21) ICAO 부속서(*Annex* 1) 및 FAA(FAR Chapter 1).

**① 운송용 조종사**

항공기에 탑승하여 다음 각 호의 행위를 하는 조종사를 말한다.

- 사업용 조종사의 자격을 가진 자가 할 수 있는 행위
- 항공운송사업의 목적으로 사용되는 항공기를 조종하는 행위

**② 사업용 조종사**

항공기에 탑승하여 다음 각 호의 행위를 하는 조종사를 말한다.

- 자가용 조종사 자격을 가진 자가 할 수 있는 행위
- 보수를 받고 항공기를 조종하는 행위
- 항공기사용사업에 사용하는 항공기를 조종하는 행위
- 항공운송사업목적의 항공기(1인 조종 항공기에 한함)를 조종하는 행위
- 기장외의 조종사로서 항공운송사업목적의 항공기를 조종하는 행위

**③ 자가용 조종사**

항공기에 탑승하여 보수를 받지 않고 무상으로 항공기를 조종하는 조종사를 말한다.

**④ 항공사(航空士)**

항공기에 탑승하여 그 위치 및 항로의 측정과 항공상의 자료를 산출하는 전문가로 흔히 항법사(航法士, navigator)라고도 한다. 오늘날 항공기술의 발달에 따라 대부분의 항공기 운항에 있어 항법사의 기능은 항행시스템으로 대체되었다.

**⑤ 항공기관사(flight engineer)**

항공기에 탑승하여 엔진과 기체를 취급하는 전문가를 말한다. 오늘날 항공기의 진화에 따라 항공기관사의 역할이 줄어들었으며, 대부분의 항공사들은 항공기관사를 두고 있지 않다.

**⑥ 항공교통관제사(air traffic controller)**

항공교통의 안전을 유지하며 항공기가 신속하며 질서를 유지할 수 있도록 항공기 운항을 관제하는 전문가를 말한다.

### ⑦ 항공정비사

항공기를 안전하게 운항할 수 있도록 정비라인에서 항공기를 최적의 상태로 유지하는 전문가를 말한다. 항공공장정비사는 기체, 터빈, 프로펠러, 피스톤발동기, 전자전기계기 등 정비 또는 개조한 항공기에 대하여 항공기의 안전성을 확인하는 전문가를 말한다.

### ⑧ 운항관리사(flight dispatcher)

운항의 안전성, 경제성, 신속성 및 쾌적성을 위하여 기상정보를 분석 · 평가하는 등 항공운송사업에 사용되는 항공기의 운항에 필요한 비행계획의 작성, 항공기의 중량평형(W&B)관리 및 운항통제 등의 기능을 수행하는 전문가를 말한다.

## (2) 항공종사자 자격제도

조종사 및 항공기관사, 항공정비사의 경우에는 안전성을 위하여 항공종사자가 조종, 조작 또는 정비할 수 있는 항공기의 종류 및 등급, 형식 등을 한정하여 자격증명제도를 엄격히 운영하고 있다. 한편, ICAO에서는 항공기 운항의 직접적인 안전을 책임지고 있는 항공종사자들의 면허자격(license)을 규정하여 회원국들에게 권고하고 있는데, 회원국들은 이 제도의 범위내에서 자격증명제도를 운영하고 있다. 미국의 연방항공국(FAA)은 항공종사자제도를 보다 세분화하여 기술적인 내용과 표준을 마련해 운영하고 있다.

이밖에도 우리나라의 국가기술자격법에서는 항공종사자와 관련된 기술자격제도를 별도로 규정하고 있다.[22] 이 규정에 따르면 '자격기본법에 의한 국가자격 중 산업과 관련있는 기술 · 기능 및 서비스분야의 자격으로서 기술사 및 기능장 등 대통령령으로 정하는 자격'으로서 항공종사자와 관련된 항공직무분야와 응시자격 등을 규정하고 있다. 한편, 실질적인 항공종사자에 해당하는 객실승무원의 자격요건 등에 대해서는 국토교통부의 항공운항기술기준에서 항공기승무원의 신체검사 등에 대해 별도로 정하고 있다.

---

22) 국가기술자격법 제8조의2(국가기술자격의 운영분야), 자격기본법 제2조, 제9조 및 동법 시행령 등. 동법 시행령 제14조 및 제24조 등.

# 제5절 항공교통지원체계

여객과 화물을 출발지 공항에서 목적지 공항까지 안전하고 신속 · 정확히 운송하기 위해서는 앞서 설명한 기본요소 외에도 항공기의 운항과 여객 · 화물의 이동을 지원하기 위한 인프라가 갖추어져 있어야 한다. 지원체계는 공역관리, 항공교통업무, 객실관리, 항공기정비유지, 운항지원 및 통제, 지상조업, 출 · 입국관리 등의 활동으로 구성된다.

## 1. 공역관리

### (1) 공역의 정의

넓은 의미에서 공역(空域)이란 대기중의 공간 또는 지구의 특별한 지표상에 있는 공간으로서 어떤 특별한 모양과 목적을 위해 정해진 범위의 공간을 말한다. 그러나 좁은 의미에서 공역의 의미는 항공기의 안전하고 효율적인 비행과 수색 또는 구조에 필요한 정보제공을 위해 영공과 공해상공에 지정 · 고시된 구역으로서 비행정보구역을 의미한다.[23] 항공운송에서 공역(air space)이라 함은 좁은 의미의 공역을 의미한다. 국제민간항공협약에서도 ICAO 회원국은 자국의 영토상공의 공역에 대해서는 완전하고도 배타적인 주권을 갖고 있음을 명시하고 있으며, 각국은 항공교통업무를 제공할 공역의 설정을 의무화하고 있다.[24]

### (2) 비행정보구역(flight information region; FIR)

비행정보구역은 비행중인 항공기에 항공교통업무(air traffic service; ATS)가 제공되는 구역으로서 국제적으로 공역을 분할하는 가장 기본이 되는 공역이다. ICAO에서는 전세계의 공역을 모두 7개의 권역(圈域, zone)으로 나누고 있다.[25] 각 권역마다 지역

---

23) 항공안전법 제6장(공역 및 항공교통업무 등) 각 조.

24) 국제민간항공협약 제1조 및 부속서(*Annex*) 제11조.

25) ICAO가 정한 7개 권역은 다음과 같다.
① 아시아 · 태평양지역(Asia · Pacific).
② 동남아프리카(East South Africa).

별 항공회의를 통해 다시 세부적인 비행정보구역을 분할하고 각 공역에 대해 국가별로 ATS를 제공할 수 있는 지역별 관제센터(area control center; ACC)에서 공역을 관리하도록 정하고 있다.

### (3) 공역의 종류

각국의 공역은 국가의 안보, 비행안전의 보장, 공역운영의 효율화 및 운항의 경제성 등 정책적 차원에서 다루어진다. 우리나라 항공안전법에서는 공역의 체계적이고 효율적인 관리를 위해 비행정보구역을 다음과 같이 구분하여 지정 · 고시하고 있다.[26]

- **관제공역**

항공교통의 안전을 위하여 항공기의 비행순서, 시기 및 방법 등에 관하여 국토교통부장관의 지시를 받아야 할 필요가 있는 공역으로서 관제권 및 관제구를 포함하는 공역이다. 관제공역의 종류에는 항공로, 관제권, 접근관제구, 관제구 및 특별관제구역 등이 있으며 각각 차별적인 항공교통관제(air traffic control; ATC)업무가 제공된다.

- **비(非)관제공역**

관제공역외의 공역으로서 항공기에게 비행에 필요한 조언, 비행정보 등을 제공하는 공역이다. 그러나 항공교통업무가 제공되지 않으며, 조언 · 비행정보만이 제공되는 조언구역, 초경량비행장치 비행구역, 비행장정보구역 등이 있다.

- **통제공역**

항공교통의 안전을 위하여 항공기의 비행을 금지 또는 제한할 필요가 있는 공역이다. 통제공역에는 비행금지구역, 비행제한구역 및 위험구역 등이 있다.

---

③ 중서아프리카(Middle West Africa).
④ 유럽(Europe).
⑤ 중동(Middle East).
⑥ 북중미(North Middle America).
⑦ 남미(South America).

26) 항공안전법 제78조.

• **주의(注意)공역**

항공기의 비행시 조종사의 특별한 주의, 경계, 식별 등을 요구할 필요가 있는 공역이다. 주의공역에는 경계구역, 훈련구역, 군작전구역 등이 있다.

## 2. 항공교통업무

### (1) 항공교통업무의 의의

항공교통업무(air traffic services; ATS)란 항공기의 항행이 이루어지는 비행정보구역내에서 항행의 안전과 효율을 도모하기 위해 제공되는 항공교통의 통제, 조언, 경고 및 정보제공 등의 업무를 말한다. 항공교통업무는 국가나 기타 공공기관에서 담당하며, 국제적으로 표준화된 서비스제공을 위해 ICAO에서는 국제적으로 통일된 국제기준과 권고방식 등을 정해놓고 있다.

### (2) 항공교통업무의 주요 내용

항공교통업무는 크게 다음과 같이 세 가지 업무로 구성된다.

**① 항공교통관제(air traffic control; ATC)**

항공기가 안전하고 원활하게 운항할 수 있도록 하기 위한 업무이다. 항공기상호 간의 충돌방지 및 이동구역내의 항공기와 장애물충돌방지, 항공교통의 질서있는 흐름을 촉진하고 유지하는 것을 목적으로 한다. 항공교통관제업무는 다음과 같이 구분된다.

- 비행장관제 : 비행장 내 이동지역 및 비행장주변 운항항공기에 대한 관제
- 접근관제 : 비행장 등 지정된 공역에서 계기비행중인 항공기에 대한 관제
- 항로관제 : 이 · 착륙을 제외한 순항중인 항공기에 대한 관제

**② 비행정보업무(flight information services; FIS)**

항공기의 안전하고 원활한 항행을 위해 유용한 정보의 제공 및 조언을 목적으로 이루어지는 업무이다. 중요한 비행정보로는 폭풍 등 악천후에 대한 기상경보, 목적지 및 대체공항에서의 기상통보나 예보 등이 대표적이다.

③ **경보업무(alerting services; AS)**

수색 및 구난을 필요로 하는 항공기에 관하여 도움을 줄 수 있는 관계기관에 상황을 통보하거나 요구에 의하여 해당기관의 활동을 지원하는 업무이다.

## 3. 출 · 입국관리

### (1) 출 · 입국관리의 의의

국제운송에 있어서 여객 · 화물의 출 · 입국 및 반입 · 반출을 국가가 허용하기 위해 공항, 항만 및 국경지대에서 실시하는 일련의 업무를 출 · 입국관리라고 한다. 기본적인 절차는 항공사의 탑승수속 → 보안검색 → 보안 → 세관 → 출 · 입국사열 등의 순서에 따라 진행된다. 출 · 입국관리업무는 세관(customs), 출 · 입국심사(immigration), 검역(quarantine) 등을 중심으로 이루어지기 때문에 세 업무의 이니셜로 C.I.Q수속이라고 한다.

C.I.Q는 여객의 출 · 입국을 국가가 허용하기 위해 공항에서 실시하는 정부기관들의 주요 업무이다.

### (2) 출 · 입국관리시설

국제운송을 위해 출국과 입국을 지원하기 위한 항공사의 출 · 입국 관리시설로는 탑승수속(check-in)시설, 수하물처리시설, 화물처리시설 등이 있다. 그리고 출 · 입국관리를 위해 정부가 직접 담당하는 시설로는 다음과 같이 세 가지 기본시설과 업무가 있다. 첫째, 출 · 입국 심사시설이다. 출국 및 입국심사를 위한 사열대로서 국제여행자들에 대한 적법성 여부를 심사한다. 둘째, 세관시설이다. 수출 · 입 화물과 여객의 수하물에 대한 검사, 즉 해외로 반출되거나 국내로 반입되는 화물과 수하물의 적법성 여부를 검사하는 시설이다. 셋째, 검역시설이다. 예비검역시설과 동 · 식물검역시설로 구분된다. 예비검역시설은 여행객들에 대한 전염병감염여부를 검사하고 관리하는 시설이며, 동 · 식물검역시설은 해외로 반출되거나 국내로 반입하는 동 · 식물에 대한 질병감염여부를 검사하기 위한 시설이다.

### (3) C.I.Q 담당기관

C.I.Q. 업무는 정부의 관련기관의 관리책임하에 항공사의 공항업무와 별도로 수행되는 업무를 말한다. 우리나라의 경우, 세관업무(C)는 관세청, 즉, 인천국제공항의 경우에는 관세청 인천세관이 담당하며, 출 · 입국관리업무(I)는 법무부의 출 · 입국관리소에서 담당한다. 검역(Q)은 동 · 식물의 경우 농림축산식품부, 여행자에 대해서는 보건복지부의 국립검역소가 각각 담당업무를 수행한다.

CHAPTER

# 12

# 세계의 항공사 및 국적항공사

항공교통은 지역간의 상호연결성을 강화하고, 국가간의 인적 · 물적 교류와 통상을 통해 지역경제의 발전을 촉진한다. 항공사는 세계 경제성장률을 상회하는 항공수요의 공급자로서 경제발전과 더불어 성장해 오면서 세계 1,724개의 항공사들은 2018년 한해 동안 약 61억명의 승객을 실어날랐다. 본 장에서는 오늘날 항공업계를 주도하고 있는 대표적인 글로벌 항공사들을 지역별로 나누어 살펴보고, 후반부에서는 우리나라의 국적항공사들을 소개한다.

**Keyword**: 세계의 항공사, 지역별 대표항공사, 국적항공사

## 제 1 절 세계의 항공사

오늘날 세계 항공시장은 메이저 항공사들이 자국의 거점공항을 중심으로 글로벌 네트워크를 형성하고 있으며, 수많은 중소형항공사들이 지역시장에 참여하고 있다. 2018년 현재 IATA의 회원사인 약 300개 항공사들이 국제노선에 취항하고 있다. 여객과 화물운송실적 면에서 세계 30위권의 시장지위를 확보하고 있는 글로벌 항공사들의 지역별분포는 [그림 12-1]과 같다. 산업초기부터 항공사는 국익과 국가의 위신(national prestige)을 상징하면서 각국 정부의 보호와 육성을 통해 발전해 왔다. 오늘날 세계 항공업계를 주도하고 있는 글로벌 항공사들은 북미와 유럽, 아시아지역에 집중되어 있다. 본 절에서는 IATA, ICAO 등의 국제기구에서 매년 발표하고 있는 여객운송실적과 화물운송실적, 항공기보유대수, 종업원수 등을 기준으로 30위권으로 평가되는 항공사들과 저비용항공사(LCC), 화물항공사들을 함께 소개한다.[1)]

**그림 12-1** 세계의 항공사

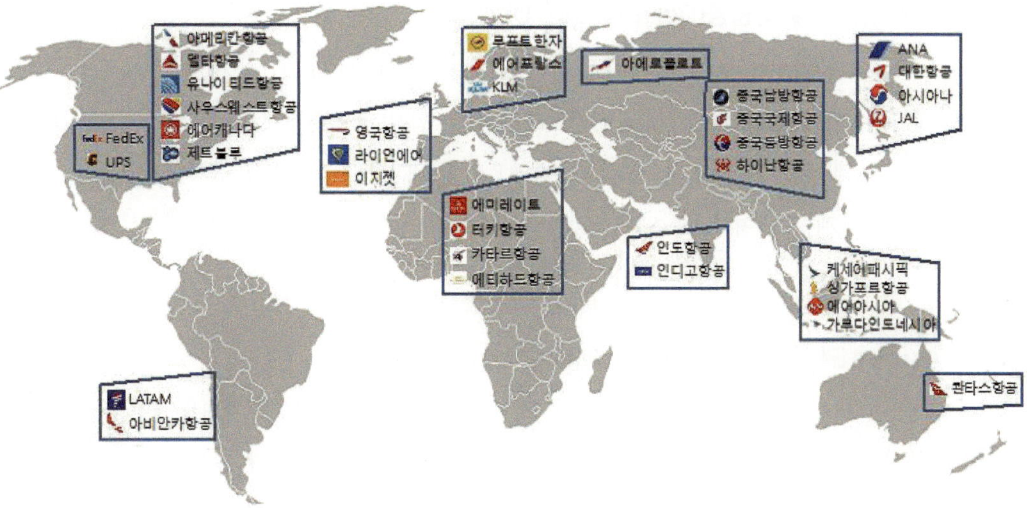


1) ICAO 및 IATA의 *Annual Report*와 항공사의 홈페이지를 참조하여 북미지역과 유럽지역 각각 7개사, 아시아지역 12개사, 남미지역 2개사와 중동·아프리카지역 4개사 등 모두 32개 항공사를 정리하였으며, 항공사 현황자료는 2019년 현재 기준임.

## 1. 북미지역 항공사

미국에는 세계 3대 항공사인 아메리칸항공, 델타항공, 유나이티드항공이 있으며, 세계 최대의 저비용항공사인 사우스웨스트항공과 미국 제2의 LCC인 제트블루, 그리고 세계 최대의 화물항공사인 FedEx가 지역별로 거점을 두고 있다. 미국내에는 모두 150여개의 민간항공사가 FAA에 등록되어 있으며, 캐나다에는 대표항공사인 에어캐나다가 있다.

### 아메리칸항공(American Airlines, AA)

1930년 설립되었으며 미국 텍사스주 포트워스에 본사를 두고 있다. 2011년 유럽금융위기로 인해 경영난을 겪기도 했으나 US Airways와 합병을 통해 세계 최대의 항공사로 자리잡고 있다. 현재 달라스(Dallas)와 포트워스(Fort Worth) 등에 다수의 거점공항을 두고, 약 1,270대의 항공기로 세계 약 330개 도시에 취항하고 있다. 2015년 대한항공과 공동운항협정을 맺었으며, 최근에는 JAL(2011), Quantas(2018)와 각각 조인트벤처를 시작했다.

### 델타항공(Delta Airline, DL)

1924년 설립되어 미국 조지아주 애틀란타(Atlanta)에 본사를 두고 있다. 2008년 경영난을 겪고 있던 자회사인 Northwest항공과 합병하여 아메리칸항공, 유나이티드항공과 함께 세계 3대 항공사로 자리잡고 있다. 현재 애틀란타공항을 거점으로 약 950대의 항공기로 세계 320여개 도시에 취항하고 있다. 2018년부터 태평양노선에서 대한항공과 조인트벤처를 맺고 공동운항을 시작했다.

### 유나이티드항공(United Airlines, UA)

보잉사의 우편물운송을 위한 목적으로 1926년 설립되었으며 1934년 제작사인 보잉항공과 분리되었다. 미국 시카고에 본사를 두고 있으며, 2001년 9.11 테러의 대상으로 여객기 2대가 피해를 입어 위기를 맞이하기도 했으나 2011년 미국의 메이저항공사 가운데 하나인 콘티넨털항공과 합병을 통해 최대항공사로 복귀하였다. 현재 시카고 오헤어공항을 거점으로 약 720대의 항공기를 세계 320여개 도시에 취항하고 있다. 2018년에는 일본 ANA와 조인트벤처를 시작했다.

### Southwest 사우스웨스트항공(Southwest Airlines, WN)

1967년 설립되어 1971년 취항을 시작한 미국의 대표적인 저비용항공사(LCC)이며, 세계 최대의 LCC이다. 본사는 텍사스 주 댈러스에 두고 있으며, 국내선에만 취항하고 있다. B737 단일기종과 높은 가동률, 기내서비스의 생략, 파격적인 저운임으로 정시운항률과 사고수하물, 고객만족도 등 서비스혁신으로 LCC의 성공신화를 낳았다. 2011년 에어트랜을 인수하였으며, 주요 도시에 복수의 허브공항을 구축하고 현재 700여대의 항공기를 운영하고 있으며, 여객운송실적으로 세계 10위권에 속하는 항공사로 자리잡고 있다.

### jetBlue 제트블루(Jet Blue Airways, B6)

1998년 설립되어 2000년부터 미국 국내선에서 정기운항을 시작했으나 2년만에 주식상장에 성공하면서 운송여객수와 RPKs 면에서 현재 세계 25위권 항공사로 급성장하였다. 사우스웨스트에 이어 미국 제2의 LCC로 자리잡고 있으며, 뉴욕에 본사를 두고 있다. 뉴욕의 JFK공항을 허브로 롱비치, 워싱턴D.C, 보스톤 등을 거점으로 국내와 남미, 캐나다 등의 100여개 도시에 220여대의 A320 계열의 항공기취항을 집중하면서 서비스품질에서도 비교적 좋은 평가를 받고 있다.

### AIR CANADA 에어캐나다(Air Canada, AC)

캐나다의 대표적인 국영항공사로 1937년 설립되어 1989년 민영화되었으며, 현재 몬트리올에 본사를 두고 있다. 1997년 스타얼라이언스의 창립멤버로 2001년 당시 캐나다의 제2항공사인 캐나디안항공을 인수 · 합병하여 규모와 서비스면에서 세계 20위권으로 평가받고 있는 글로벌항공사이다. 현재 토론토공항을 거점으로 약 370대의 항공기가 국내 · 외 약 190개 도시에 취항하고 있다.

### FedEx Express 패더럴익스프레스(Federal Express, FX)

화물시장에서 세계 최대의 항공사로 1973년 화물운송을 시작하였으며, 미국 테네시주 멤피스에 본사를 두고 있다. 육상과 해운과 연계한 복합운송체계로 운영함으로써 미국수입화물 총거래액 기준으로 60% 이상의 화물운송을 담당하고 있다. 국내에 복수의 허브공항을 두고 중국 등으로 해외거점공항을 확대함으로써 24시간내에 세계 모든 곳에 화물을 운송하는 글로벌 네트워크를 구축하고 있다. 현재 950여대의 항공기를 보유하여 항공사 가운데 가장 많은 화물운송력을 글로벌시장에 공급하고 있다.

## 2. 유럽지역 항공사

산업초기부터 미국과 함께 민간항공을 주도해온 유럽은 각국의 국적항공사와 저비용항공사가 치열한 경쟁을 벌이는 지역으로서 많은 항공사가 시장에 참여하면서 활발한 인수 · 합병(M&A)이 진행되고 있다. 현재 모두 60여개의 민간항공사가 유럽항공안전청(EASA)에 등록되어 있으며, 루프트한자와 에어프랑스, 그리고 LCC인 라이언에어와 이지젯의 성장이 두드러진다.

**Lufthansa 루프트한자(Lufthanza, LH)**

유럽최대의 독일국적항공사로 세계 10권의 항공사그룹에 속한다. 1926년 독일 베를린에서 Deutsche Luft Hanza로 설립되었으나 2차 세계대전의 패전으로 1945년 영업이 중지되었으며 국영항공사로 재건되어 현재의 상호로 변경되었다.[2] 1990년 독일통일을 계기로 독일최대의 국적항공사로 성장하였으며 1994년 민영화되었다. 2000년대 들어 스위스국제항공, 오스트리아항공, 브뤼셀항공, 유로윙스 등의 지분을 인수하여 자회사로 두고 있으며 여러 항공사에 폭넓은 지분참여로 항공그룹을 형성하고 있다. 현재 프랑크푸르트공항을 거점으로 약 340여대의 항공기가 세계 200여 도시에 취항하고 있다. 화물부문에서도 최대항공사인 FedEx, UPS 등에 이어 선두그룹을 형성하고 있다.

**영국항공(British Airways, BA)**

1924년 임페리얼항공(Imperial Airway)으로 설립되었다. 1939년 브리티시항공(British Airways)과의 합병을 계기로 국유화되었으며, 몇차례분할과 합병을 거쳐 1974년 현재의 IAG그룹의 주력항공사로 재탄생했다. 1987년 민영화를 계기로 고객서비스가 일시적으로 하락하여 낮은 경쟁력과 평판으로 약화되었던 시장지위를 다시 회복하여 여객운송실적으로 현재 10위권을 회복하였다. 2009년 스페인의 이베리아항공과 합병하였으며 현재 각각 독립적인 브랜드로 운영하면서 히드로공항을 거점으로 270여대의 항공기가 세계 200여 도시에 취항하고 있다.

---

2) Lufthanza AG는 '항공(air)'을 뜻하는 Luft와 '한시에틱(Hanseatic)연합체'의 합성어로 구성된 항공그룹(airline group, AG)을 뜻한다.

### AIRFRANCE 에어프랑스(Air France, AF)

1939년 프랑스 국적항공사들의 합병으로 설립되어 국내와 북아프리카 등 식민지 등의 취항으로 성장하였으며, 제2차 세계대전 직후 국유화되면서 프랑스를 대표하는 국적항공사로 자리잡았다. 1990년 에어프랑스그룹으로 합병되었으며, 1999년 민영화되었다. 2004년 네델란의 KLM과 합병하여 Air France-KLM을 공동브랜드를 사용하고 있다. 프랑스정부가 최대주주이며 민간주주와 KLM이 주주로 참여하고 있다. 현재 세계 10위권의 시장지위를 확보하고 있으며, 파리드골공항을 거점으로 230여대의 항공기가 세계 170여개 도시에 취항하고 있다.

### KLM KLM항공(KLM Royal Dutch Airlines, KL)

1919년 설립된 현존하는 항공사 가운데 세계에서 가장 오래된 항공사이다.[3] 네델란드 암스테르담에 본사를 두고 있으며, 세계 20권을 형성하고 있다. 1921년 세계 최초로 항공권의 예약판매점을 설치하였으며, 1946년 유럽항공사 중 처음으로 북대서양을 횡단하는 뉴욕노선을 개설하였다. 2004년 에어프랑스의 주식인수방식으로 합병되면서 Air France-KLM 회사가 설립되었으나 실질적인 운영은 각각 독립적으로 수행되고 있다. 현재 암스테르담 스키폴공항을 거점으로 120여대의 항공기가 세계 150여개 도시에 취항하고 있다.

### AEROFLOT 아에로플로트(Aeroflot, SU)

1923년 주식회사 Debrolyot로 설립되어 1932년 현재의 상호로 변경되었으며, 모스크바에 본사를 두고 있는 러시아를 대표하는 국적항공사이다. 1930년대에는 세계 최대의 항공사였으나 항공업계의 규제완화에 따른 글로벌경쟁에서 밀려났으며, 1992년 소련의 해체로 인해 독립국가연합의 항공사들로 분리되면서 시장지위가 크게 약화되었다. 2000년대 들어 종전의 일루신(Illusin)기종이 대부분 에어버스와 보잉항공사의 신형기로 대체되었으며, 2006년 스카이팀 제휴그룹에 가입하였다. 현재 모스크바공항을 거점으로 세계 140개 도시에 170여대의 항공기가 취항하고 있으며, 여객운송실적으로 세계 20위권을 차지하고 있다.

---

3) KLM은 네덜란드어 '*Koninklijke Luchtvaart Maatschappij*'로서 사전적으로는 왕립 네델란드항공(Royal Dutch Airlines)을 뜻한다. 1919년 금융인들과 사업가들이 설립할 당시 국민적 추앙을 받던 빌헬미나(Wilhelmina) 여왕이 회사명에 'Royal'이라는 명칭의 사용을 허가한 것에서 유래되었다.

**easyJet 이제젯(easyJet, U2)**

1995년 영국 런던의 루튼공항을 거점으로 설립되어 온라인판매와 부가서비스의 생략, 단일기종에 의한 중단거리 왕복노선의 취항, 높은 항공기 가동률 등으로 가격파괴에 성공한 저비용항공사(LCC)이다. 1999년 easyJet Switzerland로 명칭을 변경하고 영국에서 제네바로 본사를 이전하였으며, 49%지분을 보유한 영국 이지그룹(easy group)의 자회사로 운영되고 있다. 현재 런던 게트윅(Gatwick)공항을 거점으로 유럽지역을 중심으로 약 240여대의 항공기가 취항하고 있으며, 여객수를 기준으로 운송실적에서는 세계 30대 항공사로 자리잡고 있다.

**RYANAIR 라이언에어(Ryanair, FR)**

1985년 설립되어 본사를 아일랜드 더블린(Dublin)에 두고 있는 유럽최대의 LCC로서 운송여객 수와 *RPKs* 기준으로 세계 20위권에 들어 있는 글로벌항공사이다. 인터넷판매로만 영업하며 사우스웨스트항공의 비즈니스모델을 도입하여 가격파괴에 성공함으로써 단기간에 글로벌항공사로 도약했다. 더블린공항과 런던의 스탠스테드(Stanstead) 공항 등 유럽내에 50여개 공항을 거점으로 국내와 유럽의 200여개 도시에 260대의 항공기가 취항하고 있다. 운영중인 기재는 모두 보잉사의 B737기종으로 단일화하고 있으며, 사우스웨스트, 이지젯과 함께 세계 3대 LCC로 자리잡고 있다.

## 3. 아시아 · 태평양지역 항공사

아시아 · 태평양지역은 중국의 남방항공과 에어차이나, 동방항공 등 3사가 세계 10대 항공사의 반열에 들면서 동남아지역의 LCC들과 함께 항공시장의 성장을 주도하고 있다. 일본의 JAL과 ANA, 그리고 싱가포르항공과 홍콩에 거점을 둔 중국국적의 캐세이항공, 호주의 콴타스항공 등이 세계 항공업계의 선두그룹에 들어 있으며, 에어아시아는 대표적인 아시아지역의 LCC로서 주목받고 있다. 우리나라는 대한항공과 아시아나항공이 국적항공사로서 글로벌항공사의 그룹에 진입해 있다.

**JAL JAPAN AIRLINES 일본항공(Japan Airlines, JL)**

1951년 설립되어 동경에 본사를 두고 있는 일본의 2대 항공사이다. 1980년대까지

아시아를 대표하는 글로벌항공사였으나 1987년 국민주매각방식으로 오너없이 완전 민영화된 이후 방만한 경영에 따른 부실화로 2010년 파산하여 상장이 폐지되었으며, 이듬해 파산보호에서 벗어나 경영회복에 성공하였으나 선도적 지위를 ANA에게 내주었다. 2004년에는 당시 3위 기업이었던 JAS(Japan Air System)과 합병하였다. 현재 도쿄의 하네다공항과 나리타공항 등을 거점으로 160개 도시에 160여대의 항공기가 취항하고 있으며, 세계항공업계에서 30위권을 형성하고 있다.

**ANA 전일본공수(All Nippon Airways, NH)**

1952년 설립되어 일본 도쿄에 본사를 둔 일본 최대의 항공사이다. 사업초기에는, 국제선은 일본항공(JAL), 국내선은 ANA으로 분리 · 육성하는 정부정책에 따라 국내노선에서 제한적으로 성장하였으나 1986년 괌노선의 취항을 계기로 국제노선에 본격진출하였다. 2010년 자회사인 LCC인 에어넥스트를 ANA윙스로 재편하였으며, 당시까지 일본의 대표국적항공사였던 JAL이 파산(2010)하고 재건하는 동안 국내 · 외시장에서 선도적 지위로 올라섰다. 현재 200여대의 항공기가 100여개 도시에 취항하면서 세계 20위권의 글로벌항공사로 자리잡았다.

**중국남방항공(China Southern Airlines, CZ)**

중국의 민영화정책에 따라 중국민용항공(CAAC)로부터 분리되어 1989년부터 운항을 시작하였으며, 1994년 중국정부의 외국인 투자허용정책에 따라 급성장한 중국최대의 항공사로 광조우에 본사를 두고 있다. 1996년 국제노선에 처음으로 취항하였으며, 1997년 뉴욕과 홍콩증권시장에 주식을 상장하였다. 중국민용항공총국(CAAC)이 산업구조조정을 통해 항공운송의 3대 항공사 가운데 하나로 선정하였으며, 2000년대 중위안항공, 중국북방항공 및 중국신장항공 등을 인수하면서 중국 최대의 항공사로 성장하였다. 현재 광조우공항을 거점으로 국 · 내외 약 190여 도시에 530여대의 항공기가 취항하면서 여객운송실적으로 세계 10위권의 항공사로 자리잡고 있다.

**AIR CHINA 중국국제항공(Air China, CA)**

중국정부의 민영화정책에 따라 1988년 중국민용항공(CAAC)로부터 분리되어 베이징관리국이 현재의 이름으로 변경되었으며, 중국의 3대 항공사 가운데 하나로 베이징에 본사를 두고 있다. 1994년 외국자본의 투자가 허용되었으며, 2000년대 들어 중국항공총공사와 중국서남항공, 저장항공 등과 합병한 후 2004년 홍콩과 런던증권시장에 주식을 상장하였다. 중국화물항공과 마카오항공, 산동항공 등을 자회사로 두고 있으며, 베이징국제공항을 거점으로 국내 · 외 190여 도시에 370여대의 항공기가 취항하면서 세계 10대 항공사로 자리잡고 있다.

### 중국동방항공(China Eastern Airlines, MU)

1988년 중국민용항공(CAAC)의 항공사업부가 분리되면서 설립되었으며, 본사를 상해에 두고 있는 중국 3대 항공사 가운데 하나로서 중국 최대의 상업도시인 상해의 홍교공항과 푸동공항 전체여객 및 화물운송의 3분의 1을 담당하고 있다. 1998년 세계 최대 해운사인 코스코(COSCO)와 공동출자로 중국화물항공을 설립하였으며, 2000년대 들어 서북항공, 운남항공을 흡수하였다. 현재 국내 · 외 210여개 도시에 420여대의 항공기가 취항하고 있으며, 세계 10위권의 글로벌항공사로 자리잡고 있다.

### 중국해남항공(Hainan Airlines, HU)

1989년 국내노선 및 단거리국제노선 취항을 위해 합자회사로 하이난(海南)에서 설립되어 중국에서 네 번째 대형항공사로 성장하였으며, 본사를 하이난 성 하이커우에 두고 있다. 1995년 미국의 소로스 펀드의 투자유치에 성공하였고, 1998년 하이커우국제공항의 지분 25%를 인수함으로써 공항지분을 보유한 최초의 중국항공사로 기록되었다. 2000년 국제노선의 사업허가를 받아 해외노선개발에 성공하였으며, 시안항공과 산시항공 등을 흡수 · 합병했다. 현재 국내 · 외 110여개 도시에 220여대의 항공기가 취항하고 있으며, 세계 30위권 항공사로 자리잡고 있다.

### 대한항공(Korean Air, KE)

대한민국 최대의 항공사로 1969년 정부가 운영하던 대한항공공사(KNA)를 인수하여 (주)대한항공으로 상호를 바꿔 창립하였으며, 본사를 서울에 두고 있다. 항공운송사업과 함께 기내식 및 면세품판매, 호텔, 지상조업 등의 부대사업을 운영하고 있다. 1980년대부터 항공우주사업에도 진출하여 보잉사, 에어버스사와 협력하여 항공기 구조물 설계, 개발 및 제작을 하고 있다. 인천국제공항을 허브공항으로 국내 · 외 120여개 도시에 160여대의 항공기가 취항하고 있으며, 여객운송시장에서 세계 25위권에 자리잡고 있다.

### 금호아시아나항공(Asiana Airlines, OZ)

1988년 서울항공으로 설립되어 그해 회사명을 아시아나항공으로 변경하였으며, 서울에 본사를 둔 대한민국 제2의 항공사이다. 1990년부터 일본지역의 취항을 시작으로 점차 글로벌노선으로 확대하였다. 서비스혁신에 성공하여 서비스품질로 좋은 평판을 쌓고 있으며, 현재 국내 · 외 80여개 도시에 약 80대의 항공기가 취항하면서 세계 50위권에 들어 있다.

### 싱가포르항공(Singapore Airlines Limited, SQ)

싱가포르를 대표하는 항공사로 1947년 설립된 말레이항공(Malayan Airway)이 전신이며, 제2차 세계대전 후 아시아지역에서는 최초로 국제노선에 진출하였으며 기내식서비스를 처음으로 도입하였다. 1972년 말레이시아항공과 싱가포르항공으로 분리된 이후 1985년까지 국영기업이었으나 점진적인 민영화를 추진해 오고 있다. 서비스혁신에 성공하여 1991년 인공위성을 통한 기내전화서비스를 최초로 제공하는 등 2000년대 들어 세계 최고수준의 기내서비스로 평판을 쌓았다. 창이공항을 거점으로 세계 60여개 도시에 110여대의 항공기가 취항하며 세계 20위권의 항공사로 자리잡고 있다.

### 케세이퍼시픽(Cathay Pacific Airways, CX)

홍콩의 첵랍콕공항에 본사를 두고 항공기정비 및 운항훈련시설 등을 포함하는 캐세이시티를 구축하고 있으며, 여객 및 화물운송실적면에서 세계 20위권의 항공사로 자리잡고 있는 중국국적의 항공사이다. 1946년 미국과 호주의 자본으로 설립되어 1959년 라이벌항공사인 홍콩항공을 인수하였으며, 1970년대 홍콩이 아시아지역의 금융, 무역 중심지로 부상하면서 함께 성장하였다. 2003년에는 화물항공사인 에어홍콩을 인수하였으며, 현재 세계 60여개 도시에 약 150대의 항공기가 취항하고 있다.

### 콴타스항공(Quantas Airlines, QF)

호주최대의 항공사로 1920년 설립되어 1934년 영국항공사와의 합병하였으며, 1947년 국영항공사로 전환하고 1967년 현재의 회사명으로 변경되었다. 1993년 트랜스오스트레일리아항공과 합병하여 민영화되었으며, 현존하는 항공사 가운데 세계에서 두 번째로 오래된 항공사로 시드니에 본사를 두고 있다. 대양주의 지리적 여건으로 인해 장거리노선이 많으며 시드니공항과 멜버른공항 외에 두바이공항을 거점으로 세계 150여개 도시에 140여대의 항공기가 취항하고 있으며, 여객운송실적에서 세계 20위권으로 자리잡고 있다.

**에어아시아(Air Asia, AK)**

2001년 설립되어 급성장한 아시아 최대의 LCC이다. 말레이시아 쿠알라룸푸르에 본사를 두고 있으며, 해외거점공항에 지분출자방식으로 현지의 국적항공사를 설립하여 그룹의 자회사로 두고 허브공항으로 이용하는 시장진출전략이 항공업계의 주목을 받고 있다. 현재 Air Asia Berhad, 에어아시아 인도네시아, 타이 에어아시아, 필리핀 에어아시아, 에어아시아 인디아, 에어아시아 제팬 등의 계열사를 각국의 거점으로 이용하고 있다. 중장거리노선의 취항을 목적으로 에어아시아 엑스(X)를 자회사로 두고 있으며, 일본과 인도네시아, 태국 등의 자회사에도 지분을 투자하고 있다.

## 4. 중남미지역 항공사

민간항공의 오랜 역사와 지리적 이점에도 불구하고 주도적 항공사의 혼재와 잦은 인수 · 합병(M&A), 경제난 등으로 인해 세계 항공업계에서는 여전히 낙후되어 있는 지역이다. 오늘날까지 진행된 항공업계의 재편을 통해 LATAM그룹과 아비앙카그룹이 주도적 위치를 확보하고 있으며, 수많은 중소형항공사들이 각국에 산재해 있다.

**라탐항공(LATAM Airline Group, JJ)**

라탐항공그룹은 1961년 에어택시회사로 설립되어 1976년 지역항공사로 전환한 브라질의 국적항공사였으나 2012년 칠레의 국적항공사인 LAN항공과 브라질의 TAM항공이 합병하여 칠레의 산티아고에 본사를 두고 있는 남미최대의 지주항공사이다. 2006년 뉴욕증권거래소에 주식을 상장하였으며, 화물항공사와 LCC 등의 자회사를 둔 항공그룹으로 운영되고 있다. 아르헨티나, 브라질, 칠레, 콜롬비아, 에콰도르 및 페루에 자회사를 두고 있으며, 상파울로공항을 거점으로 국내 · 외 140여개 도시에 160여대의 항공기가 취항하고 있으며, 세계 30위권의 항공사로 자리잡고 있다.

### 아비앙카항공(Avianca, AV)

1919년에 미국사업가에 의해 설립된 SCADTA가 전신이며 1920년부터 국내선취항을 시작하여, 1940년 콜롬비아 항공사인 SACO와 합병을 통해 현재의 아비앙카(Avianca)로 재탄생하였다.2000년대 들어 경쟁사인 에이스콜롬비아, 엘살바도르의 TACA 등을 인수하여 합병하였다.[4] 콜롬비아 보고타공항을 거점으로 남미의 80여개 도시를 연결하는 중 · 단거노선에 120여대의 항공기가 취항하고 있으며, 여객운송실적으로 세계 40위권을 형성하고 있는 남미지역 제2의 항공사이다.

## 5. 중동 · 아프리카지역 항공사

중동지역은 뒤늦은 시장진입에도 불구하고, 산유국의 이점과 유럽 · 아시아 · 아프리카를 연결하는 지리적 요충지라는 이점으로 인해, 허브공항을 구축하고 대규모 투자를 통해 세계에서 가장 급성장하는 항공사들을 두고 있다. 에미레이트항공, 카타르항공, 에티하드항공 등 3사는 중동지역의 대표항공사로서 급성장하여 세계항공업계의 주목을 받고 있다. 남유럽에 속한 터키항공도 북아프리카와 아시아를 연결하는 지리적 이점으로 글로벌항공사로 성장하고 있다.

### 에미레이트항공(Emirates Airlines, EK)

1985년 설립되어 단기간에 성장하였으며, 아랍에미레이트(UAE)의 두바이에 본사를 두고 있는 국영기업인 에미레이트그룹의 자회사이며, 중동지역 최대의 항공사이다. 설립 초기부터 대폭적인 투자로 1988년부터 지속적인 흑자를 기록하고 있으며, 2007년에는 130여대의 항공기를 구매하는 등 항공업계에서 빠르게 시장지위를 강화하고 있으며, 모든 기재를 광폭동체인 대형여객기로 운영하면서 수준 높은 기내서비스로 평판을 쌓고 있다. 두바이공항을 거점으로 세계 150여개 도시에 280대의 항공기가 취항하며, 세계항공업계에서 화물부문과 여객부문에서 모두 5위권에 진입해 있다.

4) '아비앙카'는 아메리카대륙항공(스페인어로 Aerovías del Continente Americano S.A.), 과거에는 콜롬비아국영항공(스페인어로 Aerovías Nacionales de Colombia S.A.)의 스페인어 약칭이다.

### 카타르항공(Qatar Airways, QR)

1994년 카타르왕족의 항공사로 첫 운항을 시작하였으나, 1997년 정부와 민간이 각각 50%의 지분참여로 현재의 항공사로 전환하였다. 카타르 도하에 본사를 두고 있으며, 세계 항공업계에서 급성장하고 있는 항공사로 주목받고 있다. 1997년 국제노선 취항을 시작하여 단기간에 글로벌네트워크를 구축하고, 도하국제공항을 거점으로 세계 150개 도시에 190여대의 항공기가 취항하고 있다. 에미레이트항공, 에티하드항공과 함께 중동지역의 3대 메이저항공사이다. 서비스평가에서 최고수준의 평판을 얻고 있으며, 화물과 여객을 포함하여 세계 20위권 항공사로 자리잡고 있다.

### 에티아드항공(Etihad Airways, EY)

중동지역 항공3사 가운데 2003년 가장 늦게설립되어 아랍에미레이트(UAE)의 아부다비에 본사를 두고 있으며, 현재 세계에서 가장 빠르게 성장하는 항공사 가운데 하나이다. 아부다비 왕세자인 현재 회장은 왕실칙령에 따라 회사를 설립하여 이듬해부터 국제노선의 취항을 시작하였으며, 2년 6개월 만에 30개 노선을 확보하기도 했다. 신형대형여객기의 대폭적인 도입으로 프리미엄급 좌석에 대한 고급화와 기내서비스로 좋은 평판을 형성하고 있으며, 아부다비를 거점으로 110여개 도시에 120여대의 항공기가 취항하면서 여객운송실적으로 세계 25위권에 진입해 있다.

### 터키항공(Turtish Airlines, TK)

1933년 국영항공사인 국영항공관리국(State Airlines Administration)으로 설립되어 1947년 국제노선취항을 시작하였으며, 1990년 민영화와 함께 현재의 회사명으로 변경된 터키의 대표적인 국적항공사로 이스탄불에 본사를 두고 있다. 풍부한 관광자원과, 유럽과 북아프리카를 연결하는 지역의 이점으로 북아프리카와 유럽지역에서 가장 빠르게 성장한 항공사 가운데 하나로 현재 여객운송실적에서 세계 15위권의 항공사로 자리잡고 있다. 기내서비스 부문에서 높은 평가를 받고 있으며, 이스탄불을 거점으로 세계 270여개 도시에 300여대의 항공기가 취항하고 있다.

표 12-1 세계의 30대 항공사

| 순위 | 항공사명 | 국가 | 여객운송(*RPK*) | 공급좌석(*ASK*) | 탑승률(%) | 여객(백만명) |
|---|---|---|---|---|---|---|
| 1 | American Airlines Group | USA | 364,191 | 444,877 | 81.9 | 199.6 |
| 2 | Delta Air Lines Group | USA | 350,299 | 409,209 | 85.6 | 186.4 |
| 3 | United Continental | USA | 347,963 | 422,179 | 82.4 | 148.1 |
| 4 | Emirates Airline | UAE | 292,221 | 377,060 | 77.5 | 58.5 |
| 5 | Lufthansa Group | Germany | 261,156 | 322,821 | 80.9 | 130.0 |
| 6 | British Airways(IAG) | UK | 252,819 | 306,185 | 82.6 | 104.8 |
| 7 | Air France-KLM | Franace | 248,476 | 286,190 | 86.8 | 83.9 |
| 8 | China Southern Airlines | China | 230,697 | 280,646 | 82.2 | 126.3 |
| 9 | Southwest Airlines | USA | 207,802 | 247,731 | 83.9 | 157.8 |
| 10 | Air China Group | China | 201,090 | 247,872 | 81.1 | 101.6 |
| 11 | China Eastern Airlines | China | 183,152 | 225,967 | 81.1 | 110.8 |
| 12 | Ryanair | Ireland | 160,000 | 167,500 | 95.5 | 130.3 |
| 13 | Qatar Airways | Qatar | 146,023 | 203,650 | 71.7 | 29.2 |
| 14 | Air Canada Group | Canada | 136,985 | 166,519 | 82.3 | 48.1 |
| 15 | Turkish Airlines | Turkey | 136,947 | 173,073 | 79.1 | 68.6 |
| 16 | Aeroflot Group | Rusia | 130,222 | 157,211 | 82.8 | 50.1 |
| 17 | Singapore Airlines | Singapore | 129,798 | 159,381 | 81.4 | 33.7 |
| 18 | Cathay Pacific Group | Hong Kong | 126,663 | 150,138 | 84.4 | 34.8 |
| 19 | Hainan Airlines Group | China | 121,223 | 140,843 | 86.1 | 71.7 |
| 20 | Qantas Group | Australia | 121,178 | 150,323 | 80.6 | 53.7 |
| 21 | LATAM Airlines Group | Chile | 115,693 | 136,398 | 84.8 | 67.1 |
| 22 | Etihad Airways | UAE | 90,240 | 114,984 | 78.5 | 18.2 |
| 23 | EasyJet | UK | 89,685 | 95,792 | 93.6 | 80.2 |
| 24 | ANA Holdings | Japan | 89,405 | 122,803 | 72.8 | 53.9 |
| 25 | Alaska Air Group | USA | 84,210 | 99,871 | 84.3 | 44.0 |
| 26 | Korean Air | ROK | 77,842 | 98,131 | 79.3 | 26.9 |
| 27 | JetBlue Airways | USA | 76,009 | 90,116 | 84.3 | 40.0 |
| 28 | Thai Airways International | Thailand | 68,102 | 85,388 | 79.8 | 20.0 |
| 29 | Japan Airlines Group | Japan | 67,656 | 87,551 | 77.3 | 42.6 |
| 30 | Norwegian | Norway | 63,320 | 72,341 | 87.5 | 33.1 |

자료: *Airline Business*(2019)
주1) *RPK*(Revenue Passenger Kilometer, 유상여객킬로미터) = 유상여객 수×운송거리
주2) *ASK*(Available Seat Kilometer, 유효좌석킬로미터) = 공급좌석 수×운송거리

# 제2절 우리나라의 국적항공사

항공사는 종종 소속국가의 국적기(national flag)로서 위신을 상징하기도 하지만 오늘날 국적(國籍)항공사의 의미는 등록된 국가소속의 항공사를 의미하는 포괄적 의미로 바꾸었다. 본절에서는 국내항공업계의 발전과정과 국적항공사들의 서비스이미지를 소개한다.

## 1. 민간항공의 성장

**• 민영화와 복수민항체제**

우리나라의 민간항공은 1948년 대한항공공사(Korean National Airlines, KNA)가 서울-부산 노선에 정기취항함으로써 시작되었다.[5] 당시 국영기업이었던 KNA는 잦은 사고와 만성적인 적자로 인해 민영화의 필요성이 제기됨에 따라 1969년 국제교통물류의 경험이 있던 (주)한진으로 인수되어 대한항공(주)이 창립됨으로써 항공의 민영화시대가 열렸다. 그 후 1989년 금호아시아나항공이 설립되면서 독점체제에서 경쟁체제로 전환되었다.

**• 저비용항공사의 등장과 항공의 대중화**

2000년대 들어서면서 세계적으로 저비용항공사(LCC)가 활발하게 설립되었다. 국내에서는 2005년 설립된 제주항공을 비롯한 LCC가 연이어 시장에 진입하여 현재 국내 · 외 노선에서 시장을 확대해 나가고 있다. 저렴한 운임과 간소화된 서비스, 중 · 단거리노선의 취항 등을 특징으로 하는 LCC는 틈새시장에서 새로운 여행수요를 창출하면서 항공수요를 창출하고 있다. 특히 중국과 일본, 동남아노선의 취항을 늘이고 있으며, 중 · 장거리노선으로 시장을 확대해 나가고 있다. 오늘날 경제수준의 향상으로 여행수요가 늘어나면서 항공여객시장은 지속적으로 증가하고 있다.

---

5) 첫 취항일인 10월 30일은 '항공의 날'로 지정되어 해마다 항공업계와 정부공동의 자축행사가 열리고 있다.

## 2. 항공서비스의 브랜드이미지

오늘날 항공업계의 경쟁이 치열해면서 항공사들은 차별화된 브랜드이미지를 통해 경쟁력을 강화하고 있다. 기업의 이미지를 통합하는 작업을 CI(corporate identity)라고 한다. CI는 구성원들이 기업이 추구하는 가치를 공유하고, 이를 홍보하는 동시에 경영환경에 대응하는 경영전략을 담고있다. 항공사들은 경쟁력 강화를 위해 로고나 미션, 비전과 인재상(人才像) 등 다양한 방법으로 이미지를 구현하고자 한다. 서비스접점의 객실승무원도 브랜드의 이미지를 상징하는 역할을 담당한다.

## 3. 우리나라의 민간항공사들

### (1) 대한항공

#### ① 회사개요

세계 민간항공업계에서 선도적인 시장지위를 확보하고 있는 우리나라의 대표항공사이다. 1969년 (주)한진이 KNA를 인수하여 1971년 우리나라 최초의 태평양횡단노선인 서울-LA 화물노선을 취항을 계기로 국제노선을 지속적으로 확장하였다. 인천국제공항을 거점으로 세계의 하늘을 향한 도약을 슬로건으로 오늘날에는 국내항공업계를 대표한다. 최근에는 최상의 운영체제를 통해 'Excellence in Flight'를 지향하고 있다. 세계적 제휴그룹인 스카이팀의 창립회원으로서 명품서비스와 초일류 항공사로서 포지셔닝을 위해 사내의 역량을 집중하고 있다. 2016년 현재 국내 주요 노선외에 세계 주요국가의 약 130여개 도시를 취항함으로써 글로벌 노선망을 구축하고 있다. 국제적으로 많

은 서비스인증과 수상실적을 쌓고 있다. 대표적으로는 글로벌타임즈의 중국인이 선호하는 최고의 항공사, 비즈니스트래블러지의 최고항공사, 보이지선정 아시아 최고의 항공사, 일본능률협회의 글로벌고객만족도 최고항공사, 한국표준협회를 비롯한 국내 전문평가기관들의 고객만족도(NCSI) 최고상 등을 수상하였다.

### ② 경영이념과 비전

**• 경영이념**

기업은 곧 인간이라는 창업주의 경영철학을 실천하고 있다. 창업이념에 나타나 있는 기업가의 소명의식과 함께 '민족의 날개'로 비유되는 국적항공사로서의 수송보국(輸送報國)을 통한 국익의 창출로 회사의 경영이념이 설명된다. 회사가 속한 한진그룹이 육상과 해상, 항공의 복합운송그룹으로 발전해 오면서 남이 가지 않은 길, 하지 못한 일에 대한 도전정신과 인재양성이 조직문화에 내재되어 있다. 오늘날에는 최상의 운영체제와 변화지향적 기업문화, 고객감동과 가치창출으로 미션을 정하여 변화하는 글로벌시장 환경에서 변화를 추구하고 있다.

**• 비전**

'세계항공업계를 선도하는 글로벌 항공사'를 비전으로 정하고 있다. 회사의 비전에는 국내의 대표항공사로서 여객 및 항공화물 등 항공서비스 분야에서 확고한 위상을 확보함으로써 미래의 글로벌시장을 주도하는 자신감이 반영되어 있다.

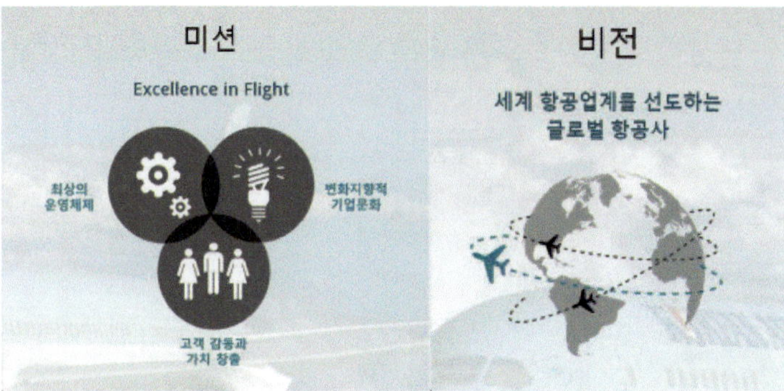


### ③ 브랜드이미지

대한항공의 심벌과 로고는 대한민국의 국적기로서 세계항공업계를 선도하는 글로벌항공사로서 기업의 이미지를 형상화하고 있다. 심벌마크는 태극문양을 응용하여 역동성을 표현하고, 프로펠러의 회전하는 이미지를 담고 있어 추진력과 창공에 대한 도전정신을 담고자 했다.

#### ④ 인재상

대표적인 서비스기업으로서 오랜경험을 통해 '기업은 곧 인간'이라는 인사철학을 정립하고 있다. 회사의 인재상을 '칼맨십(KALMANSHIP)'이라고 부르고 있으며, 칼맨십의 요건으로 진취적 성향, 국제적인 감각, 서비스정신과 올바른 예절, 성실성과 팀워크를 강조한다.

### (2) 금호아시아나항공

#### ① 회사개요

1988년 설립되어 12월 23일 서울-부산, 서울-광주노선에서 첫 취항을 하였다. 2010년 처음으로 연간 국제선 탑승객 1천만명을 돌파하였다. 2016년 현재 국내의 주요 노선외에 인천국제공항을 거점으로 세계 25개 국가의 약 80여개 도시에 정기항공편을 취항하고 있다. 스타얼라이언스의 회원사로서 글로벌 노선망을 구축하고 있으며, 약 1만 명의 임직원을 두고 있는 국내 제2의 항공사이다. 설립초기부터 서비스의 품질향상에 주력하면서 그동안 국제적으로 많은 서비스인증과 수상실적을 기록 중이다. 대표적으로는 미국의 비즈니스 트래블러지(Business Traveler)가 선정하는 「세계 최고 기내서비스(Best Overall In-flight Experience in the World)」, 「세계 최고 지상서비스/콜센터(Best Overall Customer Service Airlines Ground/Call center)」, 스카이트랙스 세계항공대상(Skytrax World Airline Awards) '5대 항공사' 선정, KPC를 비롯한 국내전문평가기관들의 고객만족도(NCSI) 최고상 등의 수상으로 서비스품질의 고급화에 성공하고 있다.

### ② 경영이념과 비전

**• 경영이념**

창립 당시부터 '최고의 안전과 서비스를 통한 고객만족'을 경영이념으로 삼고 있다. 이를 위해 고객이 원하는 시간과 장소에 가장 안전하고, 빠르고, 쾌적하게 서비스를 제공하는 것을 기업의 철학으로 정하고 있다. 고객만족의 경영이념에 따라 사회적 책임을 강화하기 위해 2011년 항공업계 최초로 사회공헌팀을 신설하여 운영해 오고 있다.

**• 비전**

'이해관계자들의 삶을 향상시키고, 업계 최고의 서비스가치를 창출하는 아름다운 기업'을 지향하고 있다. 이해관계자들이란 금호아시아나그룹을 둘러싸고 있는 이해관계자란 직원과 고객, 주주와 협력사, 지역사회를 의미한다. 특히 서비스상품의 아름다움에 많은 가치를 부여하고 '아름다운 기업'을 추구하고 있다. 회사의 가치와 이미지 구축을 위해 다음과 같이 아름다운 기업과 아름다운 사람들을 강조하는 비전(vision)과 슬로건을 적극 활용하고 있다.

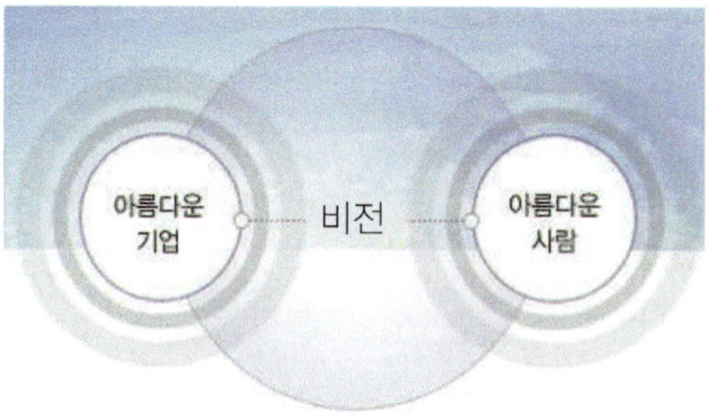

특히 서비스약속에 대한 신뢰를 강조하면서 건실하고 신뢰받는 기업으로서 역할을 다하는 사회공헌에 가치를 부여하고 있다. 이를 위해 사회적 책임과 사회에 공헌하는 기업의 이미지를 강화하는 특징이 있다.

**③ 브랜드이미지**

금호아시아나항공는 고객과 함께 아름다운 미래로 비상하는 아름다운 기업이 되겠다는 의지를 형상화한 로고를 통해 CI를 구축하였다.

ASIANA AIRLINES

로고는 금호아시아나와 고객이 함께 나아감을 의미하는 동시에 금호와 아시아나의 만남을 상징하며, 진취적이고 미래지향적인 정신을 담아 역동적인 회사의 의지를 나타내고자 한다.

**④ 인재상**

직업에 대한 윤리의식을 갖추고, 맡은 직무에 대한 책임의식을 갖춘 프로페셔널로서 업계 최고의 서비스가치창출을 위해 매진하는 집념의 금호아시아나인을 인재상으로 정하고 있다.

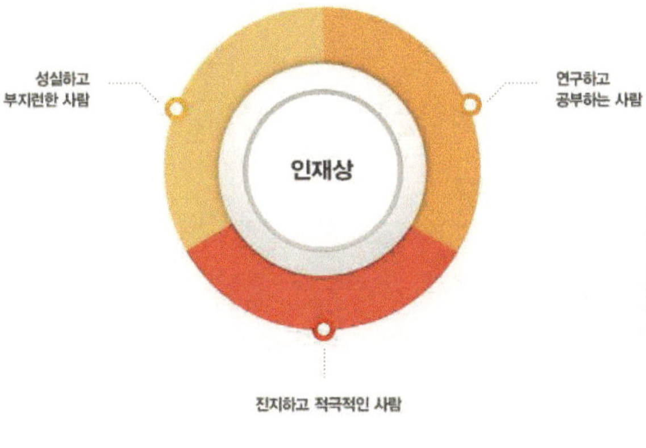

### (3) 제주항공

#### ① 회사개요

2005년 제주도를 거점으로 하는 지역항공사로 설립되었으며, 국내의 대표적인 저비용항공사(LCC)로서 빠르게 성장하고 있는 항공사이다. 저렴한 요금과 틈새시장의 진출, 제주도거점의 네트워크구축 등의 경영전략으로 국내 LCC시장에서 선도적 지위를 확보하고 있다. 항공여행의 대중화추세에 따라 수요가 집중되는 김포-제주를 비롯한 국내노선뿐 아니라 일본, 중국, 대만, 필리핀, 태국, 베트남, 대양주 등의 아시아 주요도시 20개 이상의 노선을 운항하고 있다. 김포공항과 인천공항을 거점으로 이용하며, 2015년에는 LCC 처음으로 증권시장의 상장에 성공하였다.

#### ② 경영이념과 서비스이미지

• **경영이념**

제주항공은 항공의 대중화를 선도하는 미션과 아시아 최고의 LCC라는 비전을 구현하기위한 안전, 저비용, 도전, 팀워크, 신뢰 등 다섯 가지를 핵심가치로 정하고 있다.

• **서비스이미지**

창립 10주년을 맞이하면서 진취적이고 신뢰감을 주는 항공사 이미지구축을 위해 도약의지를 제주의 자연으로 형상화하였다. 고객을 맞이하는 반가움과 환영, 세계로 뻗어나가는 리더십과 대표성을 강조하는 블루칼라를 추가하여 안전함과 신뢰감을 더하였으며, 오렌지칼라와 조화를 통해 신선함을 강화하고 있다. 새로운 추가된 블루색상에는 아시아전역으로 네트워크를 확대하고 서비스를 다양화하는 경영전략이 담겨있다.

### (4) 티웨이항공

#### ① 회사개요

2004년에 설립되어 2010년 현재의 상호로 변경되었다. 김포-제주구간에서 취항을 시작하였으며, 이듬해 인천-방콕노선에 정기운항을 함으로써 국제노선에 진출하기 시작했다. 국내최초의 LCC였던 한성항공(주)을 (주)티웨이홀딩스가 인수하여 빠르게 시장을 확대해 나가고 있다. 오늘날 항공수요가 단순한 휴식이나 관광의 개념에서 벗어나 문화체험, 유적지탐방 등의 테마여행으로 변화 · 확대됨에 따라 지방공항을 이용한 여행상품을 적극개발 · 활용하고 있다.

#### ② 경영이념과 브랜드 이미지

• **경영이념**

'함께하는 우리들의 항공사'를 구현하기 위해 최고의 안전운항환경, 합리적인 가격, 정성스런 서비스 등을 경영이념을 설정하고 있다. 신개념의 항공서비스를 위해 가족같이 편안한 서비스, 화합하고 배려하는 기업문화를 실행목표로 삼고있다. 특히 신세대를 표적시장으로 하여 'Happy T'way it's yours'하는 슬로건을 표방하고 있다.

• **서비스이미지**

운임에 민감한 젊은 세대를 주요고객으로 삼고 있다. 젊음을 강조하는 소문자로 구성된 로고는 기성세대의 틀을깨고 세련미와 합리성이 강조된 항공서비스의 제공의지를 담고 있다. 경쾌하고 즐거운 축제를 떠올리게 하는 대영제국의 전성기를 상징하는 퀸앤그린(Queen Anne)컬러를 이용함으로써 기존의 항공업계의 도전하여 새로운 미래를 창조함을 강조한다.

## (5) 이스타항공

EASTAR JET

### ① 회사개요

2007년 설립되어 2009년 김포-제주노선에 처음으로 취항을 시작하였으며, 같은해 12월 인천-말레이시아구간의 국제노선에 진출하였다. 2016년에는 20만시간 무사고기록을 달성하였다. 국내노선뿐 아니라 일본, 중국, 대만, 필리핀, 태국 등의 아시아 주요 도시에서 국제노선을 늘여나가고 있으며, 김포공항과 인천공항을 거점으로 이용하고 있다.

### ② 경영이념과 브랜드이미지

**• 경영이념**

'고객과 함께 최고의 새로움을 추구하는 것'을 경영이념으로 삼고있다. 항공여행의 대중화와 사회공익에 기여하는 글로벌 국민항공사의 비전과 '짜릿한 추억의 선사'를 비행안전과 함께 핵심가치로 표방한다. 이는 LCC로서 기존 항공사들과 차별화된 탐구적 · 진취적 서비스를 지향하는 항공사임을 잘 나타내 준다. 아시아를 넘어 세계로 향하는 항공사로서 항공여행의 대중화를 경영철학으로 정하고 있다.

**• 서비스이미지**

젊은 고객을 대상으로 하는 에너지와 강한 힘, 진취성과 역동성을 상징하는 빨강색을 통해 스타(star)와 동양(east)을 대표하는 심볼로 삼고있다. 브랜드이미지를 통해 바쁜 일상속에서 잊었던 추억을 찾고 꿈과 희망을 주는 항공서비스의 제공이라는 이미지를 강화하고 있다.

### (6) 진에어

#### ① 회사개요

2008년 대한항공의 자회사로 설립되어 같은해 김포-제주노선에서 첫 취항을 하였다. 이듬해에는 인천-방콕구간의 국제노선취항을 계기로 동남아, 중국, 일본, 베트남에 진출한데 이어 LCC로서 하와이 등의 중장기거리노선에 선도적으로 취항하고 있다. 김포공항과 인천공항을 거점으로 이용하고 있으며, 모기업인 대한항공의 노하우를 활용하여 글로벌경쟁력을 강화하고 있다.

#### ② 경영이념과 서비스이미지

**• 경영이념**

대한항공과 경영이념을 공유하고 있으나 최상의 서비스경험을 제공하는 실용적인 중단거리 항공사(A Premium Short Haul Carrier)를 비전으로 정하고 있다. 누구나 부담없이 이용할 수 있는 대중적 항공사로서 합리적으로 소비자가 선택하는 실용성있는 항공서비스의 제공을 지향하고 있다. 특히 핵심적인 서비스를 세련된 감각으로 강화하고 철저한 비용절감을 통한 합리적 가격의 상품을 제공하기 위해 'Fly, better fly JinAir'를 슬로건으로 삼고있다.

**• 서비스이미지**

즐거움과 편안한 여행을 표방하고 청바지 유니폼을 입은 승무원 지니(JINI_flying mate)들의 요정인 지니(JINIE)를 통해 부담없이 편안하게 고객에 접근하는 이미지를 강조하고 있다. 자유롭게 날아다니는 나비의 형상에 비행기를 결합하여 한자리에 머무르지 않고 새로운 곳을 향해 여행지를 떠나는 여행자의 특성을 브랜드이미지에 담고 있다.

### (7) 에어부산

#### ① 회사개요

2007년 아시아나항공의 자회사인 국제부산항공(주)으로 설립되었으나 이듬해 부산광역시의 지분참여와 함께 상호를 에어부산으로 변경하고, 부산-제주노선에서 첫 취항을 하였다. 2010년 부산-후쿠오카노선 취항을 계기로 일본지역의 국제노선에 주력하였으나, 점차 대만과 중국, 홍콩, 필리핀 등 동남아지역으로 시장을 확대하고 있다. 부산을 거점으로 하는 지역항공사의 특성을 지니고 있다. 설립초기부터 아시아나항공의 국내노선을 공유함으로써 빠르게 성장하였다.

#### ② 경영이념과 서비스이미지

**• 경영이념**

관광수요를 겨냥한 실용항공사로서 안전성, 편리성, 경제성이라는 가치체계를 설정해 놓고있다. 고객가치창출을 위한 서비스공약을 명시하여 구성원뿐 아니라 고객과의 공유를 도모하고 있다. 서비스공약으로는 신속 · 정확한 서비스를 통한 명쾌함, 활기찬 서비스를 통한 생동감, 감성서비스를 통해 친근감, 고객에 대한 운항의 정시성, 지역사회에 대한 봉사 등을 경영이념을 표방하고 있다.

**• 서비스이미지**

실용성과 지역성을 담은 서비스이미지를 강화하고 있다. 관광여행객이 선호하는 지역항공으로의 포지셔닝을 위해 부산의 상징성을 활용한다. 부산의 바다와 하늘을 담고 있는 청색의 브랜드이미지는 고객에게 쉽게다가오는 컨셉을 나타내고 있다. 바다의 물결과 갈매기를 심볼로 정하여 부산의 바다, 갈매기, 하늘 세 가지를 조합하여 친근감을 강조한다.

### (8) 에어서울

#### ① 회사개요

2015년 설립되어 같은 해 국제정기항공면허를 취득한 저비용항공사이다. 금호아시아나항공의 자회사로서 모기업의 네트워크와 경영의 노하우를 공유하며 2016년부터 국내선 운항을 종료하고 국제선만 운항한다. 국제선은 인천국제공항을 허브공항으로 하여 일본, 중국, 동남아시아, 대양주 등의 국제노선에 취항하고 있다. 아시아나항공과 코드세어를 통해 공동운항하고 있다.

#### ② 경영이념과 서비스이미지

• **경영이념**

가장 안전하고 고객에게 행복을 주는 으뜸 항공사를 경영이념으로 하고 있다. 누구나 즐겁게 이용할 수 있는 신뢰받는 항공사를 기업의 이념으로 삼고 고객에게 휴가여행의 상큼함을 제공하는 'It's Mint Time'을 슬로건으로 정하고 있다.

• **서비스이미지**

첨단과 전통, 초고층빌딩과 자연, 역동과 여유가 함께 어우러져 조화를 이루는 생동감 넘치는 도시 서울을 브랜드로 하는 항공사의 이미지를 표방하고 있다. 익숙한 곳에서 낯선 곳으로의 이동, 새로운 사람과 문화를 접하는 기분좋은 대비를 여행의 이미지에 담아 여행을 함께하는 파트너임을 강조한다. 대비되는 것들이 조화를 이루어 새로운 에너지를 만든다는 점(Harmony of Contrast)에서 서울과 여행을 대비시키고 있다. 모던하고 간결한 글꼴의 워드마크는 에어서울의 세련됨과 합리적 서비스를 상징한다.

### (9) 기타 항공사

오늘날 항공업계는 새로운 조류를 형성하고 있는 저비용항공시장의 확대, 단거리노선의 소형항공 수요의 증가, 글로벌기업들의 업무용항공기에 대한 효용의 인식 등으로 새로운 수요가 지속적으로 증가하고 있다. 이같은 수요자의 욕구를 반영하여 종전의 항공시장이 점차 세분화됨에 따라 최근 새로운 형태의 항공사들이 시장에 진입하거나 기존의 항공서비스를 확대하고 있다.

- **코리아익스프레스에어**

2005년 항공기사용 사업의 목적으로 한서우주항공으로 설립되었다. 2008년 부정기항공사로 전환하고 현재의 코리아익스프레스에어로 상호를 변형하였으며, 이듬해부터 김포를 거점으로 양양, 김해 등 국내노선과 일본 대마도노선 등으로 단거리국제노선에 취항하고 있다. 2015년부터는 거점을 양양공항으로 옮겨 관광여행객을 대상으로 서비스를 제공한다.

## 참고문헌

References


Bruce Bodaken, Robert Fritz, *The Managerial Moment of Truth*, Free Press, 2006.

Charles H. Schwepker, Jr. and Michael D. Hartline, "Managing the Ethical Climate of Customer-Contact Service Employees." *Journal of Service Research 7*, no.4(May 2005).

Christopher Lovelock and Lauren Wright, *Service Marketing: People, Technology*, Strategy, 6th ed., Prentice-Hall, 2007.

James A. Fritzmmons, Mona J. Fritzmmons, Sanjeev K. Bordoloi, *Service Management*, 8th ed., McGraw-Hill, 2014.

Jochen Wirtz, Patrica Chew, Christopher Lovelock, *Essentials of Services Marketing*, 2nd ed., Pearson, 2012.

Kano, Noriaki, "Attractive quality and must-be quality" *The Journal of the Japanese Society for Quality Control*, 1984.

Hansen, D. E. & Danaher, P. J., "Inconsistent Performance during the Service Encounter: What's a good start worth?", *Journal of Service Research*, Vol.1, Feb. 1999.

John G. Wensveen, *Air Transportation: A Management Perspectives*, 6th ed., Ashgate Publishing Co., 2008.

Karl Albrecht, Ron Zemke, *Service America!* Albrecht Publishing Co., 2003.

Lahsley, C., Morrison, A., Randell, S., "More than a Service Encounter? Insights into the emotions of hospitality through special meal occasions." *Journal of Hospitality and Tourism Management*, Vol.12, No.1, 2005.

Lyn Pont, *Hospitality Management*, Manners Press, LLC, 2015.

Nameghi Ehsaneh N.M, Ariffin Ahmad Azmi M, "The measurement scale for airline hospitality: Cabin crew's performance perspective," *Journal of Air Transport Management*, Vol. 30, 2013.

Parasuraman A., Zeithaml A. V, and Berry L. L., "A Conceptual Model of Service Quality and its Implication for Future Research", *Journal of Marketing*, Vol.11, 1985.

Tony Cram, *The Finishing Touch*, Prentice Hall, 2010.

교육부, 인성지수 개발연구, 진한M&B, 2014.

대한항공, 고객불만현황 2016.

대한항공, 객실안전/업무매뉴얼(*Cabin Safety/Operations Manual*)

대한항공 인력개발원, 항공여객 기본과정 입사교육 Ⅱ, 2015.

강승진, "항공서비스 교육콘텐츠 실태조사," 항공서비스연구회 창립세미나 발표자료, 2016.

한국산업인력공단, 국가직무능력표준, 2015.
허희영, 항공관광업무론 제4판, 명경사, 2014.
허희영, 항공운송산업론 제2판, 명경사, 2009.
허희영, 항공우주산업, 북넷, 2016.

# 부록

## 항공서비스 기본용어(Key Words)

이스타항공
현장체험

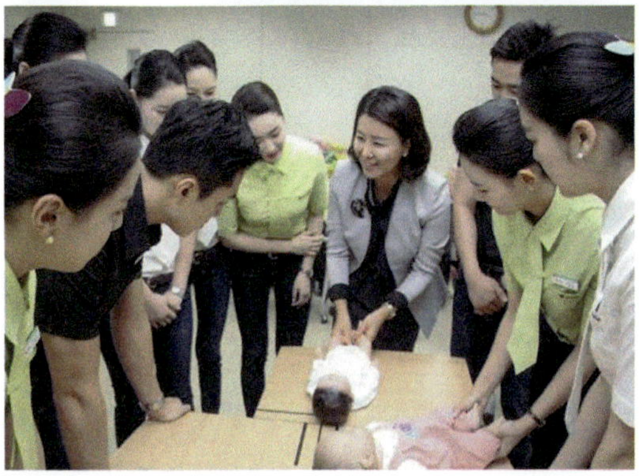

Hair.N

• **감정노동(emotional labor)**

사람을 상대하는 직업에 종사하면서 의지를 갖고 어떤 마음상태를 생산해내야하는 노동을 말한다. 감정노동자는 고객이 우호적이고 보살핌을 받고 있다고 느끼도록 자신의 외모와 표정을 유지하고, 실제감정을 억누르거나 실제감정과 다른 감정을 표현하는 등 감정을 관리하는 일에 종사하는 사람들이다. 객실승무원은 대표적인 감정노동자로 분류된다.

• **개인여객(individual passenger)**

개별적으로 여행하는 여객 또는 동행하는 여객의 수가 10명 미만인 경우에 해당 여행객을 말한다. 단체여객에 비해 상대적으로 높은 운임이 적용된다.

• **객실구분(zone)**

객실내에서 탑승객의 유형에 따라 구역별로 나누는 것을 말한다. 일반석(economy)과 프리미엄(premium)석으로 구분하며, 프리미엄 객실은 1등석과 비즈니스석으로 나누어진다. 최근에는 승객의 요구가 세분화됨에 따라 객실구분을 보다 세분화하여 프리미엄 이코노미석을 운영하기도 한다.

• **객실브리핑(briefing)**

항공기출발 예정시간 전에 정해진 장소에서 객실사무장으로부터 보안고려사항, 계획된 비행시간, 순항고도 및 항로, 여객 및 화물에 대한 정보, 사용공항의 시설, 비상절차, 안전고려사항, 항로 및 목적지 기상, 조종실과 협조사항 등에 대한 내용을 학습하는 것을 말한다.

• **객실서비스(cabin service)**

기내에서 객실승무원들에 의해 탑승객들에게 제공되는 모든 물적 · 인적서비스를 총칭한다.

• **객실승무원(cabin attendant)**

승객이 안전하고 쾌적하게 여행할 수 있도록 기내에서 다양한 인적 · 물적서비스를 제공하기 위해 탑승하는 스튜어드 및 스튜어디스를 일컫는다. 객실사무장의 책임하에 팀단위로 운영되며 별도의 승무규정에 따라 근무하며, 기종별로 객실승무원의 배치가 결정된다.

• **검역(quarantine)**

여행객들에 대한 전염병 감염여부를 검사하고 관리하는 활동이다. 여행객뿐만이 아니라 동물 및 식물에 대한 검역도 실시된다. 전염병 감염지역을 여행하는 여행자는 국제예방접종증명서(Yellow card)를 소지해야 한다.

• **경로변경(diversion)**

기상악화, 공항폐쇄 등의 이유로 인하여 항공기가 스케쥴상의 목적지 공항이 아닌 대체공항으로 착륙하는 것을 의미한다. 항공사측 이유나 기상상황 등 승객의 의지와 관계없이 발생하는 것이다.

• **고객관계관리(CRM)**

개별고객의 데이터를 활용하는 신 경영기법의 하나이다. 고객의 가치를 평가하여 장기적 · 안정적으로 쌍방간 커뮤니케이션을 통해 고객을 관리하는 기법이다. 단순한 시장점유율의 확대보다는 핵심적인 고객계층을 개발하여 데이터베이스를 구축하고 1대 1의 관계를 유지하는 방식이다.

• **고쇼우(go show)**

사전예약없이 항공기에 탑승하기위해 공항에 나타나는 승객을 말한다. 잔여좌석이 있는 경우에 한하여 탑승이 허용된다.

• **공항보안(airport security)**

공항 및 공항주변 지역에서 테러, 파괴, 절도, 파괴 및 항공안전을 저해하는 모든 범죄행위에 대한 대책과 활동을 의미한다. 일반적으로 공항지역에서 수행되는 전반적인 보안활동들은 항공안전을 확보하기 위한 보안활동과 직 · 간접적으로 관련이 있다.

• **공항터미널(airport terminal)**

여객청사, 화물청사, 활주로, 계류장, 항행안전시설과 그 부대시설 및 지원시설 등 공항시설을 갖춘 공공용 비행장으로서 건설교통부장관이 그 명칭, 위치 및 구역을 지정하고 고시한 것(항공안전법 제2조). 항공여행이 시작되고 끝나는 공항의 중심시설로서 여행자의 출국과 입국을 위한 편의시설과 항공사, 공항당국, 정부의 관련기관 등 공항업무를 수행하기 위한 인력과 시설이 구비되어 있다.

• **관광여행자 시장(tourist market)**

여가를 이용하여 관광이나 휴식, 친지방문 등의 목적으로 항공여행을 하는 고객으로 이루어지는 시장이다. 가족이나 동호인 등의 단위로 여행을 하는 경향이 높으며, 운임에 대해 비교적 민감한 반면 운항스케쥴에 대해서는 상대적으로 둔감한 경향이 있다. 이와 대비되는 시장으로는 업무목적의 출장여행자들로 구성되는 업무여행자 시장(business travel market; BTM)이 있다.

• **국제공항(international airport)**

국제항공운송을 위한 출 · 입국을 담당하는 공항으로서 한 국가의 영토내에 위치하여 세관, 출입국관리, 공중보건, 농산물검역(C.I.Q) 및 이와 유사한 일들을 수행하도록 지정된 공항이다.

• **국제민간항공기구(International Civil Aviation Organization; ICAO)**

국제항공의 안전성 확보와 국제항공질서의 감시를 목적으로 한 국제적 관리기구이다. 1944년 시카고 회의에서 체결된 국제민간 항공조약을 근거로 설립된 정부간 협력기구로서 국제연합(UN) 산하기관이며 세계민간항공의 질서를 주도하고 있다.

• **국제항공운송협회(IATA)**

국제연합(UN)의 전문기구로서, 세계항공운송의 각종 절차와 규정을 심의, 제정, 결의하는 항공사간 협력기구이다. 1945년 설립되었으며, 캐나다의 몬트리올과 스위스의 제네바에 본부를 두고 있다. 세계를 3개 지역(zone)으로 분할하여 현재 약 145여 국가에 지부를 두고 있으며, 운임수준의 결정 등 항공사의 관심사항을 논의하고 국제기준을 정하는 기능을 한다.

• **규제완화법(Deregulation Act, 1978)**

1978년에 미국의회가 항공운송산업 전반에 대한 규제를 대폭적으로 완화하고자 통과시키고 Jimmy Carter 대통령이 서명한 법안이다. 이후 항공운송산업 전반에 대한 규제완화는 세계적으로 확산되어 왔으며, 오늘날에도 지속적인 규제완화와 시장개방이 이루어지고 있다.

• **글로벌 제휴(global alliance)**

시장지배력 강화를 위해 종전의 개별 항공사 간 양자적 파트너관계에서 벗어나 다자 간의 제휴형태를 추구하며 세계적인 네트워크의 구축을 목적으로 추진되고 있는 제휴형태를 말한다. 대표적인 제휴그룹으로는 스타얼라이언스(Star alliance), 원월드(One world), 스카이팀(Sky team) 등이 있다.

• **기내식(meal)**

비행시간이 일정시간이 넘는 항공편에 탑승한 승객들에게 제공되는 음식이다. 승객의 다양한 욕구에 따라 해당지역에서 보편적으로 선호되는 음식으로 구성된다. 예를 들면, 우리나라 항공사의 경우 서양식, 한식, 일본식, 중국식 등이 노선에 따라 탄력적으로 제공된다.

• **기내일상안전**

객실승무원이 승객과 승무원의 안전을 확보하기위해 비행근무때마다 평소에 매번 실시하는 안전업무를 말한다. 예상치 못한 사고를 방지하는 업무로서 항공객실규정 및 업무수행절차를 숙지하고 항공안전사항들을 일상적으로 이행하는 것을 의미한다.

• **기내음료(beverage)**

식사전, 식사중 그리고 식사후에 제공되는 음료로서 주류 및 비주류음료를 모두 지칭한다. 기내음료의 종류는 일반음료로부터 다류(茶類), 과일주스류, 발효음료수, 증류주(酒) 등 다양한 내용으로 구성된다.

• **기내판매(in-flight sales)**

탑승객들에게 세계의 유명상품을 면세가격으로 기내에서 판매하는 것이다. 이는 항공사의 영업수익과 탑승객의 구매욕구를 동시에 달성하고자 항공사가 실시하는 객실서비스의 일종이다.

• **기내출산**

비행 중 기내출산으로 인해 인접한 공항에 착륙할 경우 객실승무원은 비행편수, 산모 및 보호자의 인적사항, 출산시간, 출산지점의 항공기 배행위치, 신생아의 성별, 의사의 인적사항 등을 도착후에 서면으로 작성하여 기장 및 기타 승무원의 서명을 받아 공항지점장과 객실사무장이 각각 보관하고 객실사무장은 비행종류 후 상황보고서를 작성 · 제출한다.

• **긴급환자**

객실사무장은 긴급환자의 발생 시 비행편수 및 일자, 해당승객의 인적사항, 탑승 전 통보여부 등에 대한 사항을 목적지 공항의 지점장에게 연락해야 한다. 환자의 발생경위 및 조치사항을 기록하여 비행종료후에 상황보고서(cabin report)를 작성하여 제출한다.

• **노쇼우(no show)**

예약 후 항공기에 탑승하지 않은 승객을 말한다. 탑승부도라고도 하며, 이에 대비하여 항공사는 적절한 수준의 초과예약을 해두는 것이 보통이다.

• **논스톱 운항(nonstop flights)**

항공편이 출발지에서 목적지까지 도중체류없이 운항하는 것을 말한다.

• **단체여객(group passenger)**

그룹을 이루어 여행하는 인원이 10명 이상인 여객을 지칭한다. 출발시점부터 여행종료시까지 동일한 일정으로 여행하는 경우에 해당한다. 대체로 레저 · 관광목적의 여객이 많으며, 개인여객에 비해 상대적으로 저렴한 운임을 적용받는다.

• **대기(stand by)**

모든 정기 · 부정기 항공편에서 근무승무원 중 결원이 발생하는 경우에 대비하여 예비적으로 운항 및 객실승무원이 지정된 장소에서 대기하는 것을 의미한다. 공항내의 지정된 장소에서 대기하는 것을 공항대기(airport stand by)라 하고 거주지에서 대기하는 것을 자택대기(home stand by)라 한다.

• **리큐어(liqueur)**

중세의 연금술사들이 증류주를 만드는 기법을 터득한 다음에 여기에 약초, 향초, 과일, 커피, 코코아 등을 넣어 향을 가미한 술이다. 독한술로 당분이 높아 소화를 돕는 식후주류로 제공된다.

• **마일리지 시스템(mileage system)**

승객이 여행한 거리와 비례하여 운임을 결정하는 방식이다. 국제항공운송협회(IATA)는 세계항공시장을 지리적으로 아메리카 대륙(1지역), 유럽 · 아프리카 · 중동(2지역), 아시아 · 태평양(3지역) 등 3개 지역으로 분할하여 운송거리와 여행방향을 기준으로 운임을 산정하고 있다.

• **마케팅제휴**

마케팅활동과 관련된 협력활동을 전개하는 제휴를 의미한다. 공동으로 운항편을 사용하는 코드-세어링(code sharing), 상용고객우대프로그램(FFP), 좌석할당(block spacing), 공동운항, 공동배분, 공동정비 등이 있다.

• **무료수하물 허용량(free baggage allowance)**

별도의 요금을 지불하지 않고 항공사의 규정에 따라 휴대하거나 위탁할 수 있는 수하물의 최대 허용량을 의미한다. 수량제도(piece system)와 중량제도(weight system)로 수하물의 양이나 부피 및 수를 제한한다. 예를 들어, 우리나라 국내여객의 무료수하물 허용량은 일반석의 경우 20킬로그램이며, 비즈니스석의 경우 30킬로그램이다.

• **물적서비스(physical service)**

여행자가 항공기를 탑승하여 하기할 때까지 안전하고 쾌적한 여행이 되도록 하는데 필요한 각종 시설물과 서비스물품을 탑재하여 편의를 제공하는 객실서비스 업무를 말한다.

• **병무신고**

우리나라의 출 · 입국관리규정에 따라 만 18세 이상 35세 미만의 병역미필 남자가 해외여행을 하는 경우에 병무청에서 준비한 서류를 작성해 제출해야 하는 제도이다.

• **보수교육(補修教育)**

객실승무원에게 정기적으로 기술 · 기능 및 자질향상을 도모하기 위하여 해당업무의 정보를 제공하고 보충하는 교육으로서 주기적이고 계속적으로 실시하는 교육이다. 리더십교육을 비롯한 승격자교육, 방송교육, 외국어교육 및 기타 목적의 교육 등으로 수행된다.

• **보안검색(security check)**

승객이 기내에 위험한 물건을 반입하지 못하도록 특수한 장비를 활용하여 여객 및 이들이 소지한 휴대품을 검사하는 것을 의미한다.

• **부정기항공(non-scheduled transport services)**

정해진 노선에서 불규칙적으로 발생하는 운송수요를 흡수하기 위해 부정기적으로 여객과 화물을 유상으로 운송하는 사업을 의미한다. 일시적인 운송수요를 대상으로 하는 전세항공(charter)이 대표적인 사업이다.

• **비동반소아(unaccompanied minor; UM)**

성인이 동행하지 않고 혼자여행하는 3개월 이상 12세 미만의 유아(infant)나 소아(child)를 말한다. 환자나 임산부, 시각장애인 등과 마찬가지로 개인적으로 별도의 배려나 도움이 필요한 제한승객(incapaciated passenger)의 범주에 속한다.

• **비상구(emergency door)**

비상시에 탈출을 위해 개방되는 도어를 말한다. 객실의 좌우 전후에 위치하며 정상적인 승객의 탑승과 하기에는 작동되지 않는다. 비상구의 좌석은 비상시에 승무원을 도와 승객의 탈출을 도울 수 있는 15세 이상의 타인의 도움이 필요없는 승객으로서 긴급한 상황에서 승무원을 도울것을 약속한 승객에 한하여 좌석이 배정된다.

• **비정상업무(irregularity services)**

비상상황이나 돌발적인 상황이 발생했을 경우 항공사가 승객들에게 제공하는 비상시의 서비스를 말한다. 항공사마다 각 상황에 대해 일정한 서비스기준을 마련하고 있으며, 운송약관 등을 통해 기본적 내용을 공시한다.

• **비행전 기내업무(pre-flight service)**

객실승무원이 예상 기내식을 파악하고 필요한 기내물품을 확인하는 등 기내에 탑재할 품목을 준비하고 이에 대한 탑재를 점검하는 업무이다. 기내의 청결상태와 좌석상태를 점검하고 승객의 탑승을 돕는 업무 등으로 구성된다.

• **비행전 기내점검(pre-flight check)**

모든 객실승무원은 항공기에 탑승하여 각자 근무를 배정받은 담당구역에서 기내시설물이나 물품 등이 정상적으로 작동되고 탑재되었는지를 확인한 결과를 객실사무장에게 보고한다. 비행전 서비스활동 중에서 승객의 탑승전에 이루어지는 점검활동이다.

• **비행중 기내서비스(in-flight service)**

항공기가 이륙하여 순항하는 단계부터 목적지 공항에 착륙하는 단계까지 기내에서 객실승무원이 수행하는 업무이다. 음료 및 칵테일 서비스와 기내식, 기내면세품의 판매, 승객의 개별적인 요구에 응대하는 서비스, 그리고 승객의 입국서류작성에 대한 서비스 등의 업무로 구성된다.

**• 비행전 학습**

비행근무에 앞서 비행필수휴대품, 비행스케쥴, 여행용품, 용모체크 등의 출근 전 확인사항, 그리고 기종 및 좌석등급, 항공기장비 및 시스템, 객실설비, 기내서비스절차, 목적지 정보, 비상사태처리절차 등에 대해 미리 확인하고 준비하는 것을 말한다.

**• 비행 후 기내서비스(post-flight service)**

목적지 공항의 기상안내, 연결항공편에 대한 안내 그리고 환송인사 등 객실승무원에 의해 탑승객에게 제공되는 서비스업무로 구성된다.

**• 사고수하물**

항공사에 의해 운송 또는 보관중인 수하물의 분실, 파손 및 도착지연 등으로 인해 승객에 손해가 발생한 경우, 해당 수하물을 일컫는다.

**• 사무장(chief purser)**

객실에서 수행되는 모든 업무에 대한 책임과 권한을 맡는 객실승무원이다. 기내서비스, 기내판매 등 객실내에서 이루어지는 서비스를 담당하며, 임시적으로 해외에 체류하는 객실승무원에 대한 지휘와 관리에 대해서도 책임을 진다.

**• 상용고객우대프로그램(frequent flyer program; FFP)**

단골고객에 대한 보상차원에서 별도의 서비스를 제공하는 마케팅기법으로서 마일리지프로그램이라고도 한다. 항공사가 자사 및 제휴사의 항공편을 이용하는 승객을 회원제로 관리하며 이용실적에 따라 마일리지(mileage)를 부여하고 누적된 마일리지가 일정한 기준에 도달하면 무료항공권이나 좌석승급(upgrade)과 같은 다양한 보상을 제공하는 제도이다.

**• 서비스경영(service management)**

경영의 원리가 서비스에 적용되는 경영학의 분과(分科, branch)이다. 판매를 위해 제공되는 서비스 또는 판매에 수반하여 제공되는 서비스를 대상으로 하는 모든 의사결정의 과정을 의미한다. 1980년대부터 독립적인 학문영역으로 자리잡고 있다.

**• 서비스패키지(service package)**

고객에게 제공되는 재화, 서비스, 경험, 정보 등의 집합이다. 서비스상품은 고객이 서비스과정에 함께 참여하여 상호작용함으로써 그 가치가 창출된다. 서비스는 고객의 입장에서 보면, 다양한 활동요소들이 결합된 패키지의 형태로 가치를 만들어 낸다.

• **서비스품질(service quality)**

서비스의 구매에 대한 편익의 비교를 통해 고객이 지각하는 서비스편익의 수준을 말한다. 이론적으로는 서비스에 대한 고객의 기대와 실제로 지각한 경험 간의 차이를 통해 품질이 결정된다. 서비스의 품질을 평가하기 위해 개발된 모델로는 SERVQUAL모델이 대표적이다.

• **선반(overhead bin)**

승객이 기내에서 휴대하는 가벼운 짐과 베개, 담요 등 서비스용품을 넣을 수 있는 객실내의 공간으로서 객실의 좌우 및 중앙의 천장에 설치되어 있다. 승무원이 필요시 손쉽게 꺼내 사용할 수 있는 메거폰(megaphone) 등의 비상장비도 여기에 보관한다.

• **선임사무장(senior purser)**

수석사무장(chief purser)을 보좌하고 부하직원들을 지휘 · 통솔하며 기내서비스가 원활하게 이루어지도록 하는 역할을 맡는다. 사무장(purser)과 부사무장, 승무원들에 대한 지휘권한과 책임을 갖는다.

• **세관신고(customs declaration)**

세관신고는 출국할때와 입국할때 거치는 절차이다. 입국시에는 누구나 의무적으로 세관신고서를 작성하여 제출(customs)하며, 출국하는 경우에는 고가품소지자 등 필요한 여행객들만 스스로 신고(declaration)하도록 하고 있다.

• **안전시연(safety demonstration)**

승무원이 비상사태발생시 대처할 행동과 응급조치요령을 시연을 통해 설명하는 것을 말한다. 승객의 탑승이 완료된 후 이륙에 앞서 실시한다.

• **알코올 음료(alcoholic beverage)**

서비스시점에 따라 샴페인, 와인, 맥주, 칵테일 등의 식전 주류, 와인과 맥주 등의 식사중 주류, 위스키, 브랜디, 리큐어 등의 식후주류 등이 있다. 제조방법에 따라 와인, 샴페인, 맥주, 청주 등의 양조주, 위스키, 진, 보드카, 브랜디 등의 증류주, 그리고 혼성주 등으로 구분된다.

• **어피어런스 체크(appearance check)**

용모점검을 말하며, 객실승무원은 비행전에 적합한 용모와 복장 등을 갖추었는지를 체크해야 한다. 유니폼, 헤어, 메이크업, 메니큐어, 구두, 액세서리 등을 담당팀장으로부터 확인받는 것이다.

• **소아(child)여객**

만 2세이상 만 13세미만의 여객이다. 보통 성인운임보다 낮은 수준의 운임이 적용된다.

• **쇼우 업(show up)**

승무원이 근무를 위해 항공기 탑승에 앞서 미리 지정된 장소에 비치된 근무자명단에 서명하고 비행 전 브리핑장소에 참석하는 것을 의미한다. 이때 승무원은 비행근무를 위한 용모 · 복장을 완전히 갖춘 상태라야 한다.

• **수석사무장(chief purser)**

객실승무원 중 가장 직급이 가장 높은 승무원이다. 모든 승무원에 대해 감독하고 책임지는 위치에 있다. 일반적인 객실승무원의 직급은 수석사무장-선임사무장(senior purser)-사무장(purser)-부사무장(assistant purser)-승무원(steward, stewardess)-수습승무원(trainee)으로 구성된다.

• **수하물(手荷物, baggage)**

항공승객이 휴대하는 물품이다. 수하물은 탑승수속시 항공사에 위탁하여 화물칸으로 운반하는 위탁수하물(checked baggage)과 승객이 직접휴대하여 기내에서 운반되는 휴대수하물(hand carry baggage)로 구분된다.

• **수하물표(baggage tag)**

위탁수하물의 운송을 위하여 항공사가 발행하는 증표이다. 탑승수속 카운터에서 승객에게 발급되며, 이는 도착지 공항에서 수하물을 인도할 때 해당수하물의 소유자임을 증명하는 표식이 된다.

• **스케쥴(schedule)**

일반적으로 항공운송에 있어 스케쥴은 운항스케쥴을 말한다. 즉, 운송서비스가 정해진 시간에 따라 제공되는 일정계획을 의미하며, 여행자는 이에 기초하여 상품구매를 결정하기 때문에 항공운송상품을 흔히 스케쥴상품이라고도 한다.

• **슬롯(slot)**

항공사가 공항에서 항공기의 이 · 착륙을 위해 공항당국으로부터 부여받는 공항이용시간에 대한 권리를 말한다. 혼잡한 공항일수록 수요가 집중되는 시간대의 슬롯을 경쟁적으로 확보하려고 하기 때문에 일종의 영업권과 같은 가치를 지닌다.

• **C.I.Q**

국제여행을 위해 출 · 입국하는 여행자가 기본적으로 거쳐야 하는 세관(customs), 출 · 입국(immigration), 검역(quarantine)의 세 가지 수속절차를 줄여 나타낸 말이다. 정부 관련기관의 관리책임하에 항공사의 공항업무와 별도로 수행된다. 출국시에는 세관검사, 출국사열, 검역의 순으로 진행되며, 입국시에는 검역, 입국사열, 세관검사의 순으로 수속업무가 이루어진다.

**• 아웃바운드(outbound)**

자국에서 외국으로 나가는 내국인의 해외여행이나 화물의 해외운송을 말한다. 운송규모는 여객의 경우 자국민의 해외여행을 나타내는 지표로 이용되며, 화물의 경우, 해외수출규모의 지표로 흔히 이용된다.

**• 업무여행자 시장(business travel market)**

사업상의 출장이나 공무출장, 회의참가, 직장에서 제공되는 인센티브여행 등의 목적으로 이루어지는 여행시장이다. 관광이나 휴양, 친지방문 등의 목적으로 이루어지는 관광여행자 시장과 함께 항공운송시장을 구분하는 기준이 된다. 업무목적의 여행자로 구성되므로 운임수준에 대해 비교적 민감하지 않은 대신 정시성이나 운항스케쥴을 중시하는 고객들이 많다.

**• 에어쇼(airshow) 서비스**

비행전에 운항하는 노선의 비행자료를 입력하여 이동하는 중에 목적지, 비행시간, 현재의 위치 및 비행고도, 속도, 대기온도, 목적지까지의 잔여시간 등 비행과 관련한 정보를 스크린이나 개인용 비디오상에 제공하는 서비스를 말한다.

**• 여객용 쿠폰(passenger coupon)**

항공권의 일부로서 항공사와의 운송계약을 증명하기 위하여 여객에게 교부한 운송증표이다. 마지막 항공기를 탑승할 때까지 소지하고 있어야 하며 차후 영수증의 용도로도 쓰일 수 있다.

**• 여객운송업무(passenger handling)**

여객의 항공기탑승을 위해 항공사가 수행하는 공항에서의 제반업무를 의미한다. 발권, 탑승수속(check-in), 세관 · 출입국심사, 검역(C.I.Q)의 안내, 보안 및 안전점검, 공항내의 여객이동, 여객의 불편사항처리, 사고 및 분실물처리 등과 관련된 업무 등이 있다.

**• S.H.R(special handling request)**

탑승객에 관한 좌석번호, 성명, 체크-인식 특이사항, 상용고객, 특별승객-VIP, CIP, UM, 환자, 단체, 무비자 통과승객(TWOV), 특별식 주문승객의 정보 등이 기재된 서류를 말한다.

**• 예약코드(reservation code)**

좌석을 예약하기 위해서는 컴퓨터시스템에 기록되어있는 재고좌석에 대해 사전에 합의된 일련의 코드를 통해 요청하고 그에 대한 응답을 받아 좌석의 보유여부를 표시하게 된다. 이때 사용되는 요청코드(action code), 응답코드(advice code), 상태코드(status code)를 예약코드라 한다. 예약코드는 세계적으로 모든 항공사가 공통으로 사용하고 있다.

• **탑승률**(load factor)

유효좌석킬로미터에 대한 유상여객킬로미터의 비율. 즉, 항공사가 공급하는 전체좌석의 수 가운데 유상으로 판매하여 탑승한 좌석의 비율로서 운송실적을 나타내는 대표적인 지표이다.

• **OAG**(Official Airline Guide)

세계의 모든 도시 간을 운항하는 운항스케쥴을 수록한 안내책자이다. 현재 세계판과 북미판 두 종류로 구분되어 발간되고 있으며, 항공사 코드와 기종별 코드, 각국의 환율, 항공운임의 적용기준, 항공여행관련 세금 및 공항세, 무료수하물 허용량과 초과수하물 요금, 세계표준시와 현지시간, 공항별 체크-인 시간과 면세점안내, 연계항공편의 연결시간, 항공사별 인정하는 신용카드의 종류, 각국의 금융제도 등 항공여행에 기본적으로 필요한 내용을 모두 담고 있다.

• **오픈스카이정책**(open sky policy)

각국의 항공운송시장의 개방을 의미하는 넓은 의미의 규제완화정책이다. 항공자유화협정을 체결하는 국가들은 국제선에서 보다 많은 시장기회를 확대할 수 있도록 추진하고 있는 시장개방과 자유로운 경쟁을 상호보장한다.

• **왕복여정**(round trip)

여정의 출발지와 최종 목적지가 동일한 여정중에서 아웃바운드(out bound) 여정의 운임과 인-바운드(in-bound) 여정의 운임이 동일하게 적용되는 여정이다.

• **운송약관**(運送約款, general conditions of carriage)

항공사와 고객간에 계약체결의 편의를 위해 미리 정해놓은 운송계약에 대한 구체적인 조항을 의미한다. 따라서 여객이 항공권을 구입하거나 화주가 항공화물운송장을 발급받을 경우 항공사와 고객 간에는 운송약관의 제 조항들이 자동으로 적용되며, 주로 항공운송인의 책임을 명문화하고 있다. 운송대상과 지역에 따라 국내여객운송약관, 국내화물운송약관, 국제여객운송약관 및 국제화물운송약관 등의 종류로 구분된다.

• **운수권**(traffic right)

항공기를 이용하여 허가된 노선의 전부 또는 일부에서 무엇이 운송될 수 있는가에 대하여 합의된 시장접근권리를 말한다. 구체적으로는 하늘의 자유 가운데 제3의 자유 및 제4의 자유(여객과 화물을 자국에서 상대국으로 운송하거나 상대국에서 자국으로 운송하는 권리) 및 제5의 자유(상대국과 제3국간에 여객 및 화물을 운송하는 권리) 그리고 이를 확대한 하늘의 자유를 의미한다.

• **운송네트워크(network)**

항공사의 스케쥴이 일정한 원칙하에 효율적으로 조합된 개별노선들의 집합을 의미한다. 즉 운송서비스가 공간적으로 이루어진 복합적인 운송망을 뜻하며, 허브-스포크(hub-spoke) 시스템 등 여러 가지 형태의 네트워크가 있다.

• **운항통제(flight operations control)**

운항스케쥴의 확인, 비행계획서의 작성과 제출, 승무원 편성과 스케쥴운영, 기상정보의 제공, 항행지원 등 항공기의 운항을 계획하고 지원 · 통제하는 일련의 관리업무를 통칭한다.

• **운항승무원(cockpit crew)**

항공기의 운항을 직접담당하는 항공종사자이다. 기장(captain), 부기장(co-pilot), 항공기관사(flight engineer) 등으로 구성된다.

• **유아(infant; INF)승객**

만 2세미만(3개월~24개월)의 여객으로 성인운임의 약 10%를 지불하고 좌석은 차지하지 않는다.

• **유효좌석킬로미터(Available Seat Kilometers; *ASKs*)**

1좌석킬로미터란 한 좌석으로 1킬로미터 운송한 것을 말하며, 각 운항구간에서 판매가능한 좌석수에 구간거리를 곱한합계로 산출된다. 이는 항공사의 판매규모를 나타내는 대표적인 지표로 흔히 이용된다.

• **IVS(Individual Video System)**

기내의 좌석마다 장착되어 있는 작은 단말기를 통해 탑승객들이 여러 가지 시청프로그램 중에서 자신의 희망에 따라 선택하여 시청할 수 있도록 하는 서비스시스템의 일부이다.

• **인계서류(ship pouch)**

출발공항의 지상담당자로부터 인수한 여객 및 화물운송관련 서류(document), 비행 중 작성한 서류(flight coupon, security removed items) 등의 서류를 말한다.

• **인바운드(inbound)**

외국인의 국내여행이나 화물의 국내유입을 말한다. 운송규모는 여객의 경우 외국인의 국내여행을 나타내는 지표로 이용되며, 화물의 경우, 수입규모의 지표로 흔히 이용된다.

• **인적서비스(personal service)**

물적서비스와 대응되는 서비스로서 사람에 의해 고객에게 제공되는 모든 서비스를 총칭한다. 좁은 의미로는 항공기의 객실내에서 승객으로 하여금 안전하고 쾌적한 여행을 할 수 있도록 기내에 비치된 물품이나 장치를 이용하여 대인적으로 돕는 업무를 의미한다.

• **인터라인 판매**(interline sales)

자사 항공편이 아닌 타 항공사의 항공편에 대해 예약을 대신해 주거나 타 항공사의 판매조직을 이용하여 자사의 상품을 판매하는 것이다. 항공사 간의 공동판매를 말하며, 가장 초보적인 형태의 마케팅제휴이다.

• **일주여정**(circle trip)

여정의 출발지와 최종 목적지가 동일한 여정 중에서 왕복여정의 개념으로 간주되지 않는 여정을 의미한다.

• **입국서류**

승객이 목적지 공항에서 입국수속을 하는데 필요한 서류를 말한다. 입국신고서 카드와 세관신고서로 구성되며, 승객이 직접작성하여 제출한다.

• **임산부**(pregnant woman)**승객**

항공여행을 할 때 항공사의 규정을 준수해야하는 범주에 해당하는 임산부를 의미한다. 임신 후 32주이상 경과된 임산부를 의미하며, 출발 72시간 이전에 발부된 의사의 진단서와 면책사유서를 항공사에 미리 제출해야 한다.

• **정기운송**(scheduled services)

사전에 공시된 운항시간표에 따라 계획대로 정기적 · 연속적으로 이루어지는 유상운송을 말한다. 정기운항만으로는 운송이 불가능한 초과운송수요를 위한 임시유상운항과 새로 계획된 항공서비스를 위한 예비유상운항이 포함된다.

• **제한승객**(incapacitated passenger)

정신적 장애 및 의학적으로 비정상적 상태로 인해 일반승객과 달리 비행중이나 지상이동시에 별도의 배려나 도움을 필요로 하는 승객을 의미한다. 환자승객, 비동반소아, 임산부, 시각장애인, 죄수 등의 유형이 있다.

• **전략적 제휴**(strategic alliance)

둘 이상의 기업들이 특정사업이나 업무분야에 걸쳐 협력관계를 맺는 것을 의미한다. 당사자 간의 상호보완적인 상품, 시설, 기능 및 기술을 공유하고자 하는 목적으로 체결된다. 오늘날 세계적으로 항공사 간에는 초보적 형태의 인터라이닝에서부터 가장 강력한 형태의 자본참여에 의한 합병(M&A)이 이르기까지 다양한 형태의 전략적 제휴가 이루어지고 있다.

• **점프시트(Jump Seat)**

객실승무원의 전용좌석을 말한다. 객실승무원이 비상탈출 시 안정된 자세와 몸을 확고히 고정시킴으로써 충격에 의한 부상을 예방하거나 최소화하기 위해 사용한다. 허가를 받은 승무원만이 착석할 수 있으며, 착석하지 않는 경우에는 접어서 안쪽에 배치토록 한다.

• **정비(engineering and maintenance)**

정비유지라고도 하며, 항공기의 운송력을 판매가능하고 안전한 상태로 유지하는 활동을 의미한다. 이때 안전한 상태란 회사가 정한 규정과 함께 정부 및 FAA와같은 규제당국이 규정한 안전기준을 충족시키는 것을 의미하며, 판매가능한 상태란 쾌적성과 신속성을 갖추고 고객을 만족시킬 수 있는 운송서비스를 제공할 수 있는 상태를 의미한다.

• **정상운임(normal fare)**

기본적으로 유효기간이 1년이고 도중체류, 예약 및 여정의 변경, 항공사변경에 원칙적으로 제한이 없는 할인되지 않은 운임이다.

• **좌석등급(class of seats)**

항공사는 시장여건이나 항공사의 영업방침에 따라 기내공간을 몇 가지로 구분하여 차별적으로 운용한다. 주로 일등석, 비즈니스석, 이등석의 3종류로 운영되나, 노선별로, 항공사별로 약간의 차이가 있다. 각 등급(클래스)은 좌석의 편리함 뿐만이 아니라 기내식 및 기타서비스 등도 차별적으로 제공된다.

• **좌석배치(seat configuration)**

클래스별로 좌석의 전후 및 좌우간격을 결정하여 배치하는 것을 말한다. 국제적으로 통용되는 좌석의 전후간격(seat pitches)은 일반석의 경우 최소 28인치이며, 좌우간격(seat abreast)은 동체의 폭에 따라 결정되므로 기종에 따라 차이가 있다. 좌석배치는 기본적으로 승객들의 안전성과 쾌적성을 고려하여 결정하는 상품계획에 속한다.

• **주방(galley)**

운항 중 승객에게 제공하는 서비스품목을 저장하거나 준비하는 장소이다. B747-400의 경우 주객실에 4개, upper deck에 1개씩 위치하고 있다. 주방에는 오븐(oven), 커피메이커(coffee maker) 등의 간단한 조리시설이 갖추어져 있는 Galley와 그렇지 않은 Galley가 있는데, 전자를 Wet Galley, 후자를 Dry Galley라고 한다.

• **GDS(Global Distribution System)**

컴퓨터예약시스템(CRS)이 거대화되어 전 세계에 걸쳐 판매와 예약을 전문으로 하는 CRS그룹을 말한다. 항공기예약뿐이 아니라 철도, 호텔, 렌터카 등 관광 · 여행과 관련한 서비스상품을 전 세계에 걸쳐 단일의 컴퓨터시스템으로 예약이 실시간으로 이루어지도록 해준다.

• **중량제도**(weight system)

무료수하물 허용량을 확인할 때 수하물의 무게를 기준으로 하는 제도이다. 미국, 캐나다, 중남미 등을 제외한 지역을 출발지로 하는 노선에서 적용되고 있다. 대개 일등석은 40kg, 비즈니스석은 30kg, 일반석은 20kg 등으로 하지만 항공사 간에 차이가 있다.

• **지상조업**(ground handling service)

항공기의 운항을 가능하게 하는 공항의 지원업무와 부대업무들을 의미한다. 넓은 의미에서 승객의 탑승수속, 수하물취급, 화물의 접수와 보관, 인도, 탑재 및 하기, 항공기의 청소와 급유, 정비 등과 관련한 업무일체로 구성된다.

• **지연**(delay)**안내**

탑승개시 후 지연이 확정되면, 기장 및 사무장은 공항지점장과 협의하여 승객의 기내체류 또는 하기여부를 결정한다. 원칙적으로 지연시간 1시간 이내는 기내대기, 1시간 이상은 승객이 하기하여 출발라운지 대기토록 한다.

• **진실의 순간**(Moment of Truth)

고객이 서비스접점에서 처음으로 서비스의 내용을 경험하고 지각하는 순간을 말한다. 서비스 제공자와의 대면이나 서비스시설에 대한 접촉을 통해 품질이 결정되기 때문에 서비스경영에서 중요한 요소로 인식된다. 1981년 서비스경영의 개념을 처음으로 도입한 스칸디나비아항공의 서비스혁신을 통해 소개되었다.

• **초과수하물**(excess baggage)

무료수하물 허용량을 초과하는 수하물추가분에 대해 별도의 요금을 징수한다.

• **출 · 입국심사**(immigration)

여행객의 출국자격을 심사하고 여행서류를 확인하며 출국신고서를 접수하는 출입국수속절차로서 C.I.Q의 일부이다. 출국신고서(embarkation card)는 출발지 공항의 심사과정에서 제출하며, 입국심사서(disembarkation card)는 도착지 공항의 심사과정에서 제출한다. 적격으로 판정되면 여권에 출 · 입국심사를 확인하는 스탬프를 찍어준다.

• CMS(cabin management system)

객실에 구비된 설비를 종합적으로 관리 · 통제하는 객실설비관리시스템이다. 비행 중 승객의 취침, 독서, 음악, 영화, 통신 등을 돕기 위해 기내에 구비된 편의시설 일체로 구성된다. 모든 편의시설의 이용은 기능이 통합된 조절장치에 의해 작동되도록 자동화되어 있으며, CMS 장착기에 의해 대부분의 서비스를 제공한다.

**• 코드세어링(codesharing)**

제휴를 맺은 항공사 간에 특정한 운항스케쥴에 대해 공동운항편명을 사용하는 것을 의미한다. 예를 들면, A항공사는 제휴파트너인 B항공사의 항공편을 자사의 운항스케쥴에 포함하여 판매하고 해당승객이 B항공사의 항공기를 이용하여 여행하도록 하는것을 말한다.

**• 큐(Queue)**

항공사 간 혹은 항공사 지점간이나 내부부서 간에 업무연락이 가능하도록 한 통신장치이다. 주로 예약과 발권업무의 처리를 위해 사용된다. PNR queue와 Message queue 두 종류가 있다.

**• 탑승부도(noshow)**

노-쇼우라고도 하며, 예약 후 실제로 고객이 공항에 나타나지 않는 것을 말한다. 단순히 예약 후 정해진 기한내에 항공권을 구매하지 않는 것을 예약부도라고 하는데 비해 탑승부도는 항공권을 구매(ticketing)하고 해당 항공편에 탑승하지 않는 것을 말한다.

**• 탑승수속(check-in)**

항공권을 접수하고 탑승권을 교부하여 승객이 최종적으로 항공기에 탑승할 수 있도록 수속을 밟는 것을 말한다. 탑승수속 카운터의 담당자에 의해 여행구비서류를 확인하고, 항공권을 접수하여 좌석을 배정하고 수하물을 접수하는 순서로 진행된다.

**• 탑승용 쿠폰(flight coupon)**

여객항공권의 일부로서 공항에서 탑승권(boarding pass)과 교환할 수 있는 증표로서 탑승수속과정에서 탑승권과 교부된다. 쿠폰에는 특정구간이 명기되어 있다.

**• 특별승객(special passenger)**

탑승객 중 활동이 부자유스럽거나 신분이 중요하여 특별한 배려가 필요한 승객들을 지칭한다. 비동반소아(UM)나 임산부, 환자승객, 장애인승객, 고령승객 등이 포함되며, 항공사의 경영과 관련하여 중요하다고 인정되는 CIP(commercial important person) 및 VIP도 이 범주에 속한다.

**• TIM(travel information manual)**

항공여행정보를 수록한 정기간행물이다. 여권, 비자, 세관, 예방접종증명서, 공항세 및 외환규정, 기타 출입국관련규정 등 해외여행에 필요한 사항을 국가별로 정리하여 회원사에게 공급하는 월간정보지이다.

• **판촉운임**(special fare)

승객의 다양한 여행형태와 요구에 따라 마케팅차원에서 개발된 운임으로 여행기간, 도중체류 횟수, 경유지 횟수, 여정의 형태 등에 제한이 있는 운임이다. 정상운임에 비해 운임수준이 낮게 책정된다.

• **편도여정**(one way)

왕복여정과 일주여정을 제외한 모든여정을 의미한다. 예를 들면 서울–동경, 혹은 서울/샌프란시스코/뉴욕같은 여정이 이에 해당된다.

• PNR(passenger name record)

승객예약기록이다. 승객의 항공여행에 관한 주요 사항들이 표시되는데, 기본적으로 승객의 성명, 여정, 전화번호 등이 필수 구성요소이고 이외 승객의 여행과 관련된 각종 정보들이 수록된다.

• **하늘의 자유**(Freedom of the Air)

오늘날 국제항공질서와 항공협정의 기본이 되는 항공운송권리이다. 1944년 시카고협약과 1946년 미국 · 영국간 체결된 버뮤다협정을 통해 정립되었다. 흔히 다음과 같은 기본적인 다섯가지의 자유를 지칭한다.

- 제1의 자유 : 영공통과의 자유(fly-over right)
- 제2의 자유 : 기술착륙의 자유(technical landing right)
- 제3의 자유 : 여객과 화물을 상대국으로 운송하는 자유(set-down right)
- 제4의 자유 : 상대국의 여객과 화물을 자국으로 운송하는 자유(bring-back right)
- 제5의 자유 : 상대국과 제3국간에서 운송할 수 있는 자유(beyond right)

• **할인운임**(discounted fare)

승객의 나이나 신분에 따라 할인이 되는 운임이다. 특별한 규정이 없는 한 유효기간, 도중체류횟수 등은 기준운임의 규정과 동일하다. 유아운임, 소아운임, 학생운임, 단체인솔자운임, 대리점 직원할인운임, 선원운임 등이 있다.

• **항공권**(passenger ticket and baggage check)

일명 티켓(ticket)이라 불리는 것으로서 발행된 각각의 여정구간에 관련하여 승객의 운송 및 해당 승객의 위탁수하물 운송에 대한 포괄적 운송증표이다.

• **항공권 재발행**(reissue)

항공권상에 표시된 여정, 운임, 항공사, 등급(class), 유효기간 등을 변경하기 위하여 항공권을 자체적으로 재발행하거나 혹은 기존 항공권에 스티커로 처리하는 것을 의미한다.

• **항공로(airway)**

항공기가 비행하도록 정한 공역상의 통로로서 흔히 항로(航路)라고 한다. 국제적으로 통용되는 항공로는 ICAO에서 지역별로 정하고 있으며, 각 항공로는 고유의 이름이 있다.

• **항공범죄**

항공운송활동의 안전성(safety), 보안성(security), 정규성(regularity)에 장애를 주는 의도적인 불법행위를 의미한다. 이때 실제로 항공안전에 장애를 일으킨 행위를 하지 않았더라도 불법적으로 폭발물이나 무기 등을 항공기에 탑재시키거나 범죄를 위해 이를 위장, 분해 등의 방법으로 기내에 반입하는 행위 그리고 협박 등에 의해 안전을 유발할 가능성이 있는 행위 등은 모두 항공범죄의 범위에 포함된다.

• **항공보안(air security)**

항공기의 운항활동을 저해하는 범죄행위로부터 항공운송활동을 보호하기 위해 인적 · 물적 자원을 동원해서 수행하는 모든 대책을 의미한다. 항공보안은 항공기의 탑승객과 승무원, 지상조업 담당자, 일반대중 그리고 항공시설 및 기타 자산을 항공범죄로부터 보호하는 것을 목적으로 한다.

• **항공편명(flight number)**

비행편의 이름을 바꾸지 않고 하나 또는 몇 개의 구간(stage)에서 항공기를 운항하는 것을 하나의 비행편 또는 항공편(flight)이라하며, 항공편에 대해 2자 또는 3자 문자지정어가 앞에 붙은 항공편에 대한 숫자를 말한다. 예를 들면, KE002, OZ112 등으로 표시한다.

• **항공화물(air cargo)**

보관이나 재고에 따르는 시간과 비용, 화물의 진부화 문제 등을 해결하기 위한 화물운송수단으로 항공기를 이용한 운송을 항공화물운송이라고 한다. 화물의 성격에 따라 익스프레스화물, 부패성 화물 및 일반화물 등으로 구분된다. 화물의 집적과 배분을 위한 창고, 차량, 컨테이너, 운송장비등 물류시설의 관리와 운영업무가 수행된다.

• **환대산업(hospitality industry)**

인적 · 물적환대를 필요로 하는 수요자를 대상으로하는 사업의 집합. 여행업(travel), 숙박업(lodging), 외식업(food service), 카지노업, 오락업(entertainment business) 등을 모두 포함하는 서비스산업으로 관광산업을 포함하는 넓은개념이다.

• **환승**(tranfer)

한 운항편으로 도착해서 제한된 시간내에 동일 항공사의 다른 운항편 또는 타 항공사의 운항편으로 계속되는 운송을 말한다.

• **환자승객**(invalid passenger)

정신적, 신체적 질환 혹은 지체부자유자로서 제3자의 도움없이는 여행이 불가능한 여객이다. 이들은 일정한 조건이 충족되어야 탑승이 허용된다.

• **회항**(return)

비행중인 항공기가 기상이나 항공기의 사정 등으로 인해 다시 출발공항으로 돌아가는 것을 말한다. 회항은 당초 공항으로 되돌아가는 회항(return)외에 목적지 이외의 다른공항으로 전환하는 경로변경(divert)이 있다.

• FIDS(flight information display system)

공항에 설치하는 서비스시설로서 항공기의 운항시각이나 항공기의 도착여부 등의 정보를 나타내는 운항안내 표지판이다.

# 국문색인

# 영문색인

## 허희영

한국항공대학교 항공경영학과 졸업
서울대학교 대학원 경영학과 졸업(경영학 석 · 박사)
메사추세츠주립대학(Univ. of Massachusetts) 객원교수
한국항공대학교 항공 · 경영대학장/대학원장
항공경영학회장 초대회장
한 · 몽경상학회 회장
(현) 항공서비스교육연구회 회장
(현) 한국항공대학교 경영학부 교수

[주요 저서 · 논문]

English for Airlines(공저, 은익출판사, 1990)
중국의 민간항공(공저, 항공대 출판부, 1994)
보잉 · 에어버스(길벗출판사, 1996)
항공산업론(공저, 항공대 출판부, 1997)
항공영어(공저, 명경사, 2000)
항공경영학(명경사, 2002)
기업공시제도(공저, 서울대 출판부, 2006)
항공관광업무론(공저, 명경사, 2009)
항공우주산업 제3판(북넷, 2018)
항공운송산업론 2판(북넷, 2019)



## 항공서비스원론 제2판

2016년 7월 10일 1판 1쇄 발행
2019년 7월 25일 2판 1쇄 인쇄
2019년 8월 1일 2판 1쇄 발행

저 자 허 희 영
발행인 류재식 · 박용범
발행처 도서출판 북 넷

서울시 용산구 효창원로 70길 46 대신빌딩 2층
등 록 2010년 6월 7일(제2010-000069호)
전 화 (02)395-2341
팩 스 (02)395-2303

정가 32,000원 ISBN 979-11-86947-41-8





e-mail: book2341@naver.com